高 等 学 校 小 学 教 育 专 业 教 材

《大学语文》
教学参考与训练

主　编　刘勤艳　白金香
副主编　王会珍
编写者　戴永湖　程永润
　　　　李　丽　路启明

南京大学出版社

编 写 说 明

2012 年 7 月，南京大学出版社出版了由周建忠教授主编的全新修订版高等学校小学教育专业教材《大学语文》第二版。本《大学语文》的全新修订版是为了适应新时期基础教育改革和当前本、专科小学教师培养的要求而编写。这本教材共选编了 57 篇不同体裁的文学作品，分为诗歌、散文、小说、戏剧类。它博采中外文学之经典，贯通中外文学之历史。文章后面的"阅读提示"和"阅读链接"部分则进一步拓展了学生的阅读视野，也体现了编撰者与时俱进的独特眼光。

为了更好地让学生吃透此教材，进一步把握教材中应该掌握的内容和知识点，盐城高等师范学校从事大学语文教学的几位教师尽心竭力、怀揣惶恐地编写了这本《大学语文》的教学参考书。

本教学参考书由三部分内容组成：第一部分是课文内容辅导，第二部分是作文指导，第三部分是 5 份单元练习和 4 份综合模拟试卷。

第一部分的课文内容辅导严格按照周建忠教授主编的《大学语文》（第二版）教材和《大学语文教学大纲》编写，讲解每篇课文的学习要点和考试内容，大体分为作者与文体、课文分析。在"巩固训练"中有填空、选择、词语解释、文本阅读理解分析、简答和阐述等。讲解和分析力求简明扼要，一目了然，非常便于"5＋2"应考者复习，以节省其时间和精力。在"作文指导"部分，就怎样审题、怎样表达论证、怎样积累资料等方面给学生传授一定的写作方法和技巧。在以试卷形式的综合训练方面，"单元练习"基本涵盖了每单元必须掌握的知识，"综合模拟试卷"则基本涵盖了全书的主要内容。它们能使应考者熟悉试卷的形式、题型和答题方法，更重要的是提供了相当数量的练习材料。以上三部分内容合为一体，则是本书的最大特色。

任何一种参考用书都不是万能的，关键还是要立足课本。但愿我们一线教师的辛苦积累能带给你实实在在的收获和有益的启示。错误之处在所难免，恳请批评指正。

2013 年 1 月

目　录

课文内容辅导

诗　歌

古代诗歌

现代诗歌与外国诗歌

1

散　文

古代散文

现代散文

小 说

戏 剧

作 文 指 导

综合模拟试卷

参 考 答 案

蒹　葭

《诗经》

[作者与文体] ⬇

《诗经》是我国第一部诗歌总集,收录了西周初年至春秋中期的诗歌305首,作者大都无从查考。可分为风、雅、颂三大类。"风"是地方民歌,"雅"是产生于王都附近的诗,"颂"为宗庙祭祀的诗歌。《诗经》多为四言体,赋、比、兴为主要表现手法。

本诗选自《诗经·秦风》。从题材上看,是一首爱情诗;从体裁上看,是一首抒情诗。

【《诗经》中的风、雅、颂】

风、雅、颂:《诗经》根据音乐的不同,划分为风、雅、颂。

"风"是不同地区的地方音乐,是从15个地区采集来的歌谣,共有160篇;

"雅"是周王朝直接统治地区的音乐,分为大雅和小雅,大多是宫廷宴飨的乐曲,共有105篇;

"颂"是宗庙祭祀的舞曲,分为周颂、鲁颂、商颂,是宗庙祭祀的乐歌,共有40篇。

[课文分析] ⬇

【意境】

《蒹葭》是一首优美动人的恋歌。这首诗最大的特点是善于捕捉艺术氛围,创造出纯美的意境。诗人写了笼罩在晨雾中的芦荻、霜露、秋水,展示的是一幅清新淡雅的画面。那清秋萧瑟景物特有的色彩,则为全诗营造出一种凄清的气氛。这种气氛有力地烘托出人物凄婉惆怅的情感。而情感又投射到眼前的景物之上,使得这蒹葭白露、茫茫秋水都染上了主人公淡淡的忧愁,绵绵的情思。总之,客观景物与主观感情浑然一体,构成了情景交融的优美意境,使诗歌具有了一种凄清而朦胧的美。

【写作特点】

《蒹葭》重章叠句,一咏三叹,使感情的抒写不断深化。全诗共三章,每章前半部分写景,后半部分抒情,层层递进,富于变化。蒹葭有不同的形态。白露的变化表示时间在推移,反映主人公焦急的心情。道路是长、跻、右,表现了它的艰难阻隔。伊人水中的变化则表现位置的变化。追求不懈,抒情加深,有一种回环往复之美。

【结构层次】

第1节:借景起兴。秋光满目,隔河企望,追寻伊人。追寻境况:道阻且长,幻象迷离,伊人终不可即。

第2节:时间在推移。继续追寻伊人。伊人"宛在水中坻"。

第3节:芦苇摇曳,时光匆匆。伊人终不可见。离别的惆怅、怀念的深情油然而生。

[课文翻译] ⊕

芦苇长得长长,露儿变成了霜。

我想念的人儿,她在水的那方。

我想逆流去寻访,路儿险阻路儿长。

我想顺流去寻访,她仿佛在那水中央。

芦苇长得高高,露儿还没有干。

我想念的人儿,她在水的那岸。

我想逆流去探看,路儿险阻攀登难。

我想顺流去探看,她仿佛在那水中滩。

芦苇长得稠稠,露儿还没有收。

我想念的人儿,她在水的那头。

我想逆流去追求,路儿险阻弯儿兜。

我想顺流去追求,她仿佛在那水中洲。

(金启华　译)

[巩固训练] ⊕

一、填空题

1. 我国第一部诗歌总集是《＿＿＿＿＿＿＿＿＿＿》。

2. 《诗经》,又称为《＿＿＿＿》或《＿＿＿＿》,＿＿＿＿时才定名为《诗经》。

3. 《诗经》共有＿＿＿＿篇,它收录诗歌的时间为＿＿＿＿＿＿＿＿＿＿＿＿＿。

4. 《诗经》,根据＿＿＿＿＿＿可分为风、雅、颂三部分,分别为＿＿＿＿、＿＿＿＿、＿＿＿＿篇。

5. 《诗经》的主要表现手法是＿＿＿＿、＿＿＿＿、＿＿＿＿。

6. 《蒹葭》选自《＿＿＿＿＿＿＿》。

7. 《蒹葭》里面的主要意象是＿＿＿＿、＿＿＿＿、＿＿＿＿。

8. 《蒹葭》里的"伊人"可解释为＿＿＿＿＿＿＿＿＿＿＿＿＿＿＿＿＿＿。

9.《诗经》奠定了中国文学以＿＿＿＿＿＿＿＿为主的发展方向。

二、选择题

1.《诗经》根据（　　）分为风、雅、颂三部分。

A. 题材　　　　　　　B. 体裁　　　　　　　C. 音乐　　　　　　　D. 内容

2.《诗经》主要产生于（　　）流域。

A. 黄河　　　　　　　B. 长江　　　　　　　C. 珠江　　　　　　　D. 黑龙江

3.《蒹葭》选自《诗经》的（　　）风。

A. 郑风　　　　　　　B. 魏风　　　　　　　C. 豳风　　　　　　　D. 秦风

4. 在《诗经》中,保存民歌最多的是（　　）

A. 风　　　　　　　　B. 大雅　　　　　　　C. 小雅　　　　　　　D. 颂

5.《诗经》中产生于王都附近,多数为贵族、士大夫所作,少数为民歌的是（　　）。

A. 风　　　　　　　　　　　　　　B. 雅

C. 周颂　　　　　　　　　　　　　D. 鲁颂

6.《诗经》中用于宗庙祭祀的乐歌被称为（　　）。

A. 风　　　　　　　　　　　　　　B. 颂

C. 大雅　　　　　　　　　　　　　D. 小雅

7. "秋水伊人"语出（　　）。

A.《归园田居》　　　　　　　　　　B.《短歌行》

C.《氓》　　　　　　　　　　　　　D.《蒹葭》

8. 在下列诗歌中属于抒情诗的是（　　）。

A.《氓》　　　　　　　　　　　　　B.《蒹葭》

C.《短歌行》　　　　　　　　　　　D.《祖国啊,我亲爱的祖国》

三、词语解释题

1. 苍苍:＿＿＿＿＿＿＿＿＿＿＿＿＿＿＿＿＿＿＿＿＿＿＿＿＿＿＿＿＿＿＿＿＿＿＿＿＿＿＿

2. 溯洄:＿＿＿＿＿＿＿＿＿＿＿＿＿＿＿＿＿＿＿＿＿＿＿＿＿＿＿＿＿＿＿＿＿＿＿＿＿＿＿

3. 溯游:＿＿＿＿＿＿＿＿＿＿＿＿＿＿＿＿＿＿＿＿＿＿＿＿＿＿＿＿＿＿＿＿＿＿＿＿＿＿＿

4. 宛:＿＿＿

5. 凄凄:＿＿＿＿＿＿＿＿＿＿＿＿＿＿＿＿＿＿＿＿＿＿＿＿＿＿＿＿＿＿＿＿＿＿＿＿＿＿＿

6. 晞:＿＿＿

7. 湄:＿＿＿

8. 跻:＿＿＿

9. 坻:＿＿＿

10. 右:＿＿＿

11. 风、雅、颂:＿＿＿＿＿＿＿＿＿＿＿＿＿＿＿＿＿＿＿＿＿＿＿＿＿＿＿＿＿＿＿＿＿＿＿＿

12. 赋、比、兴：_____

四、问答题

1.《诗经·蒹葭》呈现了什么样的意境?

2. 谈谈你对《诗经·蒹葭》中的"伊人"的理解。

湘　夫　人

屈　原

[作者与文体] ⊙

屈原(约前340—约前278),我国古代第一个有巨大成就的爱国诗人。他的作品有《离骚》、《九歌》、《九章》、《天问》等。本诗选自《楚辞·九歌》。《九歌》是古曲名,相传始于夏朝初年,后来一直流传于南方荆襄一带,成为楚地的祭祀乐歌,流传到今天的《九歌》,是屈原根据民间祭神乐歌加工而成,带有鲜明的地方色彩和浪漫主义气息。

《湘夫人》与《湘君》是《九歌》中的姊妹篇。传说湘君和湘夫人是湘水的配偶神,后人将舜之二妃娥皇、女英的故事附在他们身上,使这一传说更加凄美动人。

《湘夫人》抓住湘君、湘夫人爱情生活中的一个片段,主要描写湘君等待湘夫人而湘夫人迟迟不至时产生的思慕哀怨之情,表现了湘君对真挚爱情和美好幸福生活的执著追求。

[课文分析] ⊙

【结构层次】

全诗根据内容可分为五层。

第一层:写湘君刚到约会地——北渚,却见不到湘夫人的忧伤。

第二层:通过反常景象的出现,进一步写湘君忐忑不安的心理。

第三层:写湘君追悔过去未能向湘夫人当面倾诉衷情,有无尽的惆怅和遗憾。

第四层:写湘君筑室水中,寄托湘君对湘夫人热烈而执著的渴望之情。

第五层:写湘君久候湘夫人不至的自我安慰。

【写作特点】

1. 情景交融的艺术境界

全诗通过景物描写来渲染感情。诗的一开头是眼中所见的现实景物,“鸟何”等四个反诘句是假想的反常景物,“筑室水中”则完全是幻想境界,这些景物描写都能恰到好处地渲染了湘君内心不同的情感。开头一节,创造了一个情景交融的艺术境界,对后来“秋兴”主题的生发有深远的影响。这一节的写景抒情特点值得注意:一是用抒情点染法来借秋景渲染愁绪。“目眇眇兮愁予”一句中的“愁”字点明了这一节的感情基调,下面借秋景来渲染、扩散、深化愁绪。二是用以渲染愁情的景物是典型的动态的秋天景物,这些景物在中国文化传统氛围中最能触发人的悲愁之情。三是诗中的"袅袅秋风"、"洞庭微波"、"木叶下"三种景物，融合无间，构成了一幅完美的悲秋图。

2. 细致的心理描写

《湘夫人》一诗在结构上以湘君赴约不遇时感情的变化为中心线索。将景物与人事、理想与现实熔铸在湘君的心理活动之中，构成了一个丰富多彩、完美和谐的艺术整体。诗中对湘君赴约时心理活动变化的描写清晰可见。刚到北渚不见湘夫人的忧愁，久等未至的忐忑，再到追悔，再转为热情的期待和无奈的自我安慰，感情跌宕起伏。

3. 强烈的浪漫主义色彩

《湘夫人》一诗具有较强的浪漫主义色彩。《湘夫人》取材神话传说，描写神与神的爱情，富于理想色彩，在景物描写上，虽有现实景物，但更多的是假想景物和幻想境界。

4. 形式富于变化。

在形式上，《湘夫人》以六言为主，兼有五言、七言，句式灵活多变，婉转多姿。语气词"兮"字在此诗中也很独特，每句皆有，且在句子中间。"兮"字在诗中的基本作用是调整音节，使音律协畅。此外，还起着一部分虚词如"于"、"以"、"之"、"而"等的语法作用。

[课文翻译] ⬇

湘夫人降落在北洲之上，极目远眺啊使我惆怅。

树木轻摇啊秋风初凉，洞庭起波啊树叶落降。

踩着白蘋啊纵目四望，与佳人相约啊在今天晚上。

鸟儿为什么聚集在水草之处？渔网为什么挂结在树梢之上？

沅水芷草绿啊澧水兰花香，思念湘夫人啊却不敢明讲。

神思恍惚啊望着远方，只见江水啊缓缓流淌。

麋鹿为什么在庭院里觅食？蛟龙为什么在水边游荡？

清晨我打马在江畔奔驰，傍晚我渡到江水西旁。

我听说湘夫人啊在召唤着我，我将驾车啊与她同往。

我要把房屋啊建筑在水中央，还要把荷叶啊盖在屋顶上。

荪草装点墙壁啊紫贝铺砌庭坛。四壁撒满香椒啊用来装饰厅堂。

桂木做栋梁啊木兰为桁橼，辛夷装门楣啊白芷饰卧房。

编织薜荔啊做成帷幕，析开蕙草做的幔帐也已支张。

用白玉啊做成镇席，各处陈设石兰啊一片芳香。

在荷屋上覆盖芷草，用杜衡缠绕四方。

汇集各种花草啊布满庭院，建造芬芳馥郁的门廊。

九嶷山的众神都来欢迎湘夫人，他们簇簇拥拥得像云一样。

我把那衣袖抛到江中去，我把那单衣扔到澧水旁。

我在小洲上啊采摘着杜若,将用来馈赠给远方的姑娘。

美好的时光啊不可多得,我姑且悠闲自得地徘徊游逛。

[巩固训练] ⬇

一、填空题

1. 屈原为_____时_____国人。故乡在今_____省的_____县。

2. 屈原的代表作有《_____》、《_____》、《_____》、《_____》、《_____》。

3. 屈原是中国文学史上第一个_____诗人。

4. 屈原最后自沉于_____江。

5. 屈原的《九歌》一共由_____篇作品组成。主要有:《_____》、《_____》、《_____》、《_____》、《_____》《_____》、《_____》、《_____》、《_____》、《_____》。

6. 《湘夫人》选自《_____》。

7. 《湘夫人》写的是_____对_____的思念。

8. 《湘夫人》最成功的艺术手法是_____。

9. 《湘夫人》中:"帝子降兮北渚,_____,洞庭波兮木叶下。"

10. 《湘夫人》中:"荒忽兮远望,_____。"

二、选择题

1. 屈原的《九歌》共有(   )篇。

A. 9篇　　　　　　B. 10篇　　　　　　C. 11篇　　　　　　D. 12篇

2. 《湘夫人》选自(   )。

A. 《离骚》　　　　B. 《九歌》　　　　C. 《九章》　　　　D. 《天问》

3. 以下作家(   )的作品富有浪漫主义色彩。

A. 屈原　　　　　　B. 李白　　　　　　C. 庄子　　　　　　D. 郭沫若

三、词语解释题

1. 楚辞:_____

2. 眇眇:_____

3. 遗(yí):_____(wèi):_____

4. 嫋嫋:_____

5. 骋望:_____

6. 偕逝:_____

7. 实庭:_____

8. 搴:_____

9. 聊：_____

10. 容与：_____

11. 逍遥：_____

四、问答题

请分析《湘夫人》的心理描写。

迢迢牵牛星

《古诗十九首》

[作者与文体] ⬇

　　《古诗十九首》作为整体最早著录于梁昭明太子萧统的《文选》卷二十九"杂诗"类,因作者失传,亦非一人一时之作,所以《文选》总题为"古诗"。

　　这些诗作产生于汉代,是在汉代民歌基础上发展起来的五言诗,内容多写离愁别恨和彷徨失意,情调低沉。但它的艺术成就很高,长于抒情,善用事物来烘托,寓情于景,情景交融。以后历代文人经常把《古诗十九首》奉为五言抒情诗的典范。

　　《迢迢牵牛星》是"古诗十九首"中的第十首,是借助古老神话传说牛郎织女的故事来反映爱情生活的诗篇。

[课文分析] ⬇

　　《迢迢牵牛星》一诗通过景、物、人、情的转换和交融,层层深入的构思和叠字的恰当运用,使诗作情景并生,哀怨动人。

　　全诗共 10 句,可分为两部分。

　　第一部分:第 1—6 句。这部分的表层意义是描写织女的悲伤情状,她因与牛郎不得相聚,终日以泪洗面,织布不成。其深层含义则暗示妻子因思念丈夫而魂不守舍,心绪不宁。

　　第二部分:第 7—10 句。这部分交代了织女痛苦的缘由,抒发了织女心中咫尺天涯的哀怨。

【艺术特色】

　　1. 运用浪漫手法展开丰富的联想。诗用浪漫手法借天上的故事来喻现实生活,抒发了织女的别恨哀怨及向往夫妻团聚的情感。

　　2. 抒情和写景的结合。诗不拘于神话传说的故事,而立足于写织女的情感。不仅通过织女怅望牛郎、无心弄机杼、泣泪落如雨、脉脉不得语等场景描写来揭示织女的心情感受,也注意了和景物描写结合起来,来达到抒发情感的目的。

　　3. 诗的语言优美自然、精练工切而又富于韵味。全篇有六句以叠词起头,这些叠词增强了诗歌的形象性和抒情性,增添了诗歌的音律美和修辞美。

[课文翻译] ⬇

牵牛星啊相隔得那样遥远,银河那边洁白的织女盼你。

她摆动着细长柔软的手儿,梭儿札札不停地穿过布机。

整日整夜她织不成一段布,相思眼泪如雨珠点点滴滴。

银河流水清清亮亮可以见底,织女牛郎就相隔这点点距离。

可正是那清亮的一水之隔,彼此相望不语聚不到一起。

[巩固训练] ⬇

一、填空题

1. 这首诗取材于我国古代_____的神话传说,它写的虽然是天上的事,反映的却是现实的生活。人们常用这一神话比喻_____。

2. 关于牛郎织女的故事,最早的记载是《_____》。

3. "迢迢牵牛星,皎皎河汉女。"两句采用了_____修辞手法描写了牵牛和织女两个星座。

4. 这首诗中,有一个很关键的过渡性句子,它既是前因又是后果,这个句子是_____。

5. 这首诗在刻画织女时,并没有孤立静止地去写她的思想活动,而是通过_____和_____来揭示人物的内心世界,显得含蓄深沉,极富艺术感染力。

二、问答题

1. 谈谈本诗的主题。

2. 试分析本诗的艺术特色。

归园田居（其三）

陶渊明

[作者与文体] ⬇

陶渊明(365？—427)，又名潜，字元亮，号五柳先生。浔阳柴桑(今江西九江)人。41 岁时因"不肯为五斗米折腰"而辞官归隐。卒后，他的朋友私谥为靖节先生。又因曾任彭泽令，亦称为"陶彭泽"。他是文学史上田园诗派的鼻祖。陶渊明的诗歌情真意切，格调清新，有朴素、平淡、自然的特点。有《陶渊明集》。

《归园田居》共五首，作于陶渊明辞官归隐的第二年(406 年)。五首诗分别从辞官场、聚亲朋、乐农事、访故旧、欢夜饮几个侧面描绘了诗人丰富充实的隐居生活。本篇是第三首。

[课文分析] ⬇

这首诗是东晋诗人陶渊明在辞官归田后所作的《归园田居》中的第三首，表现了诗人在离去为自己所厌恶的官场后，安贫乐道、怡然田园的生活态度。

"种豆南山下，草盛豆苗稀。"这两句写诗人归隐田园后在南山的脚下开荒种豆的情况：地荒，草盛，豆苗稀疏。起句平实自如，如叙家常，让人觉得淳朴自然亲切。

"晨兴理荒秽，带月荷锄归。"为了不使豆田荒芜，到秋后有所收成，诗人每天一早下地，月亮出来才扛着锄头回家。虽说比做官要辛苦得多，可这是诗人愿意的，是他最大的乐趣。诗人没有抱怨种田之苦，反而乐在其中。

"道狭草木长，夕露沾我衣。衣沾不足惜，但使愿无违。"狭窄的小路被齐腰深的草封盖，晚上的露水打湿了诗人的衣裳，但衣服湿了没有什么大不了的，只要不违背自己的初衷就足够了。这里的"愿"蕴含了诗人弃官归田以洁身自好的愿望，从另一个侧面看，也突出了当时社会的腐败与黑暗。

【艺术特色】

陶渊明被称为"隐逸诗人之宗"。他的创作开创了田园诗的体系，使我国古典诗歌达到了一个新的境界。这首诗正是田园诗的代表。

1. 平淡自然的风格。从诗歌的语言方面来看，这首诗歌并没有华丽的辞藻和优美的修饰，诗人笔下勾勒出了一幅恬淡优美、清新可人的田园图画。

2. 独具匠心的结构。这首诗简短精小，构思精妙。

3. 诗的语言朴素平淡,没有修饰。构成了陶诗平淡自然、质朴清新的艺术特色。

[课文翻译] ⬇

南山坡下有我的豆子地,地里杂草丛生,豆苗却长得很稀。

早晨天亮就起来到田里锄草,晚上披着月光扛着锄头回家歇息。

高高的草木覆盖了狭窄的田间小路,露水打湿了我的衣裳。

衣裳湿了倒不重要,只要不违背我的初衷就行了。

[巩固训练] ⬇

一、选择题

1. 下面对这首诗的赏析有误的是(   )。

A. 这首五言律诗,语言朴素,意境恬淡,体现了作者悠然的心境。

B. 颔联描写的是作者自己的躬耕生活,这种生活虽然辛苦,但却充实愉快。

C. 带月荷锄、夕露沾衣的农耕生活,实情实景,生动感人,表现了作者对理想生活的追求。

D. 作者沉溺于美好的田园生活中,乐于做一个隐士而忘却一切世俗的烦恼。诗的最后两句表现了作者无欲无愿的心境。

二、按要求默写

1. 表明隐居之地和劳动结果的诗句是:_____,_____。

2. 本诗点睛之笔的诗句是:_____,_____。

3.《归园田居》中能体现诗人要按自己愿望生活的诗句是:_____

___,_____。

三、赏析题

1.“草盛豆苗稀”中的“盛”和“稀”的对比说明了什么?

2.“晨兴理荒秽,带月荷锄归。”这两句诗描写的是一种_____生活。这种生活在陶渊明的其他诗中也有表现,例如:_____。

3. 这首诗表达了诗人对_____生活的喜爱之情。

4. 诗人躬耕田亩,将田间劳动写得富有诗意,其中你最欣赏哪一句,为什么?

5. 从这首诗的内容和主题来看,你认为“但使愿无违”中的“愿”是什么?

6. 这首诗写了什么内容？表达了诗人什么样的思想感情？

7. "带月荷锄归"一句常为后世诗评家称道。请说出这一句的妙处。

四、问答题

1. 本诗表现了陶渊明怎样的思想感情？

2. 以本诗为例简述陶渊明田园诗的艺术特征。

少年行(其一)

王　维

[作者与文体] ⊘

　　王维(701—761),字摩诘,盛唐山水田园诗派的代表作家。开元九年进士,曾任右拾遗、监察御史。官至尚书右丞,世称王右丞。

　　以张九龄罢相为界,王维诗歌分为前后两期。前期,王维颇富积极进取之心,诗作亦呈现出昂扬奋发、境界开阔、雄浑博大之风貌。后期,他致力于山水田园诗的创作,构成清新淡雅、意境悠远的艺术特色。

　　《少年行》是王维的七绝组诗,共四首。分咏长安少年游侠高楼纵饮的豪情、报国从军的壮怀、勇猛杀敌的气概和功成无赏的遭遇。各首均可独立,合起来又是一个整体。本篇是其中的第一首,写的是少年游侠的高楼纵饮这一日常生活场景,展示了少年游侠的精神风貌与豪迈气概。

[课文分析] ⊘

　　首句"新丰美酒斗十千,咸阳游侠多少年"分别写了美酒和游侠,少年游侠们的豪纵不羁、挥金如土之气概被表现得活灵活现,如在眼前。

　　次句"相逢意气为君饮,系马高楼垂柳边"写游侠少年重义疏财的侠义,有纵酒的轻狂,也有报国的情怀,突出了少年游侠的浪漫情调和精神风貌。

[课文翻译] ⊘

　　新丰镇酿制的美酒价格非常昂贵,喝一斗就要花上十千钱;来这里喝酒的大多都是长安城里的少年游侠。朋友遇到一起,又意气相投,总免不了相互举杯痛饮,把马牢牢地拴在酒楼旁的垂柳树上,一醉方休,不醉不归。

[巩固训练] ⊘

一、填空题

　　1. 王维是_____时的_____诗派的代表作家。

　　2. 王维与"诗仙"李白、"诗圣"杜甫并列,称为"_____"。

3. 王维的作品一般分为前后两期,以＿＿＿＿＿＿＿＿＿＿＿＿＿＿为界,其特色分别是

＿＿＿＿＿＿＿＿＿＿＿＿＿＿＿＿；＿＿＿＿＿＿＿＿＿＿＿＿＿＿＿。

4. 王维的作品集为《＿＿＿＿＿＿＿＿＿》。

5. 王维诗歌成就最高的是＿＿＿＿＿＿诗。

6. 王维的诗歌善于用＿＿＿＿＿＿手法来描景绘物。

二、选择题

1. 作品融诗、画、音乐于一体,风格清新淡雅的唐代诗人是(　　)。

A. 王勃　　　　　　B. 王维　　　　　　C. 李商隐　　　　　D. 杜甫

2. 被苏轼赞为"诗中有画,画中有诗"的唐代诗人是(　　)。

A. 白居易　　　　　B. 李白　　　　　　C. 王维　　　　　　D. 贾岛

3. 在下列作家中,属山水田园诗人的有(　　)。

A. 陶渊明　　　　　B. 谢灵运　　　　　C. 王维　　　　　　D. 孟浩然

4. 王维的《少年行》是一首(　　)诗。

A. 五言律诗　　　　B. 七言律诗　　　　C. 五言绝句　　　　D. 七言绝句

三、问答题

1. 分析"相逢意气为君饮"一句中"意气"的内涵。

2. 分析"系马高楼垂柳边"一句在全诗中的作用。

3. 分析诗中游侠少年的形象。

蜀 道 难

李 白

[作者与文体] ⬇

　　李白(701—762),字太白,号青莲居士,盛唐伟大诗人,与杜甫并称"李杜"。少年时代在四川度过,青年时有"大济苍生"之志。唐玄宗天宝元年(742 年),李白奉召进京,一年多便被赐金放还,因而思想上便由入世转为出世,于是放浪形骸,寄情山水,诗酒逍遥,最后客死安徽当涂。李白是继屈原之后中国古代诗坛上最伟大的浪漫主义诗人。杜甫曾赞其诗"笔落惊风雨,诗成泣鬼神"。

　　李白诗风雄奇豪放,想象丰富,语言流转自然,音律和谐多变。善于从民歌、神话中汲取营养和素材,构成其特有的瑰玮绚烂的色彩,富有浪漫主义精神。有《李太白集》。

　　《蜀道难》是乐府旧题《相和歌辞·瑟调曲》,多用来表现蜀道险阻的传统题材。李白的这篇《蜀道难》通过对蜀地山川的描写表现作者对祖国壮丽河山的热爱和对西游友人的关怀,还曲折地表达了诗人对潜伏的政治危机的忧虑。

[课文分析] ⬇

【写作背景】

　　《蜀道难》是天宝初年李白第一次到长安时所写,时值唐王朝由盛转衰的前夜,诗人看到当时各种潜伏的社会危机,十分担心居心叵测的人在蜀地据险称雄,因而写作这首诗,表达自己对国家政局的关心。当时的著名诗人贺知章看到李白的《蜀道难》,"称叹者数次,号为谪仙"。欧阳修也赞叹说:"李白高歌蜀道难,蜀道之难难于上青天,李白落笔生云烟,千奇万险不可攀。"

【结构层次】

　　本诗可大致分成三个部分:

　　第一部分:从"蚕丛及鱼凫"到"然后天梯石栈相钩连",主要写开辟道路之艰难。诗人从蚕丛、鱼凫开国的古老传说落笔,追溯了蜀秦隔绝、不相交通的漫长历史,指出由于五位壮士付出了生命的代价,才在不见人迹的崇山峻岭中开辟出一条崎岖险峻的栈道,强调了蜀道的来之不易。

　　第二部分:从"上有六龙回日之高标"到"嗟尔远道之人胡为乎来哉",主要写跋涉攀登之艰难。这一部分又可分为两层。前八句为一层,强调山势的高峻与道路之崎岖。先列举了六龙、黄鹤、猿猱这些善于飞腾攀登的神灵、鸟兽面对蜀道尚且无可奈何的情况,以映衬人要攀越蜀道谈何容易;又特地选择了秦地突出的高山青泥岭加以夸张描绘,显示蜀道之高耸入云,无法通行。"问君西游何时还"以下为第二层,描绘了悲鸟、古树、夜月、空山、枯松、绝壁、飞湍、瀑流等一系列景象,动静相衬,声形兼备,以渲染山中空旷可怖的环境和惨淡悲凉的气氛,慨叹友人何苦要冒此风险入蜀。

第三部分:从"剑阁峥嵘而崔嵬"到"不如早还家",由剑阁地理形势之险要联想到当时社会形势之险恶,规劝友人不可久留蜀地,及早回归长安。这部分亦可分为两层。前五句为一层,突出剑阁关隘险要,后六句为一层,以毒蛇猛兽杀人如麻暗喻当地军阀如凭险叛乱则将危害百姓,规劝友人早日离开险地。

【艺术特色】

《蜀道难》堪称李白诗歌的代表作。它集中体现了李白诗歌的艺术特色和创作个性。

1. 感情强烈。开篇伊始,作者就以"噫吁嚱! 危乎高哉! 蜀道之难,难于上青天"的强烈咏叹,奔腾直泻,抒发出他对蜀道高峻艰险所感到的惊愕、感慨,而后,在诗的中间和结尾,他又两次重复了这一咏叹,将自己的强烈感情笼罩全诗,给人以一唱三叹、回环往复的感觉,读来令人心潮激荡。

2. 想象丰富、夸张强烈。诗人把历史传说、神话故事和蜀地的现实结合起来,相辅相成,融为一体,使全诗具有一种浪漫主义的风格色彩。

3. 句式灵活多变、语言奔放恣肆。这首诗是七言歌行,采用的句式长长短短,参差错落,基本上使用五七言诗歌的句法,但中间又用了大量散文化诗句。

4. 本篇采用一咏三叹、回环往复的抒情手法。

【"蜀道之难难于上青天"】

此句在诗的开头、中间、结尾三次出现,是贯穿全诗的线索。第一次咏叹,统领全文,一开始就给读者以蜀道高峻艰险的印象,为全诗的抒情定下了基调,同时紧扣读者心弦,给人以强烈的悬念:蜀道怎么难法? 第二次咏叹,承上启下,是在描述了蜀道艰险、环境凄凉之后抒发的,使这一咏叹的内涵具体丰富,感情更为强烈。第三次咏叹,增添了政治道路艰险的内涵,与开头、中间呼应,收结全诗,使诗的结构显得更为严谨。这三次反复,前后呼应,使读者对蜀道的艰难的感觉逐步加强,带有强烈的感情色彩,有荡气回肠的力量。

[课文翻译] ⊕

啊! 多么险峻,多么高! 蜀道难走,比上天还难。蚕丛和鱼凫两个蜀王,开国的事情多么渺茫不清。从那以后经过四万八千年,才和秦地的人有交通。西边挡着太白山,高飞的鸟才可以横渡峨眉山顶。直到地崩山塌壮士都被压死,然后才有了天梯与石栈相互连接。上面有即使是拉车的六龙也要绕弯的最高峰,下面有冲激高溅的波浪逆折的漩涡。高飞的黄鹤尚且飞不过去,猿猴想过去,发愁没有地方可以攀援。青泥山迂回曲折,很短的路程内要转很多弯。屏住呼吸伸手可以摸到星星,用手摸着胸口空叹息。问你西游什么时候回来?可怕的路途,陡峭的山岩难以攀登。

只见鸟儿在古树上悲鸣,叫声凄厉,雌鸟和雄鸟在林间环绕飞翔。又听见杜鹃在月夜里啼叫,哀愁充满空山。蜀道难走啊,比上天还难,让人听了这话红颜变色。连绵的山峰离天不到一尺,枯松靠着陡直的绝壁倒挂着。急流瀑布争着喧嚣而下,撞击山崖使石头翻滚发出雷鸣般声响。就是这么危险,你这远道的人,为什么来到这里? 剑阁高峻崎岖而突兀不平,一个人守住关口,万人也打不开。守关的如果不可靠,就会变成当道的豺狼。早晨要躲避猛虎,晚上要提防长蛇,磨着牙齿吸人血,杀的人数不清。锦城虽然是个安乐的地方,还是不如回家好。蜀道难走啊,比上天还难,侧过身向西望着,长长地叹息。

巩固训练 ⬇

一、给下列加点的字注音

鱼凫（　　）　　秦塞（　　）　　萦绕（　　）　　噫吁嚱（　　）

石栈（　　）　　猿猱（　　）　　扪参（　　）　　峥嵘（　　）

抚膺（　　）　　巉岩（　　）　　飞湍（　　）　　咨嗟（　　）

喧豗（　　）　　砯崖（　　）　　崔嵬（　　）　　吮血（　　）

二、填空题

1. 李白是＿＿时＿＿＿＿主义诗人,号为＿＿＿＿＿＿＿＿＿,他的作品集为《＿＿＿＿＿＿＿＿＿＿＿》。

2. 李白祖籍＿＿＿＿＿＿,出生于＿＿＿＿＿＿＿＿,5岁时迁居于＿＿＿＿＿＿＿＿,晚年卒于＿＿＿＿＿＿＿＿。

3. 评价李白的诗为"笔落惊风雨,诗成泣鬼神"的诗人是＿＿＿＿＿＿＿＿＿。

4. 说"李杜文章在,光焰万丈长"的散文家是＿＿＿＿＿＿＿＿＿。

5. 说李白"绣口一吐就半个盛唐"的诗人是台湾诗人＿＿＿＿＿＿＿＿＿。

6. "安能摧眉折腰事权贵,使我不得开心颜。"语出李白的诗歌《＿＿＿＿＿＿＿＿＿＿＿》。

7. "我寄愁心与明月,＿＿＿＿＿＿＿＿＿＿＿＿＿＿"语出李白《闻王昌龄左迁龙标遥有此寄》

8. "天生我才必有用,＿＿＿＿＿＿＿＿＿＿＿＿＿＿＿＿＿。"

9. 《蜀道难》为乐府旧题,属《＿＿＿＿＿＿＿＿＿＿＿＿＿》。

10. 李白诗歌的明显风格是＿＿＿＿＿＿＿＿＿＿＿、＿＿＿＿＿＿＿＿＿。

三、问答题

1. 诗人是怎样来表现蜀道的雄奇险峻的?

2."连峰去天不盈尺……砅崖转石万壑雷"这几句描写好在哪里？

3."蜀道难"这样一个难以表述的事物,李白为什么描绘得如此动人？

4.全诗最后一段写剑阁,对天宝初年的唐朝社会有什么现实意义？

5."蜀道之难难于上青天"这句诗有什么含义？ 它重复出现三次,有什么作用？

6.谈谈本诗的语言特色。

蜀　相

杜　甫

[作者与文体] ⊙

　　杜甫(712—770)，字子美，诗中自称少陵野老。开元后期，举进士不第，漫游各地。后寓居长安近十年。及安禄山军陷长安，乃逃至凤翔，谒见肃宗，官左拾遗。长安收复后，随肃宗还京，寻出为华州司功参军。不久弃官居泰州同谷。四年后移家成都，筑草堂于浣花溪上，世称浣花草堂。晚年携家出蜀，病死湘江舟中。他的诗显示了唐代由盛转衰的历史过程，被称为"诗史"。以古体、律诗见长，风格多样，而以"沉郁顿挫"为主。有《杜工部集》。

　　唐肃宗乾元二年(759年)十二月，杜甫结束了历时四年的颠沛流离的生活，到了成都。第二年(唐肃宗上元元年，公元760年)的春天，他探访了诸葛武侯祠，写下了这首感人肺腑的千古绝唱《蜀相》。

[课文分析] ⊙

　　公元221年，刘备在成都称帝，国号蜀，任命诸葛亮为丞相，诗题《蜀相》，写的就是诸葛亮。

　　诸葛亮是三国时期著名的政治家和军事家。他曾经为刘备制定了一系列统一天下的方针、策略，辅佐刘备振兴汉室，建立了蜀汉政权，形成了与曹魏、孙吴三足鼎立的局面。刘备去世后，诸葛亮又辅佐他的儿子刘禅，多次出师北伐中原，因身心交瘁，积劳成疾，最后死于军中，实现了他"鞠躬尽瘁，死而后已"的铿锵誓言，赢得了后世人们的景仰和推崇。

　　杜甫虽然怀有"致君尧舜"的政治理想，但他仕途坎坷，抱负无法施展。他写《蜀相》这首诗时，安史之乱还没有平息。目睹国势艰危，生民涂炭，而自身又请缨无路，报国无门，因此对开创基业、挽救时局的诸葛亮，无限仰慕，倍加敬重。

　　本诗主要是借古人抒发自己的怀抱。"丞相祠堂何处寻？锦官城外柏森森。"这是写诗人去武侯祠途中的情况，他一边走一边问，终于看到了一片苍松翠柏，有人告诉他武侯祠就在那里，这自然使他感到欣慰。接着写入祠后所见："映阶碧草自春色，隔叶黄鹂空好音。"这已经包含作者的感叹了，意思是：阶前的草一到春天便是一片碧绿，年年如此，可他为谁而绿呢？隔叶的黄鹂叫得那么动听，可有谁听呢？时间已过了五百年，像诸葛亮那样的人再也没有出现过。由此，自然而然转到诸葛亮的才智和功业上："三顾频烦天下计，两朝开济老臣心。"上句看起来是说刘备,其实是从侧面烘托诸葛亮的才智和抱负;下句则是对诸葛亮一生功业的最精辟的概括。然而诸葛亮并没有完成他的事业,这就不能不使人为他惋惜了。至此,诗人水到渠成地将对诸葛亮的崇敬、仰慕和叹惋之情跟自己壮志难酬的痛苦熔铸为千古名句"出师未捷身先死,长使英雄泪满襟"。

【写作特色】

1. "起承转合"章法自如。《蜀相》这首诗的第一、二句,紧扣诗题,写专程寻访丞相祠堂,这是"起";第三、四两句,直承上文,写祠堂内的春色,这是"承";第五、六句,推开一层,写对诸葛武侯评价,这是"转";第七、八句,收束全诗,写对诸葛武侯的悼念,这是"合"。在短短的八句当中,有叙事,有写景,有议论,有抒情,笔墨淋漓,感情深挚,统体浑成,充分体现了杜诗"沉郁顿挫"的风格。

2. 对仗工妥,用字精当,声音和谐,具有非凡的概括力。如"三顾频烦天下计,两朝开济老臣心",精要地概括了诸葛亮的为人和一生功业。

[课文翻译] ⬇

丞相的祠堂要到哪里寻找? 在锦官城外柏树繁茂的地方。

映着石阶的绿草自成一片春色,隔着树叶的黄鹂徒有好听的声音。

三顾茅庐频繁讨论天下大计,两朝的开创与辅佐老臣竭尽忠心。

出师还没有取得最后的胜利就先病死了,常使后世的英雄泪满衣襟。

[巩固训练] ⬇

一、填空题

1. 杜甫字_____,世称_____。为_____时_____主义诗人。

2. 杜甫诗歌内容的特色是"_____,_____",故后人誉之为"_____"。

3. 杜甫诗歌的艺术特色为_____。

4. 杜甫作品集名为《_____》。

5. 760年春,杜甫只身前往_____凭吊诸葛亮,写下了感人肺腑的《蜀相》一诗。

6.《蜀相》的首联是:_____。

7.《蜀相》的颔联是:_____。

8.《蜀相》的颈联是:_____。

9.《蜀相》的尾联是:_____。

二、选择题

1. 杜甫在诗歌史上被誉为( )。

A."诗佛"　　　　　　B."诗圣"　　　　　C."诗神"　　　　　　D."诗仙"

2. 杜甫诗歌的明显风格是(　　　)。

A. 飘逸豪迈　　　　　　　　　　　B. 精工典丽

C. 沉郁顿挫　　　　　　　　　　　D. 自然朴实

3. 杜甫的《蜀相》诗写于(　　　)。

A. 长安　　　　　　　　　　　　　B. 成都

C. 夔州　　　　　　　　　　　　　D. 湘江舟中

4.《蜀相》是(　　　)的作品。

A. 托物言志　　　　　　　　　　　B. 借景抒情

C. 借古咏怀　　　　　　　　　　　D. 写景状物

5. 对这首诗中词句的解释,不恰当的一项是(　　　)。

A."蜀相"是蜀汉丞相诸葛亮。"锦官城"是成都的别称。"柏森森"即柏树茂盛的地方。

B."映阶"二句是说祠堂内碧草空有春色,黄鹂徒有好音,却没有多少人去欣赏。

C."频烦"即频繁,连续。"天下计"指统一中国、兴复汉室。"两朝"指东汉和蜀汉。"开"指开创基业,"济"是渡过难关。

D."出师"指诸葛亮出兵伐魏。"英雄"指诸葛亮和千古以来为国为民的仁人志士,也包括诗人自己。

6. 对这首诗的赏析,不恰当的一项是(　　　)。

A. 首联以设问引起,开门见山。一个"寻"字表达了诗人对诸葛亮的仰慕之情向往之意。

B. 颔联由远及近,以草绿莺啼的美景衬托诸葛亮人格的清高。

C. 颈联高度概括了诸葛亮一生的行事。"天下计"见匡时雄略,"老臣心"、"身先死"显报国忠诚。

D. 诗的前四句写祠堂之景,后四句写丞相之事。全诗通过对历史人物的缅怀和赞颂,寄托了诗人忧心忧国、痛感济世无人的哀伤。

三、问答题

1. 古人评诗时常用"诗眼"的说法,所谓"诗眼"往往指一句诗中最精练传神的一个字。你认为这首诗颔联"映阶碧草自春色,隔叶黄鹂空好音"两句中的"诗眼"分别是哪一个字?请结合全诗简要赏析。

2. 以《蜀相》为例,说明律诗对仗的特点。

3. 这首诗表达了诗人怎样的思想感情?

4. 结合《蜀相》分析杜甫"沉郁顿挫"的艺术风格。

长 恨 歌

白居易

　　白居易(772—846),字乐天,晚号香山居士。白居易是中唐诗坛上杰出的现实主义诗人,是新乐府运动的倡导者和主要代表。他提出"文章合为时而著,歌诗合为事而作"的创作主张。白居易与元稹齐名,并称"元白"。著有《白氏长庆集》。他的诗歌声调优美,形象性强,并以通俗易懂、雅俗共赏著称于世。

　　《长恨歌》在诗人自编诗集时归于"感伤"类。

[课文分析] ⊕

【写作背景】

　　唐宪宗元和元年(806年)冬十二月,白居易任周至(今陕西周至县)县尉,与友人陈鸿、王质夫同游仙游寺,谈论50年前唐玄宗和杨贵妃的故事,感慨万千,白居易遂作《长恨歌》,陈鸿作传奇《长恨歌传》以记其事。

【多解的主题】

　　关于《长恨歌》的主题,自唐以来众说纷纭,如讽喻主题说(揭露谴责唐玄宗与杨贵妃骄纵淫逸的生活及误国亡身的下场,警示后人不要重蹈覆辙)、爱情主题说(主要歌咏李、杨真挚缠绵、坚贞不渝的爱情)、双重主题说(一方面批判统治阶级因荒淫腐朽招致祸乱,一方面同情二人生离死别的不幸遭遇)。

　　从作者自身的创作意图来看,白居易曾自言"一篇《长恨》有风情",并将其归为感伤诗,可见作者是为歌"风情"而作此诗,在具体描写中虽对李、杨荒怠朝政也流露出不满,但主旨仍是同情李、杨的爱情遭遇,赞美二人的坚贞不渝。

【结构层次】

　　本诗共分为四层。

　　第一层(开头—尽日君王看不足):作者极力描绘杨氏的美丽与玄宗对其的宠爱。

　　第二层(渔阳鼙鼓—回看血泪相和流):叙写二人因荒废朝政终于引发渔阳兵变,马嵬坡生离死别,贵妃惨死。

　　第三层(黄埃散漫—魂魄不曾来入梦):从蜀中、马嵬、长安一路移步换景,结合三地不同的事、景、情,写尽玄宗对杨贵妃刻骨铭心的思念。

第四层(临邛道士—此恨绵绵无绝期):用浪漫主义笔法写杨贵妃已登仙界但不忘旧情,重申密约,并以"天长地久有时尽,此恨绵绵无绝期"点出天人永隔之无尽思念和绵绵长恨。

【写作特点】

1. 现实主义和浪漫主义相交融,虚实结合的选材特点。前半部分是现实主义,描写李、杨之间的遇合;后半部分是浪漫主义,写李、杨之间的刻骨相思。诗歌歌咏历史上的真人真事,却并非全以史实为据,而是在史实基础上吸收民间的相关传说并加以适当熔铸裁剪,虚实结合,中心突出,叙述了一个优美动人、缠绵哀怨的爱情故事。

2. 塑造了两个优美动人的人物形象。作者成功地塑造了两个鲜明美好的人物形象。其笔下的杨贵妃,隐去了作为历史人物的杨玉环的不美之处,在白居易的笔下,她既有"天生丽质"的外表美,又对爱情生死如一,始终不渝,寄寓着诗人的爱情理想。玄宗作为故事的主人公,同样不等同于历史上的明皇,而是一位痴情恋旧的君主。

3. 叙事诗的典范。本诗是长篇叙事诗的典范,情节曲折离奇,首尾完备,并将叙事与抒情做到了极好的融合。前段以叙事为主,始终围绕李、杨爱情中心取材,明畅简洁,一气舒卷,后段以抒情为主,酣畅淋漓,感人至深。

4. 律化的乐府歌行。在语言韵律方面,本诗是律化的乐府歌行,以韵为主,间或以散句相间,既朗朗上口,又气韵生动。押韵方式灵活多变,有句句押韵,有两句一韵,或两句一转韵,或四句一换韵。平声韵与仄声韵相互交替,音韵流畅和谐,语言优美抒情。

[课文翻译] ⊕

汉家的皇上看重倾城倾国貌,立志寻一位绝代佳人。可惜当国多少年哪,一直没处找。

杨家有位刚长成的姑娘,养在深闺里没人见过她容颜。

天生丽质无法埋没,终于被选到皇上身边。

她回头嫣然一笑,百般娇媚同时显现出来。六宫嫔妃啊,立刻失去了光彩。

正春寒,赐浴华清池,温泉水滑,洗她肌肤如凝结的油脂。

侍女扶出浴,正娇懒无力,初承恩就在这一时。

花一般容貌云一样鬓发,金步摇在头上颤。在华丽的芙蓉帐中乐度春宵。

美好的春宵,春宵太短!太阳多高天子才睁眼,从此再不早早上朝去和那些大臣见面。追陪欢乐,伺候宴席,她总在皇帝身旁转。春天随从春游,夜晚也是她独占。

后宫美人儿三千人,对三千人的宠爱都集中在她一身。

深宫的夜晚,她妆饰好了去伺候圣君。玉楼中宴会,春天和她一起醉倒了人。

姐姐弟兄都封了大邦,好羡人呀,一家门户尽生光。叫天下做父母的心肠,觉得生男儿还不如生个女郎。

避暑的骊宫,高插云霄。宫中仙乐飘,人间到处都能听到。

宫里缓歌舞,徐徐地弹琴慢慢地吹箫。皇上整天看,总也看不饱。

谁知道渔阳反叛的战鼓会震地敲,把《霓裳》《羽衣》曲惊破了!

皇家城阙烟尘出现,天子的大驾,一千辆车,一万匹马,逃往西南。

才走到百来里,走走又站站。

六军不肯前进可怎么办?宛转蛾眉竟死在皇上马蹄前。

她的花钿丢在地上没人收,还有她头上的翡翠翘呢,她的金雀,她的玉搔头。

皇上掩着脸,想救救不了,回头看,眼泪和血一起流。

栈道插云弯弯曲曲上剑阁,风刮起黄尘格外萧索。

峨眉道上没多少行人,天子旌旗也没了光彩,阳光是那样淡薄。

蜀江水这么碧绿哟,蜀山这么青翠,皇上日日夜夜怀念情思难断绝。

离宫看见月光是伤心颜色,夜里听雨打栈铃也是断肠声息。

总算有一天,天旋地转圣驾得回京城,又走到这里——叫人徘徊不忍离去。

马嵬坡下泥土中间找不着了,美人当年白白死去的那块地。

君臣互相看看,眼泪洒衣襟,向东望,信马由缰回京城。

回来看看宫苑园林,太液池芙蓉未央宫翠柳依旧媚人。

那芙蓉花多像她的脸,那柳叶多像她的眉,见花见柳怎叫人不落泪。

怎不感触啊,在这春风吹开桃李花的日子,在这秋雨打梧桐落叶的时辰!

太上皇住南内与西宫,秋草长闲庭,不扫它满阶落叶红。

当年椒房阿监青眉已老,梨园弟子头上白发初生。

晚上萤虫飞过宫殿,太上皇悄然忆想。夜里挑残了孤灯睡不着。

只听宫中钟鼓迟迟敲响。夜这么长,看看天上银河还在发光。天快亮,还不亮!

霜这么重,房上鸳鸯瓦这么冷,翠被冰凉,有谁同拥?

你死去了,我还活着,此别悠悠已经隔了年,从不见你的灵魂进入我的梦。

京城有位修炼过的临邛道士,能以精诚把亡魂招致。

可感动的是上皇辗转怀念的深情,使方士殷勤地去把她寻觅。

他御气排云像一道电光飞行,上了九天,又下入黄泉,可是都没见到她的踪影。

忽然听说海上有座仙山,那山在虚无缥缈中间。

仙山楼阁玲珑似朵朵彩云,有许多美妙的仙子。

其中有位叫太真,雪样肌肤花样容貌,听来好像是要找的人。

方士到了仙宫,叩西厢的门,报消息的是仙人小玉和董双成。

她听说汉家天子派来了使臣,不由惊断了仙家九华帐里的梦。

推开枕穿上衣下得床来,银屏与珠帘都依次打开。

只见她头上云髻半偏,刚刚睡醒,花冠还没整好便走下堂来。

风吹着她的仙衣飘飘旋举,还像当年她的霓裳羽衣舞。

玉容寂寞一双眼泪落下来,好似春天一枝梨花带着雨。

她含情目感谢君王:自从生离死别难见面,音信两茫茫。

昭阳殿里的恩爱从此断绝,蓬莱宫里的日月这么漫长!

往下看人间,只看见云雾看不见长安,

只能将旧物表表我的深情,把金钗钿盒两样东西带还。

金钗留一股,钿盒留一扇,我们一人分一半。

只要我们的心像金和钿一样坚牢,虽然远隔天上与人间,总还能相见!

临走叮咛还有一句话儿紧要,这句誓言只有他和我知道。

七月七日长生殿,半夜里没人我们两个话悄悄:

在天上我们但愿永做比翼鸟,在地上我们但愿永做连理枝条。

天长地久也有一天会终结,这恨啊,长久不断,永不会有消除的那一朝。

巩固训练 ⬇

一、填空题

1. 白居易,字_____,晚号_____,为_____时著名_____诗人。

2. 白居易是_____运动的倡导者,其主要主张为"_____,_____

_____"。

3. 白居易的感伤叙事诗代表作有《_____》、《_____》。

4. 白居易的讽喻诗代表作有《_____》、《_____》。

5. 白居易的闲适诗深受_____的影响,多怡情悦性、流连光景之作。

6. 白居易的诗风是_____。

7. 白居易的作品集名为《_____》。

8. 《长恨歌》的主人公为_____、_____。

9. 《长恨歌》的主题是_____。

10. "回眸一笑百媚生,_____。"

11. "在天愿作比翼鸟,_____,_____ 此恨绵绵

无绝期。"

二、选择题

1. 白居易是(　　)著名诗人。

A. 初唐　　　　　B. 盛唐　　　　　C. 中唐　　　　　D. 晚唐

2. 白居易提倡的是(　　)运动。

A. 文体革新　　　　　　　　　　B. 新乐府运动

C. 古文运动　　　　　　　　　　D. 白话文运动

3. 《长恨歌》用的是(　　)手法。

A. 现实主义   B. 浪漫主义

C. 先现实主义后浪漫主义   D. 先浪漫主义后现实主义

4. 被称为"元白体"中的白是白居易,那"元"是( )。

A. 元稹   B. 元遗山   C. 元微子   D. 元结

三、词语解释题

1. 倾国:＿＿＿＿＿＿＿＿＿＿＿＿＿＿＿＿＿＿＿＿＿＿＿＿＿＿

2. 回眸:＿＿＿＿＿＿＿＿＿＿＿＿＿＿＿＿＿＿＿＿＿＿＿＿＿＿

3. 列土:＿＿＿＿＿＿＿＿＿＿＿＿＿＿＿＿＿＿＿＿＿＿＿＿＿＿

4. 可怜:＿＿＿＿＿＿＿＿＿＿＿＿＿＿＿＿＿＿＿＿＿＿＿＿＿＿

5. 渔阳鼙鼓:＿＿＿＿＿＿＿＿＿＿＿＿＿＿＿＿＿＿＿＿＿＿＿＿

6. 宛转:＿＿＿＿＿＿＿＿＿＿＿＿＿＿＿＿＿＿＿＿＿＿＿＿＿＿

7. 梨园弟子:＿＿＿＿＿＿＿＿＿＿＿＿＿＿＿＿＿＿＿＿＿＿＿＿

8. 耿耿星河:＿＿＿＿＿＿＿＿＿＿＿＿＿＿＿＿＿＿＿＿＿＿＿＿

9. 碧落、黄泉:＿＿＿＿＿＿＿＿＿＿＿＿＿＿＿＿＿＿＿＿＿＿＿

10. 绰约:＿＿＿＿＿＿＿＿＿＿＿＿＿＿＿＿＿＿＿＿＿＿＿＿＿＿

11. 参差:＿＿＿＿＿＿＿＿＿＿＿＿＿＿＿＿＿＿＿＿＿＿＿＿＿＿

12. 迤逦:＿＿＿＿＿＿＿＿＿＿＿＿＿＿＿＿＿＿＿＿＿＿＿＿＿＿

13. 泪阑干:＿＿＿＿＿＿＿＿＿＿＿＿＿＿＿＿＿＿＿＿＿＿＿＿＿

14. 人寰:＿＿＿＿＿＿＿＿＿＿＿＿＿＿＿＿＿＿＿＿＿＿＿＿＿＿

四、问答题

1. 分析《长恨歌》的主题。

2. 分析《长恨歌》的艺术特色。

连昌宫词

元 稹

［作者与文体］ ⬇

　　元稹(779—831)，字微之，洛阳(今河南洛阳市)人。元和元年(806年)，因上疏论政，为宰臣所恶，出为河南县尉。元和四年(809年)，为监察御史，因得罪权臣和宦官，贬江陵司曹参军，出外达十年之久。元和末，转依宦官。后虽官至宰相而为时论所薄，卒于武昌节度使任上。与白居易友善，常相唱和，共同倡导新乐府运动，世称"元白"。有《元氏长庆集》。

　　《连昌宫词》是唐代诗人元稹创作的长篇叙事诗。这首诗通过一个老人之口叙述连昌宫的兴废变迁，反映了唐朝自玄宗至宪宗时期的兴衰历程，探索了安史之乱前后朝政治乱的缘由，表现了人民对再现升平、重开盛世的向往和希望国家长治久安的强烈愿望。此诗语言丰富，形象鲜明，叙事生动，笔触细腻，是"新乐府"的代表作品之一，也是唐诗中的长诗名篇之一。

［课文分析］ ⬇

　　此诗作于元和十三年(818年)，一说817年，当时元稹在通州(州治在今四川达县)任司马。唐朝自安史之乱后，藩镇割据，外族入侵，宦官专权，迅速由盛而衰。唐宪宗时改革朝政，有一些中兴气象。元和十二年(817年)冬天，朝廷平定了淮西吴元济的叛乱，国内暂告安定。诗人生活在这个时代，并对宫廷生活颇为了解，贬官到下层，又在一定程度上接触了社会生活和吸取了民间传闻，思想感情发生了一些变化，于是写下了这首著名的长篇叙事诗。

　　全诗基本上可分为两大段。

　　第一段：从"连昌宫中满宫竹"至"夜夜狐狸上门屋"。写宫边老人诉说连昌宫今昔变迁。前四句是一段引子，先从连昌宫眼前乱竹丛生、落花满地、一派幽深衰败的景象下笔，引出宫边老人。老人对作者的泣诉可分两层。

　　第一层：从"小年进食曾因入"至"杨氏诸姨车斗风"。写连昌宫昔日繁华盛况。

　　第二层：从"明年十月东都破"至"夜夜狐狸上门屋"。写安禄山叛军攻破东都洛阳，连昌宫从此荒废的景象。

　　第二段：从"我闻此语心骨悲"至"努力庙谟休用兵"。通过作者与老人的一问一答，探讨

29

"太平谁致乱者谁"及朝政治乱的因由。

这首诗针砭唐代时政,反对藩镇割据,批判奸相弄权误国;提出所谓"圣君贤卿"的政治理想。它含蓄地揭露了玄宗及皇亲骄奢淫逸的生活和外戚的飞扬跋扈,具有一定的历史上的认识意义。前代诗评家多推崇这首诗"有监戒规讽之意"、"有风骨",把它和白居易《长恨歌》并称,同为唐代脍炙人口的长篇叙事诗。

【艺术特色】

这首《连昌宫词》在艺术构思和创作方法上,受到当时传奇小说的影响。诗人既植根于现实生活和历史,又不囿于具体的历史事实,虚构一些情节并加以艺术的夸张,把历史人物和社会生活事件集中在一个典型环境中来描绘,写得异常鲜明生动,从而使主题具有典型意义。

［课文翻译］⊕

连昌宫长满了宫竹,年岁太久无人来管理,竹子长得高而密,枝叶纠结在一起。又有墙头碧桃,红色的花瓣被风纷纷吹落。住在连昌宫旁的老人向我哭诉说:"少年时曾因向皇帝进贡食物而入到宫中,唐玄宗正在望仙楼,杨贵妃一起倚着栏杆而立。楼上楼前都是缀戴着珍珠、翡翠的宫女们,光彩鲜明闪烁照耀天地。归来后如梦又如痴,哪里能从容详尽地诉说宫中之事。当时刚刚过了大寒食而到了小寒食,城里的店舍都不见炊烟,只有宫边的树木翠绿如常。夜半月亮升得很高了,宫中传出了琴弦的鸣声,原来是贺怀智压场的琵琶声。高力士传唤寻找名倡念奴,念奴潜伴皇帝的随从侍卫人员过夜。片刻找到又接连催促,特别下令街上准许燃起烛火。睡在红纱帐里的念奴满眼春意,充满娇气,用手整理一下头发很快就妆束好了。来到宫中刚刚歌唱一声,邠王李承宁随即吹管笛与之相和。急奏整套的凉州曲调末了,各种龟兹乐曲热烈地连番演奏。吹笛少年李谟靠着宫墙,偷学了许多新曲子。天大亮的时候皇帝的车驾发往行宫,万人歌舞在道路上。百官的仪仗队避开歧王李范、薛王李业、杨贵妃的姐姐韩国夫人、虢国夫人、秦国夫人的车行轻快迅速。第二年十月洛阳被攻破,御用的道路还在,安禄山的军队经过。强迫供应食宿不敢有私藏,百姓们无声暗暗流泪。西京长安和东京洛阳收复后六七年,却寻家舍在行宫前。美丽的庄园被一把大火烧得满目疮痍,只剩下无人使用的枯井,庄园的大门长久地关闭但园内树木森森依稀荒凉一片。尔后相传的六位皇帝不到离宫,宫门久闭。听来来往往的少年说起长安,知道了玄武楼建成,花萼楼荒废。去年使者奉皇命来连昌宫砍竹子,偶尔遇上门打开,我跟着进去了一会儿。杂草丛木像梳齿那样密地排列着填满了池塘。狐狸、兔子胆大,见人并不逃逸,绕着树木。舞榭倾斜(榭:台有屋叫榭),地基还在,雕有花纹的窗子幽深仍绿。尘土埋没了粉壁,陈旧的金属花片。鸟儿啄着挂在檐棱间的铃铎或金属,发出碎玉般的声音。玄宗皇帝偏爱靠近台阶的花朵,依然将皇帝的坐具靠近台阶斜坡。蛇出燕巢盘绕在斗栱之上,香案腐朽,长出菌蕈来,正在那天子所居的简。寝殿相连的端正楼,杨贵妃在楼上梳洗。晨光未出,室内已有人在活动,至今反挂着珊瑚制成的帘钩。我把宫中遗迹指示给人看却因此伤心痛哭,退出宫门时眼泪还不断地流淌。自从此后宫门再也没有打开过,每天晚上只有狐狸窜上门屋。"我听了老人的这番话后心里也禁不住悲伤,问道:"是谁开创了太平盛世,又是谁招致这一混乱局面呢?"老人说:"乡野老人哪能分辨得出呢? 我就把耳闻目见的事情跟你说说吧。姚崇、宋璟做宰相时,劝谏皇帝李隆基言语恳切。宰相协助皇帝处理政务,粮食丰收,调和中外没有战争杀伐之事。长官清正廉洁,太守杰出,人才的选用都说由于用人施政至为公正。开元末年姚崇、宋璟相继逝世,朝廷渐渐信任听从杨贵妃。安禄山自请为杨贵妃养子,出入宫廷,无所禁忌。虢国夫人门前倚势弄权,钻营者不绝于门,如市上一样热闹。当时弄权宰相名字记不得了,依稀记得是杨国忠和李林甫。朝廷制定的国家大计颠倒,四海飘摇,安史之乱所留下的民生凋敝的残破混乱局面持续了五十年。当今皇帝圣明,丞相裴度贤明,诏书刚下,便平定了吴蜀两地的藩镇叛乱。官军又攻克了叛乱藩镇淮西节度使吴元济,此贼又除,天下安宁。我年年耕种宫前道路旁的土地,现在乱世既平,为迎接皇帝出巡,今年就不叫子孙在宫前耕种了。"老人这样做的意思是殷切地盼望皇帝前来,希望皇帝努力于国家大计,不要再起战争杀伐。

[巩固训练]

一、填空题

1.元稹,字_____,为_____时著名诗人。

2.元稹是_____的倡导者和中坚力量,与_____齐名,世称"元白",诗作号为"_____"。

3.元稹作有传奇《_____》,又名《会真记》,为后来《_____》故事所由。

4.曾经沧海难为水,_____。取次花丛懒回顾,半缘修道半缘君。[《离思五首》(其四)]

二、问答题

1.试分析本诗的艺术成就。

2.试将本诗与白居易的《长恨歌》作比较,体会本诗的政治讽刺意味。

3.分析本诗的主旨。

无题·昨夜星辰昨夜风

李商隐

[作者与文体] ⬇

　　李商隐(812—858)是晚唐诗坛上的著名诗人,有"七律圣手"之称。诗作文学价值很高,他和杜牧合称"小李杜",与温庭筠合称为"温李",他的诗歌情致婉曲,构思精巧,文采富丽。特别是他的无题诗,意境朦胧,典丽精工,含蓄多情,对后世影响很大。李商隐最擅长的诗歌是七律和七绝。

[课文分析] ⬇

【李商隐诗歌的艺术特色】

　　1. 表现内心深处的某些情绪体验。

　　2. 在表现内心深处的寂寞时反而表现出强烈的生命渴望。

　　3. 不是全景扫描,而是将不相干的意象进行叠加,意蕴更加丰富。

　　4. 用典较多,主题隐晦。

　　5. 意境朦胧,典丽精工。

[课文翻译] ⬇

　　还记得昨夜星辰满天,好风吹动,你我相会于画楼的西畔、桂堂的东侧。

　　我俩虽不似彩凤拥有翩然飞舞的双翅,但我们的心却如灵犀一般息息相通。

　　我们隔座而坐,一起玩藏钩猜拳的游戏,罚喝暖融融的春酒;分属两队,在红红的烛火下,猜谜射覆。

　　可恨那晨鼓响起,让我不得不去官府中点卯应差;骑马到兰台,行色匆匆,就好像飘荡不定的蓬草。

[巩固训练] ⬇

一、填空题

　　1. 李商隐,字_____,号_____,又号_____。

　　2. 李商隐为_____时著名诗人。早年得意,后不幸卷入_____,一生困顿失意。最后客死_____。

    3. 李商隐的诗歌内容有_____、_____。

    4. 李商隐的_____和_____写得最有特色。

    5. 李商隐的近体诗中,以_____成就最高,其主要特色为_____

_____。

    6. 李商隐有大量的无题诗,其特色为_____、_____、_____。

    7. 李商隐的作品集名为《_____》《_____》。

    8. 李商隐诗歌总体风格为_____、_____。

    9. 晚唐代表诗人"小李杜",此处的"杜"是_____。

二、选择题

    1. 李商隐是(　　)时诗人。

A. 初唐　　　　　　　B. 盛唐　　　　　C. 中唐　　　　　　D. 晚唐

    2. 李商隐诗歌的明显特色是(　　)。

A. 飘逸豪迈　　　　　　　　　　B. 沉郁顿挫

C. 朴实自然　　　　　　　　　　D. 典丽精工　意境朦胧

三、问答题

    1. 分析李商隐诗歌的艺术风格。

    2. 结合本诗谈谈李商隐无题诗的特色。

乌夜啼·无言独上西楼

李 煜

　　李煜(937—978),五代词人。南唐中主李璟第六子,史称李后主。降宋后被封为右千牛卫上将军、违命侯,后被宋太宗赵光义毒死。他具有多方面的艺术才能,工书法、善绘画、精通音律,诗、文均有一定的造诣,词的成就尤高。被称为"千古词帝"。

【李煜词的分期】

　　李煜的词,可以分为前后两期,以降宋时作为界线。前期的词已表现出他非凡的才华和出色的技巧,但题材较窄,主要反映宫廷生活与男女情爱;到了后期,李煜由小皇帝变为囚徒。屈辱的生活,亡国的深痛,往事的追忆,使他的词成就大大超过了前期。后期的作品,主要抒写自己凭栏远望、梦里重归的情景,表达了对"故国"、"往事"的无限留恋,抒发了明知时不再来而心终不死的感慨,艺术上达到了很高的境界。

【李煜词的成就】

　　1. 扩大了词的表现领域。突破了晚唐五代"花间"以艳为主的窠臼,使文人词从音乐的附庸变为遣兴抒怀的工具。李煜词中多数作品直抒胸臆,倾吐身世家国之感,情真语挚。所以王国维说:"词至李后主而眼界始大,感慨遂深,遂变伶工之词而为士大夫之词。"(《人间词话》)

　　2. 具有较高的概括性。李煜的词,往往通过具体可感的个性形象来反映现实生活中具有一般意义的某种境界。

　　3. 语言自然、精练而又富有表现力。他的词不镂金错彩,而文采动人;不隐约其词,却又情味隽永;形成既清新流丽又婉曲深致的艺术特色。

　　4. 在风格上有独创性。《花间集》和南唐词,一般以委婉密丽见长,而李煜则出之以疏宕。

【主题思想】

　　这首词是作者降宋后所写,借以表达他的深深的寂寞和无法排遣的离愁。黄升评:"此词最凄婉,所谓亡国之音哀以思。"

【结构层次】

　　上片写景,用寂寞清秋的夜色烘托一个皇帝变为囚徒孤寂愁苦的心态。下片直抒胸臆,用一个具体的比喻,把离愁比喻成乱麻,剪不断,理还乱。这离愁,不是一般的暂离故乡,而是亡国之愁。作者由一个皇帝变成一个囚徒,屈辱的现实生活,迫使他体验到一般人所尝不到的生活滋味。这个比喻深刻地反映出作者切身感受的无可解脱的愁苦。

［课文翻译］

　　默默无言,孤孤单单,独自一人缓缓登上空空的西楼,抬头望天,只有一弯如钩的冷月相伴。低头望去,只见梧桐树寂寞地孤立院中,幽深的庭院被笼罩在清冷凄凉的秋色之中。

　　那剪也剪不断,理也理不清,让人心乱如麻的,正是离别之苦。那悠悠愁思(丝)缠绕在心头,却又是另一种无可名状的痛苦。

［巩固训练］

一、选择题

　　1.《乌夜啼·无言独上西楼》的作者是(　　　)。

　　A. 李煜　　　　　　　　　　　　　　B. 柳永

　　C. 秦观　　　　　　　　　　　　　　D. 辛弃疾

　　2.(　　　)说"后主之词,真所谓以血书者也"。

　　A. 欧阳修　　　　　　　　　　　　　B. 王安石

　　C. 王国维　　　　　　　　　　　　　D. 钟嵘

　　3.李煜早期词作的风格是(　　　)。

　　A. 清新　　　　　B. 明丽　　　　　C. 柔靡　　　　　D. 朴实

　　4.李煜后期词作的风格是(　　　)。

　　A. 凄苦　　　　　B. 豪壮　　　　　C. 朴实　　　　　D. 华丽

　　5.李璟、李煜的作品合辑称为(　　　)。

　　A.《花间集》　　　　　　　　　　　　B.《尊前集》

　　C.《稼轩长短句》　　　　　　　　　　D.《南唐二主词》

二、填空题

　　1.无言独上西楼,_____别是一般滋味在心头。

　　2.李煜于词最大的贡献是_____。

　　3.李煜字_____,初名_____,自号_____、_____、_____、_____等,是南唐中主_____的第六子,史称_____。投降宋朝后,被称为"_____"。他善用_____写景状物,抒写真情实感。

　　4.《乌夜啼》是词牌名,又名《_____》、《_____》、《_____》。

三、问答题

1. 简述李煜在词的发展史上的地位。

2. 简析《乌夜啼·无言独上西楼》的艺术特色。

3. 后来的鉴赏家都以为上阕中"锁清秋"的"锁"字最是绝妙。简析"锁"字的绝妙之处。

4. 下阕中作者怎样写"离愁",请简析。

5. 分析本词抒情与写景的关系。

八声甘州·对潇潇暮雨洒江天

柳 永

[作者与文体] ⊙

柳永(约987—约1057),原名三变,世称柳七,崇安人(今福建武夷山市人)。北宋第一个专力写词的作家,婉约派词人。宋仁宗景祐元年(1034年)进士,官至屯田员外郎,世称柳屯田。柳永大半生潦倒落魄,放纵酒楼妓馆间,其词题材多样,主要有男女相思之情、羁旅行役之愁,部分作品则描绘歌妓生活、都市风情,他拓展了词的表现内容。柳永通晓音律,对词体形式的最大贡献是发展和完善了慢词的体制,采用铺叙的艺术手法扩展了词的叙事容量。他善于用通俗的语言传情状物,以至于他的词雅俗共赏,流传很广,"凡有井水处,皆能歌柳词"。词集有《乐章集》。

[课文分析] ⊙

【题解】

《八声甘州》:一名《甘州》。是词牌名,为慢词。《甘州》是从西域流传过来的曲调,唐玄宗时的教坊大曲,后用为词调。"此调前后八韵,故称'八声'。乃慢词也。"

【主题思想】

这是一首羁旅失意思乡怀人之作,词抒发了封建时代中下层知识分子的羁旅行役之苦。他们离乡背井,登上求仕之路,然而屡试不第,只得浪迹天涯,于是想回归故乡,产生了登临遥望的意愿;但是一旦登临,却只见山高水长,家乡邈远而不可见,归乡谈何容易!这首词就概括了词人在人生旅途上漂泊不定、坎坷不平的经历,抒发了自己因不被赏识、事业无成而产生的悔恨、愤激和矛盾苦闷的感情。

【社会内涵】

倾吐了萍踪漂泊的坎坷经历,表现了因事业无成而产生的内心矛盾苦闷,从一个侧面反映了封建时代中下层士子典型的生活遭遇和思想情绪。

【艺术特色】

1. 情景交融的境界

这首词的上片写望中所见,融情入景;下片写望中所思,即景抒情。而"登高临远"四个字则是贯穿全篇的线索。全篇以秋景来烘托离愁,情景相生。

2. 铺叙手法的运用

词的上片对景物的描绘运用了铺叙手法。"对潇潇暮雨洒江天,一番洗清秋"先总写暮秋傍晚的雨景,渲染出一种凄凉萧索的气氛笼罩全篇。"渐霜风凄紧,关河冷落,残照当楼"则具体展示了雨后的暮景:秋风肃杀,关河凄凉,夕阳西沉,写景中隐含江南游子的飘零无依之意。"是处红衰翠减,苒苒物华休"写眼前所见具体景物:花残叶落,美好的事物遭风雨摧残,更见一片凋零。"惟有长江水,无语东流"则宕开一笔,将自己的感情移注到悠悠的江水之上,表现了作者对长年漂泊、一事无成的不平,对青春不再、人生如寄的感伤。

3. 委婉曲折的抒情

这首词的下片抒情委婉曲折。"不忍登高临远,望故乡渺邈,归思难收。叹年来踪迹,何事苦淹留"是直接抒发自己的思乡之苦;然后则是展开想象,从淹留异乡的自叹自怨转换角度,写家乡的佳人正在妆楼痴望,"误几回,天际识归舟",并由此推想到她必然埋怨自己;因此最后又在佳人面前为自己辩白,全词归结到自己正凭栏望乡,愁苦满怀。如此由己及彼,又由彼及己;由现实到想象,又由想象到现实,感情的抒发曲折多变,委婉尽情。

【"惟有长江水,无语东流"所表达的内容】

"惟有长江水,无语东流"句景中寓情,言外有意。逝水是比喻时间的流逝,作者移情于水,水似感伤,而"无语"。两句表现出年华虚度、功业无成的感慨和悲伤。

(寓意:此两句是描写景物的句子,写江水东流,但作者以"无语"赋予江水人的感情。意思是江水也在为异乡的游子感伤而"无语"。表达了作者因漂泊、一事无成的不平和对青春不再、人生如寄的感伤。)

[课文翻译] ⊙

面对着潇潇暮雨从天空洒落在江上,经过一番雨洗的秋景分外寒凉清朗。凄凉的霜风逐渐地迫近,关隘、山河冷清萧条,落日的余光照耀在楼上。到处红花凋零翠叶枯落,美好的景物渐渐地衰残。只有长江水,不声不响地向东流淌。

不忍心登上高山下看远方,眺望渺茫遥远的故乡,渴求回家的心思难以收拢。叹息这些年来的行踪,为什么苦苦地长期停留在异乡?想起美女,正在华丽的楼上抬头凝望,多少次错把远处驶来的船当作心上人回家的船。怎么知道我,倚着栏杆的时候,正这样地愁思深重。

[巩固训练] ⊙

一、填空题

1. 柳永,原名_____,世称_____,_____(朝代)著名_____派词人。

2. 自称"奉旨填词"的词人是_____。

3. 柳永最后官至屯田员外郎,故又世称_____。

4. 在我国文坛上第一个大量制作慢词的词人是_____。

5. 柳永词的主要内容包含_____。

6. 柳永词的艺术特色主要表现为_____。

7. "凡有井水处,皆能歌柳词"。此处的"柳"是指_____。

8.《八声甘州·对潇潇暮雨洒江天》的作者是_____。

9. 对潇潇暮雨洒江天,_____,
无语东流。

10. 不忍登高临远,_____,正恁
凝愁。

11.《八声甘州》,又名为《_____》,属于_____词,共有_____韵。

二、选择题

1. 柳永的《八声甘州·对潇潇暮雨洒江天》所表达的主要内容是( )。

A. 仕途失意   B. 怀古伤今

C. 伤春惜别   D. 羁旅行役之苦

2. 在下列词作中,采用铺叙手法描写景物的是( )。

A.《虞美人》(春花秋月何时了)   B.《八声甘州》(对潇潇暮雨洒江天)

C.《水调歌头》(明月几时有)   D.《破阵子》(醉里挑灯看剑)

3. 柳永《八声甘州》贯穿全词的句子是( )。

A. 对潇潇暮雨洒江天   B. 叹年来踪迹

C. 不忍登高临远   D. 想佳人,妆楼颙望

4. 北宋第一个专力写词的作家是( )。

A. 李煜   B. 柳永   C. 苏轼   D. 辛弃疾

5. "是处红衰翠减,苒苒物华休"所运用的手法是( )。

A. 比喻   B. 夸张   C. 比拟   D. 借代

三、词语解释题

1. 是处红衰翠减,苒苒物华休: 是处:_____   休:_____

2. 叹年来踪迹,何事苦淹留。   淹留:_____

3. 望故乡渺邈,归思难收。   渺邈:_____

4. 争知我,倚栏杆处,正恁凝愁。   处:_____   恁:_____

四、简答题

1. 这首词中"惟有长江水,无语东流"蕴涵的深意是什么?

2. 这首词反映了封建时代哪一阶层人物的生活和情感？

3. 贯穿全词的线索是什么？

五、阅读下列文字,回答文后问题

不忍登高临远,望故乡渺邈,归思难收。叹年来踪迹,何事苦淹留。想佳人、妆楼颙望,误几回、天际识归舟。争知我、倚阑干处,正恁凝愁。

1. "叹年来踪迹,何事苦淹留"两句中包蕴着怎样的情感？

2. 说明下片抒情回环往复的特点及其表现作用。

踏莎行·郴州旅舍

秦 观

[作者与文体] ⊙

秦观(1049—1100),字太虚,后改字少游,高邮人。与黄庭坚、晁补之、张耒并称"苏门四学士"。秦观词内容多写柔情,亦多身世之感,善于"将身世之感,打并入艳情"。风调婉约清丽,情韵兼胜。有《淮海集》《淮海居士长短句》。

[课文分析] ⊙

【写作背景】

这首著名的词是秦观在北宋绍圣四年(1097年)作于郴州贬所的。此时的秦观,与"牛李党争"中的李商隐类似,受到翻来覆去的北宋新旧党争的波及和株连。哲宗赵煦绍圣元年(1094年)新派再起,不仅作为旧党的苏轼弟兄遭到贬谪,"苏门四学士"之一的秦观,也未能幸免,先后由京师被贬到杭州、处州,继而又遭到谒告,被削秩,再贬郴州。他面对接踵而来的政治迫害,感到无路可走。

【思想内容】

此词写客居旅舍的感慨,以委婉曲折的笔法,抒写了谪居的凄苦与幽怨。上片写谪居中寂寞凄冷的环境。起三句写向往的美好地方渺不可寻,"可堪"两句写自己所处之地:驿馆孤单,周围是春寒日暮,杜鹃哀鸣,以自己凄凉的处境与所向往的美好地方相对比,更加深了处境的可伤,人生的可悲。下片写客地思乡。起三句写远方亲朋寄来的礼物与书信,本来极可宝贵,却又给自己带来无限的离恨,"砌"字化抽象为具体,表现离恨的积累与坚固。最后词人发出苦闷的呼喊:郴江本来绕着郴山,为谁又流下湘江去,而不陪伴我解除这寂寞的离愁呢?无理的发问,深刻地表现了离愁的深重。

【词句理解】

"郴江幸自绕郴山,为谁流下潇湘去?"

一种:郴江也不耐山城的寂寞,流到远方去了,可是自己还得待在这里,得不到自由。

一种:词人"反躬自问",慨叹身世:"自己好端端一个读书人,本想出来为朝廷做一番事业,正如郴江原本是绕着郴山而转的呀,谁会想到如今竟被卷入一场政治斗争的漩涡中去呢?"

一种:郴江流入湘水是为别人流去,别人能归得,我却归不得。

【艺术特色】

1. 虚实相间,互为生发。上片以虚带实,下片化实为虚。

2. 写实、象征、比兴、用典、造境等多种手法综合运用,构成了情韵兼胜、凄迷幽怨、含蕴婉曲的艺术特色。

[课文翻译] ⊙

漫雾遮没楼台,暗淡的月色蒙住津渡,桃源美境任你怎样盼望都是无法找到。怎能忍受这孤独的馆舍紧关却关不住春天的寒冷,特别是在杜鹃悲啼不停,夕阳将暮之时。

驿站寄来了梅花,鱼雁传送到了书信,堆砌起来的怨恨重重叠叠无法计数。郴江幸运,悠然自得地环绕着郴山,为了何人却又要流向潇湘里去。

[巩固训练] ⊙

一、填空题

1. 秦观是"＿＿＿＿＿＿＿"之一。

2. 秦观词的艺术特色表现为＿＿＿＿＿＿＿。

3. 驿寄梅花,鱼传尺素,＿＿＿＿＿＿＿,为谁流下潇湘去。

4. 秦观《踏莎行》中苏东坡最为欣赏的两句话是"＿＿＿＿＿＿＿,＿＿＿＿＿＿＿"。

5. 秦观字＿＿＿＿,一字＿＿＿＿,号＿＿＿＿＿,＿＿＿＿(朝代)著名词人,＿＿＿＿以为他有屈、宋之才。他的词集是《＿＿＿＿＿＿》。

6. "踏莎行"是＿＿＿＿＿,共58字,四言双起,例用＿＿＿＿＿。"郴州旅舍"是＿＿＿＿。

二、词语解释题

1. 驿寄梅花,鱼传尺素。 尺素:＿＿＿＿＿＿＿

2. 可堪孤馆闭春寒。 可堪:＿＿＿＿＿＿＿

3. 雾失楼台,月迷津渡。 失:＿＿＿＿＿＿＿ 津渡:＿＿＿＿＿＿＿

三、问答题

1. 简析《踏莎行·郴州旅舍》的意境。

2. 简述"郴江幸自绕郴山,为谁流下潇湘去"的含义及好处。

3. 有人认为这首词的开头三句具有象征意义，你是否同意这种说法？为什么？

4. 善于用典是这首词的特点之一。"驿寄梅花"、"鱼传尺素"这两个典故在词中起什么作用？

摸鱼儿·更能消几番风雨

辛弃疾

[作者与文体] ⬇

辛弃疾(1140—1207),字幼安,号稼轩,历城(今山东济南)人。南宋最杰出的爱国词人,他的作品充满了抱负难伸的忧愤,他的词风慷慨悲壮,有"不可一世之概",继承了苏轼开创的豪放一派,以"苏辛"并称,词集名《稼轩长短句》。

《摸鱼儿》,一名《摸鱼子》,本为唐教坊名,后用为词调。属于长调,分为上、下两片。

[课文分析] ⬇

【中心思想】

这是一首借春怨而感慨国事的抒情词。作者先写春怨,后写闺怨,抒发了自己的政见和抱负,表达出在主和派得势的情况下对国运衰微、形势危殆的忧虑,以及壮志难伸、报国无门的悲抑、幽愤。

【情感内容】

本词中蕴涵着丰富的情感内容。辛弃疾在青年时代就是举义山东的抗金英雄,是才兼文武、出将入相的人物,写词自与传统婉约词的多愁善感、伤春悲秋不同。在这首词中,他继承和发扬了屈原《离骚》的"香草美人"传统,在感伤时序中感慨国事,借蛾眉遭妒寓自己遭受排斥,表现了对抗金大业难以实行、自己报国无门的悲抑和幽愤。上片所写的风风雨雨、送春归去,实是政局阴晴变幻的象征,而伤春、惜春、留春、怨春的举止和心理,则曲折表达了对抗金事业大势已去的失望和惋惜。下片以陈皇后失宠于汉武帝的"宫怨"旧题,寄寓了自己长期遭受冷落、猜忌、排斥,致使年华虚度的遗憾;而对"玉环"、"飞燕"的警告,又可看作对邀宠而得意于一时的投降派的指斥。全词交织着渴望、失望、惋惜、苦闷、怨艾和激愤,形成委婉深沉、悲凉抑郁的感情基调。

[课文翻译] ⬇

再也经受不起几次风雨,美好的春季又急匆匆过去了。爱惜春天,尚且还经常担忧花儿会开得太早而凋谢太快,何况如今面对这无数红花落地的残春败落景象。我劝说春光:你暂且留下来吧,听说芳草已生遍天涯,会遮住你的归路,你还能到哪里去呢?怨恨春不回答,竟

44

自默默地归去了。只有屋檐下的蜘蛛仍在整天殷勤地吐丝结网,粘住漫天飞舞的柳絮,想保留一点春的痕迹。

汉武帝陈皇后失宠,别居长门宫,定准的重逢佳期又被耽搁了。那是因为陈皇后的美貌有人嫉妒,纵然用千金重价买下司马相如的《长门赋》,满腹情意又该向谁倾诉? 你们不要高兴得蹦跳了,你们没有看见杨玉环、赵飞燕早都变成尘土了吗? 忧国而不能参政,只能做个闲官的心情愁苦极了! 不要去高楼上凭栏远眺,夕阳正落在暮霭笼罩的柳树梢上,长夜即将来临,望之使人断肠。

巩固训练 ⬇

一、填空题

1. 辛弃疾,原字_____,后改字_____,号_____,_____(朝代)著名的爱国词人。

2. 辛弃疾在他的《_____》、《_____》里提出抗金大计。

3. 辛弃疾作品的主要内容是_____。

4. 辛弃疾作品的艺术特色表现为_____。

5. 辛弃疾作品集为《_____》。

6.《摸鱼儿》又名为《_____》、《_____》、《_____》、《_____》。

7.《摸鱼儿·更能消几番风雨》明显的艺术特色是_____。

8.《摸鱼儿》中的典故有_____、_____、_____。

9. 更能消、几番风雨,_____,尽日惹飞絮。

10. 长门事_____,烟柳断肠处。

二、选择题

1. 辛弃疾作品的主旋律是( )。

A. 爱国主义　　　　B. 写景状物　　　　C. 自信豪迈　　　　D. 民生疾苦

2. 辛弃疾是( )著名词人。

A. 晚唐　　　　B. 北宋　　　　C. 南宋　　　　D. 南唐

3.《摸鱼儿》的明显特色是( )。

A. 比兴

B. 用典

C. 象征

D. 写景、抒情、比兴、用典、象征、曲折、离合相结合

4. 被称为"词中的《离骚》"的是（　　　）。

A. 岳飞的《满江红》　　　　　　　B. 王安石的《桂枝香》

C. 范仲淹的《苏幕遮》　　　　　　D. 辛弃疾的《摸鱼儿》

三、词语解释题

1. 更能消几番风雨　更：_____　消：_____

2. 蛾眉：_____

3. 漕运：_____

四、问答题

1. 分析本词的思想内容。

2. 分析词中用典的含义。

3. 分析本词的艺术特色。

五、阅读分析题

更能消、几番风雨，匆匆春又归去。惜春长怕花开早，何况落红无数。春且住。见说道、天涯芳草无归路。怨春不语。算只有殷勤，画檐蛛网，尽日惹飞絮。

长门事，准拟佳期又误。蛾眉曾有人妒。千金纵买相如赋，脉脉此情谁诉？君莫舞，君不见、玉环飞燕皆尘土！闲愁最苦。休去倚危阑，斜阳正在，烟柳断肠处。

1. 风雨交加的比兴意义是什么？

2. 落红无数的比兴意义是什么？

3. 芳草无归路的比兴意义是什么？

4. 蛛网惹飞絮的比兴意义是什么？

5. 怨春不语的比兴意义是什么？

6. 佳期又误的寓意是什么？

[双调]夜行船·秋思

马致远

[作者与文体] ⬇

马致远(1250—1321),大都(今北京)人,元代著名杂剧、散曲作家。

马致远早年也想在仕途上有所作为,但由于元蒙统治的黑暗,马致远只能困于下僚,终于绝了仕进的念头。晚年隐居田园,号东篱,可见其效仿陶渊明之志。马致远在大都生活了近二十年,与诸多曲家、杂剧艺人等都有交往,参加"元贞书会",被推为"曲状元",后世将他与关汉卿、白朴、郑光祖并称为"元曲四大家"。他是元散曲创作中最有影响的大家。杂剧《汉宫秋》《陈抟高卧》为其代表作。散曲成就很高,揖为《东篱乐府》。

【戏曲常识】

元代散曲分为小令、套数。小令特点:单片只曲,曲短字少。套数特点:由同一宫调若干曲牌连缀而成,各曲押同一部韵,通常有尾声。

散曲特点:第一,灵活多变、伸缩自如的句式。第二,以俗为尚和口语化、散文化的语言风格。第三,明快显豁、自然酣畅的审美取向。

[课文分析] ⬇

【层次结构】

第一层(第1曲):由秋来花谢想到人生短暂虚幻,从而引发下面对人生价值的思考及对痴迷者的批判。

第二层(第2、3、4曲):分别描写了帝王、豪杰、富翁的富贵无常。

第三层(第5、6曲):写自己看破红尘、与世无争、自得其乐的人生态度。

第四层(第7曲):总结上文,再次把名利之徒与山林高士的生活进行对比,表达了不为物役、自适其适的心志。

【内容述评】

在元朝统治者残酷的阶级压迫和民族压迫下,像马致远这样的知识分子,过着十分压抑而艰难的生活。他们不满于黑暗的现实,以冷嘲热讽的笔调,狠狠批判统治者的腐朽和追名逐利的世风。他们不肯与统治者同流合污而与之彻底决裂,隐居田园,啸傲山林,以诗酒自娱,显现出高洁的人格。在本篇中,作者抒发了强烈的爱憎之情,表达了自身的追求和操守,给读者以巨大的感染和生动的启迪。

【艺术特色】

本篇由七支曲子组成,有破有立,先破后立,首尾呼应,主旨突出。

语言:俗中透雅,既明快率直,又优美、有韵味。并且综合运用对比、比喻、鼎足对、典故等多种艺术手段,准确生动,且能常常翻出新意。

意象:准确生动而有代表性,并且深寓道理。作者借助形象来说理,而不作抽象的议论,许多想说的道理、要发的感慨,全部寄寓于鲜明生动的形象描写中,故而显得旨趣意味盎然而极具感染力。如第一支曲以"昨日春来,今朝花谢"写光阴飞逝。第二支曲以"秦宫汉阙,都做了衰草牛羊野"说王朝更替,盛衰无常……

情趣:潇洒任性,调侃意味。

[课文翻译] ⬇

第一支曲[夜行船]:

人生在世百年光阴就像梦中化蝶,回顾往日重温旧事令人感叹不迭。今天迎接春天到来,明朝又是百花凋谢。快把罚酒喝完,不然夜深灯火要灭。

第二支曲[乔木查]:

想那秦朝宫殿汉代天阙,现在都成了长满衰草放牧牛羊的原野。不然那些渔夫樵子们还没有话题闲扯。即使荒坟前留下些残碑断碣,也难辨字迹认龙蛇。

第三支曲[庆宣和]:

多少英雄豪杰,到头来连荒坟断碑都没有,他们的葬身之地已变成了狐狸野兔出没的场所。鼎足三分的功业半途夭折,到如今魏在哪里,晋又在哪里呢?

第四支曲[落梅风]:

帝王豪杰的功业尚且化为乌有,更何况看钱奴的万贯家财?可笑这些人心硬似铁,一味地爱钱如命,看不透人生好景不长,为欢几何,空使锦堂风月虚设,哪里懂得什么赏心乐事?

第五支曲[风入松]:

眼看红红的太阳又将落山,一天的时光飞逝,犹如下坡的车子。无意中揽镜自照,镜中人又添白发,不禁感叹人生无常,生死难料。莫笑我像不会筑巢的斑鸠那样拙笨,不善营生之计,我不过是糊里糊涂地装傻而已。

第六支曲[拔不断]

不争名利,不惹是非。远离世俗的功名利禄,青翠的树木正好遮住了我的屋角,远处的青山恰好填补了我残破的墙头;在这竹篱茅舍中我悠然自得。

第七支曲[离亭宴煞]

听蟋蟀唱歌,睡上一觉才得安宁,天一亮便有万事干扰不休。看世间争名夺利的人们,像排兵布阵的蚂蚁密密麻麻,像酿蜜的蜜蜂乱乱糟糟,像抢着吮血的苍蝇熙熙攘攘,不知道这场景何时是个尽头。我要学绿野堂中的裴度、白莲社边的陶渊明,只爱秋天里去采摘带露的黄花,去享用带霜的紫蟹,去畅饮烧红叶烫好的美酒。想来人生如眼前这杯中酒,毕竟有限,又能经历几个重阳节呢? 如果有人问起我,小童你记着:就是孔融来看我,你也对他说我醉了,概不见客!

[巩固训练] ⬇

一、选择题

　　1.下列哪部作品不是马致远的? (　　　)

　　A.《汉宫秋》　　　　　　　　　　　　B.《青衫泪》

　　C.《丽春堂》　　　　　　　　　　　　D.《墙头马上》

　　2.元代有"曲状元"之称的是(　　　)。

　　A. 关汉卿　　　　　B. 马致远　　　　　C. 郑光祖　　　　　D. 白朴

　　3.马致远的杂剧代表作是(　　　)。

　　A.《汉宫秋》　　　B.《西厢记》　　　　C.《单刀会》　　　　D.《芙蓉亭》

　　4.马致远的散曲集称作(　　　)。

　　A.《东坡乐府》　　　　　　　　　　　B.《自适小乐府》

　　C.《乐章集》　　　　　　　　　　　　D.《东篱乐府》

　　5.属于"元曲四大家"的有(　　　)。

　　A. 关汉卿　　　　　　　　　　　　　B. 马致远

　　C. 郑光祖　　　　　　　　　　　　　D. 白朴

　　6.《[双调]夜行船·秋思》是一支(　　　)。

　　A. 双调　　　　　B. 散曲　　　　　C. 剧曲　　　　　D. 套数

二、填空题

　　1.与关汉卿、白朴、郑光祖并称为"元曲四大家"的作者是_____。

　　2."和露摘黄花,带霜烹紫蟹,煮酒烧红叶"语出《_____》。

　　3.马致远在《[双调]夜行船·秋思》中表隐逸思想的鼎足对是_____

_____。

　　4.马致远在《[双调]夜行船·秋思》中共由_____支曲子组成。

　　5.在《[双调]夜行船·秋思》中有"便北海探吾来,道东篱醉了也",此处"北海"、"东篱"

分别是指_____、_____。

三、词语解释题

　　1.夜阑:_____

　　2.不恁么:_____

　　3.葫芦提:_____

四、分析题

1. 简述《[双调]夜行船·秋思》中两组对立的画面。

2. 分析《[双调]夜行船·秋思》的艺术特色。

3. 分析马致远在《[双调]夜行船·秋思》中所展示的隐逸意境。

五、阅读马致远《[双调]夜行船·秋思》中的文字:

蛩吟一觉方宁贴,鸡鸣万事无休歇。争名利,何年是彻? 密匝匝蚁排兵,乱纷纷蜂酿蜜,闹攘攘蝇争血。裴公绿野堂,陶令白莲社。爱秋来那些:和露摘黄花,带霜烹紫蟹,煮酒烧红叶。人生有限杯,浑几个登高节? 嘱咐俺顽童记者:便北海探吾来,道东篱醉了也。

请回答:

1. "蜂酿蜜"比喻什么? 该段语言有何特点?

2. 这段文字出现许多人物,请至少写出两位的姓名。

3. 这段文字表达了作者怎样的心志?

登金陵雨花台望大江

高 启

[作者与文体]⬇

　　高启(1336—1373),字季迪,号槎轩,平江路(明改苏州府)长洲县(今江苏省苏州市)人,元末明初著名诗人,与杨基、张羽、徐贲被誉为"吴中四杰",当时论者把他们比作"明初四杰"。洪武初,以荐参修《元史》,授翰林院国史编修官,受命教授诸王。擢户部右侍郎。有《高太史大全集》《凫藻集》等。

　　高启的诗歌在艺术上有一定的特色。首先,崇尚写实,描摹景物时细致入微。其次,注重含蓄,韵味深长。再次,用典不多,力求通畅,有些只有数句的小诗,更具有民歌风味。

[课文分析]⬇

【艺术特点】

　　全诗特点:笔力雄健,感慨深沉。

　　1. 诗歌开头八句写景,中间十二句怀古,最后四句抒怀,写景抒情浑融一体,缅古思今自然交织;层次分明又气势连贯,既波澜起伏又浑浩流转。

　　2. 此诗虽是怀古之作却无伤感之意,写景开阔雄浑,抒情豪放激荡,用典切合时地。想象丰富,感慨深沉,全篇神完气足,可称"盛世之声"。

　　3. 此诗间用长短句,每四句一转韵,平仄交错,抑扬有致,造成流荡变幻的节奏,加强了诗歌的感染力,读来情韵相生,音调铿锵。

[课文翻译]⬇

　　浩荡的长江从上游穿过重峦叠嶂,惊涛拍岸,激荡而来。两岸群山也一起陪伴这滔滔江水,奔流向东。只有虎踞龙盘的钟山向西蜿蜒抬升,似乎要与长江一竞高下,与其抗衡。长江与钟山互不相让,比拼雄奇之美。金陵形胜之地,秦始皇虽然想用镇压之法以破坏其地气,而龙盘虎踞,至今犹是佳气葱葱,王者所宅。心中的抑郁情怀如何才能排遣? 在酒酣之后,我登上了雨花台。不知不觉,夕阳的余晖洒向江面,江边的群山也笼罩在薄雾轻烟中,迷离朦胧。我的思绪也飞跃千山,横跨万古,走进历史长河。石头城下涛声阵阵,面对长江天堑,大队的骑兵不敢渡江。当年孙皓带领母亲及后宫数千人前往洛阳,欲为天子,遇大雪中途折返,后又降晋,这究竟是什么好征兆呢? 吴国在江中设下的铁锁、铁锥并不坚固,没能阻止王浚灭吴。三国、六朝也曾繁华无比,显赫一时,然而,时过境迁,兴衰更迭,终成历史过客。如今只剩杂草丛生、宫阙残损,一片凄凉。那些妄想凭借长江天险割据一方的英雄,只能让血流如潮,给百姓带来灾难,而一无所得。我庆幸躬逢盛世,当朝皇帝朱元璋平定天下,与民休息,从此可以四海一家,不再因长江分割南北而起干戈。

[巩固训练] ⬇

一、填空题

1. 高启,字_____,_____人,作品有《_____》。

2. 高启与_____、_____并称为明初诗文三大家;同时,与_____、_____、_____誉为"吴中四杰"。

3. "黄旗入洛竟何祥? 铁锁横江未为固"这两个典故所涉及的人物分别为_____、_____。

4. "前三国、后六朝"中"前三国"指_____,"后六朝"指_____。

5. "我生幸逢圣人起南国"一句中"圣人"指_____。

6. 钟山如龙独西上,_____。

7. _____,形胜争夸天下壮。

8. 这首诗结构清晰,将_____、_____、_____融为一体,层层递进,互相衬托。

二、问答题

1. 分析本诗的主题思想。

2. 分析本诗的艺术特色。

3. 分析本诗是如何将怀古与颂今联系在一起的。

古代诗歌单元练习

一、填空题

1. 《蒹葭》选自《诗经·秦风》,《诗经》一名定型于_____。

2. 《湘夫人》选自屈原的《九歌》,《九歌》是一组抒情诗,共由_____首诗组成。

3. 我国现存最早的一部文学总集是《_____》。

4. 诗歌产生于汉代,风格内容相近、艺术成就较高的《古诗十九首》最早见于《____》。

5. 陶渊明的《归园田居·其三》化用了汉代____的一首歌辞。

6. 《少年行》(其一)展现了乐观浪漫、积极向上、渴望建功立业的昂扬之气,是王维____期诗歌的代表作之一。

7. 《蜀道难》是乐府旧题诗,属于《相和歌辞·瑟调曲》,李白之前的《蜀道难》皆写蜀中道路之难或入蜀道路之难。而李白的《蜀道难》则内容更丰富,思想更积极,诗人用_____一句诗重复三次,有一种荡气回肠的震撼力。

8. 杜甫的《蜀相》中"丞相祠堂何处寻? 锦官城外柏森森",此处"锦官城"是指____。

9. 白居易《长恨歌》中导致李、杨生离死别的关键情节是(　　　　　　　　)。

10. 元稹《连昌宫词》中"两京定后六七年,却寻家舍行宫前","两京"是指_____和____
____。

11. 李商隐是晚唐著名诗人,一生经历坎坷,身受_____的牵累,充满悲剧色彩。

12. 被称为"千古词帝"的词人是_____。

13. 北宋时期第一个大量制作慢词的词人是_____。

14. 秦观在《踏莎行·郴州旅舍》中用的典故有_____、_____。

15. 辛弃疾在《摸鱼儿·更能消几番风雨》中有诗句"君莫舞,君不见、玉环飞燕皆尘土",其中"君"的意思是(　　　　　　　　)。

16. 马致远在《[双调]夜行船·秋思》尾曲[____]中,描绘了两类不同的人生选择。

17. 诗句"从今四海永为家,不用长江限南北",出自高启的诗篇《_____》。

18. 诗句"出师未捷身先死,长使英雄泪满襟",出自杜甫的诗篇《_____》。

19. 诗句"老翁此意深望幸,努力庙谟休用兵",出自元稹的诗篇《_____》。

20、诗句"身无彩凤双飞翼,心有灵犀一点通",出自李商隐的诗篇《_____》。

二、选择题

1. 《诗经》明显的章法特征是(　　　)。

A. 框架式　　　　　　B. 重章叠句　　　　　C. 流浪汉式　　　　　D. 章回式

2. 屈原在《九歌》中有一组描写湘水配偶神的组诗,它们是(　　　)。

A.《河伯》　　　　　　　　　　　　　B.《湘君》

C.《山鬼》　　　　　　　　　　　　　D.《湘夫人》

3. 以下(　　　)为我国古代著名的民间爱情故事。

A.《牛郎织女》　　　　　　　　　　　B.《孟姜女》

C.《梁山伯和祝英台》　　　　　　　　D.《白蛇传》

4. 李白在《蜀道难》中说"一夫当关万夫莫开"指的是(　　　)。

A. 太白山　　　　　B. 峨眉山　　　　　C. 青泥岭　　　　　D. 剑阁

5. 倡导"新乐府运动"的中唐诗人有(　　　)。

A. 白居易　　　　　B. 元稹　　　　　C. 张籍　　　　　D. 王建

6. 以下(　　　)为中唐著名的叙事诗篇。

A. 白居易的《长恨歌》　　　　　　　　B. 元稹的《连昌宫词》

C. 韩愈的《听颖师弹琴》　　　　　　　D. 白居易的《琵琶行》

7. 在词的发展史上,将词从音乐的附庸变为述性遣怀的工具的词人是(　　　)。

A. 温庭筠　　　　　B. 韦庄　　　　　C. 李商隐　　　　　D. 李煜

8. 以下词人(　　　)善于因情造境。

A. 李煜　　　　　B. 柳永　　　　　C. 秦观　　　　　D. 晏殊

9. 在马致远《[双调]夜行船·秋思》中写帝王之业无常的曲子是(　　　)。

A.[落梅风]　　　　　　　　　　　　B.[乔木查]

C.[拨不断]　　　　　　　　　　　　D.[离亭宴煞]

10. 以下自号为"青丘子"的明代诗人是(　　　)。

A. 高启　　　　　B. 刘基　　　　　C. 于谦　　　　　D. 袁枚

三、词语解释题

1. 溯洄从之,道阻且跻。　　　　　　　　　　跻:＿＿＿＿＿＿＿＿

2. 洞庭波兮木叶下。　　　　　　　　　　　　波:＿＿＿＿＿＿＿＿

3. 盈盈一水间,脉脉不得语。　　　　　　　　脉脉:＿＿＿＿＿＿＿＿

4. 晨兴理荒秽,带月荷锄归。　　　　　　　　荷:＿＿＿＿＿＿＿＿

5. 使人听此凋朱颜。　　　　　　　　　　　　凋:＿＿＿＿＿＿＿＿

6. 梨园弟子白发新。　　　　　　　　　　　　梨园弟子:＿＿＿＿＿＿＿＿

7. 努力庙谟休用兵。　　　　　　　　　　　　庙谟:＿＿＿＿＿＿＿＿

8. 秦皇空此瘗黄金。　　　　　　　　　　　　瘗:＿＿＿＿＿＿＿＿

9. 便北海探吾来,到东篱醉了也。　　　　　　北海:＿＿＿＿＿＿＿＿

10. 嗟余听鼓应官去,走马兰台类转蓬。　　　　转蓬:＿＿＿＿＿＿＿＿

四、问答题

1.《诗经·蒹葭》的主旨。

2. 结合《湘夫人》中湘君的心理活动分析湘君的人物形象。

3. 分析《迢迢牵牛星》的主题和艺术特色。

4. 分析陶渊明《归园田居》(其三)的主题和艺术特色。

5. 结合《少年行》(其一)分析王维早期诗歌的风格特色。

6. 结合《蜀道难》分析李白诗歌的语言特色。

7. 结合《蜀相》分析杜甫"沉郁顿挫"的风格特色。

8. 分析《长恨歌》的主旨要义。

9. 分析《长恨歌》的艺术风格。

10. 分析《连昌宫词》的艺术成就。

11. 比较《长恨歌》和《连昌宫词》内容和艺术上的异同。

12. 结合李商隐的《无题·昨夜星辰》分析他无题诗的艺术成就。

13. 结合《乌夜啼·无言独上西楼》分析李煜词的艺术风格。

14. 柳永在《八声甘州·对潇潇暮雨洒江天》中于词有何独创之处。

15. 结合《踏莎行·郴州旅舍》分析秦观词的独特表现。

16. 辛弃疾在《摸鱼儿·更能消几番风雨》中怎么托古喻今的。

17. 分析《[双调]夜行船·秋思》的思想要义。

18. 分析《[双调]夜行船·秋思》的艺术风格。

19. 分析《登金陵雨花台望大江》的思想要义。

20. 分析《登金陵雨花台望大江》的艺术成就。

炉中煤——眷恋祖国的情绪

郭沫若

[作者与文体] ⊕

郭沫若(1892—1978),原名郭开贞。我国著名诗人、学者、文化战士。1921 年与成仿吾、郁达夫等在日本东京成立新文学社团"创造社",并出版了在我国现代诗歌史上有重要意义的新诗集《女神》。抗战时期,写下了《屈原》、《虎符》等历史剧,并有《沸羹集》、《战声集》等多种诗文集面世。建国后创作了《蔡文姬》、《武则天》等历史剧。

《炉中煤》写于 1920 年初,最初发表于 1920 年 2 月 3 日《时事新报·学灯》副刊上。当时作者虽在日本,却深受五四运动的鼓舞,关注祖国命运,渴望报效祖国。诗人在《创造十年·学生时代》一文中写道:"'五四'以后的中国,在我的心目中就像一位很葱俊的有进取气象的姑娘,她简直就和我的爱人一样……《炉中煤》便是我对于她的恋歌。"这首诗后来收入郭沫若 1921 年 8 月出版的第一本新诗集《女神》中。

[课文分析] ⊕

【诗歌主旨】

本诗借"炉中煤"对"女郎"的倾诉,抒发了"眷恋祖国的情绪",表达了诗人对"五四"后新生祖国强烈的热爱之情和赤诚无私的奉献精神。

【艺术特色】

1. 比喻、比拟、象征手法的综合运用。

诗人将"五四"以后新生的祖国比作"年青的女郎",视为自己爱恋和追求的对象,象征着经过五四运动洗礼后的祖国青春焕发,生机勃勃,表现出作者真挚的爱国之情。

诗人自喻为"炉中煤"。借用煤在炉中熊熊燃烧,发光发热,暗喻自己对祖国无私奉献的炽热感情。同时,又把"炉中煤"拟人化,让"炉中煤"具有人的思想感情,会思念和爱恋"年青的女郎",会向恋人倾诉衷肠。拟人化为诗人的爱国激情提供了恰当的宣泄方式,使全诗充满了情致和生命的活力;比喻、象征、比拟手法的综合运用,把诗人对祖国的眷念情绪和为祖国无私奉献的精神生动形象地表达出来。

2. 反复咏叹手法。

"啊,我年青的女郎"一句在诗中反复四次,这句诗的反复出现,使诗节和诗人的感情层次找到了标志,同时它的四次反复呼唤,把诗人所要表达的情思不断加强、不断深化。

"我为我心爱的人儿,燃到了这般模样"在诗中反复两次,既收到了结构上回环往复的艺术效果,而且升华了感情,深化了主题。两个"燃"字在用法上虽然相同,但含义却并不一样,前一个"燃"字是诗人在黑暗长夜中摸索探求,后一个"燃"字却是诗人在"重见天光"后的激情喷发和奋力搏击。这里有悲观与乐观、消极与积极等情感格调上的区别与反差。而"这般模样"的反复出现,则给读者留下了较大的想象空间。

巩固训练

一、填空题

1. 郭沫若是新文学社团_____的发起人之一。

2. 《炉中煤》选自郭沫若的第一本诗集《_____》。

3. 《炉中煤》一诗的副标题是_____。

4. 《炉中煤》一诗中的"炉中煤"是喻指_____。

5. 《炉中煤》一诗中,诗人把"五四"后新生的祖国喻为_____。

二、选择题

1. 郭沫若1921年出版的在我国现代诗歌史上有重要意义的新诗集是( )。

A.《红烛》　　　　　B.《女神》　　　　　C.《死水》　　　　　D.《尝试集》

2. 1921年郭沫若与成仿吾、郁达夫等组织成立的新文学社团是( )。

A. 文学研究会　　　　　　　　　　B. 新月社

C. 语丝社　　　　　　　　　　　　D. 创造社

3. 郭沫若在《炉中煤》中,借炉中煤来诉说衷情,这种修辞手法是( )。

A. 比喻、借代　　　　　　　　　　B. 拟人、比喻

C. 借代、设问　　　　　　　　　　D. 设问、拟人

4. 《炉中煤》一诗的副标题是( )。

A. 眷恋祖国的情绪　　　　　　　　B. 思念祖国的情绪

C. 眷念祖国的情绪　　　　　　　　D. 思恋祖国的激情

5. 《炉中煤》是一首( )诗。

A. 爱情诗　　　　　B. 思乡诗　　　　　C. 爱国诗　　　　　D. 思妇诗

6. 下列作品中,属于郭沫若所著的一组是( )

A.《北方》、《红烛》、《屈原》　　　　B.《女神》、《死水》、《屈原》

C.《女神》、《沸羹集》、《猛虎集》　　D.《屈原》、《虎符》、《蔡文姬》

7. 《炉中煤》一诗运用了下列哪种艺术手法( )

A. 直抒胸臆　　　　　B. 借景抒情　　　　　C. 托物言志　　　　　D. 隐喻手法

8. 《炉中煤》一诗写于( )

A. 20世纪30年代　　　　　　　　　B. 20世纪40年代

C. 抗战时期　　　　　　　　　　　D. 五四时期

三、问答题

1.《炉中煤》的主旨是什么？

2. "炉中煤"和"我年青的女郎"有何象征意义？

3.《炉中煤》的构思有何独特之处？

四、词语解释题

1. 辜负：_____

2. 卤莽：_____

3. 栋梁：_____

五、阅读题

啊,我年青的女郎！

我不辜负你的殷勤,

你也不要辜负了我的思量。

我为我心爱的人儿,燃到了这般模样！

1. 写出"年青的女郎"的喻义。

2. 写出"你的殷勤"、"我的思量"的寓意。

3. 写出"燃"字的象征内涵。

偶　　然

徐志摩

［作者与文体］⬇

徐志摩(1896—1931),出生于浙江海宁。1921年开始创作新诗。1922年任北大、清华大学教授,同时致力于诗歌、散文、小说的创作。1923年"新月诗社"成立时,他是主要成员。1928年参与创办《新月》杂志。1931年因飞机失事遇难。徐志摩的诗集主要有《志摩的诗》、《翡冷翠的一夜》、《猛虎集》、《云游》等。

【徐志摩诗歌的艺术特色】

1. 追求新诗完美的艺术形式。他的诗整饬谨严又富于变化,不仅节式多变、韵脚多变,而且章法和句法多变,从而使每首诗都能恰到好处地表现出所要表现的内容。

2. 他的诗讲究音调,节奏整齐和谐,又常使用叠句和变体叠句,在回环复沓中形成很强的音乐感。

3. 用象征手法创造诗的意境,善于用自然清新的语言表达各种情致。

［课文分析］⬇

【思想内容】

《偶然》是诗人徐志摩写于1926年的一首诗,这首诗通过对流云投影于大海的波心和两只船儿相逢于海上的画面的描绘,表现了诗人以平和的心态和达观的态度对人生进行体悟,具有较强的哲理性。人生有许多的偶然,人们应该采取的是理智达观的态度,潇洒地与偶然告别,而不要沉溺于偶然之中不能自拔。当然,达观的人生态度并不排斥执著的追求。

【艺术特色】

在《偶然》中,诗人徐志摩借助于丰富的想象和巧妙的构思,把自己对人生的体悟和发现熔铸到了对具体形象的描绘中,借景抒情,以象明志,使诗歌构成了优美深沉的意境。

［巩固训练］⬇

一、填空题

1. 徐志摩,_____(地方)人,中国_____代著名诗人。

2. 徐志摩于_____年发起并成立_____诗社。

3. 徐志摩的诗集有《＿＿＿＿＿》、《＿＿＿＿＿》、《＿＿＿＿＿》、《＿＿＿＿＿》。

4.《偶然》出自徐志摩的诗集《＿＿＿＿＿＿＿＿》。

5.《偶然》表达了＿＿＿＿＿＿＿＿的人生态度。

二、选择题

1. 徐志摩是中国（　　）代著名诗人。

A. 古代　　　　　　B. 近代　　　　　　C. 现代　　　　　　D. 当代

2. 徐志摩是浙江（　　）人。

A. 绍兴　　　　　　B. 金华　　　　　　C. 海宁　　　　　　D. 桐乡

3. 徐志摩属于（　　）。

A. 文学研究会　　　　　　　　　B. 创造社

C. 新月诗社　　　　　　　　　　D. 东北作家群

4.《偶然》的作者是（　　）。

A. 艾青　　　　　　B. 汪静之　　　　　　C. 徐志摩　　　　　　D. 刘半农

5. 以下（　　）作品不是徐志摩的。

A.《再别康桥》　　　B.《偶然》　　　　C.《女神》　　　　D.《乡愁四韵》

三、问答题

1.《偶然》表现了诗人怎样的人生态度？

2. 结合《偶然》分析徐志摩诗歌的艺术特色。

乐 园 鸟

戴望舒

[作者与文体] ⬇

戴望舒(1905—1950),浙江杭县(今余杭县)人,笔名有戴梦鸥、江恩、艾昂甫等。是中国现代派代表诗人之一。其成名作《雨巷》写于1927年夏天,因此诗的巨大影响,他也因此被称为"雨巷诗人",叶圣陶说他"替新诗的音节开了一个新的单元"。

《乐园鸟》发表于1932年,诗人极写追寻乐园之境的乐园鸟上下求索而无所依归的渺茫感,展示诗人的精神天地,也反映了现代人的矛盾心境。乐园鸟的悲哀即诗人的悲哀,乐园鸟的求索即诗人的求索。理想是美好的,追求的信念是坚定的,他只能无休止地飞着,寻找着。他既是"寂寞"的,也是"永恒"的。

[课文分析] ⬇

欣赏本诗本要从诗的形式上的特点入手:全诗四节,每节五句,第三句将全诗分为两段,而且是同一句:"华羽的乐园鸟",仿佛在反复地呼唤与询问。本诗正是向着这只宗教里的天堂中的华美的鸟连续发出了五个问题。因此,可以把这首《乐园鸟》看作现代人的"天问"。这只"春,夏,秋,冬,昼,夜,没有休止地飞着的乐园鸟"也就是诗人自己,他们合二为一,"天问"就是"自问"。诗中的"五问",就是诗人对人(自己)无休止的理想追求提出的疑问,这正反映了现代人(作者)的矛盾心境。

《乐园鸟》极写追寻乐园之境的乐园鸟上下求索而无所依归的渺茫感,展示的是诗人又一种精神天地。"华羽的乐园鸟",既指美丽的天堂使者,也是诗人的自喻。

美丽的天堂的使者,一年四季,夜以继日,永不停息地向天堂飞去。这飞翔是幸福的呢,还是痛苦的? 意指诗人在求索中苦中有乐。

乐园鸟饥渴饮露以洁身,向往天堂,这是诗人对理想的向往之情。

乐园鸟在飞翔中有忧郁徘徊的情绪和孤独的感觉吗? 这里透露出诗人追求探索中苦闷彷徨的心态和情绪。

乐园鸟,如果你是从天上来,自从亚当、夏娃偷吃禁果被驱逐之后,天上的伊甸园已经荒芜到怎样了? 诗人不甘于消极,对荒芜持否定的态度。如果乐园已经荒芜,乐园便不值得飞去,而痛苦的人间更不是幸福的栖息地。乐园鸟的悲哀就是诗人的悲哀,它只能无休止地飞着,寻找着,"寂寞"的,"永恒"的……

四节诗中的五个问号,是天问,也是诗人的自问。乐园鸟的悲哀就是诗人的悲哀,乐园鸟的求索就是诗人的求索。理想是美好的,追求的信念是坚定的。它(他)只能无休止地飞着,寻找着,"寂寞"的,"永恒"的……这就是诗人发出疑问,矛盾心境的真谛。

【乐园鸟形象分析】

乐园鸟,来自宗教传说。这只"春,夏,秋,冬,昼,夜,没有休止"地"飞着"的"乐园鸟"上下求索的形象,其实就是诗人自己,他是在追求理想的人生旅途中的一个苦苦思索的抒情主人公形象,乐园鸟的形象是追求希望的一个象征,是一个品德高尚、永恒求索的形象。

【艺术特色】

朦胧性,意象性,多义性;熔中外文化于一炉;旧典新用;创造现代诗情,体式严整。

巩固训练 ⬇

一、填空题

1.被称为"雨巷诗人"的诗人是_____。

2.《乐园鸟》的作者是_____。

3.《乐园鸟》的"诗眼"是_____。

4.戴望舒的主要诗集有《_____》、《_____》、《_____》、《_____》。

5.戴望舒的《乐园鸟》写于_____年。

二、词语解释题

1.云游:_____

2.苦役:_____

3.佳肴:_____

4.茫茫:_____

5.荒芜:_____

三、问答题

1."乐园鸟"的形象分析。

2.《乐园鸟》的艺术特色。

3.戴望舒诗歌的写作特色。

断　章

卞之琳

卞之琳(1910—2000)，江苏海门人。现代诗人、翻译家、文学研究家。1929 年入北大英文系后，喜爱英国浪漫派和法国象征派诗歌。1933 年出版第一部诗集《三秋草》，1935 年出版第二部诗集《鱼目集》，1936 年出版与李广田、何其芳合写的诗集《汉园集》。

卞之琳是 30 年代中国文坛"现代派"诗歌的重要代表人物，他的新诗广泛地从中国古诗和西方现代派诗歌中吸取营养，自成一格，充满智慧的闪光和哲理的趣味，他讲究诗歌音节的整饬，追求文字的奇巧。

《断章》一共只有四章两句，诗歌意象简单明朗，可分为两层：

第一层：写"你"在看风景的同时，"你"也成了别人的风景；

第二层：写明月装饰了"你"窗子的同时，"你"也装饰了别人的梦。

【诗歌要义】

《断章》意象简单明朗，但意蕴丰富充满哲理意味。诗人把"你"这个意象放在同一时空之中，由于"你"身份的前后变化，而揭示了一个世间普遍存在而熟视无睹的事实：宇宙中一切事物都是"相对"的，都是互为关联的。人不要被世俗的观念束缚，患得患失，斤斤计较。

【艺术特色】

卞之琳的诗歌代表了中国现代文学史上后期现代派诗歌的特点与成就：从"主情"向"主智"的转变，他把中国现代诗歌带入了新智性化诗的一个方向，为中国诗歌开辟了一个新的现代化道路。其主要表现为：

1. 避免情感的抒写，追求智慧的凝聚。

2. 体现深邃的智性与生动的感性的融合。

3. 在平淡中暗示深刻，追求平常与深刻的统一。

4. 生活化物象的采取；口语的大量运用；平实的叙述调子。

[巩固训练] ⬇

一、填空题

1.《断章》的作者是_____。

2.《断章》的作者卞之琳的第一部诗集是_____。

3.《断章》写于_____年。

4.《断章》的主要意象有_____。

5.《断章》的中心意象是_____。

6.《断章》：_____。

二、选择题

1.《断章》的作者是(　　)。

A. 戴望舒　　　　　B. 郭沫若　　　　C. 卞之琳　　　　D. 李金发

2. 卞之琳的第一部诗集是(　　)。

A.《三秋草》　　　　　　　　　B.《鱼目集》

C.《汉园集》　　　　　　　　　D.《双桅船》

3. 诗集《汉园集》的作者是(　　)。

A. 卞之琳　　　　　　　　　B. 何其芳

C. 李广田　　　　　　　　　D. 卞之琳、李广田、何其芳合写

4. 以下(　　)不是卞之琳的作品。

A.《三秋草》　　　　　　　　　B.《汉园集》

C.《鱼目集》　　　　　　　　　D.《向北方》

三、问答题

1.《断章》的要义。

2.《断章》所表现的卞之琳诗歌的艺术特色。

双　桅　船

舒　婷

舒　婷

[作者与文体] ⬇

舒婷(1952—　)，原名龚佩瑜，福建漳州人。当代诗坛"朦胧诗"的重要代表人物。其抒情短诗《祖国啊，我亲爱的祖国》获 1979—1980 年青年诗人优秀新诗奖。《双桅船》获 1979—1982 年第一届全国优秀新诗(诗集)一等奖。著有三卷本《舒婷文集》。

【关于朦胧诗】

朦胧诗的定义：朦胧诗是指成长于"文革"时期，备受生活的冷落与嘲弄的青年诗人创作的诗歌。成熟于八十年代初期。他们多强调主体的真实，追求象征和意象化，蕴含着伤感情调和反叛精神。代表诗人：北岛、舒婷、顾城。

朦胧诗的特点：

1. 在内容上，注重自我表现。诗中的"自我"不再是集体的代名词，也不是"螺丝钉"，而是一个人，一个有思想、有情感、有尊严的人。

2. 在艺术上，追求意象化。讲究精练、暗示、含蓄，讲究意象的经营。即使是理性的思考，观念的传达，也能借意象的运作而完成。善于运用象征、暗示、通感等。

【舒婷诗作特点】

舒婷的诗表现出一种甜蜜的忧郁，一种感伤的希望，形成一种深情柔和的诗风。她以款款的吟唱，抒写了人的情感世界，充满了温情与包容，具有浓郁的浪漫主义色彩。她的诗采用隐喻、意象、暗示、象征、通感以及打破时空等现代主义的表现方式，具有明显的现代主义特点。舒婷的诗歌具有抒情浪漫、细腻委婉的女性风格，忧伤而不绝望，沉郁而不悲观，充满对价值寻找的渴望，带有理想主义色彩。表达了对理想的追寻、对传统的反思批判和对人的价值的呼唤。

[课文分析] ⬇

【思想内容】

《双桅船》以"双桅船"和"岸"为中心意象，寄托了诗人对爱情的理解和期待：爱情和事业并重并相依相存。与爱人分别意味着为事业而奋斗，实现自身价值；与爱人相聚意味着享受甜蜜的爱情。真正的爱情离不开个人价值的实现、成功的事业，也只有实现个人价值、努力奋斗才能享受到真正的爱情。诗传达出了一种充满现代意识的爱情观:爱情建立于独立的人格与价值之上。

【意象分析】

"双桅船"是诗人自我的象征,"双桅"意味着诗人心目中爱情与事业并立而又相区别的心理。

"雾"象征着人生道路上的障碍。

"岸"象征着女性的爱情归宿。

"风"象征时代的紧迫感。

"风暴"象征诗人所经历的不平常的时代风云。

"灯"象征光明与信念。

【构思特点】

诗构思新颖别致,移情于物。诗以"双桅船"和"岸"为中心意象,其中,"双桅船"是抒情主人公的自喻,"岸"是其所爱的人,二者的"相遇"和"告别"则象征爱人之间的聚散。"双桅船"眷恋"岸",但是"双桅船"更属于大海、属于风暴。从而,诗人借此说明爱情必须建立在双方独立的人格价值之上,传达出一种充满现代意识的全新的爱情观。

[巩固训练] ⬇

一、选择题

1. 舒婷是_____时期朦胧派诗人。(　　　)

A. 近代　　　　　　　B. 现代　　　　　　　C. 建国17年　　　　D. 新时期

2. 舒婷属于新时期_____诗派。(　　　)

A. 新写实主义　　　　B. 伤痕文学　　　　　C. 反思文学　　　　D. 朦胧诗

3.《双桅船》通篇采用的是_____手法。(　　　)

A. 比喻　　　　　　　B. 象征性　　　　　　C. 虚构　　　　　　D. 白描

4.《双桅船》是一首(　　　)诗。

A. 写景诗　　　　　　B. 爱情诗　　　　　　C. 哲理诗　　　　　D. 言志诗

5. 以下作品不属于舒婷的是(　　　)。

A.《双桅船》　　　　　　　　　　　　　B.《致橡树》

C.《祖国啊,我亲爱的祖国》　　　　　　D.《大堰河,我的保姆》

二、填空题

1. 舒婷在她的《双桅船》中表现的爱情观念是_____。主要意象是_____、_____。

2. 舒婷诗歌的主要艺术特色是_____。

3. 舒婷是_____人,中国_____代_____诗派诗人。

4. 舒婷_____年开始写诗,反映了那一代人的_____、_____、_____与追求。

5. 舒婷曾获中国作协第一届全国优秀诗集一等奖的作品是《_____》,此外,舒婷的诗集还有《_____》、《_____》。

6.《致橡树》、《祖国啊,我亲爱的祖国》的作者是_____。

7.《双桅船》写于_____年,选自《_____》。

三、判断题

1.《双桅船》诗中作为抒情的寄托和构思中心的是"双桅船"和"岸"这组相关意象。

（　　）

2. 诗中"双桅船"是抒情主人公的自喻,"岸"是其所爱的人。（　　）

3. 舒婷的诗既充满女性的柔情,又具有鲜明的艺术个性。（　　）

4.《双桅船》的构思采用的是移情于物的方法。（　　）

四、问答题

1. 简述舒婷诗歌的内容特色。

2. 简析《双桅船》的爱情观。

3. 分析《双桅船》的构思特点。

4. 结合《双桅船》分析舒婷诗歌的艺术风格。

等你，在雨中

余光中

[作者与文体] ⬇

　　余光中（1928—　　），祖籍福建永春，生于江苏南京。当代著名诗人和评论家。1949 年随父母移居中国台湾。余光中写作风格变化的轨迹基本上可以说是台湾整个诗坛 30 多年来的一个走向，即先西化后回归。主要诗作有《乡愁》《白玉苦瓜》《等你，在雨中》等；诗集有《灵河》《石室之死》《余光中诗选》等；诗论集有《诗人之境》《诗的创作与鉴赏》等。

　　《等你，在雨中》是余光中爱情诗的代表作，诗人描写了抒情主人公在"等你"的过程中所思所想所悟，别出心裁地描写了"等你"的幻觉和美感。诗的语言清新亮丽，色彩鲜艳，画面唯美，形式活泼，富有节奏的美感。

[课文分析] ⬇

　　《等你，在雨中》属于新格律诗，全诗共 8 个自然段，可分为三个层次：

　　第一层：诗歌的第 1、2 节，诗人状写"等你"的幻觉和美感。

　　黄昏将至，细雨蒙蒙，彩虹飞架，红莲如火，"蝉声沉落，蛙声升起"。正因为"你"在"我"心中深埋，所以让人伤感的黄昏才如诗如画。"我"情不自禁地喃喃自语："你来不来都一样，竟感觉/每朵莲都像你"。莲象征美丽与圣洁，诗中的莲既是具象的实物，又是美与理想的综合。因此诗人把约会的地点安排在黄昏的莲池。像电影中的特技镜头一样，等待中的美人从红莲中幻化而出。

　　第二层：诗歌的 3、4、5、6 节，诗人状写"等你""在时间之内"是"刹那"，"等你""在时间之外"是"永恒"。

　　诗人抓住了等待中对时间的感觉——看似漫长，实质短暂；甚至错以为时间停格在上一刻中，忘了进行，忘了抒情主人公的苦苦等待。主人公的等待，在时间的流域之内；主人公对情人的款款深情，却在时间的流域之外，汩汩流泄。三个"刹那"，三个"永恒"，相对的概念，哲理的统一，既是心迹，也是誓言。

　　第三层：第 7、8 节，诗人再次状写"等你"的幻觉和美感。

　　望着情人由远而近的身影，欣赏她款步挪移的姿态，仿佛腾在雨后红莲之上，轻舞飞扬的翩翩彩蝶，是那么轻巧婀娜而动人。再结合先前塑造的古典美人形象，作者再次地将镜头拉到遥远的古代,遥远的宋词小令里,以小令的轻盈、简洁、饶富意韵,来素描情人的美。也因为情人的前来赴约,为两人的爱情谱写了更多更动人的故事。仿佛南宋词人姜夔的情词里所描写的爱情,清新典雅而深婉动人。

【艺术表现】

从诗歌艺术上看,余光中是个"艺术上的多妻主义诗人"。他的作品风格极不统一,一般来说,他的诗风是因题材而异的。表达意志和理想的诗,一般都显得壮阔铿锵,而描写乡愁和爱情的作品,一般都显得细腻而柔绵。具体表现为:

1. 具象美:余光中擅长锤炼动词,能以富于动态美感的语言,刻画事物动态之象,从而表现事物的动态之美。

2. 密度美和弹性美:密度美指的是在有限的文字中尽力包孕可能的意涵,引发丰富多样的美感。弹性美指的是语言伸缩自如与变化多方,形成文字的艺术美感。

3. 音乐美:本诗属于新格律诗,全诗共8个自然段。除第8自然段外,每段三行,长短不一,中间一行缩进一个字符,从而使诗在形式上更加活泼,整首诗更富有音乐美。

[巩固训练] ⊕

一、填空题

1. 余光中祖籍_____。

2.《等你,在雨中》的作者是_____。

3. 余光中的诗集有《_____》、《_____》、《_____》。

4. 余光中的诗论集有《_____》、《_____》。

5. 余光中的经典诗作有《_____》、《_____》、《_____》。

6.《等你,在雨中》写于_____年。

二、词语解释题

1. 小令:_____

2. 姜白石:_____

三、选择题

1.《等你,在雨中》的作者是( )。

A. 洛夫　　　　B. 余光中　　　　C. 於梨华　　　　D. 聂华苓

2. 以下( )是余光中的作品。

A.《又见棕榈,又见棕榈》　　　　B.《千山外,水长流》

C.《边界望乡》　　　　D.《等你,在雨中》

四、问答题

1. 对诗中"莲"的理解。

2. 对诗中诗句"永恒,刹那,刹那,永恒/等你,在时间之外,在时间之内,等你,在刹那,在永恒"的理解。

3. 结合本诗谈谈余光中诗歌的艺术技巧。

柯尔庄园的野天鹅

[爱尔兰] 叶 芝

[作者与文体] ⬇

威廉·勃特勒·叶芝(1865—1939),爱尔兰诗人、剧作家。生于都柏林一个画师家庭,自小喜爱诗画艺术。1896年,叶芝结识了贵族出身的剧作家格雷戈里夫人,叶芝一生的创作都得力于她的支持。她的柯尔庄园被叶芝看作崇高的艺术乐园。他这一时期的创作虽未摆脱19世纪后期的浪漫主义和唯美主义的影响,但质朴而富于生气,著名诗作有《茵斯弗利岛》、《当你老了》等。

1917年,叶芝成婚,定居于格雷戈里庄园附近的贝力利村。他的诗已由早期的虚幻朦胧转而为坚实、明朗。重要诗集有《柯尔庄园的野天鹅》、《马可伯罗兹与舞者》等。1928年发表诗集《古堡》,这是他创作上进入成熟期的巅峰之作。

这是一首咏物抒情诗。诗人借赞美野天鹅自由自在的生活,抒发了自己怀念昔日的激情和雄心,向往"心灵还年轻"时期的美好生活。

[课文分析] ⬇

这首诗共有4个自然小节,可分为两个层次,它描绘了生活的悲喜两面:一方面哀叹逝去的岁月,一方面是对充满生机的青春岁月的赞美。

第一层(开头—勾画出大而碎的圆圈):写现在。

描绘野天鹅生活的环境,"秋天的树林"、"十月的黄昏"、"盈盈的流水"这是多么优美的环境,自然的美衬托天鹅的美,五十九只天鹅在这样优美的环境中浮游。

描写眼前之景,"大声地拍打着翅膀盘旋"。诗人自然地回忆19年前也是黄昏时分,也是翅膀的拍打声,不同的是"我那时脚步还年轻"。叶芝于1897年初访该地,距写作此诗的1916年刚好19年。

第二层(我见过这群光辉的天鹅—结尾):回忆那时的天鹅生活及其给自己的感受。

野天鹅"心灵还年轻""总有着激情和雄心"。天鹅的美没有变,激情没有变。令诗人赞美和向往。诗人为什么"如今却叫我真痛心"? 由眼前的野天鹅触景生情,原来诗人是在怀念自己"心灵还年轻"时的生活,追寻昔日的"激情和雄心"。

回忆野天鹅的生活,及其给自己的感受,抚今追昔,更加激励自己的雄心,再现野天鹅的活动情景中,寄托着作者的理想和激情,表达了自己对年轻时的向往之情。

【艺术特色】

本诗以秋天宁静的黄昏场景开场,以流水作为衬托;语言明丽流畅,富有音乐感和象征暗示;结尾表现出想象的魅力;象征意蕴的多层与多面,展示人类经验的深度与广度。

【主要意象的象征意义】

1. 柯尔庄园:象征友谊和人生的旅程。

2. 野天鹅:爱情的象征。

[巩固训练]

一、填空题

1. 叶芝是_____(国籍)著名诗人。

2.《柯尔庄园的野天鹅》作者是_____。

3. 叶芝是_____流派的大师。

4.《柯尔庄园的野天鹅》写于_____年。

5. "柯尔庄园"象征_____。

6. "野天鹅"象征_____。

7.《柯尔庄园的野天鹅》是叶芝从_____转型的代表作。

二、选择题

1. 叶芝属于以下(　　)诗人。

A. 英国　　　　　　　B. 美国　　　　　　　C. 爱尔兰　　　　　　　D. 法国

2. 叶芝属于以下(　　)流派诗人。

A. 现实主义　　　　　　　　　　　B. 浪漫主义

C. 象征主义　　　　　　　　　　　D. 黑色幽默

3.《柯尔庄园的野天鹅》的作者是(　　)。

A. 萨特　　　　　　B. 艾略特　　　　　　C. 叶芝　　　　　　D. 卡夫卡

三、问答题

1.《柯尔庄园的野天鹅》的要义。

2.《柯尔庄园的野天鹅》的艺术特色。

生 如 夏 花

泰戈尔

[作者与文体] ⬇

泰戈尔(1861—1941),印度著名诗人、作家、艺术家和社会活动家。1913 年因《吉檀迦利》获诺贝尔文学奖。泰戈尔是具有巨大世界影响的作家。他共写了 50 多部诗集,被称为"诗圣"。写了 12 部中长篇小说,100 多篇短篇小说,20 多部剧本及大量文学、哲学、政治论著,并创作了 1500 多幅画,谱写了难以统计的众多歌曲。文、史、哲、艺、政、经范畴几乎无所不包,无所不精。他的作品反映了印度人民在帝国主义和封建种姓制度压迫下要求改变自己命运的强烈愿望,描写了他们不屈不挠的反抗斗争,充满了鲜明的爱国主义和民主主义精神,同时又富有民族风格和民族特色,具有很高艺术价值。其重要诗作有诗集《吉檀迦利》、《新月集》、《飞鸟集》、《园丁集》;重要小说有短篇《摩诃摩耶》;长篇《沉船》、《戈拉》;重要散文有《中国的谈话》、《俄罗斯书简》等。他的作品早在 1915 年就已介绍到中国,现已出版了中文 10 卷本的《泰戈尔作品集》。

《生如夏花》选自《泰戈尔经典诗选》,它收入泰戈尔最具代表性的两部诗集:以儿童生活和情趣为主旨的散文诗集《新月集》,关于爱情和人生的抒情诗集《飞鸟集》。这些诗歌语言清丽,意味隽永,将抒情和哲思完美结合,给人以无尽美感和启迪。

[课文分析] ⬇

全诗共五个部分,可分为两层:

第一层(1—4 节):用诗意的语言摹写诗人对于生、死、爱、生命过程的感受。

第 1 节诠释生命的辉煌:璀璨、不凋不败、妖冶如火、乐此不疲。

第 2 节诠释诗人面对死亡的态度:静美、不盛不乱、姿态如烟、清骨傲然。

第 3 节诠释诗人对于爱情的态度:相信爱情,坚守爱情,艰难岁月可以唤活失血的人生,拥有岁月的信念。

第 4 节:诗人进一步诠释生命的绝望和美丽。

第二层(5 节):诗人用总结性诗句"生如夏花,死如秋叶"来涵盖我们一生的追求:只求生命无憾,按自己的意愿,活得绚烂,死得其所!

【"生如夏花,死如秋叶"之要义】

"生如夏花,死如秋叶"是诗人泰戈尔经典诗篇《生如夏花》中高度浓缩的经典诗句,是诗人献给生命的诗篇,他借助"夏花""秋叶"两个意象,写出了诗人对于生命的深透理解,充满了哲理和思辨:活着,就要倾尽自己的美丽,释放自己的个性,要善待和珍惜生命,要活得有意义有价值;死亡,是面对生命向自然回归,要静穆、恬然地让生命完成,而不要感到悲哀和畏惧。

【艺术风格】

1. 内容在抒情中蕴含哲理性。

2. 语言清丽、静美、淡然。

3. 全诗节奏明朗、舒展自如,格调高雅,富有音乐的美感。

［巩固训练］ ⬇

一、填空题

1. 亚洲第一个获得诺贝尔文学奖的是＿＿＿＿＿＿＿。

2. 诗人泰戈尔是＿＿＿＿＿（国家）的人。

3. 泰戈尔著名的诗集有《＿＿＿＿＿》、《＿＿＿＿＿》、《＿＿＿＿＿》、《＿＿＿＿》。

4. 泰戈尔1913年因诗集《＿＿＿＿＿＿＿》获得诺贝尔文学奖。

5. 我相信自己＿＿＿＿＿＿＿＿＿＿＿＿＿＿＿＿＿＿＿＿＿＿＿＿乐此不疲。

6. 我相信自己＿＿＿＿＿＿＿＿＿＿＿＿＿＿＿＿＿＿＿＿＿＿玄之又玄。

7. 请看我＿＿＿＿＿＿＿＿＿＿＿＿＿＿＿＿＿＿＿＿＿＿ 感动。

8. 般若波罗蜜＿＿＿＿＿＿＿＿＿＿＿＿＿＿＿＿＿＿＿拥有什么。

二、选择题

1. 亚洲第一个获得诺贝尔文学奖的是(　　)。

A. 川端康成　　　　　　　　　B. 莫言

C. 泰戈尔　　　　　　　　　　D. 三岛由纪夫

2. 泰戈尔是(　　)的人。

A. 印度　　　　　B. 中国　　　　　C. 日本　　　　　D. 黎巴嫩

3. 以下是泰戈尔的诗集有(　　)。

A.《新月集》　　　　　　　　　B.《飞鸟集》

C.《吉檀迦利》　　　　　　　　D.《园丁集》

三、问答题

1. 对《生如夏花》中"生如夏花,死如秋叶"的理解。

2. 结合本诗理解泰戈尔诗歌的艺术风格特色。

现代诗歌与外国诗歌单元练习

一、填空题

1. 郭沫若《炉中煤》的副标题是＿＿＿＿＿＿＿＿＿＿。

2. 郭沫若《炉中煤》选自他＿＿＿＿＿年出版的新诗集《女神》。

3. 《偶然》是徐志摩的一首带有哲理意味的经典小诗,诗人写于＿＿＿＿＿年 5 月。它和《丁当—清新》等几首诗,划开了诗人前后两期的鸿沟。

4. 戴望舒是中国现代诗歌史上的重要作家,他和＿＿＿＿＿从主情和主智两个向度支撑起了中国现代诗歌。

5. 戴望舒诗歌《乐园鸟》的"诗眼"是＿＿＿＿＿＿＿＿＿＿＿＿＿＿＿。

6. 卞之琳的《断章》写于＿＿＿＿＿年 10 月,原为诗人一首长诗中的片段,后来将其独立成章,因此题名为《断章》。

7. 《断章》的主旨,作者自己说,是表达＿＿＿＿＿＿＿＿＿＿＿＿＿＿＿＿＿的哲学观念。

8. 舒婷是中国当代著名诗人,是新时期＿＿＿＿＿＿诗派的代表人物。

9. 1982 年出版的舒婷诗集《＿＿＿＿＿＿＿》获全国第一届新诗优秀诗集奖。

10. 《等你,在雨中》是余光中＿＿＿＿＿＿＿诗歌的代表作。

11. 台湾最复杂而多变的诗人,70 年代强烈西化,80 年代回归东方,被台湾诗坛称为"回头浪子",而在艺术形式上也被称为"多妻主义诗人"的诗人是＿＿＿＿＿＿。

12. 爱尔兰诗人叶芝的《柯尔庄园的野天鹅》写于 1916 年,是叶芝从＿＿＿＿＿＿＿转型的代表作。

13. 被艾略特誉为"20 世纪最伟大的英语诗人"的诗人是＿＿＿＿＿＿。

14. 爱尔兰诗人叶芝一生活动与诗歌创作都离不开他心目中的两大情结,分别是＿＿＿＿＿＿和＿＿＿＿＿＿。

15. 印度诗人泰戈尔于＿＿＿＿＿＿年因诗集《吉檀迦利》成为亚洲第一个获得诺贝尔文学奖的作家,《生如夏花》就是其中的一首诗。

16. 20 世纪 20 年代,中国"小诗派"文学研究会(一个写诗的流派),他们直接的影响来自＿＿＿＿＿＿＿＿＿＿＿等。

17. 步雨后的红莲＿＿＿＿＿＿＿＿＿＿＿＿＿＿＿＿＿＿,有韵地,你走来。

18. 不怕天涯海角＿＿＿＿＿＿＿＿＿＿＿＿＿＿＿＿＿＿＿＿＿＿＿＿＿＿＿＿＿视线里。

二、选择题

1. 中国现代文学史上成就最高、影响最大的文学社团之一，主张有明显的为艺术而艺术的色彩，他们的创作方法是浪漫主义的，代表作家有郭沫若、郁达夫等，他们是（　　）。

    A. 文学研究会　　　　B. 创造社　　　　　C. 语丝社　　　　　D. 新月诗社

2. 以下（　　）中国现代文学史上"新月诗社"的诗人。

    A. 闻一多　　　　　　B. 徐志摩　　　　　C. 朱湘　　　　　　D. 周作人

3. 以下（　　）为戴望舒的诗歌。

    A.《雨巷》　　　　　B.《乐园鸟》　　　　C.《凤凰涅槃》　　　D.《寻梦者》

4. 以下（　　）为卞之琳的诗集。

    A.《三秋草》　　　　　　　　　　　B.《鱼目集》

    C.《会唱歌的鸢尾花》　　　　　　　D.《灾难的岁月》

5. 以下（　　）为舒婷的代表诗作。

    A.《祖国啊，我亲爱的祖国》　　　　B.《致橡树》

    C.《双桅船》　　　　　　　　　　　D.《偶然》

6. 以下（　　）为余光中的经典诗作。

    A.《乡愁》　　　　　B.《寻李白》　　　C.《等你，在雨中》　D.《民歌》

7. 叶芝是（　　）著名诗人、剧作家、象征主义大师。

    A. 爱尔兰　　　　　　B. 英国　　　　　　C. 法国　　　　　　D. 美国

8. 以下（　　）是泰戈尔的著名诗集。

    A.《吉檀迦利》　　　B.《新月集》　　　C.《园丁集》　　　D.《飞鸟集》

9. 亚洲第一个获得诺贝尔文学奖的是（　　）。

    A. 中国的莫言　　　　　　　　　　　B. 日本的川端康成

    C. 黎巴嫩纪伯伦　　　　　　　　　　D. 印度的泰戈尔

10. 在中国现代文学史上倡导新诗必须有"音乐美"、"建筑美"、"绘画美"三美主张的是（　　）。

    A. 创造社　　　　　　B. 语丝社　　　　　C. 新月诗社　　　　D. 小诗派

三、词语解释题

1.《生如夏花》　般若波罗蜜：＿＿＿＿＿＿＿＿＿＿＿＿＿＿＿＿＿＿＿＿＿＿＿

2.《柯尔庄园的野天鹅》　柯尔庄园：＿＿＿＿＿＿＿＿＿＿＿＿＿＿＿＿＿＿＿＿

3.《等你，在雨中》　姜白石的词：＿＿＿＿＿＿＿＿＿＿＿＿＿＿＿＿＿＿＿＿＿

4.《断章》　装饰：＿＿＿＿＿＿＿＿＿＿＿＿＿＿＿＿＿＿＿＿＿＿＿＿＿＿＿＿

5.《乐园鸟》　云游：＿＿＿＿＿＿＿＿＿＿＿＿＿＿＿＿＿＿＿＿＿＿＿＿＿＿＿

6.《乐园鸟》　荒芜：＿＿＿＿＿＿＿＿＿＿＿＿＿＿＿＿＿＿＿＿＿＿＿＿＿＿＿

7.《偶然》 讶异：_____

8.《炉中煤》 卤莽：_____

9.《生如夏花》 璀璨：_____

10.《生如夏花》 玄之又玄：_____

四、问答题

1.《炉中煤》的思想要义。

2.《炉中煤》中主要意象"炉中煤"、"年青的女郎"的象征意义。

3.《炉中煤》独特的艺术技巧。

4.《偶然》的内容要义。

5."乐园鸟"意象的寓意。

6.《乐园鸟》艺术上的独特之处。

7.《断章》的内容要义。

8.《双桅船》中主要意象"双桅船"、"岸"、"风"、"风暴"、"灯"的象征意义。

9.《双桅船》的爱情观。

10.《等你,在雨中》的画面美。

11. 谈谈你对《等你,在雨中》的主要意象"莲"、"小情人"的理解。

12.《柯尔庄园的野天鹅》中心意象"野天鹅"的象征意义。

13.《柯尔庄园的野天鹅》的内容要义。

14.《生如夏花》思想要义。

15.《生如夏花》中阐述"生如夏花,死如秋叶"的意义。

季氏将伐颛臾

《论语》

[作者与文体] ⬇

《论语》是我国最早的语录体著作,主要记录孔子及其弟子的言行,由孔子的弟子及其再传弟子编撰而成。大约成书于战国初期。全书共 20 篇。

孔子(前 551—前 479),名丘,字仲尼,是我国古代伟大的思想家和教育家,儒家学派的创始人。孔子的思想核心是"仁",他提倡"仁者爱人";他在教育方面提倡"有教无类"、"因材施教"。

本文选自《论语·季氏》,是一篇记言散文,也是一篇驳论文。

[课文分析] ⬇

【事件背景】

春秋末期,各诸侯国内部大夫专权,鲁国季康子把持朝政,和鲁哀公矛盾尖锐。季氏害怕颛臾凭借有利的地理条件帮助鲁国的国君,于是便想攻打颛臾,以扫除心头之患,并扩大自己的势力范围。冉有、季路既是孔子的弟子又是季氏的家臣,他们在孔子的面前为季氏的兼并之举和自己的失职行为作辩解,于是便引出了孔子的一番驳斥。

【中心思想】

本文通过孔子师徒的三次对话,表明了孔子反对攻伐颛臾的态度,并阐明了他治国以礼、为政以德的政治主张。

【结构层次】

第一段:冉有报告季氏将对颛臾发动战争,孔子反对攻伐颛臾的三个理由:昔者先王以为东蒙主、且在邦域之中、是社稷之臣。

第二段:冉有推卸责任"夫子欲之,吾二臣者皆不欲也",孔子批评冉有、季路推卸责任的态度。

第三段:孔子正面阐发他治国以礼、为政以德的治国观点。

【写作特点】

1. 逐层递进,驳立结合

文中的三次对话,自然构成了文章的三个层次。冉有由报告事实到推卸责任,由推卸责任到为季氏辩护,最后才表露了自己的真实态度。孔子则先表明自己反对攻伐颛臾的理由,再批评冉有的失职,最后又阐明了自己的治国主张,在对冉有的批驳中,不断将自己的观点推向深入。

本文总体上是驳论,但驳论之中又有立论。孔子既表明了自己反对攻伐颛臾的理由。又从正面阐明了自己文教德化的主张。这种驳立结合,就使得孔子的驳斥更加有理有力。

2. 运用多种论据材料

本文运用了三种论据:历史事实论据,如"昔者先王以为东蒙主";现实事例论据,如"且在邦域之中矣"、"是社稷之臣也"、"今由与求也,相夫子,远人不服而不能来也,邦分崩离析而不能守也,而谋动干戈于邦内";名人名言论据,如"陈力就列,不能则止"。这些丰富多样的论据,使论点有了充分的依据。

3. 运用比喻句和反诘句

比喻一:"危而不持,颠而不扶,则将焉用彼相矣?"是用盲人的搀扶者"相"的失职,来比喻冉有、季路的失职。

比喻二:"虎兕出于柙,龟玉毁于椟中,是谁之过与?"有双重喻义:一是将季氏比作虎兕,将颛臾比作龟玉,季氏攻伐颛臾,就好比虎兕从笼子里跑出来伤人,颛臾被毁灭,就好比龟玉在匣中被毁,必将造成严重的后果;二是将冉有、季路比作虎兕和龟玉的看管人,虎兕出柙伤人,龟玉在椟中被毁,都是看管人的责任。而季氏动武、颛臾被攻,则是季氏家臣冉有、季路的失职。

反诘句有:"无乃尔是过与?""何以伐为?""则将焉用彼相矣?""是谁之过与?"等。这种语句具有强烈的感情色彩,增强了说理力度。

[课文翻译] ⬇

季孙氏将要讨伐颛臾。冉有、季路拜见孔子说:"季孙氏准备对颛臾采取军事行动。"孔子说:"求!这恐怕该责备你吧?那颛臾,从前先王让它做东蒙山的主祭,而且它地处鲁国境内。这是鲁国的臣属,为什么要讨伐它呢?"

冉有说:"季孙氏要这么干,我们两个做臣下的都不愿意。"孔子说:"求!周任有句话说:'如果能施展才能就担任那职位,如果不能就应该辞职退位。'盲人站不稳却不去扶持,跌倒了却不去搀扶,那还用搀扶的人做什么呢?而且你的话错了,老虎和犀牛从笼子里跑出,龟甲和玉器在匣子里被毁坏,这是谁的过错呢?"

冉有说:"现在那颛臾,城墙坚固而且靠近费城,现在如果不夺取,后世一定会成为子孙们的忧虑。"孔子说:"求!君子最厌恶那样的行为,内心贪求私利而嘴上避开不说,却一定要为得到它而寻找借口。我听说诸侯大夫一类人,不怕东西少而怕分配不均匀,不怕贫困而怕不安定。因为财物分配公平合理,就不存在贫穷;上下和睦相处,就不必担心人口稀少;社会安定,国家就没有倾覆的危险。依照这个道理,远方的人不归附,就施行文教和德政使他们来归附;来了之后,就要使他们生活安定。现在由与求你们两人,辅佐季孙,远方的人不归附,却不能使他们来;国家四分五裂而不能保全;反而策动在境内动用武力。我担心季孙氏的忧患不在颛臾,而在鲁国宫廷内部。"

[巩固训练] ⬇

一、填空题

1. 先秦时期我国第一部语录体著作是《_____》。

2.《论语》成书于_____。

3. 孔子的思想核心是_____。

4.《论语》的风格特色是_____。

5.《季氏将伐颛臾》选自《_____》。

6. 出自《季氏将伐颛臾》的成语有_____、_____、_____、_____、_____。

二、选择题

1. 先秦时期一部最能代表儒家思想的语录体散文集是(　　)。

A.《论语》　　　　B.《孟子》　　　　C.《庄子》　　　　D.《荀子》

2. "祸起萧墙"语出(　　)。

A.《孟子》　　　　B.《论语》　　　　C.《韩非子》　　　　D.《庄子》

3.《季氏将伐颛臾》是一篇(　　)。

A. 记言散文　　　　　　　　　　B. 驳论文

C. 立论文　　　　　　　　　　　D. 叙事散文

三、词语解释题

1. 冉有、季路见于孔子曰。

见:_____

2. 是社稷之臣也。

是:_____　　社稷:_____

3. 陈力就列,不能者止。

陈:_____　　就:_____　　列:_____

止:_____

4. 君子疾夫舍曰"欲之"而必为之辞。

疾:_____　　舍:_____　　辞:_____

5. 远人不服,则修文德以来之。

服:_____　　修:_____

6. 今由与求也,相夫子,远人不服而不能来也。

相:_____

四、翻译题

1. 无乃尔是过与？

2. 何以伐为？

3. 则将焉用彼相矣？

4. 修文德以来之。

五、简答题

1. 孔子反对攻伐颛臾的理由是什么？

2. 本文体现了孔子怎样的政治主张？

3. 这篇文章采取了哪种驳论方式？

六、分析题

阅读下列文字，然后回答问题：

孔子曰："求！周任有言曰：'陈力就列，不能者止。'危而不持，颠而不扶，则将焉用彼相矣？且尔言过矣，虎兕出于柙，龟玉毁于椟中，是谁之过与？"

1. 孔子这段议论是针对什么问题而发的？

2. 引用"陈力就列，不能者止"的话，表达了孔子怎样的观点？

3. "虎兕出于柙，龟玉毁于椟中"的双重寓意是什么？

4. 这段文字运用了哪几种修辞手法？

有为神农之言者许行

《孟子》

［作者与文体］⊕

　　孟子(前 372—前 289),名轲,战国中期邹国人。儒家学派的代表,与孔子合称"孔孟"。他主张施仁政,行王道,倡导"民为贵,社稷次之,君为轻"的民本思想,反对暴政虐民。

　　孟子善于采用"欲擒故纵,引君入彀"的论辩手法,善于运用比喻和排比句式。

　　本文选自《孟子·滕文公上》,是孟子和农家学派许行的代言者陈相之间的一场辩论实录。是一篇以对话形式展开的议论文。

［课文分析］⊕

【背景介绍】

　　战国时期,诸侯争霸,学派林立,百家争鸣。农家学派推崇神农,躬耕自养,反对剥削,交易平等,反映了小生产者的利益与愿望,虽具有合理成分,但也有不少守旧和偏激的观点。本文就是孟子对农家学派部分片面观点的驳难。

【中心思想】

　　本文实录了孟子和农家学派许行的代言者陈相之间的一场辩论,通过辩论,孟子尖锐地驳斥了农家"君民并耕而治,否则恶得贤"的荒谬性,论证了社会分工的必然性,颂扬了古代圣君贤臣的德政,宣扬了儒家的政治观点和纲常伦理观点。其见解有一定的进步意义,但其"劳心劳力说"也有一定的局限性。

【结构层次】

　　第一段(有为神农之言者许行—厉民而以自养也,恶得贤):通过对方的行为和对话摆出对方的观点:贤者必须与民同耕种,饔飧而治,否则,恶得贤。

　　第二段(孟子曰—亦不用于耕耳):孟子通过与陈相的对话,批驳对方观点的同时,树立自己的观点——社会分工是天下通义,并用古代圣君贤臣的德政来批驳对方的观点和进一步论证自己的观点。

　　第三段(吾闻用夏变夷者—恶能治国家):将陈相兄弟背师叛道的行径和孔子门徒忠师守道的举动相比较,严厉批评了陈相兄弟的不义行为。并假设按照许行的观点来治理天下,那就是"乱天下"，同样"恶能治国家"。

【孟子善辩特色的表现】

欲擒故纵，引君入彀，是孟子论辩艺术的主要特点。在这篇文章中主要表现为：

1. 以对方的日常生活为例，巧设陷阱，经过循循相诱、步步逼询、层层诘问，使对方陷入矛盾难以自圆的境地，从而不攻自破地驳斥了农家"君民并耕"主张的虚假和荒谬。

2. 援引古代圣君贤臣殚精竭虑，为民兴利除害、功绩赫著的大量事实为论据，势如破竹地坐实他们"不得耕"、"不暇耕"和"不必耕"的治国安邦事迹，既确立了"社会分工"之论，又批驳了"君民并耕"之说。

3. 将陈相兄弟背师叛道的行径和孔子门徒忠师守道的举动相比较，严厉批评了他们的不义行为。

文章驳中有立，驳立相融，文脉贯通，结构缜密，语势灼人，锋芒锐利，体现了孟子高超的论辩艺术，很有说服力和感染力。

[课文翻译] ⬇

有个研究神农学说的人许行，从楚国来到滕国，登门禀告滕文公说："远方的人听说您实行仁政，愿意接受一处住所做您的百姓。"滕文公给了他住所。他的门徒几十人，都穿粗麻布的衣服，靠编鞋织席为生。

陈良的门徒陈相，和他的弟弟陈辛，背了农具耒和耜从宋国来到滕国，对滕文公说："听说您实行圣人的政治主张，这也算是圣人了，我们愿意做圣人的百姓。"

陈相见到许行后非常高兴，完全放弃了他原来所学的东西而向许行学习。陈相来见孟子，转述许行的话说道："滕国的国君，的确是贤德的君主；虽然这样，还没听到治国的真道理。贤君应和百姓一起耕作而取得食物，一面做饭，一面治理天下。现在，滕国有的是粮仓和收藏财物布帛的仓库，那么这就是使百姓困苦来养肥自己，哪里算得上贤呢！"

孟子问道："许子一定要自己种庄稼然后才吃饭吗？"陈相说："对。"孟子说："许子一定要自己织布然后才穿衣服吗？"陈相说："不，许子穿未经纺织的粗麻布衣。"孟子说："许子戴帽子吗？"陈相说："戴帽子。"孟子说："戴什么帽子？"陈相说："戴生绢做的帽子。"孟子说："自己织的吗？"陈相说："不，用粮食换的。"孟子说："许子为什么不自己织呢？"陈相说："对耕种有妨碍。"孟子说："许子用铁锅瓦甑做饭、用铁制农具耕种吗？"陈相说："对。"孟子说："是自己制造的吗？"陈相说："不，用粮食换的。"

孟子说："用粮食换农具炊具不算损害了陶匠铁匠；陶匠铁匠也是用他们的农具炊具换粮食，难道能算是损害了农夫吗？再说许子为什么不自己烧陶炼铁，使得一切东西都是从自己家里拿来用呢？为什么忙忙碌碌地同各种工匠进行交换呢？为什么许子这样地不怕麻烦呢？"

陈相说："各种工匠的活儿本来就不可能又种地又兼着干。"孟子说："这样说来，那么治理天下难道就可以又种地又兼着干吗？有做官的人干的事，有当百姓的人干的事。况且一个人的生活，各种工匠制造的东西都要具备，如果一定要自己制造然后才用，这是带着天下的人奔走在道路上不得安宁。所以说：有的人使用脑力，有的人使用体力。使用脑力的人统治别人，使用体力的人被人统治；被人统治的人供养别人，统治别人的人被人供养，这是天下一般的道理。

"当唐尧的时候，天下还没有平定。大水乱流，到处泛滥。草木生长茂盛，禽兽大量繁殖，五谷都不成熟，野兽威胁人们。鸟兽所走的道路，遍布在中原地带。唐尧暗自为此担忧，选拔舜来治理。舜派益管火，益放大火焚烧山野沼泽地带的草木，野兽就逃避躲藏起来了。舜又派禹疏通九河，疏导济水、漯水，让它们流入海中；掘通汝水、汉水，排除淮河、泗水的淤塞，让它们流入长江。这样一来，中原地带才能够耕种并收获粮食。当这个时候，禹在外奔波八年，多次经过家门都没有进去，即使想要耕种，行吗？

"后稷教导百姓耕种收割，种植庄稼，庄稼成熟了，百姓得以生存繁殖。关于做人的道理，单是吃得饱、穿得暖、住得安逸却没有教化，便和禽兽近似了。唐尧又为此担忧，派契做司徒，把人与人之间应有的关系的道理教给百姓：父子之间有骨肉之亲，君臣之间有礼义之道，夫妇之间有内外之别，长幼之间有尊卑之序，朋友之间有诚信之德。唐尧说：'使百姓勤劳，使他们归附，使他们正直，帮助他们，使他们得到向善之心，又随着救济他们，对他们施加恩惠。'唐尧为百姓这样担忧，还有空闲去耕种吗？

"唐尧把得不到舜作为自己的忧虑，舜把得不到禹、皋陶作为自己的忧虑。把地种不好作为自己忧虑的人，是农民。把财物分给别人叫作惠，教导别人向善叫作忠，为天下找到贤人叫作仁。所以把天下让给别人是容易的，为天下找到贤人却很难。孔子说：'尧作为君主，是多么伟大啊！只有天最伟大，只有尧能效法天来行事。尧的仁德浩荡无边，人们简直无法形容！舜真是个称职的国君啊！他是那样的崇高，拥有天下却不把它据为己有！'尧舜治理天下，难道不要费心思吗？只不过不用在耕种上罢了！

"我只听说过用中原文化去改变蛮夷，却没听过中原文化被蛮夷所改变，陈良出生在楚国，很仰慕周公和孔子的学说，到中国的北方学习儒学，北方的学者，没有谁能超过他，他就是人们所说的豪杰之士啊。你们兄弟俩，侍奉陈良几十年，现在老师死了，你们就背叛他。从前，孔子去世，他的学生守孝三年之后，整理行装准备回家乡。出发前进屋子向子贡作揖告别，彼此相对而哭，都悲痛万分，以至哭不出声，然后才回去。子贡又回来，仿效孝子守丧的做法，在孔子坟场上造了一间屋子，独自住了三年，然后才回去。后来有一天，子夏、子张、子游认为有若面貌气度像老师孔子，就想用侍奉孔子的礼节来侍奉有若，并强迫曾子也这样做。曾子说，不可以，孔子的道德品格，就像用长江汉水的大水洗涤过，经由秋天的阳光曝晒过似的，其光明洁白是任何人都比不上的。今天，南方蛮夷之地有个人说话如同伯劳鸟叫那样难听，在那儿否定先王之道，你背叛自己的老师去学他的那套东西，这就同曾子所说的道理完全相反了。我只听说过'出于幽谷，迁于乔木'的道理，却从未听说过把乔木迁到幽谷里去的做法。《鲁颂》说:'戎狄必须抵御,荆舒应当惩治。'周公在那时就说要惩治南方蛮夷,而你却赞成他们的学说,也确是太不善于随机变通了。"

陈相说:"如果顺从许子的学说,市价就不会不同,国都里就没有欺诈行为。即使让身高五尺的孩子到市集去,也没有人欺骗他。布匹和丝织品,长短相同价钱就相同;麻线和丝絮,轻重相同价钱就相同;五谷粮食,数量相同价钱就相同;鞋子,大小相同价钱就相同。"

孟子说:"各种东西的品种质量不一致,这是自然的。(它们的价格)有的相差一倍到五倍,有的相差十倍百倍,有的相差千倍万倍。您让它们平列等同起来,这是使天下混乱的做法。制作粗糙的鞋子和制作精细的鞋子卖同样的价钱,人们难道会去做精细的鞋子吗?按照许子的办法去做,便是彼此带领着去干弄虚作假的事,哪里能治好国家!"

巩固训练 ⬇

一、填空题

1. 孟子名_____,_____时期_____国人,是_____学派的主要代表。

2. 孟子在文中驳斥农家学说的代表人物是_____,其主要观点是_____
____。

3. 孟子在文中的主要观点是_____。

4. 孟子思想的核心是_____。

5. 孟子散文富有的特色是_____。

二、词语解释题

1. 有为神农之言者许行。

为:_____ 言:_____

2. 陈相见许行而大悦,尽弃其学而学矣。

悦:_____ 学:_____ 学:_____

3. 岂为厉农夫哉?

厉:_____

4. 五谷不登,禽兽偪人。

登:_____ 偪:_____

5. 尧独忧之,举舜而敷治矣。

举:_____ 敷:_____ 治:_____

6. 契为司徒,教以人伦。

契:_____ 司徒:_____ 人伦:_____

7. 吾闻用夷变夏者。

用夏变夷:_____

8. 戎、狄是膺,荆、舒是惩。

膺：_____　　　　惩：_____

9. 童子适市。

适：_____　　　　市：_____

10. 相率而为伪者也。恶能治国家？

相率：_____　　为伪：_____　　　　恶：_____

三、翻译题

1. "以粟易械器者……何许子不惮烦"句。

2. 父子有亲，君臣有义，夫妇有别，长幼有序，朋友有信。

3. "分人以……谓之仁"句。

4. "不可，江汉以濯之……不可尚已。"

5. 夫物之不齐，物之情也。

四、问答题

结合文章谈谈孟子善辩这一特色。

五、分析题

尧以不得舜为己忧，舜以不得禹、皋陶为己忧。夫以百亩之不易为己忧者，农夫也。分人以财谓之惠，教人以善谓之忠，为天下得人者谓之仁。是故以天下与人易，为天下得人难。孔子曰："大哉，尧之为君！惟天为大，惟尧则之，荡荡乎，民无能名焉！君哉，舜也！巍巍乎，有天下而不与焉!"尧舜之治天下，岂无所用心哉？亦不用于耕耳。

1. 这段文字表明了孔子怎样的观点？

2. 这段文字表明了孟子怎样的观点？

3. 孔子是怎样赞美尧舜的?

4. 孟子为什么要赞美尧舜?

5. 翻译句子。

(1) 是故以天下与人易,为天下得人难。

(2) 大哉,尧之为君! 惟天为大,惟尧则之,荡荡乎,民无能名焉! 君哉,舜也! 巍巍乎,有天下而不与焉!

逍　遥　游

《庄子》

[作者与文体] ⊕

　　庄子(约前369—前286),名周,战国时代宋国人。他是老子之后道家学派的主要代表,后世把他和老子并称为"老庄"。庄子在哲学上主张顺应自然,提倡无为而无不为。他承认事物的相对性,又否认客观事物的差别。庄子的散文想象丰富,汪洋恣肆,辞藻瑰丽,并多采用寓言形式,富有浪漫色彩。

　　《庄子》共三十三篇(内篇七、外篇十五、杂篇十一),其中"内篇"是庄子自著,"外篇"和"杂篇"是他的门人和后学所作。

　　本文节选自《庄子·逍遥游》,是一篇哲理性散文。

[课文分析] ⊕

【何谓"逍遥游"? 文章的主旨是什么?】

　　所谓"逍遥游",意思是放浪不拘、怡然自得、遨游于天地之间,也就是一种绝对的精神自由。

　　文章的主要内容讲人怎样才能摆脱世俗的功名利禄权位的束缚,使自己的精神生活提升到"逍遥游"的境界。本文描述了庄子的人生理想,即追求一种不受任何时空限制的绝对自由的精神境界。庄子认为只有做到"无己"、"无功"、"无名",摒弃一切欲念和追求,才能真正达到逍遥游。这种思想表达了庄子要求摆脱世俗社会的束缚,追求个性解放的愿望。同时,他对功名利禄的鄙弃也反映了他对现实社会的批判态度和不与统治阶级合作的叛逆精神。这在当时是有积极意义的。但是,他所追求的逍遥游的境界,不但虚无缥缈,也是行不通的,容易引导人们脱离实际,自我陶醉,有一定的局限性。

【浪漫主义特色表现在哪里?】

　　本文构思奇特,想象丰富。作者运用神话般的寓言和出人意料的比喻,创造了瑰玮诡谲、浪漫色彩浓厚的艺术境界。大鹏的远飞高举,冥灵、大椿的高寿等等,极尽夸张之能事,神思飞越,想落天外,出人意表。文中比喻之富、寓言之多,令人目不暇接。鸟兽虫鱼,大至鲲鹏,小到蟪蛄,再到传说中的人物等,无不被用来作例证。夸张的笔法,丰富的想象,使文章说理生动形象,极富于浪漫气息。

【结构层次】

第一层(1—7节):阐明世间万物,大至鲲鹏,小至尘埃。它们的活动都"有所待",都是不自由的。

第1节,讲鲲鹏变化的故事。

鱼类的鲲变为鸟类的鹏,变化莫测,神奇至极。(这是庄子哲学观的表现。在他看来,事物的本源是"道",世上的一切并无绝对的界限,只有相对区别。他提倡相对主义,连善恶、生死、贵贱、是非都是没有分别的。)

第2节,大鹏是逍遥游吗?

不是,因为它有所待(六月海动,狂飙怒吼,它才能乘风而起)。同时,因为它有限(虽在九万里高空,回视地面也模糊不清)。

第3节,大鹏怒而飞的条件。

风之积也厚,才能背负青天而莫之夭阏,而后将图南。仍然有所待。

第4、5节,蜩与学鸠逍遥吗?

不,它们起飞与大鹏一样,仍有待于风。不过飞得低、飞得近,不需大风罢了。就如人们出门,远近不同,所需粮食也不一样。而且,它们嘲笑大鹏,便是精神负担,与逍遥游也是南辕北辙的。

第6节,大年、大智者逍遥吗?

不,因为不管是短是长,总有终了的一天。而逍遥游不受时间限制,无穷无尽,与天地长存。从形体上讲,庞然大物大鹏不逍遥,小小的蜩与学鸠也不逍遥。从时间上讲,小大智、小大年都有终了的时候,所以也不逍遥。

第7节,进一步验证大小之辩。

"齐谐"与"汤之问棘"相照应。

第二层(8—9节):由自然之物说到社会人世。

一种是世俗之人,即"知效一官,行比一乡,德合一君,而征一国"不值一提,不过是燕雀之类罢了。

其次是宋荣子,"举世誉之不加劝,举世非之不加沮",但犹有未树。

最后是列子,能驾风飞驰,然"犹有所待"。以上一个高过一个,都是非同一般的高人,但都不能达到庄子所说的逍遥游的境界。

第三层(第10节):怎样才能达到逍遥游的境界?

"至人无己":顺应自然,忘掉自我,这是庄子理想中达到最高修养境界的人。

"神人无功":不求有功,无心作为的人。

"圣人无名":不求有名,无心胜人的。

[课文翻译] ⬇

　　北方的大海里有一条鱼,它的名字叫鲲。鲲的体积,真不知道大到几千里;变化成为鸟,它的名字就叫鹏。鹏的脊背,真不知道长到几千里;当它奋起而飞的时候,那展开的双翅就像天边的云。这只鹏鸟呀,随着海上汹涌的波涛迁徙到南方的大海。南方的大海是个天然的大池。

　　《齐谐》是一部专门记载怪异事情的书,这本书上记载说:"鹏鸟迁徙到南方的大海,翅膀拍击水面激起三千里的波涛,乘着海面上急骤的狂风盘旋而上直冲九万里高空,它离开北方的大海凭借的是六月的大风。"春日林泽原野上蒸腾浮动犹如奔马的雾气,低空里沸沸扬扬的尘埃,都是大自然里各种生物的气息吹拂所致。天空是那么深青深青的,这是它真正的颜色吗?抑或是高旷辽远没法看到它的尽头呢?鹏鸟在高空往下看,不过也就像这个样子罢了。

　　再说水汇积不深,它浮载大船就没有力量。倒杯水在庭堂的低洼处,那么小小的芥草也可以给它当作船;而搁置杯子就粘住不动了,因为水太浅而船太大了。风聚积的力量不雄厚,它托负巨大的翅膀便力量不够。所以,鹏鸟高飞九万里,狂风就在它的身下,然后方才凭借风力飞行,背负青天而没有什么力量能够阻遏它了,然后才像现在这样飞到南方去。

　　寒蝉与小灰雀讥笑它说:"我从地面急速起飞,碰着榆树和檀树的树枝,常常飞不到而落在地上,为什么要到九万里的高空而向南飞呢?"

　　到迷茫的郊野去,带上三餐就可以往返,肚子还是饱饱的;到百里之外去,要用一整夜时间准备干粮;到千里之外去,三个月以前就要准备粮食。寒蝉和灰雀这两个小东西懂得什么!

　　小聪明赶不上大智慧,寿命短比不上寿命长。怎么知道是这样的呢?清晨的菌类不会懂得什么是晦朔,寒蝉也不会懂得什么是春秋,这就是短寿。楚国南边有叫冥灵的大龟,它把五百年当作春,把五百年当作秋;上古有叫大椿的古树,它把八千年当作春,把八千年当作秋,这就是长寿。可是彭祖到如今还是以年寿长久而闻名于世,人们与他攀比,岂不可悲可叹吗?

　　商汤询问棘的话是这样的:"在那草木不生的北方,有一个很深的大海,那就是'天池'。那里有一种鱼,它的脊背有好几千里,没有人能够知道它有多长,它的名字叫做鲲,有一种鸟,它的名字叫鹏,它的脊背像座大山,展开双翅就像天边的云。鹏鸟奋起而飞,翅膀拍击急速旋转向上的气流直冲九万里高空,穿过云气,背负青天,这才向南飞去,打算飞到南方的大海。斥鷃讥笑它说:'它打算飞到哪儿去?我奋力跳起来往上飞,不过几丈高就落了下来,盘旋于蓬蒿丛中,这也是我飞翔的极限了。而它打算飞到什么地方去呢?'"这就是小与大的不同了。

　　所以,那些才智足以胜任一个官职,品行合乎一乡人心愿,道德能使国君感到满意,能力足以取信一国之人的人,他们看待自己也像是这样哩。而宋荣子却讥笑他们。世上的人们都赞誉他,他不会因此越发努力,世上的人们都非难他,他也不会因此而更加沮丧。他清楚地划定自身与外物的区别,辨别荣誉与耻辱的界限,不过如此而已呀!宋荣子他对于整个社会,从来不急急忙忙地去追求什么。虽然如此,他还是未能达到最高的境界。

列子能驾风行走,那样子实在轻盈美好,而且十五天后方才返回。列子对于寻求幸福,从来没有急急忙忙的样子。他这样做虽然免除了行走的劳苦,可还是有所依凭呀!

至于遵循宇宙万物的规律,把握"六气"的变化,遨游于无穷无尽的境域,他还仰赖什么呢!因此说,道德修养高尚的"至人"能够达到忘我的境界,精神世界完全超脱物外的"神人"心目中没有功名和事业,思想修养臻于完美的"圣人"从不去追求名誉和地位。

[巩固训练] ⬇

一、填空题

1. 属于道家学派的"老庄"是指_____和_____。

2.《庄子》共有_____篇,分别是_____、_____、_____。一般认为庄子写的是_____。

3. 庄子文章富有_____特色。

4. 道家的思想核心是_____。

5.《逍遥游》中出现的不逍遥的形象有_____。

二、选择题

1. 先秦文章中最富于浪漫色彩的是(   )。

A.《论语》　　　　　B.《孟子》　　　　　C.《庄子》　　　　　D.《韩非子》

2. 庄子认为(   )已达"逍遥游"。

A. 鲲鹏　　　　　B. 彭祖　　　　　C. 宋荣子、列子　　　　D. 至人、神人、圣人

三、词语解释题

1. 海运则将徙于南冥。

海运:_____　　徙:_____　　南冥:_____

2.《齐谐》者,志怪者也。

齐谐:_____　　志怪:_____

3. 抟扶摇而上者九万里。

抟:_____　　扶摇:_____

4. 背负青天而莫之天阏。

天阏:_____

5. 彼且奚适也。

奚适:_____

6. 腹犹果然。

果然：_____

7. 之二虫又何知。

之：_____

8. 举世誉之而不加劝,举世非之而不加沮。

誉：_____ 劝：_____ 非：_____

沮：_____

9. 未数数然也。

数数然：_____

10. 若夫乘天地之正。

乘：_____

四、翻译题

1. 天之苍苍,其正色耶? 其远而无所至极耶?

2. 故夫知效一官,行比一乡,德合一君,而征一国者,其自视也,亦若此矣。

3. 至人无己,神人无功,圣人无名。

五、问答题

1.《逍遥游》的主旨是什么?

2. 本文浪漫主义特色体现在哪里?

六、分析题

且夫水之积也不厚,则其负大舟也无力。覆杯水于坳堂之上,则芥为之舟;置杯焉则胶,水浅而舟大也。风之积也不厚,则其负大翼也无力。故九万里,则风斯在下矣,而后乃今培风,背负青天而莫之天阏者,而后乃今将图南。

1. 这段文字阐述了怎样的哲学道理?

2. 鲲鹏展翅的条件是什么?

3. 鲲鹏为什么要图南？

4. 翻译句子。

故九万里，则风斯在下矣，而后乃今培风，背负青天而莫之夭阏者，而后乃今将图南。

晋楚城濮之战

《左传》

《左传》又称《春秋左氏传》,相传为春秋末年鲁国史官左丘明所著。

《左传》本来是为阐释《春秋》而作,与《谷梁传》《公羊传》合称为《春秋三传》。

《左传》善于刻画人物,写出了人物个性及其性格发展变化,如重耳、子玉等。

《左传》的语言简练准确,具有极强的艺术表现力,还记载了大量的精彩外交辞令,突出了他们的巧言利口,唇枪舌剑,凭着三寸不烂之舌勇冠三军的游说家风采。

【"城濮之战"的背景】

公元前634年,楚国势力强大,向北推进,威胁北方的一些诸侯国。晋国强大之后,则要设法阻止楚国的北扩,与楚国争夺对诸侯的控制权,城濮之战就是晋楚争霸的必然产物。城濮一役,晋胜楚败,晋国继齐国之后一跃取得霸主地位。晋文公成为春秋五霸之一。

【关于晋文公】

公元前676年,晋献公即位。妃生重耳卷进宫廷阴谋出逃。重耳出逃经卫,至齐七年。至曹遭侮,至宋受宋襄公礼遇,至郑吃闭门羹,至楚受楚成王礼遇("退避三舍"的由来)但在楚与子玉结怨,至秦得秦穆公帮助。公元前636年重耳即位为晋文公。即位后他改善政治,举贤任能,救济灾荒,发展生产,开拓道路,鼓励通商,富国强兵。公元前632年四月爆发城濮一役。晋胜楚败,子玉自杀,践土订盟确立霸主地位。公元前628年冬,晋文公病死。

重耳刚开始流亡时,是一个没有雄才大略的纨绔子弟。在周游了七八个国家历经了艰难坎坷、饱经了世情冷暖后,成了有胆识、有肚量的政治家。回到晋国,当了国君,成为"春秋五霸"之一。

【结构层次】

第一层(第1节):交代战争的起因。

第二层(第2—7节):详细交代战前双方的情况。

晋

晋文公善于接受臣子的意见,上下同心。臣子及时排除他的心理障碍,且足智多谋。他们精心备战,讲究战略战术。

楚

楚成王很清醒,有自知之明,而子玉鲁莽、冲动。刚愎自用,骄横轻敌,楚军仓促上阵,不堪一击。

第三层(第8节):交代战中的情况,特别是晋军的战略战术。

1. 胥臣蒙马以虎皮。犯陈、蔡。楚右师溃。

2. 狐毛设二旆而退之,栾枝伪遁。诱敌深入。

3. 原轸等拦腰击击。狐毛夹攻子西。楚师溃。

第四层(第9节):交代战后情况。

1. 晋国君臣同庆。

2. 周天子封赏,为其筑行宫于践土,确定晋文公的霸主地位。

[课文翻译] ⬇

宋国派门尹般到晋军中报告情况非常危急。晋文公说:"宋国来报告危急情况,不去救他便断绝了交往,请楚国解围,他们又不答应。我们想作战,齐国和秦国又不同意。怎么办?"先轸说:"让宋国丢开我国而去给齐国、秦国赠送财礼,假借他们两国去请求楚国。我们逮住曹国国君,把曹国、卫国的田地分给宋国。楚国喜欢曹国、卫国,必定不答应齐国和秦国的请求。齐国和秦国喜欢宋国财礼而对楚国固执生气,能不打仗吗?"晋文公很高兴,拘捕了曹共公,把曹国和卫国的田地分给了宋国人。

楚成王进入申城并住下来,让申叔离开谷地,让子玉离开宋国,说:"不要去追逐晋国军队!晋文公在外边,十九年了,而结果得到了晋国。险阻艰难,都尝过了;民情真假,都了解了。上天给予他年寿,同时除去了他的祸害,上天所设置的,难道能废除吗?《军志》说:'适可而止。'又说:'知难而退。'又说:'有德的人不能阻挡。'三条记载,说的就是晋国。"子玉派遣伯棼向成王请战,说:"不能说一定有功劳,愿意以此塞住奸邪小人的嘴巴。"楚成王发怒,少给他军队,只有西广、东宫和若敖的一百八十辆战车跟去。

子玉派宛春到晋军中报告说:"请恢复卫侯的君位,同时把土地交还曹国,我也取消对宋国的包围。"子犯说:"子玉无理啊!给君王的,只是解除对宋国的包围一项,而要求君王给出的,却是复卫封曹两项。这次打仗的机会不可失掉了。"先轸说:"君王答应他,使别人安定叫作礼,楚国一句话而安定三国,我们一句话而使他们灭亡,我们就无礼,拿什么来作战呢?不答应楚国的请求,这是抛弃宋国;救援了又抛弃他,将对诸侯说什么?楚国有三项恩惠,我们有三项仇怨。怨仇已经多了,准备拿什么作战?不如私下里答应恢复曹国和卫国来离间他们,逮了宛春来激怒楚国,等打起仗再说。"晋文公很高兴。于是把宛春囚禁在卫国,同时私下里允诺恢复曹、卫。曹、卫就与楚国断交。

子玉发怒,追击晋军。晋军撤退。军吏说:"以国君而躲避臣下,这是耻辱;而且楚军已经衰疲,为什么退走?"子犯说:"出兵作战,有理就气壮,无理就气衰,哪里在于在外边时间的长短呢? 如果没有楚国的恩惠,我们到不了这里。退避三舍,就是作为报答。背弃恩惠而说话不算数,要用这个来庇护他们的敌人,我们理曲而楚国理直,加上他们的士气一向饱满,不能认为是衰疲。我们退走而楚军回去,我们还要求什么? 若他们不回去,国君退走,而臣下进犯,他们就缺理了。"晋军退走三舍。楚国军士要停下来,子玉不同意。

夏四月初一日,晋文公、宋成公、齐国的国归父、崔夭、秦国的小子憖住在城濮。楚军背靠着险要丘陵扎营,晋文公担心这件事。听到赶车的人念诵说:"休耕田里的绿草油油,丢掉旧的而对新的加以犁锄。"晋文公很怀疑。子犯说:"出战吧! 战而得胜,一定得到诸侯;若不胜,我国外有大河,内有高山,一定没有什么害处。"晋文公说:"对楚国的恩惠怎么办?"栾枝说:"汉水以北的姬姓诸国,楚国都把他们吞并完了。想着小恩惠,而忘记大耻辱,不如出战。"晋文公梦见和楚王搏斗,楚王伏在自己身上吮吸自己的脑浆,因而害怕。子犯说:"吉利,我(面向上)得到上天的帮助,楚王(伏,向下)伏罪,而且我们驯服(齿,刚也。我用脑承之,是有以柔其刚)他们了。"

子玉派遣斗勃向晋国请战,说:"请和君王的斗士做一次角力游戏,君王靠在车横板上观看,得臣可以陪同君王一同观看了。"晋文公派遣栾枝回答说:"我们国君知道您的意思了。楚君的恩惠,没有敢忘记,所以待在这里。以为你大夫已经退兵了,难道你们做大夫的敢对抗我们国君吗? 既然大夫不肯退兵,那就烦大夫对贵部将士们说:'驾好你们的战车,忠于你们的国事,明天早晨咱们将在战场上见。'"

晋国战车七百辆,装备齐全。晋文公登上有莘的废城观望军容,说:"年少的和年长的,排列有序,合于礼,可以使用了。"于是命令砍伐山上的树木,以增加武器,提高战斗力。初二日,晋军在莘北列开阵势,胥臣让下军分别抵挡陈、蔡军队。子玉用若敖的一百八十乘率领中军,说:"今天就一定没有晋国了。"子西率领左军,子上率领右军。

胥臣把马蒙上老虎皮,先攻陈、蔡两军。陈、蔡两军奔逃,楚军的右翼部队溃散。狐毛派出前军两队击退楚军的溃兵,栾枝让车子拖着树枝(扬尘)假装逃走,楚军追击,原轸、郤溱率领中军的禁卫军拦腰夹击。狐毛、狐偃率领上军夹攻子西,楚国的左翼部队溃散。楚军大败。子玉很快收兵,仅他的直属部队得以不败。

晋军休整三天,吃楚军留下的粮食,到初六日启程回国。

[巩固训练] ⊙

一、填空题

1.《左传》又称《＿＿＿＿＿＿》或《＿＿＿＿＿》,相传为＿＿＿＿年＿＿＿国史官＿＿＿＿＿所撰。

2.《左传》为＿＿＿＿体历史著作。全书＿＿＿＿卷,＿＿＿＿万字。记事自＿＿＿＿年至＿＿＿＿年止。真实地描写了＿＿＿＿＿＿＿＿时的历史进程。

3.《左传》的明显艺术特色是_____。

4.《晋楚城濮之战》选自《_____》,其主要人物为_____。

二、选择题

1."退避三舍"语出(　　)。

A.《季氏将伐颛臾》　　　　　　　　　B.《有为神农之言者许行》

C.《逍遥游》　　　　　　　　　　　　D.《晋楚城濮之战》

2."城濮之战"一役奠定了(　　)的霸主地位。

A. 郑庄公　　　　　　B. 秦穆公　　　　　　C. 晋文公

三、词语解释题

1.公说,执曹伯,分曹卫之田以畀宋人。

说:_____　　　执:_____

2.天假之年,而除其害。

假:_____　　　害:_____

3.师直为壮,曲为老。

直:_____　　　曲:_____　　　老:_____

4.其众素饱,不可谓老。

素:_____　　　饱:_____

5.若楚惠何?

若……何:_____

四、翻译题

1."天假之年……晋之谓矣"句。

2."楚一言而定三国……何以战乎"句。

3."寡君闻命矣……诘朝将见"句。

五、问答题

1.分析晋胜楚败的原因。

2.分析文中主要人物的性格。

3. 结合课文分析《左传》的艺术特色。

六、分析题

胥臣蒙马以虎皮,先犯陈、蔡,陈、蔡奔;楚右师溃。狐毛设二旆而退之,栾枝使舆曳柴而伪遁,楚师驰之。原轸、郤溱以中军公族横击之,狐毛、狐偃以上军夹攻子西,楚师溃。子玉收其卒而止,故不败。

1. 给上面的文字分层并概括其大意。

2. 分析晋国的战术。

3. 翻译以上文字。

冯谖客孟尝君

《战国策》

[作者与文体] ⬇

《战国策》是一部国别体史书,简称《国策》,作者不详。汉成帝时,刘向奉诏对它进行整理,分为西周、东周、秦、齐、楚、赵、魏、韩、燕、宋、卫、中山 12 国策。编订为三十三篇,定名为《战国策》。其记载了春秋以后到楚汉兴起前 240 余年的史实。主要记载了战国时期谋臣策士(古代专讲谋略学的人)游说各国诸侯或相互辩论的情况,不仅是一部先秦时代的历史著作,也是一部优秀的散文总集。

《战国策》的游说之辞特别精彩生动,善于铺陈夸张和渲染气氛,逻辑性强,具有强烈的煽动性、说服力和鼓动性。"其文辨博,有焕而明,有婉而微,有约而深,太史公之所考本也。"(《战国策序》)

《战国策》记载的时间为前 455 年—前 216 年。东汉时高诱的注本比较权威。

本文选自《战国策·齐策四》。

[课文分析] ⬇

【课文背景】

战国时期养士之风盛行,在贵族们的众多食客中,不乏智能之士,他们的政治见解和办事才能,对当时的局势产生了若干影响,本文生动地再现了当时养士、用士的社会风貌。

孟尝君姓田名文,战国时期齐国的贵族,同魏国的信陵君魏无忌,赵国的平原君赵胜,楚国的春申君黄歇齐名,合称为"战国四公子"。

【结构层次】

第一层(1—2 节):写冯谖的"无好""无能"贪而不知足,伏下一笔,引起正文。

第二层(3—8 节):写冯谖为孟尝君营造三窟(焚券市义,结交梁国,请立宗庙)从正面表现冯谖才能。

第三层(9 节):总结冯谖对孟尝君的功绩。

【写作特点】

1. 鲜活的人物形象

《冯谖客孟尝君》一文共塑造了三类人物形象:一是轻财好施、宽容大度、礼贤下士的孟

101

尝君形象;一是恃才自信、知恩图报、深谋远虑的门客冯谖形象;一是目光短浅、趋炎附势的门客群体形象,即孟尝君的"左右"形象。文章所描绘的三类人物形象,充分展示了封建社会的世态人情。

2. 巧妙的构思布局

文章采用欲扬先抑、欲露先隐的手法营造了跌宕起伏、富有戏剧性的故事情节:先写冯谖之"无好"、"无能",再写其"贪而不足"、三次"弹铗而歌",层层铺垫之后,以冯谖为孟尝君营造三窟淋漓尽致地张扬了其大智若愚、胆识超群、深谋远虑的个性特点。

3. 个性化的语言和生动的细节刻画

如开篇描写冯谖将寄食于孟尝君门下,介绍人和孟尝君的一段对话,以好养士而著名的孟尝君最看中的自然是其门客的才识,所以他单刀直入,直接询问冯谖有什么爱好和才能,得到"无好"、"无能"的回答时,一向宽怀待人的孟尝君极富君子风度,对乞食于自己门下的冯谖只是"笑而受之",简洁地说了一个词"诺"。孟尝君的轻财好施、宽容善良的性格得以展现。冯谖恃才自信的个性在其弹铗而歌的语言中表现得尤为突出。

4. 运用对比手法,表现出有关人物的特点和相互关系

如对冯谖的三次弹铗而歌,孟尝君的左右由无所爱憎到"皆笑之",以至"皆恶之",孟尝君却一一满足了冯谖的要求。这里展现的是世俗的小人与历史的伟人鲜明的对照,反映出孟尝君胸怀宽旷乐于养士的特点和左右的短见无知与势利卑微,而"弹铗而歌"本身,又是冯谖对"贱之""食以草具"的待遇的不平之鸣。又如冯谖对孟尝君说明了焚券市义的理由和情况,孟尝君反而"不悦"。两相对照,反映出冯谖的政治远见和孟尝君识见的低下。又如孟尝君对冯谖,由最初的"笑而受之",到"怪之",到"请而见之",又从"不悦",到称赞,到最后的完全信赖的前后对照,不仅反映出孟尝君了解、认识冯谖的曲折过程,更重要的是使冯谖的聪明才智,随着事态的发展逐一展现在读者面前,使冯谖这个策士的形象显得完整鲜明,给人以深刻的印象。

[课文翻译] ⬇

齐国有位名叫冯谖的人,生活贫困,养活不了自己,他让人转告孟尝君,说愿意到孟尝君门下做食客。孟尝君问:"冯谖有什么爱好?"回答说:"没有什么爱好。"又问:"他有什么才干?"回答说:"没什么才能。"孟尝君笑了笑,说道:"好吧。"就收留了冯谖。

那些手下的人因为孟尝君看不起冯谖,所以只给他吃粗茶淡饭。过了没多久,冯谖靠着柱子,用手指弹着他的佩剑唱道:"长铗啊,咱们还是回去吧!这儿没有鱼吃啊。"手下的人把这事告诉了孟尝君。孟尝君说:"就照一般食客那样给他饮食。"又过了没多久,冯谖又靠着柱子,弹着剑唱道:"长铗啊,咱们还是回去吧!这儿出门连车也没有。"左右的人都笑他,又把这话告诉了孟尝君。孟尝君说:"照别的门客那样给他备车吧。"于是冯谖坐着车子,举起宝剑去拜访他的朋友,并且说道:"孟尝君把我当客人一样哩!"后来又过了些时,冯谖又弹起

他的剑唱道："长铗啊，咱们还是回去吧！在这儿无法养家。"左右的人都很讨厌他，认为这人贪心不足。孟尝君知道后就问："冯谖先生有亲人吗？"回答说："有位老母。"孟尝君就派人供给冯谖母亲的食用，不使她感到缺乏。这样，冯谖就不再唱了。

后来，孟尝君出了文告来询问他的门客："谁熟习会计的事？"冯谖署了自己的名，并签上一个"能"字。孟尝君见了名字感到很惊奇，问："这是谁呀？"左右的人说："就是唱那'长铗归来'的人。"孟尝君笑道："这位客人果真有才能，我亏待了他，还没见过他的人呢！"他立即派人请冯谖来相见，当面赔礼道："我被琐事搞得精疲力竭，被忧虑搅得心烦意乱；加之我平庸无能，整天埋在国家大事之中，以致怠慢了您。而您却并不见怪，倒愿意往薛地去为我收债，是吗？"冯谖回答道："愿意去。"于是套好车马，整治行装，载上契约票据动身了。辞行的时候冯谖问："债收完了，买什么回来？"孟尝君说："您就看我家里缺什么吧。"

冯谖赶着车到薛，派官吏把该还债务的百姓找来核验契据。核验完毕后，他假托孟尝君的命令，把所有的债款赏赐给欠债人，并当场把债券烧掉。百姓都高呼"万岁"。

冯谖赶着马车，马不停蹄，直奔齐都，清晨就求见孟尝君。冯谖回得如此迅速，孟尝君感到很奇怪，立即穿好衣服、戴好帽子去见他，问道："债都收完了吗？怎么回得这么快？"冯谖说："都收了。""买什么回来了？"孟尝君问。冯谖回答道："您曾说'看我家缺什么'，我私下考虑您宫中积满珍珠宝贝，外面马房多的是猎狗、骏马，后庭多的是美女，您家里所缺的只不过是'仁义'罢了，所以我用债款为您买了'仁义'。"孟尝君道："买仁义是怎么回事？"冯谖道："现在您不过有块小小的薛地，您不抚爱百姓，视民如子，反而用商贾之道向人民图利，这怎行呢？因此我擅自假托您的命令，把债款赏赐给百姓，顺便烧掉了契据，以致百姓欢呼'万岁'，这就是我用来为您买义的方式啊。"孟尝君听后很不快地说："嗯，先生，您下去休息吧。"

过了一年，齐王对孟尝君说："我不敢把您——先王的臣子当作我的臣子。"孟尝君只好回到他的领地薛去。在离薛地还有一百里的地方，薛地的人民扶老携幼，都在路旁迎接孟尝君到来。孟尝君见此情景，回头看着冯谖道："您为我买的'义'，我今天才知道它的作用。"

冯谖说："狡猾机灵的兔子有三个洞才能免遭死患，现在您只有一个洞，还不能高枕无忧，请让我再去为您挖两个洞吧。"孟尝君应允了，就给了五十辆车子、五百斤黄金。冯谖往西到了魏国，他对惠王说："现在齐国把他的大臣孟尝君放逐到国外去，哪位诸侯先迎接他，就可使自己的国家富庶强盛。"于是惠王把相位空出来，把原来的相国调为上将军，派使者带着千斤黄金、百辆车子去聘请孟尝君。冯谖先赶车回去，告诫孟尝君说："黄金千斤，这是很重的聘礼了；百辆车子，这算显贵的使臣了。齐国君臣大概听说这事了吧。"魏国的使臣往返了三次，孟尝君坚决推辞而不去魏国。

齐王果然听到这一消息，君臣上下十分惊恐。于是连忙派太傅拿着千斤黄金，驾着两辆四匹马拉的彩车，带上一把佩剑，并向孟尝君致书谢罪说："由于我不好，遭到祖宗降下的灾祸，又陷身于阿谀逢迎之中，所以得罪了您。我是不值得您帮助的，但希望您顾念齐国先王的宗庙,暂且回国都来治理百姓吧。"冯谖又告诫孟尝君道:"希望你向齐王请求先王传下来的祭器,在薛建立宗庙。"宗庙建成后,冯谖回报孟尝君:"现在三个洞已经营造好,您可以高枕无忧了。"

孟尝君在齐国当了几十年的宰相,没有遭遇丝毫祸患,这都是实行冯谖计谋所带来的好处。

[巩固训练] ⊕

一、填空题

1.《冯谖客孟尝君》选自《_____》。

2.《战国策》是_____时期_____策谋和言论的汇编,属_____体史书。

3.《冯谖客孟尝君》一文主要的表现手法是_____。

4.冯谖替孟尝君谋营的"三窟"指的是焚券市义、_____、薛地建庙。

5.《冯谖客孟尝君》一文采用了欲扬先抑的手法,抑在装愚守拙,巧于试探,扬在_____。

二、选择题

1. 下面属于国别体史书是( )。

A.《诗经》　　　　B.《史记》　　　　C.《战国策》　　　　D.《论语》

2. 以下哪一个不是冯谖所谋的"三窟"?( )

A. 市义于薛　　　B. 薛地建庙　　　C. 游说于梁　　　D. 游说齐王

3. "市义于薛"表现了冯谖_____的性格特点?( )

A. 刚勇仁义　　　B. 深谋远虑　　　C. 诙谐幽默　　　D. 清正廉洁

4. 以下哪一特点不是孟尝君的性格特点?( )

A. 深谋远虑　　　B. 目光不敏锐　　　C. 礼贤下士　　　D. 心胸宽广

5. "狡兔三窟"出自以下哪部书?( )

A.《左传》　　　　B.《孟子》　　　　C.《战国策》　　　　D.《史记》

三、词语解释题

1. 使人属孟尝君,愿寄食门下。

属:_____

2.(1)冯谖客孟尝君。　(2)孟尝君客我。

客:_____

3.(1)食以草具。　(2)孟尝君使人给其食用。

食:_____

4.(1)驱而之薛。　(2)衣冠而见之。　(3)寡人不敢以先王之臣为臣。

之:_____

5. 左右以君贱之也。

贱：_____

6.（1）孟尝君就国于薛。 （2）三窟已就，君姑高枕为乐。

就：_____

7. 能为文收责于薛者乎？

责：_____

8. 孟尝君固辞不往也。

固：_____

四、翻译题

1. 冯谖为先驱，诚孟尝君曰："千金，重币也；百乘，显使也。齐其闻之矣！"

2. 寡人不祥，被于宗庙之祟，沉于谄谀之臣，开罪于君。寡人不足为也，愿君顾先王之宗庙，姑反国统万人乎。

五、简答题

1. 简析冯谖、孟尝君、"左右"的性格特征。

2. 举例分析本文善于通过对话和细节来刻画人物形象的艺术特色。

3. 简析本文欲扬先抑的写作手法及其艺术效果。

六、阅读分析题

阅读本文第一、二自然段（从"齐人有冯谖者……不复歌"），回答下面的问题。

（1）这两段文字出自何书？

（2）冯谖与孟尝君之间的关系是什么？

（3）冯谖使人属孟尝君曰"客无好"、"客无能"的目的是什么？

（4）孟尝君笑而受之，曰："诺"，揭示了他什么心态？

垓 下 之 围

《史记》

[作者与文体] ⬇

1. 司马迁(约前145—约前90),我国古代伟大的文学家和历史学家。自幼刻苦读书,受家学熏陶,青年时期曾漫游南北各地,采集历史传闻,考察风土人情。任太史令时,博览国家藏书。太初元年(公元前104年)与唐都等改革历法,编订了《太初历》,并开始编写《史记》。天汉二年(公元前98年),因李陵事获罪,次年受腐刑。公元前96年出狱后,任中书令,发愤著书。依据《尚书》、《春秋》、《左传》、《国语》、《世本》、《战国策》等历史著述,及官府所藏的典籍档案,并加上亲自考察访问得来的资料,经十余年的努力,终于著成"究天人之际,通古今之变,成一家之言"的我国第一部纪传体通史——《太史公书》,后称《史记》。

2.《史记》

《史记》是我国第一部纪传体通史,记叙了上自传说中的黄帝、下至汉武帝太初年间共三千多年的历史。全书130篇,其中本纪12篇,世家30篇,列传70篇,表10篇,书8篇,52万余字。《史记》既是一部伟大的历史著作,也是一部伟大的传记文学著作,被后世奉为经典,鲁迅称之为"史家之绝唱,无韵之《离骚》"。

3.《史记》特色

(1) 强烈的批判精神和鲜明的人民性。

由于司马迁"不虚美,不隐恶"的严谨态度,使《史记》的思想价值明显高于后世一切官修史书。

(2) 塑造了一系列性格鲜明的人物形象。

《史记》善于通过矛盾冲突和典型细节表现人物的不同性格,叙事详略得当,结构严谨而富于变化,文章给人以美的享受。在语言运用上,用语明白晓畅,精练生动,还汲取了大量民间口语。

[课文分析] ⬇

【关于项羽】

项羽(前232—前202),宿迁人。少年时,力能扛鼎,才气过人。学书不成,学剑也不成。于是学兵法,知大意。吴中起义时得范增。巨鹿之战用破釜沉舟之计,这是项羽最辉煌的时候。鸿门宴,是项羽命运的转折点。羽兵屠咸阳,杀秦降王子婴,火烧阿房宫,火三月不息,并收宝物妇女东归,民大失所望。定都彭城并自立为西楚霸王。张良用计,楚汉之争开始。陈平用离间计除范增。刘邦靠张良、陈平、韩信、彭越等逐渐掌握主动,项羽则越来越被动,垓下之围则是项羽的英雄末路悲歌。

【司马迁为何将项羽列入"本纪"】

《史记》中的"本纪"是帝王传记,把项羽列入本纪,不是司马迁自乱体例。郭嵩焘在《史记札记》中说得好:"秦灭,项羽主盟,分裂天下以封王、侯,皆羽为之,实行天子之权,例当为本纪。以后世史例论之,而怀王为项氏所立,拥虚名而已,天下大势未一系之;史公创为项羽本纪,以纪实也。"项羽是推翻秦王朝各路诸侯的盟主,曾分封天下,司马迁作《项羽本纪》,正是尊重历史史实。

【经典场景与性格刻画】

司马迁把项羽视为英雄,写他的成长和英雄业绩,也写出他的悲剧结局。

垓下之围

1. **霸王别姬**　末路英雄慷慨悲歌情深无奈的侠骨柔肠。不善用人,众叛亲离,意气用事,易中计。

2. **东城快战**　奔突驰骋,连斩数将,勇冠三军,力挫群雄,英雄之气犹在。

3. **乌江自刎**　羞见江东父老有自责之心,宁死不辱,保全名节的英雄本色。

【太史公笔法】

司马迁在塑造人物形象时,不以成败论英雄。项羽失败,并不一笔抹杀,刘邦胜利,不是一味颂扬。他既写项羽的优点,也写他的缺失。真是"良史之材","其文直,其事核,不虚美,不隐恶"(《汉书·司马迁传》)。这种实事求是、一分为二的创作态度和方法即为"太史公笔法",对后世的史传文学产生了深远的影响。

[课文翻译] ⬇

项王的军队驻扎在垓下,士卒少而粮食尽,汉王和诸侯的军队把他们重重地包围着。到了夜晚,汉王的军队在四面都唱起了楚地的歌曲,项王十分吃惊,就说:"难道汉王已经全部占领了楚国的土地吗? 不然为什么楚国人这么多呢?"于是,项王就在夜间起来,在军帐中饮酒。他有个美人名字叫虞,因受到宠幸而常常跟从在身边;他有一匹骏马取名为骓,也常常骑着它。于是项王就慷慨激昂地唱起了悲壮的歌曲,并自己写了一首诗,诗曰:"力量能搬动大山啊气势超压当世,时势对我不利啊骏马不能奔驰。骏马不能奔驰啊如何是好,虞姬虞姬啊我怎样安排你!"他连唱了几遍,美人虞姬也跟着唱。项王的眼泪不停地往下流,两边的随从都哭了,没有一个人有勇气抬起头来看他。

于是项王就上马飞奔,部下壮士骑着马跟随奔驰的有八百多人,当夜冲破了汉军的包围,快速向南奔逃。到天亮时,汉军才发觉,连忙派统率骑兵的将领灌婴用五千骑兵去追赶他们。项王渡过了淮河,这时能跟随上来的骑士只有一百多人了。项王逃到阴陵,迷失了方向道路,就去问一个农夫,那农夫欺骗说:"向左方走。"项王向左,不意陷进了大片低洼多水的泽地,因此汉王的军队也就追赶上他们了。于是项王就又引领着手下向东奔驰,等到了东城时,就只剩下二十八个骑士了。而汉军追赶的骑兵却有数千人。项王自己估量已经没有办法逃脱,就对他手下的骑士说:"我起兵反秦到今天已经八年了,亲自参加了七十多次战斗,敢于抵挡我的都被我击破,被我们攻击的没有不降服的,从来没有打过败仗,于是就称霸于整个天下。然而今天终于被困死在此地,这是老天爷有意要我灭亡,并不是战败的罪过。今日已经必死无疑,所以我愿意为诸位痛痛快快地打一仗,一定要取得三次胜利,为诸位来突破重围,斩杀敌将,砍倒汉旗,以使诸位明白,确实是老天爷有意要我灭亡,并不是战败的罪过。"于是把手下骑兵分为四队,向着四面。汉王的军队在四周包围着他们,有许多重。项王对他的骑兵说:"我为你们拿下汉军的一个将领来。"随即命令面向四方的骑兵奔驰而下,约定冲过山的东面,分三处地方集合。于是项王大声呼喊着奔驰而下,汉王的军队都望风溃散,项王就将一员汉将斩落马下。这时,赤泉侯杨喜还是个统率骑兵的将领,他追赶项王,项王圆瞪双眼,大声呵斥,杨喜和他的马都十分惊恐,吓得倒退了好几里路。项王和他的骑兵果真分三个地方集合起来。汉王的军队不知道项王究竟在哪一处,就把军队一分为三,重新包围上来。项王再骑马奔驰,又斩落了汉军的一个都尉,并杀了八九十个兵卒,然后重新把他的骑兵聚集起来,仅仅死掉两个骑士。于是对他的骑兵说:"怎么样?"骑士都折服地回答:"和大王说的完全一样!"

于是项王就想向东渡过乌江去。乌江亭长拢船靠岸等待,对项王说:"江东虽然小,但地方有千里,百姓有几十万,也足以称王了。请大王赶快上船渡江。现在唯独臣有船,汉王的军队赶到,是没有办法渡过的。"项王笑着说:"天意要我灭亡,我为何要渡江呢?况且我项籍与江东子弟八千人渡江向西进发,今日没有一个人能回来,即使江东的父老怜悯我而奉我为王,我有什么脸面见他们呢?纵然他们不说,项籍我心中难道就不羞愧吗?"于是对亭长说:"吾知道恩公是个宽厚长者,我骑这匹马五年了,从未遇到过对手,曾在一天内跑过一千里路,不忍心杀了它,把它送给你吧。"于是命令骑兵都下马步行,手里拿着短兵器与敌人交战。仅项籍所杀的汉军就有数百人。项王自身也受到十多处创伤。回头看到汉军的骑司马吕马童,说道:"你不是我的故人吗?"吕马童背对项羽,把他指给王翳说:"这就是项王。"项王说:"我听说汉王用千金悬赏我的头,还要封邑万户,我就把这个人情送给你吧。"说完就自刎而死了。王翳拿下项王的头,其他骑兵互相践踏争抢项王的躯体,由于相争而被杀死的有几十人。最后,郎中骑杨喜,骑司马吕马童,郎中吕胜、杨武各争得一个肢体。五人到一块把肢体拼合,正好都对。因此,把悬赏的土地分成五块;封吕马童为中水侯,封王翳为杜衍侯,封杨喜为赤泉侯,封杨武为吴防侯,封吕胜为涅阳侯……

太史公说:我听到周生说,虞舜的眼睛里好像有两个眸子,又听说项羽也是两个眸子。项羽难道是虞舜的后代子孙吗?他的兴起多么突然啊!秦朝的统治严重失误,陈涉首先发难,四方豪杰蜂拥而起,相互兼并争夺,多得数不过来。而项羽没有尺寸大的地方,趁机从民间起义。三年,就率领着五国诸侯灭亡了秦朝,把天下分封给列位诸侯,政令由项羽发出,并自称为西楚霸王;居位虽不能长久,然而是相当长的历史时期内所未曾有过的事情。等到项羽放弃关中,思乡东归,废除义帝而自立为王,又因诸侯背叛自己而怨愤,这实在是难以成功的。自我夸耀成功,逞强于个人的才智而不学习古人,说是要立霸王的功业,想用武力征伐来治理天下,五年终于失败亡国,自己也死于东城,且仍无觉醒,没有一点自责,这实在是大错特错的。如此却认为是"天意要亡我,并非用兵失败的罪过",岂不是很荒谬吗?

巩固训练

一、填空题

1. 司马迁是_____时文学家、史学家。

2.《史记》是我国第一部_____体通史,全书_____篇,分为_____、表、书、世家和_____。

3. 鲁迅对《史记》的评价是_____。这认同了本书的_____和____价值。

4. "垓下之围"选自《_____》,其中的几个经典场景分别为_____、_____、_____、_____,司马迁对项羽的评价集中于课文的_____。

二、选择题

1.《垓下之围》的作者是( )。

A. 司马光　　　　　B. 司马迁　　　　　C. 柳宗元　　　　　D. 韩愈

2. 下列哪一部作品属纪传体通史( )。

A.《战国策》　　　B.《左传》　　　　C.《史记》　　　　D.《汉书》

3. 称《史记》是"史家之绝唱,无韵之《离骚》"的是( )。

A. 韩愈　　　　　　B. 王安石　　　　　C. 鲁迅　　　　　D. 茅盾

4. "太史公笔法"的明显特征是( )。

A. 不隐恶,不虚美,实事求是,一分为二。

B. 言约义丰,多用曲笔。

C. 有明显的个人附会色彩。

D. 过分注重人物和历史的真实。

5. 出自本文的成语有( )。

A. 破釜沉舟　　　B. 四面楚歌　　　C. 项庄舞剑,意在沛公

D. 霸王别姬　　　E. 八千江东子弟　　　F. 鸿门宴

三、词语解释题

1. 项王军壁垓下。

壁：_____   垓下：_____

2. 直夜溃围南出，弛走。

直：_____   溃围：_____

弛走：_____

3. 何兴之暴也。   暴：_____

4. 奋其私智而不师古。

奋：_____   私智：_____

师古：_____

5. 以力征经营天下。

征：_____   经营：_____

6. 东城快战。   快战：_____

四、翻译题

请翻译课文的最后一节。

五、问答题

1. 请结合经典场景分析项羽的性格。

2. 请阐释"太史公笔法"。

六、分析题

太史公曰：吾闻之周生曰"舜目盖重瞳子"，又闻项羽亦重瞳子。羽岂其苗裔邪？何兴之暴也！夫秦失其政，陈涉首难，豪杰蜂起，相与并争，不可胜数，然羽非有尺寸，乘势起陇亩之中，三年，遂将五诸侯灭秦，分裂天下，而封王侯，政由羽出，号为"霸王"，位虽不终，近古以来未尝有也。及羽背关怀楚，放逐义帝而自立，怨王侯叛己，难矣。自矜功伐，奋其私智而不师古，谓霸王之业，欲以力征经营天下，五年卒亡其国，身死东城，尚不觉悟而不自责，过矣。乃引"天亡我，非用兵之罪也"，岂不谬哉！

1. 解释词语。

（1）陈涉首难   首难：_____

（2）然羽非有尺寸　　　　　尺寸：_____

2．"遂将五诸侯灭秦"在文中的正确意思是什么？

3．项羽认为他失败的原因是什么？

4．司马迁认为项羽失败的原因是什么？

5．翻译句子。

（1）天之亡我，我何渡为？

（2）吾知公长者。

（3）项王身亦被十余创。

（4）天亡我，非用兵之罪也。

谏 逐 客 书

李 斯

[作者与文体] ⬇

《谏逐客书》选自《史记·李斯列传》。李斯,字通古,战国时楚国上蔡人。战国末入秦,为秦王嬴政的客卿,后来官至丞相,始皇死后被杀。是秦代著名的政治家、散文家,代表作《谏逐客书》,碑文《泰山刻石文》、《瑯玡台刻石文》等歌颂秦朝的功德,对后代的碑志铭文有影响。

《谏逐客书》,书指上书,奏章。是古代臣子向君主陈述政见的一种文体。是古代最优秀的一篇公文,也是一篇议论文。李斯的议论文犀利深刻、论辩雄健,富有气势。

[课文分析] ⬇

【主旨】

劝谏秦王不要驱逐客卿,认为驱逐客卿是错误的。文中以历史上的四位君王,用客卿而成帝业为据,说明客卿之功;又举了大量事实,说明英主不应重物轻人,继而从理论上说明驱客与纳客的利害关系,最后指出逐客必致秦之危与开头的中心论点呼应。

全文中心论点是:臣闻吏议逐客,窃以为过矣。

【结构层次】

全文共三段,围绕中心论点展开议论。

第一段:提出中心论点,指出驱逐客卿是错误的。举出秦国历史上四位君主而成帝业的历史事实,说明客卿不可磨灭的功绩。

第二段:举出生活中的现实事例,说明秦王喜用别国的珍宝、音乐、美色。而在用人问题上排斥别国的客卿,这重物轻人的做法与秦王想统一天下的目的是相违背的。

第三段:对比分析,接纳客卿和驱逐客卿对秦国的利害关系。

本文层次清楚,结构严密,无懈可击。

【写作特点】

1. 论点鲜明

开宗明义,文章一开头就简明扼要地提出自己的观点,干净利落,毫不隐讳。

2. 言之有理,言之有据,以事明理

（1）言之有理。

（2）言之有据。（历史事实，现实事例，理论佐证。）

历史事实：秦国历史上四位君主，因得客卿之利而成帝业，即秦穆公广纳贤才、孝公用商鞅、惠王用张仪、昭王用范雎。

现实事例：第二段极力铺陈秦王所爱之珍宝、美女、音乐，都非秦国之产；对任用人才则相反，"今取人则不然，不问可否，不论曲直，非秦者去，为客者逐"。

理论作证：第三段进一步分析深化，从自己所听到的名言，又以三王五帝的经验为依据，通过引证分析阐明了纳客与逐客的利害关系，从而又紧扣中心论点，从理论上证明逐客是错误的。

3. 论证有力

本文论证方法多样。第一个就是以举例驳斥谬论；第二个是以演绎推理，铺陈事例，引出谬误，进行驳斥；第三种方法是正反对比，透辟的分析有力地论证其要害；第四个方法是以归纳论证得出结论。

正反对比的论证方法是鲜明而有力的。第一段以古今秦王做法对比，阐明了当前逐客的错误；第二段以重物和轻人相对比，使人清晰地看到逐客令与秦王想统一天下的目的是背道而驰的，这正是作者击中要害的论述；第三段以纳客之好处和逐客之害处做对比，又使人鲜明地认识到逐客的危害性、危险性。

4. 铺陈排比，气势磅礴

（1）铺陈。第一段列举了历史上四位国君与当今秦王的大量事实作论据，说明客卿之功；第二段详细铺叙秦王重外物轻人才的事实，文气饱满，大大增强了文章说服力。

（2）排比。本文在第一、二、三自然段大量运用排比句，增强了文章的气势和感染力。例如第二段在详细铺叙中又用排比手法。"今陛下致昆山之玉，有随、和之宝，垂明月之珠，服太阿之剑，乘纤离之马，建翠凤之旗，树灵鼍之鼓"，一连用了七个动宾句，句式结构相同。接着在下面的复句中，又一连用了六个否定句，一贯而下，很有气势。

（3）对偶。文中还大量使用对偶句，如"民以殷盛，国以富强"、"国无富利之实，秦无强大之名"。这些对偶句有的同义强化，有的反向对比，不仅音节抑扬顿挫、铿锵响亮，更增强了论说的气势和力量。

[课文翻译] ⬇

听说官吏们在议论驱逐客卿，我私下认为这样做是错误的。从前穆公寻求贤士，从西面的西戎得到了由余，从东面的宛地获得了百里奚，从宋国迎来了蹇叔，从晋国招来了丕豹和公孙支。这五位贤才，都不出生在秦国，但秦穆公却任用他们，兼并了二十个诸侯国，于是秦国在西戎地区称霸了。秦孝公采用魏人商鞅变法的主张，改变了旧的风俗习惯。人民因此富裕兴旺，国家因此富足强大，百姓乐于为国家效力，诸侯都来亲附听命，俘获了楚国、魏国的军队,攻占了上千里的土地,至今国家政治安定,国力强盛。秦惠王采用张仪的计策,攻占三川地区,向西兼并巴、蜀两国,向北收取上郡,向南夺取了汉中,并吞了许多少数民族地区,控制了鄢城和郢都。东面占据了成皋的险要地带,割取别国肥沃的土地,于是瓦解了六国的合纵联盟,迫使他们向西侍奉秦国,功业一直延续至今。秦昭王得到范雎,废除了丞相穰侯,驱逐了权臣华阳君,强化了王室权力,杜绝了贵族豪门的专权,像蚕吃桑叶一样,一步步吞食诸侯各国的领土,使秦国成就了帝王的基业。这四位国君,都是凭借客卿的功劳建立功业。从上述事实来看,客卿有什么对不起秦国的地方呢? 如果当初四位国君拒绝客卿而不接纳,疏远贤才而不重用,那就会使秦国没有雄厚富裕的实力,而秦国也就没有强盛的威名了。

如今,陛下您得到了昆山的宝玉,拥有随侯珠、和氏璧,悬挂着明月珠,佩带着太阿剑,乘着骏马,竖立翠凤彩旗,陈设灵鼍做的大鼓。这几样珍宝,没有一件是秦国出产的。而陛下却喜爱它们,为什么呢? 如果必须秦国出产的然后才可以使用,那么,夜光之璧就不该装饰在您的朝廷;犀角象牙制成的器物就不应该成为供您玩赏之物;郑、卫两国的美女就不该住满您的后宫;駃騠一类的骏马就不该挤满外面的马棚;江南的金器锡器就不该用来制作您的器皿;巴蜀地区的颜料也不应作为您绘画的颜料。您所用来装饰后宫的珠宝,站满台阶下的姬妾,使人心意高兴、耳目愉快的东西,如果必须秦国出产的然后才可以使用,那么宛珠镶的簪子、玑珠嵌的耳环就不该敬献在您面前,而且那些随着时俗变化而扮装雅致、艳丽优美的赵国美女也不应该侍立在您身旁了。敲击瓦罐泥盆,弹奏古筝,拍着大腿,呜呜呀呀地歌唱以开心悦耳的,这才是地地道道的秦国音乐。郑、卫、桑间等新调,《昭虞》、《武象》等古典乐曲,都是别国的音乐。如今,放弃敲瓮击缶而欣赏郑、卫之曲,停止弹筝拍腿而取用《昭虞》乐曲,像这样做是为什么呢? 还不是为了图眼前的心意快乐、观赏舒适罢了。如今选用人才却不是这样,不问有用还是无用,不分是非邪正,只要不是秦国人就都撵走,凡是外来的客卿一律驱逐,这样做只能说明您所重视的是女色、音乐、珍珠、宝玉,而所轻视的却是人才。这可不是用来统一天下、制服诸侯的良方啊!

臣听说,土地辽阔,粮食就充足;国家强大,人口就众多;武器精良,士兵就勇敢。因此,泰山不舍弃任何泥土,所以能那样高大;河海不排斥任何细流,所以能那样深广;帝王不拒绝任何臣民,所以能显示他们的恩德。因此,土地不论东西南北,民众不分本国的他国的,一年四季都充满美好,鬼神也降恩赐福。这就是五帝三王之所以无敌于天下的原因。如今您竟然抛弃百姓去资助敌对国家,驱逐客卿去帮助其他诸侯成就功业,使天下的贤才退缩不前,不敢向西方来,停住脚步而不敢进入秦国,这就是所谓的"借武器给敌人,送粮食给强盗"啊!物品不出产于秦国,然而值得珍贵的很多;贤才不出生于秦国,然而愿意效忠的人不少。如今,您驱逐客卿以资助敌国,损害民众而有利于仇人,对内使自己虚弱,对外和诸侯结仇。这样做,想求得国家没有危险,是不可能的啊!

［巩固训练］ ⬇

一、填空题

1.《谏逐客书》选自《_____》。

2. 李斯字_____,战国后期_____人。

3. 鲁迅说:"由现存而言,秦之文章,_____一人而已。"

4.《谏逐客书》一文的中心论点是:_____。

二、选择题

1.《谏逐客书》中的"客"指的是(   )。

A. 客商   B. 看客   C. 游客   D. 客卿

2. 在《谏逐客书》一文中,作者先列举缪公广招贤才,孝公用商鞅,惠王用张仪,昭王用范雎的历史事实,然后得出"此四君者皆以客之功"的结论,这里所采用的方法是(   )。

A. 归纳法   B. 演绎法   C. 类比法   D. 对比法

3. 在《谏逐客书》一文中,李斯用五帝三王"地无四方,民无异国"的做法来论证秦王的错误,这里采用的论证方法是(   )。

A. 归纳法   B. 对比法   C. 演绎法   D. 类比法

4.《谏逐客书》能够说服秦王取消驱逐客卿成命的主要原因是(   )。

A. 论点紧扣秦王急于统一天下的心理,切中要害。

B. 反复运用正反对比论证方法,是非昭彰。

C. 论据十分充足,事实胜于雄辩。

D. 排比对偶联翩,气势充沛。

5. "废穰侯,逐华阳"中的"华"的正确读音是(   )。

A. huá   B. huǎ   C. huà   D. huā

6.《谏逐客书》一文中所列举的辅成秦国帝业的客卿是(   )。

A. 百里奚   B. 商鞅   C. 孙武   D. 张仪

7.《谏逐客书》大量运用的修辞手法是(   )。

A. 比喻   B. 排比   C. 对偶   D. 夸张

8. 在《谏逐客书》中,李斯批评秦王重外物轻人才,秦王所重的"外物"包括(   )。

A. 色   B. 乐   C. 珠   D. 士

三、词语解释题

1. 此四君者,皆以客之功。

以:_____

2. 向使四君却客而不内。

向使:_____   却:_____   内:_____

3. 王者不却众庶,故能明其德。

明:＿＿＿＿＿＿＿＿＿

4. 今乃弃黔首以资敌国,却宾客以业诸侯。

乃:＿＿＿＿＿＿　　黔首:＿＿＿＿＿＿＿＿＿　　业:＿＿＿＿＿＿＿＿＿

5. 藉寇兵而赍盗粮。

藉:＿＿＿＿＿＿＿＿＿　　赍:＿＿＿＿＿＿＿＿＿

6. 服太阿之剑。

服:＿＿＿＿＿＿＿＿＿

7. 获楚魏之师,举地千里,至今治强。

获:＿＿＿＿＿＿＿＿＿　　举:＿＿＿＿＿＿＿＿＿

8. 遂散六国之从,使之西面事秦,功施到今。

散:＿＿＿＿＿＿＿＿＿　　从:＿＿＿＿＿＿＿＿＿　　施:＿＿＿＿＿＿＿＿＿

四、翻译题

1. 快意当前,适观而已矣。

2. 民以殷盛,国以富强,百姓乐用,诸侯亲服,获楚、魏之师,举地千里,至今治强。

3. 王者不却众庶,故能明其德。

4. 遂散六国之众,使之西面事秦,功施到今。

5. 今乃弃黔首以资敌国,却宾客以业诸侯。

五、简答题

1. 文章如何说明逐客的弊病?

2. 指出文中的铺陈部分,并说明其表达的作用。

3. 举例说明本文所采用的正反对比的说理方法。

六、阅读分析题

1. 昔缪公求士,西取由余于戎,东得百里奚于宛,迎蹇叔于宋,求丕豹、公孙支于晋。此五子者,不产于秦,而缪公用之,并国二十,遂霸西戎。孝公用商鞅之法,移风易俗,民以殷盛,国以富强,百姓乐用,诸侯亲服,获楚、魏之师,举地千里,至今治强。惠王用张仪之计,拔三川之地,西并巴、蜀,北收上郡,南取汉中,包九夷,制鄢、郢,东据成皋之险,割膏腴之壤,遂散六国之从,使之西面事秦,功施到今。昭王得范雎,废穰侯,逐华阳,强公室,杜私门,蚕食诸侯,使秦成帝业。此四君者,皆以客之功。由此观之,客何负于秦哉?向使四君却客而不内,疏士而不用,是使国无富利之实,而秦无强大之名也。

(1) 以本段为例,分析李斯高超的说服技巧。

(2) 本段在使用论据上有何特点?

2. 臣闻地广者粟多,国大者人众,兵强则士勇。是以泰山不让土壤,故能成其大;河海不择细流,故能就其深;王者不却众庶,故能明其德。是以地无四方,民无异国,四时充美,鬼神降福,此五帝三王之所以无敌也。今乃弃黔首以资敌国,却宾客以业诸侯,使天下之士退而不敢西向,裹足不入秦,此所谓"藉寇兵而赍盗粮"者也。

(1) 这一段的中心论点是什么?

(2) 这段话可以划分为两部分,请概括这两部分的大意。

(3) 这段话总体上采用了什么论证方法?

(4) 这段议论的前一部分采用了什么论证方法?

(5) 这段话采用了哪些修辞方法?

陶渊明集序

萧 统

[作者与文体] ⬇

《陶渊明集序》选自《陶渊明集》。陶渊明,字元亮,一说名潜字渊明,号五柳先生,世称靖节先生,东晋末期著名诗人。

萧统(501—531),南朝梁文学家,兰陵(今江苏武进)人,梁武帝萧衍长子、太子,是中国文学史上有重大贡献的文章选家,其功绩有二:一主持编纂我国第一部诗文总集《文选》,以选家独到的眼光,保存了我国许多优秀文化遗产;二在陶渊明去世百年之后,收录了陶渊明几乎亡佚的诗文,编辑成我国第一部文人专集《陶渊明集》,并为之序。

[课文分析] ⬇

【主旨】

《陶渊明集序》从陶渊明之人生境界及其诗文作品两个角度高度评价了陶渊明的社会价值和文学价值。

【结构层次】

第一部分:作者泛论立身处世的人生态度。

世间两种截然不同的人生态度:

1.“自衒自媒”——“士女之丑行”。

2.“不忮不求”——“明达之用心”。

第二部分:着重评论陶渊明的为人及其作品。

1. 文章首先指出以“酒”论陶渊明实属皮相之见,陶渊明诗中之酒不过是“寄酒为迹”罢了,陶渊明饮酒正表现了他那孤高不群的品性。

2. 接着高度评价了陶渊明的文品和人品。(1)“其文章不群,辞采精拔”一段指出陶渊明的文章情感率直真切,起伏跌宕,具有强烈的感染力。(2)“独超众类”“莫之与京”是南朝文学批评对陶渊明诗文的最高评价。(3)“安道苦节”“与道污隆”中的两个“道”字说明了陶渊明的隐居避世达到了萧统提出的人生最高境界——“合于道”。

【写作特点】

文章在语言上受骈文影响非常明显,句式精工对仗,排偶迭出,富有气势。间用散句,骈散结合,抑扬顿挫跌宕起伏,大量用典,广泛设喻。且多取材道家著作,既表现当时文坛的风尚,也表现了萧统对老庄自然哲学的偏好,与萧统爱好自然的恬淡性格若合符契。

文章在结构上,先一般后具体,先放任后收束。首先纵论一般的人生态度,提出合"道"的人生理想,然后具体评价陶渊明的人品和文品,这种先放后收式的文章结构具有很强的逻辑性和说服力。

[课文翻译]

炫耀卖弄自己,想娶自嫁,是没有教养的男女的丑陋行为;不嫉妒不贪求的人,他们的心光明通达。所以说圣人隐藏声名才华,贤人躲避俗世。什么原因? 追求品德,最重要的是不要超越道德的规范;爱惜自己,最重要的是注重自己的身体。所以说道理在自己一边,自身就平安,道理不在自己一边,自身就要受到伤害。在一百年之内,一辈子当中,时间快得就像白驹过隙,寄居遭遇就像住旅店。应该和大气一样散散合合,随着时间任意放纵,怎么能总是为担心的事情操劳,庸庸碌碌地在人间生活! 齐国的音乐,赵国的美女歌舞,各种珍稀的食物,豪华气派的车马,锦衣玉器的贵重,快乐倒是快乐了,忧愁也随之而来。祸福相互依赖难以预料,庆贺与哀悼相互依存。智慧贤能的人,生活就像如履薄冰;愚昧贪婪的人,争相追逐利益就像大水流淌。玉石产在山中,因为珍贵最终被开采;兰草生在山谷,就算没人观赏也依然吐出芬芳。所以庄周在濠水边上垂钓,伯成在田野耕种,有人贩卖大海东边的药草,有人纺织江南鸟类的落毛。就像那鸳鸯的雏鸟,怎么能和鸢鸱的肉相比;就像那小小的杂县鸟,怎能获得文仲的祭品! 至于子常、宁喜等人,苏秦、卫鞅等人,为自己的信仰就算死了也不怀疑,沉迷于它从不后悔。主父偃说:"活着享用不到五只鼎规格的食物,死了也要被五只鼎烹死。"真的像他所说,岂不痛快! 又楚子到周朝参观,被王孙满羞辱;霍光官爵尊贵,因为锋芒太露导致灾祸。贪婪的人,非常地多。唐尧,是天下的主人,却有隐居在汾阳的意愿;子晋,是天下的储君(国君接班人),却有隐居洛滨的志向。放弃君位就像脱鞋一样轻松,看待君王就像鸿毛一样轻,更何况其他人呢? 所以高明的人,总是隐藏自己的才能。有人揣着治国方略被皇帝接见,有人穿着粗布衣服背柴生活,在清潭上击鼓,放弃政务享受乐曲。他的情趣不在于百姓政事,把政事寄托在情趣之中了。

有人怀疑陶渊明的诗篇篇都有酒,我认为他本意不在酒,也是把自己的情趣寄托在酒中。他的文章卓尔不群,言辞精彩,跌宕豪迈,超过众多的文章,抑扬爽朗,没有能跟他能相比的。其意境或恬静婉约如小桥流水,或气势磅礴直干云霄。谈时事则有针对性且值得人深思;论抱负则远大而真切。加上陶公为人不变的志向,不懈的努力,安于道义,苦守节操,不以躬耕为耻,不以穷困为意。如果不是圣贤,没有不渝的志向,怎么能达到这种境界? 我非常喜欢他的诗文,爱不释手,我崇拜他的品德,恨自己没有和他生活在一个时代。所以搜集校正他的作品,简单地编成一个集子。白色的玉璧也存在瑕疵,他的作品的瑕疵只有《闲情赋》,扬雄所说的作品要起到劝百讽一的作用,如果没有劝谏世人的作用,何必写出来呢?

可惜啊！陶渊明不写这篇就更好了。我简陋地给他写了传记,收录在这个集子里。我曾说有能理解陶渊明的文章的人,追逐名利的心思就会消散,粗鄙吝啬的想法就会祛除,贪婪的人就能清廉,懦弱的人就能自立,不强求能奉行仁义,官爵俸禄也能舍弃,不必到皇帝身边任职,追求名留青史,这篇集子也有助于教化世人。

[巩固训练] ↓

一、填空题

1.《陶渊明集序》选自《＿＿＿＿＿＿＿》。

2. 萧统字＿＿＿＿,小字＿＿＿＿。＿＿朝＿＿＿＿代文学家。

3.《＿＿＿＿＿＿＿＿＿》是我国第一部文人专集。

4. 我国现存最早的诗文总集是《＿＿＿＿＿＿＿＿》。

二、选择题

1.“故庄周垂钓于濠,伯成躬耕于野,或货海东之药草,或纺江南之落毛。”这一段运用的修辞手法是(　　　)。

A. 比喻　　　　　　　B. 排比　　　　　　　C. 对偶　　　　　　　D. 夸张

2. 对下列句子中加点的词的解释,不正确的一项是(　　　)。

A. 是以圣人韬光,贤人遁世　韬:隐藏

B. 何倚伏之难量,亦庆吊之相及　吊:哀悼

C. 至于子常、宁喜之伦,苏秦、卫鞅之匹　匹:相当、相等

D. 饕餮之徒,其流甚众　饕餮:贪婪

3. 下列各组句子中,加点的词的意义和用法相同的一组是(　　　)。

A. 夫自衒自媒者,士女之丑行　兰之生谷,虽无人而自芳

B. 亲己之切,无重于身　岂能戚戚劳于忧畏

C. 故道存而身安,道亡而身害　语时事则指而可想,论怀抱则旷而且真

D. 或货海东之药草　或怀厘而谒帝

4. 下列对课文有关内容的理解和分析,不正确的一项是(　　　)。

A.“自衒自媒”与“不忮不求”是两种截然不同的处世方式,作者极力否定前者,而肯定后者。

B. 陶渊明诗中之“酒”,虽然是“寄酒为迹”,但也正是陶渊明借酒浇愁、以酒买醉等消极人生态度的表现。

C.“安道苦节”“与道污隆”中的两个“道”字,说明了陶渊明的隐居避世达到了作者提出的人生最高境界——合于“道”。

D. 作者对陶渊明《闲情赋》一文提出了批评,是认为这篇文章没有“讽谏”作用。

5. 对于陶渊明的《闲情赋》,萧统的评价是(　　　)。

A. 肯定　　　　　　B. 否定　　　　　C. 肯定中有否定　　　D. 否定中有肯定

三、词语解释题

1. 不忮不求者，明达之用心。

忮：_____

2. 玉之在山，以见珍而终破。

以：_____　　见：_____

3. 或怀厘而谒帝，或披褐而负薪。

厘：_____

4. 抑扬爽朗，莫之与京。

京：_____

5. 横素波而傍流，干青云而直上。

傍流：_____　　干：_____

6. 语时事则指而可想。

指：_____

7. 驰竞之情遣，鄙吝之意祛。

驰竞：_____　　祛：_____

8. 岂止仁义可蹈，抑乃爵禄可辞。

蹈：_____

四、翻译题

1. 处百龄之内，居一世之中，倏忽比之白驹，寄寓谓之逆旅。

2. 轻之若脱屣，视之若鸿毛，而况于他人乎？

3. 余素爱其文，不能释手，尚想其德，恨不同时。

五、简答题

1.《陶渊明集序》的结构有何特点？

2.《陶渊明集序》的语言有何特点？

3. 萧统对陶渊明文学成就的评价有哪些得与失？

与杨德祖书

曹　植

[作者与文体] ⊙

　　曹植(192—232)，三国时期魏国人。字子建，封陈王，卒后谥思，世称陈思王，谯(今安徽亳州)人，曹操第四子，所作诗赋善用比兴，辞采华美，骨力劲健，在文学史上有重要地位，后人辑有《曹子建集》。

　　本篇选自《曹植集校注》，是曹植写给杨德祖的私人信件。杨德祖，即杨修，弘农华阴(今属陕西)人，博学有才智，与曹植关系密切，后为曹操所杀。

　　建安文学：建安是东汉末年汉献帝的年号，公元 196—220 年。在当时建都的邺城(故址在今河北省临漳县境内)，由于曹操父子的提倡，一度衰微的文学有了新的生机，诗、赋、文创作都有了新的突破，尤其是诗歌，吸收了汉乐府民歌之长，情词并茂，具有慷慨悲凉的艺术风格，比较真实地反映了汉末的社会现实以及文人们的思想情操。代表人物是"三曹"和"七子"，而以三曹为核心。

　　建安七子："七子"之称，始于曹丕所著《典论·论文》："今之文人，鲁国孔融文举，广陵陈琳孔璋，山阳王粲仲宣，北海徐干伟长，陈留阮瑀元瑜，汝南应玚德琏，东平刘桢公干。斯七子者，于学无所遗，于辞无所假，咸以自骋骥騄于千里，仰齐足而并驰。"这七人大体上代表了建安时期除曹氏父子而外的优秀作者，所以"七子"之说，得到后世的普遍承认。七子中除了孔融与曹操政见不合外，其余六家虽然各自经历不同，但都亲身受过汉末离乱之苦，后来投奔曹操，地位发生了变化，才有了安定、富贵的生活。他们多视曹操为知己，想依赖他干一番事业。故而他们的诗与曹氏父子有许多共同之处。因建安七子曾同居魏都邺(今邯郸临漳)中，又号"邺中七子"。

[课文分析] ⊙

【中心思想】

　　这篇书信约作于建安二十二年(217 年)前后。在信中，曹植集中地谈到了他对文学的一些基本观点，如作家的自我认识与评价、作品的修改、文学批评的条件及文学的地位等问题。文章先说明王粲等人归魏之前虽已名闻天下，然而他们的创作却尚未达到最高境界。接着指出，为文应该多与人商讨，多听取别人的意见，多请人修改润饰，并进而认为人们的爱好是各不相同的,不能凭自己的好恶妄论别人的文章。文章最后说辞赋不过是小道,最重要的是要为国尽力。

【结构层次】

第一段:开头告白,表示思念之情,以及写此书信之原由。

第二段:纵论当时的贤才,并指出陈琳对于辞赋本非所长,却好高骛远,以致一无所成。

第三段:主张文章要从善而改。

第四段:主张要有高度的文学修养才能进行文学批评。

第五段:说明文章、辞赋是小道,作者的人生目标是政治。但如果政治抱负不能实现,他即采集史官实录,成一家之言。

第六段:告知对方,明早来迎接他,表示他们之间的深厚情谊。

【写作特点】

全文充满昂扬飞动的气势,骈散兼行,富于文采,而又自然流畅,处处流露出朋友间真挚的感情,曹植早年积极奋进、渴望建功立业的人生理想在文章中得到了充分体现。

[课文翻译]⊕

曹植敬白:德祖兄,几天不见,非常想念你,估计你也是吧。我从小喜欢文章,到今天为止,二十五年了。如今世上文章写得好的人,大致可以数得上来。从前王粲(字仲宣)在汉南首屈一指,陈琳(字孔璋)在河朔独占鳌头,徐干(字伟长)在青土名列前茅,刘桢(字公干)在海边最是出色,应场(字德琏)在此地发迹,而你在上京极负盛名,这个时候,他们都觉得掌握了学问的本质,文章的真谛。我们大王(曹操)于是设置天网来网罗聚集他们,如今全都聚集到魏国了。但是这几个人,却不能再写出绝妙的文章,震惊千里。以陈琳的才能,不擅长辞赋,却经常说能达到和司马相如(字长卿)一样的风格,就像画虎不成,反像狗了。我从前写文章嘲讽他,他反而大肆宣说我那是称赞他的文章。钟子期不会听错音律,到现在还都称赞他。我也不能不感叹,害怕后人耻笑我。

世人的著述,不能没有一点毛病。我也喜欢被人指点批评自己的文章,有不好的地方,立即就改正。从前丁廙(字敬礼)经常写些小文章,让我来润色,我自认为才能比不上他,就推辞了。丁廙对我说:你担心什么呢,文章的好坏,我一个人承担,后世的人谁知道给我润色的人是哪个? 我经常感叹这句很富哲理的话,认为这是美谈。

从前孔子的文辞,人们可以和他交流,至于他编纂《春秋》的时候,连子游子夏这样的人都不能改动一句话。除了这些文章没有毛病的,我还没有见过。可能只有拥有像南威那样的美貌,才可以谈论什么是淑媛;具备龙泉剑那样的锋利,才可以谈论如何割断东西。刘修(字季绪,刘表之子)的才能比不上文章的作者,但是喜欢挑剔人家的文章,指摘人家的缺点。从前田巴(战国时期著名学者,住在齐国)诋毁五帝(黄帝、颛顼、帝喾、尧、舜),蔑视三王(燧人、伏羲、神农),在稷下学宫(当时的讲学机构,学者可以在此宣扬自己的观点)挑春秋五霸的毛病,一天就能让一千人心悦诚服,但是遭到鲁仲连(战国末期齐国学者)的一通反驳,便终身闭口不再说话。刘修的辩才,还不如田巴,如今像鲁仲连那样的人,也不难找到,(一般人)可不能逞能! 人们各有喜好,像兰、茝(古书上的一种香草)、荪(古书上的一种香草)、蕙(兰花的一种)的芬芳,是众人喜欢闻的,但是海边上有喜欢追着臭味跑的人;《咸池》(黄帝所作)、《六茎》(颛顼所作)的音乐,是众人都喜欢听的,但是墨翟却有指责它们的议论,怎么能一样看待呢!

如今我赠你一篇年轻时写的辞赋。街巷里人们的谈论,一定有可以采用的地方,驾车所唱的歌曲,也一定有符合风雅的地方,普通人的心思,不要轻易忽视。辞赋是小技艺,不足以用来宣扬大道理,垂范后世。从前扬雄(字子云)是先朝的重臣,依然说壮士有所不为。我虽然没什么德行,但是作为王侯,还尽力报效国家,造福百姓,建立永世的基业,留下磨不灭的功绩,难道只以空洞的文章来建立功勋,用辞赋来追求当上君子吗! 如果我的志向没有成功,我的方法没有被推行,我将采集人们的言论,辨别时事的成败、得失,评定仁义的本质,成就自成一家的学说,就算不能把我的文章藏在名山,也要把他们传给有同样志趣的人,我要坚持到白头,并不是今天说了就算了! 我大言不惭,是因为我知道您懂得我的心意。明天早晨我去迎接你,信上就不一一叙述了。曹植书。

[巩固训练]

一、填空题

1.《与杨德祖书》选自《＿＿＿＿＿＿》。

2. 曹植,字＿＿＿＿,封陈王,卒后谥思,世称＿＿＿＿。

3. "当此之时,＿＿＿＿＿＿＿＿,家家自谓抱荆山之玉。"

4.《白马篇》、《洛神赋》等传世作品的作者是＿＿＿＿＿。

5. "譬画虎不成,反为狗也。"这是曹植讥评当时文人＿＿＿＿的辞赋作品的。

二、选择题

1. 对下列句子中加点词的解释,不正确的一项是(　　)。

A. 顿八纮以掩之,今悉集兹国矣　掩:遮蔽,收取

B. 吾常叹此达言,以为美谈　达:通达

C. 刘季绪才不能逮于作者　逮:达到

D. 鲁连一说,使终身杜口　杜:杜绝

2. 下列各组句子中,所提人物为"建安七子"的一组是(　　)。

① 昔仲宣独步于汉南　② 足下高视于上京　③ 孔璋鹰扬于河朔　④ 昔尼父之文辞,与人通流。　⑤ 刘季绪才不能逮于作者,而好诋诃文章,掎摭利病。　⑥ 伟长擅名于青土

A. ①②⑤　　　　B. ③④⑤　　　　C. ①③⑥　　　　D. ③④⑥

3. 下列各组句子中,全都能表现曹植"讥弹时人"的一组是(　　)。

① 然此数子犹复不能飞骞绝迹,一举千里也　② 譬画虎不成,反为狗也　③ 人人自谓握灵蛇之珠,家家自谓抱荆山之玉　④ 昔尼父之文辞,与人通流,至于制《春秋》,游、夏之徒乃不能措一辞　⑤ 刘季绪才不能逮于作者,而好诋诃文章,掎摭利病　⑥ 匹夫之思,未易轻弃也

A. ①②⑤　　　　　B. ③④⑤　　　　　C. ①③⑥　　　　　D. ③④⑥

4. 下列对原文有关内容的分析与概括,不正确的一项是(　　)。

A.《与杨德祖书》直抒怀抱,讥弹时人,文笔锋利、简洁,酣畅淋漓地表现了曹植的文学批评观。

B. 自负的陈琳认为自己不比司马相如差,模仿司马相如写了很多辞赋,结果画虎不成反类犬。曹植写信讥笑他,他居然没明白意思,还以为曹植在夸他。

C. 丁廙将他的文章交给曹植润饰,曹植却认为自己的文才并不见得比丁廙强,不肯改动。丁廙就讲出了"文之佳恶,吾自得之"的话,令曹植叹服。

D. 曹植在文中进一步指出,人的好恶虽有不同,但对文章却能有统一的评价标准,对同一篇文章同一个作者,自然能作出相同的评价。

三、词语解释题

1. 伟长擅名于青土。

擅名:_____

2. 设天网以该之,顿八纮以掩之。

该:_____　掩:_____

3. 不闲于辞赋。

闲:_____

4. 刘季绪才不能逮于作者。

逮:_____

5. 今往仆少小所著辞赋一通相与。

往:_____　相与:_____

6. 流金石之功。

流:_____

7. 定仁义之衷。

衷:_____

8. 非要之皓首。

要:_____

四、翻译题

1. 吾亦不能妄叹者,畏后世之嗤余也!

2. 过此而言不病者,吾未之见也。

3. 若吾志未果,吾道不行,则将采庶官之实录,辨时俗之得失,定仁义之衷,成一家之言。

五、问答题

1. 本文是我国中古文学批评的一篇重要文献,试述其所包含的文艺思想。

2. 书信末尾不仅申明了曹植自己的政治理想和毕生追求,且对辞赋创作贬抑甚低。这与当时曹丕"文章经国之大业,不朽之盛事"的新文学观背离甚远,当如何理解这一问题?

滕王阁序

王 勃

[作者与文体] ⊕

王勃(650—676),字子安,绛州龙门人(今山西省河津县人)。隋末唐初著名学者王通之孙。年少聪明,6 岁能诗文,14 岁时举幽素科,为沛王赏识,召为王府编撰。因作文讥讽诸王斗鸡,为高宗所怒,被逐出王府。漫游蜀中,客于剑南,后补虢州参军,因杀官奴,犯死罪,遇赦革职。其父也受牵连贬谪海南的交趾。王勃渡南海省父,渡海溺水受惊而卒。

王勃与杨炯、卢照邻、骆宾王并称为"初唐四杰"。闻一多对他们的评价为"年少而才高,官小而名大,行为都相当浪漫,遭遇尤其悲惨"。

他们力图革新齐梁以来"争构纤微,竞为雕刻"的不良诗风,并以自己的创作实践推进了初唐的诗歌革新。王勃的诗歌气象浑厚,音律谐畅,语言清新,风格刚健,王勃以五言律诗成就最高。王勃的骈文含蓄典丽,气韵飞动,极负盛名。王勃的作品被后人辑为《王子安集》。

[课文分析] ⊕

【解题】

《滕王阁序》原题作《秋日登洪府滕王阁饯别序》。后人简称《滕王阁序》,或又作《滕王阁诗序》。滕王阁故址在今江西省南昌市,前临赣江,本是唐高祖李渊第 22 子李元婴(被封为滕王)任洪州府都督时所建,故称洪府滕王阁。唐高宗上元二年(675 年)秋天,洪州府都督阎某重修此阁,大宴宾客,恰值王勃探亲路过其间,参加了宴会,并即席写成此文。

此文描绘了南昌处形胜之地及鄱阳湖一带美景,因景生情,抒发了怀才不遇之感叹。然细味全文,作者并非一味消极失望,却有奋发向上、热情进取之志。这就突破了一般宴饮酬酢文章框框,成为一篇熔写景抒情于一炉的名文。

【结构层次】

第一段(开头—窘逢胜饯):写洪州地势之雄伟、人才之荟萃和宴会之盛大。说明自己因省亲而路经南昌,才得以参加如此盛会。

第二段(时维九月—声断衡阳之浦):从游宴的时间、地点,叙到滕王阁建筑的宏伟及阁上所见秋景。此段主要铺叙景色之美。

第三段(遥襟俯畅—岂效穷途之哭):从宴会之盛写到登阁远眺,因景生情,思及人生遇合,引起关山失路之悲、离乡去国之愁,从而抒发了身世之感。

A. "冯唐易老,李广难封。屈贾谊于长沙,非无圣主;窜梁鸿于海曲,岂乏明时"句。

作者比附隐喻,借古代怀才不遇的名人来委婉含蓄地表达自己的不平之气。

B. "盈虚有数""时运不齐,命运多舛"句。含宿命论观点。

C. "君子见机,达人知命"句为消极自慰思想。

D. "老当益壮,宁移白首之心;穷且益坚,不坠青云之志。酌贪泉而觉爽,处涸辙以犹欢。北海虽赊,扶摇可接;东隅已逝,桑榆非晚"句表现作者身处逆境而保持积极进取,不因年华易逝而自暴自弃的精神。

这些形象而概括的句子,笔力遒劲,音调铿锵,于感慨中透豁达抱负。不愧为千古名句。

第四段(勃三尺微命—结尾):自叙遭际,说明有幸参与盛会,又得阁公相知,使自己得奏薄技,撰成此文。最后说明写作此文,旨在纪念盛会,临别赠言,请众宾分韵赋诗。

【主要内容】

《滕王阁序》的内容可分为两个方面。

1. 前半部分(1、2节)主要是写景。作者以铺叙的手法,生动细致地展现出滕王阁及周围壮丽秀美的景色。作者就阁所在的地理形胜、宴会上的气氛以及季节、时令等等,从容写来,有条不紊,既章法井然,又笔调洒脱。

2. 后半部分(3、4节)主要是触景生情,反复抒写怀才不遇的感慨。曲折委婉地表达了对所谓"圣君""明主"的不满,同时也流露一丝无可奈何的悲观情绪,但并不绝望,也不消沉,而是在感叹年华易逝的同时,有振奋、昂扬的精神在其中,其主要基调是积极的。

【写作特点】

《滕王阁序》的艺术成就极高,主要表现为以下几点:

1. 善于骈散结合。王勃在充分发挥了骈体文长处的基础上,又运散文之气于骈偶之中,创造性地将两种文体熔为一炉。全文结构严谨,层次清晰,转承自如,前呼后应。全文虽对仗工整却并不呆板;多用典故,却如信手拈来,不显晦涩。总体上具有气势磅礴、意境开阔、感情充沛、一气呵成的特色。

2. 善于运用铺叙手法。王勃善于运用铺叙手法,对景色的描绘层层推移,辗转生发,有点染,有勾勒,有反复渲染。全文主要篇幅写阁、宴会和周遭景色,三者之中又有所侧重。详写阁,略写洪州地貌,插写宴会。描写中有正面、有侧面,有动态、有静态,有远景、有近景,有白描、有用典,极尽变化之能事,如"层峦耸翠——川泽纡其骇瞩"段,就是如此。

3. 善于糅合写景、抒情、叙事和议论。王勃在描写秋景时,巧妙插入自己途经洪州原委的叙述;在描写良辰美景与贤主佳宾之后,以"睇眄中天,娱游暇日",巧妙过渡到"兴尽悲来"的抒情,浑然天成。由抒情转入议论也是一样,情绪之转悲,自然引出宇宙意识的感叹与生命意义的探求。于是,顾影自怜,惊叹年华流逝,感喟现实处境之困顿。文心缜密,无过于此。

4. 声律和谐,富音乐感和节奏感。王勃在文中所创设的佳句,声律和谐,富有音乐感和节奏感,读起来韵味十足,千百年来受到人们的激赏。语言也清新凝练,富有表现力。其中许多佳句已被看作成语,广为流传,至今仍脍炙人口,令人诵读不已,如"落霞与孤鹜齐飞,秋水共长天一色"等句。

【最后一节大量用典的作用】

《滕王阁序》最后一段中用了大量典故,如终军、宗悫、谢玄、龙门、流水、陆机、潘岳等等。主要是自叙志向与遭际,以及表达对主人的感谢并抛砖引玉,说明有幸参与盛会,又得阎公相知,因以撰文。其中终军、宗悫两个典故,是言自己抱负的。终军20岁就请缨受命,羁南越王而归。自己现在的年龄与终军差不多,却未得建功立业、施展抱负的时机。宗悫少年时就向其叔父述说自己的志向:"愿乘长风破万里浪。"这两个典故前者出于《汉书·终军传》,后者出于《宋书·宗悫传》。王勃用以表达了自己渴望建功立业、一展个人才华的志向与抱负。

【附滕王阁诗】

滕王阁诗

滕王高阁临江渚,佩玉鸣鸾罢歌舞。

画栋朝飞南浦云,珠帘暮卷西山雨。

闲云潭影日悠悠,物换星移几度秋。

阁中帝子今何在? 槛外长江空自流。

此诗是《滕王阁序》的概括和缩写。

[**课文翻译**] ⊕

这里是过去的豫章郡,如今是洪州的都督府,天上的方位属于翼、轸两星宿的分野,地上的位置联结着衡山和庐山。以三江为衣襟,以五湖为衣带,控制着楚地,连接着闽越。物类的精华,是上天的珍宝,宝剑的光芒直冲上牛、斗二星的区间。人中有英杰,因大地有灵气,陈蕃专为徐孺设下几榻。雄伟的洪州城,房屋像雾一般罗列,英俊的人才,像繁星一样活跃。城池坐落在夷夏交界的要害之地,主人与宾客,集中了东南地区的英俊之才。都督阎公,享有崇高的名望,远道来到洪州坐镇,宇文州牧,是美德的楷模,赴任途中在此暂留。正逢十日休假的日子,杰出的友人云集,高贵的宾客,也都不远千里来到这里聚会。文坛领袖孟学士,文章的气势像腾起的蛟龙、飞舞的彩凤,王将军的武库里,刀光剑影,如紫电、如清霜。由于父亲在交趾做县令,我在探亲途中经过这个著名的地方。我年幼无知,竟有幸亲身参加了这次盛大的宴会。

时当九月,秋高气爽。积水消尽,潭水清澈,天空凝结着淡淡的云烟,暮霭中山峦呈现一片紫色。在高高的山路上驾着马车,在崇山峻岭中访求风景。来到昔日帝子的长洲,找到仙人居住过的宫殿。这里山峦重叠,青翠的山峰耸入云霄。凌空的楼阁,红色的阁道犹如飞翔在天空,从阁上看不到地面。白鹤、野鸭停息的小洲,极尽岛屿的迂曲回环之势,雅浩的宫殿,跟起伏的山峦配合有致。推开雕花的阁门,俯视彩饰的屋脊,山峰平原尽收眼底,湖川曲折令人惊讶。遍地是里巷宅舍,许多钟鸣鼎食的富贵人家。舸舰塞满了渡口,尽是雕上了青雀黄龙花纹的大船。正值雨过天晴,虹消云散,阳光朗照,落霞与孤雁一起飞翔,秋水和长天连成一片。傍晚渔舟中传出的歌声,响彻彭蠡湖滨,雁群感到寒意而发出的惊叫,回荡在衡阳的水边。

放眼远望,胸襟刚感到舒畅,超逸的兴致立即兴起,排箫的音响引来徐徐清风,柔缓的歌声吸引住飘动的白云。像睢园竹林的聚会,这里善饮的人,酒量超过彭泽县令陶渊明,像邺水赞咏莲花,这里诗人的文采,胜过临川内史谢灵运。(良辰美景,尝心乐事)这四种美好的事物已经齐备,(贤主,佳宾)这两个难得的条件也凑合在一起了,向天空中极目远眺,在假日里尽情欢娱。苍天高远,大地寥廓,令人感到宇宙的无穷无尽。欢乐逝去,悲哀袭来,我明白了兴衰贵贱都由命中注定。西望长安,东指吴会,南方的陆地已到尽头,大海深不可测,北方的北斗星多么遥远,天柱高不可攀。关山重重难以越过,有谁同情不得志的人?萍水偶尔相逢,大家都是异乡之客,怀念着君王的宫门,但却不被召见,什么时候才能够去侍奉君王呢?呵,各人的时机不同,人生的命运多有不顺。冯唐容易衰老,李广难得封侯。使贾谊遭受委屈,贬于长沙,并不是没有圣明的君主,使梁鸿逃匿到齐鲁海滨,难道不是政治昌明的时代?只不过由于君子识时务,通达的人知道自己的命运罢了。年纪虽然老了,但志气应当更加旺盛,怎能在白头时改变心情?境遇虽然困苦,但节操应当更加坚定,决不能抛弃自己的凌云壮志。即使喝了贪泉的水,心境依然清爽廉洁;即使身处于干涸的车辙中,胸怀依然开朗愉快。北海虽然十分遥远,乘着羊角旋风还是能够达到,早晨虽然已经过去,而珍惜黄昏却为时不晚。孟尝君心地高洁,但白白地怀抱着报国的热情,阮籍为人放纵不羁,我们怎能学他那种穷途的哭泣!

我地位卑微,只是一个书生。虽然和终军一样年已二十一,却无处去请缨杀敌。我羡慕宗悫那种"乘长风破万里浪"的英雄气概,也有投笔从戎的志向。如今我抛弃了一生的功名,不远万里去朝夕侍奉父亲。本不是像谢玄那样的有才之人,但是能和贤德之士相交往。不久我将见到父亲,聆听他的教诲。今天我侥幸地奉陪各位长者,高兴地登上龙门。假如碰不上杨得意那样引荐的人,就只有抚拍着自己的文章而自我叹惜。既然已经遇到了钟子期,就弹奏一曲《流水》又有什么羞愧呢?

呵!名胜之地不能常存,盛大的宴会难以再逢。兰亭宴集已为陈迹,石崇的梓泽也变成了废墟。在这盛大的饯别宴会上,我有幸承受阎都督的恩情,写下了这篇作别的赠言;至于登高作赋,这只有指望在座诸公了。我只是冒昧地尽我微薄的心意,作了短短的引言。在座诸位都按各自分到的韵字赋诗,我已写成了四韵八句。请在座诸位施展潘岳、陆机一样的才笔,各自谱写瑰丽的诗篇吧!

[巩固训练] ⊕

一、填空题

1. 王勃为"_____"之一。他们分别是_____、_____、_____、_____。他们力图革新齐梁以来的"_____"不良诗风。

2. 王勃是_____（时代）_____（地方）人。他的诗富有_____特色。他的文富有_____特色。

3. 王勃的作品集为《_____》。

4.《滕王阁序》原题为《_____》。"滕王阁"在今天的_____。

5. "赠序"为：_____。

6.《滕王阁序》中："物华天宝，_____；人杰地灵，_____。"

7. "潦水尽_____崇阿。"

8. "闾阎扑地，_____；舸舰迷津，_____。"

9. "落霞_____衡阳之浦。"

10. "老当益壮，_____；穷且益坚，_____。"

二、选择题

1. 王勃为（   ）时人。

A. 初唐   B. 盛唐   C. 中唐   D. 晚唐

2. "滕王阁"在今天的（   ）。

A. 镇江   B. 南昌   C. 扬州   D. 南京

三、释词译句题

1. 襟三江而带五湖。

襟：_____   带：_____

_____

2. 俨骖騑于上路，访风景于崇阿。

俨：_____   崇阿：_____

_____

3. 虹销雨霁，彩彻区明。

霁：_____   区：_____

_____

4. 遥襟俯畅，逸兴遄飞。

遥襟：_____

5.爽籁发而清风生,纤歌凝而白云遏。

爽：_____　　遏：_____

6.命运多舛。

舛：_____

四、问答题

1.结合课文谈谈作者抒发了怎样的思想感情?

2.简述《滕王阁序》的艺术特色。

3.简述《滕王阁序》最后一节大量用典的作用。

五、分析题

时维九月,序属三秋。潦水尽而寒潭清,烟光凝而暮山紫。俨骖騑于上路,访风景于崇阿;临帝子之长洲,得仙人之旧馆。层峦耸翠,上出重霄;飞阁流丹,下临无地。鹤汀凫渚,穷岛屿之萦回;桂殿兰宫,即冈峦之体势。

披绣闼,俯雕甍,山原旷其盈视,川泽纡其骇瞩。闾阎扑地,钟鸣鼎食之家;舸舰弥津,青雀黄龙之舳。云销雨霁,彩彻区明。落霞与孤鹜齐飞,秋水共长天一色。渔舟唱晚,响穷彭蠡之滨;雁阵惊寒,声断衡阳之浦。

遥襟甫畅,逸兴遄飞。爽籁发而清风生,纤歌凝而白云遏。睢园绿竹,气凌彭泽之樽;邺水朱华,光照临川之笔。四美具,二难并。穷睇眄于中天,极娱游于暇日。天高地迥,觉宇宙之无穷;兴尽悲来,识盈虚之有数。望长安于日下,目吴会于云间。地势极而南溟深,天柱高而北辰远。关山难越,谁悲失路之人?萍水相逢,尽是他乡之客。怀帝阍而不见,奉宣室以何年?

嗟乎!时运不齐,命途多舛。冯唐易老,李广难封。屈贾谊于长沙,非无圣主;窜梁鸿于海曲,岂乏明时?所赖君子见机,达人知命。老当益壮,宁移白首之心?穷且益坚,不坠青云之志。酌贪泉而觉爽,处涸辙以犹欢。北海虽赊,扶摇可接;东隅已逝,桑榆非晚。孟尝高洁,空余报国之情;阮籍猖狂,岂效穷途之哭?

1.对下面句中括号内的词的解说错误的是(　　　　)。

A.（睢园）绿竹　　　　睢园：西汉梁孝王在睢水旁修建的竹园

B. 气凌（彭泽）之樽　　彭泽：指陶渊明，他做过彭泽县令

C. 邺水（朱华）　　　　朱华：曹丕诗中有"朱华昌绿池"的句子

D. 光照（临川之笔）　　临川之笔：指谢灵运，他曾任临川内史

2. 指出下面句子中"而"字用法与其他句不同的一项（　　　）。

A. 爽籁发而清风生　　　　　　　　B. 控蛮荆而引瓯越

C. 天柱高而北辰远　　　　　　　　D. 蟹六跪而二螯

3. 对文中下列典故分析不正确的一项是（　　　）

A."怀帝阍而不见，奉宣室以何年"表明自己怀才不遇，有似屈原和贾谊。

B."屈贾谊于长沙，非无圣主"表明自己生不逢时，有对皇帝的怨恨之情。

C."酌贪泉而觉爽，处涸辙以相欢"表明自己身处逆境，仍能达观看待。

D."阮籍猖狂，岂效穷途之哭"表明自己不会怨世恨俗而放任自流。

4. 找出与例句对偶句式结构相同的一项（　　　）。

例：披绣闼，俯雕甍

A. 东隅已逝，桑榆非晚　　　　　　B. 潦水尽而寒潭清，烟光凝而暮山紫

C. 云销雨霁，彩彻区明　　　　　　D. 望长安于日下，目吴会于云间

5. 下列对有关语句分析不正确的一项是（　　　）

A."潦水尽而寒潭清，烟光凝而暮山紫"，本句在色彩上，上句淡雅，下句浓重，浓淡对比，突出了秋日景物的特征。

B."鹤汀凫渚，穷岛屿之萦回；桂殿兰宫，即冈峦之体势"写滕王阁周围景物，是近景。

C."落霞与孤鹜齐飞，秋水共长天一色"写彩霞自上而下，写孤鹜自下而上，相映增辉；青天碧水，天水相接，上下浑然一色，写尽了秋晚暮色之美。

D."渔舟唱晚，响穷彭蠡之滨；雁阵惊寒，声断衡阳之浦"，此句所写为眼前所见之实景，登高远眺，目之所见，耳之所闻，集于笔端。

祭十二郎文

韩　愈

　　韩愈(768—824),中唐文学家,字退之,河阳人(今河南孟县)。他 3 岁而孤,由嫂郑氏抚养成人。25 岁中进士,29 岁登上仕途。历任国子监、京兆尹、兵部侍郎、吏部侍郎。卒谥文,世称韩文公。有作品集为《昌黎先生集》。

　　韩愈是司马迁之后伟大的散文大师之一,有“文起八代之衰”的功绩。韩愈最重要的文学主张是“文以载道”,这也是古文运动的基石。韩愈的散文雄奇奔放,气势充沛,曲折变化又明快流畅,语言简明、准确、生动,而且善于推陈出新。

　　韩愈不止是在散文方面取得了成就,在诗坛上也独树一帜。他的诗歌创作与他的散文创作有着共同之处,不仅某些思想内容一以贯之,在表现手法上,也有明显的散文化倾向。这与他提倡儒学复古、反对骈文是一脉相承的。

【结构层次】

　　第一层(1—3 节):写韩愈幼年丧父,由兄嫂抚养成人。由于长期与十二郎生活在一起,彼此建立了深厚的感情。

　　1. 悼文开头格式。准备祭品在某天某日祭悼十二郎的在天之灵。

　　2. 回忆二人凄凉的家世,不幸的身世。

　　3. 韩愈出仕以后,二人会短离长。反映宦海浮沉,人生多艰。

　　第二层(4—5 节):写十二郎的死以及韩愈深深的伤心悼念之情。

　　4. 对十二郎之死无尽地伤心,对寿夭不可测、人事不可知的感慨。

　　5. 具体写十二郎死,因何病? 殁何日? 因为不确定,所以出乎意料,所以不相信,所以呼天抢地,所以悲不可遏。

　　第三层(6—7 节):写对十二郎后事的安排。

　　6. 安排十二郎的家人、奴婢守丧以及为他迁葬事宜。

　　7. 进一步表达自己的悲痛之情以及对十二郎的子女安排。

【祭文的独特之处】

古代祭文,内容多为歌颂死者功德言行,形式习用四言韵语。本文则不拘常格,多有新变。平实叙事与恣肆抒情的错综结合,散文笔调和对话形式的浑然一体,大大增强了文章的艺术感染力。具体表现为:

1. 内容的不一样。此篇以日常生活为主,所以特别感人。

2. 笔调不一样。此篇叙事与抒情结合。散文笔调与对话形式结合。

【写作特点】

韩愈的《祭十二郎》历来被誉为祭文中的"千古绝调",也是古代抒情散文中的不朽名篇。它不同于一般的祭文,而是缘情而写,通篇皆情,"言有穷而情不可终",绵远深重,动人哀戚。它的艺术特色主要表现为:

1. 作者选择的是亲人间的日常琐事,从日常琐事的叙述中流露骨肉至情。

2. 文章通篇以汝吾相称,好像同亡灵絮叨家常,表白心迹,读来真切感人。

3. 文章多用悲叹词表达出特别强烈的哀思。

4. 文章还特别注意文言虚词,尤其是语气词的运用,增强了行文的感染力。

[课文翻译] ⊕

某年某月某日,小叔叔愈,在听到你去世消息的第七天,才能强忍哀痛,倾吐衷情,派遣建中打老远赶去,备办些时鲜食物作为祭品,在你——十二郎灵前祭告:

唉! 我从小就做了孤儿——等到长大,连父亲是什么样子都记不清,只有依靠哥哥和嫂嫂。哥哥才到中年就死在南方,我和你都年幼,跟随嫂嫂把哥哥的灵柩送回河阳安葬。后来又和你跑到江南宣州找饭吃,虽然伶仃孤苦,但没有一天和你分离过。我上面有三个哥哥,都不幸早死。继承先人后嗣的,在孙子辈中只有你一个,在儿子辈中只有我一个。韩家子、孙两代都是独苗,身子孤单,影子也孤单。嫂嫂曾经一手抚你、一手指我说:"韩家两代人,就只有你们了!"你当时还小,大概没有留下什么记忆;我当时虽然能记得事了,但也并不懂得嫂嫂的话有多么悲酸啊!

我十九岁那年,初次来到京城。那以后四年,我才到宣州去看你。又过了四年,我往河阳扫墓,碰上你送我嫂嫂的灵柩前来安葬。又过了两年,我在汴州做董丞相的助手,你来看我,住了一年,要求回去接妻儿。第二年,董丞相去世,我离开汴州,你接家眷来与我同住的事儿便化为泡影。这一年,我在徐州协理军务,派去接你的人刚动身,我又离职,你又没有来得成。我想就算你跟我到汴州、徐州,这些地方还是异乡作客,不能把它作为长久之计:要作长远打算,不如往西边回到故乡去,等我先安好家,然后接你来。唉! 谁能料到你突然离开我去世了呢? 我和你都年轻,满以为尽管暂时分离,终于会长久团聚。所以才丢下你跑到京城求官做,来求得微薄的俸禄。如果早知道会出现这么个结局,即便有万乘之国的公卿宰相职位等着我,我也不愿因此离开你一天而去就任啊!

去年，孟东野到你那边去，我写信给你说："我论年纪虽然还不到四十岁，可是两眼已经昏花，两鬓已经斑白，牙齿也摇摇晃晃。想到我的几位叔伯和几位兄长，都身体健康却都过早地逝世，像我这样衰弱的人，难道能长命吗？我不能离开这儿，你又不肯来，我生怕自己早晚死去，使你忍受无边无际的悲哀啊！"谁料年轻的先死而年长的还活着，强壮的夭折而病弱的却保全了呢？唉！难道这是真的吗？还是做梦呢？还是传信的弄错了真实情况呢？如果是真的，我哥哥的美好品德反而会使他的儿子短命吗？你这样纯洁聪明却不应该承受先人的恩泽吗？年轻的强壮的反而夭亡，年长的衰弱的反而健康生存吗？我实在不能把这消息当成真的啊！如果这是在做梦，或者是传错了消息，可是，东野报丧的信件，耿兰述哀的讣文，为什么又分明放在我身边呢？唉！看来这是真的啊！我哥哥的美好品德反而会使他的儿子短命了，你这样纯正聪明应该继承先人的家业，却不能够承受先人的恩泽啊！所谓"天"，实在难以测透；所谓"神"，实在难以弄明啊！所谓"理"，真是不能推断；所谓"寿"，根本不能预知啊！虽然如此，我从今年以来，花白的头发快要变得全白了，动摇的牙齿快要脱落了，体质一天比一天衰弱，精神一天比一天衰退，还有多少时间不跟随你死去呢！死后如果有知觉，那我们的分离还能有多久？如果没有知觉，那我哀伤的时间也就不会长，而不哀伤的日子倒是无穷无尽啊！你的儿子才十岁，我的儿子才五岁，年轻力壮的都不能保住，像这样的小孩儿，又能期望他们长大，成人立业吗？唉！实在伤心啊！实在伤心啊！

你去年来信说："近来得了软脚病，越来越厉害。"我回信说："这种病，江南人多数有。"并不曾把它看成值得担忧的大事。唉！难道竟然因为这种病夺去了你的生命吗？还是另有别的重病而造成这不幸呢？你的信，是六月十七日写的；东野来信说，你是在六月二日死的；耿兰报丧的信没有说明你死在哪月哪日。或许东野的使者不晓得向家人问明死的具体日期？而耿兰报丧的信，不懂得应当说明死的具体日期？东野给我写信时，才向使者询问死期，使者不过信口胡答来应付他吗？是这样呢，还是不是这样呢？

如今我派遣建中祭奠你，慰问你的儿子和你的乳母。他们如果有粮食可以维持到三年丧满，就等到丧满以后接他们来；如果生活困难而不能守满丧期，那就现在把他们接来。其余的奴婢，都让他们为你守丧。等到我有力量改葬的时候，一定把你的灵柩从宣州迁回，安葬在祖先的坟地，这样才算了却我的心愿。

唉！你生病我不知道时间，你去世我不知道日期，你活着我们不能同住一起，互相照顾，你死后我又不能抚摸你的遗体，尽情痛哭，入殓之时不曾紧靠你的棺材，下葬之时不曾俯视你的墓穴！我的德行有负神灵，因而使你夭亡。我不孝顺、不慈爱，因而既不能和你互相照顾，一同生活，又不能和你互相依傍，一起死去。一个在天涯，一个在地角，活着的时候，你的影子不能和我的身子互相依傍，去世以后，你的灵魂不能和我的梦魂亲近，这实在是我自己造成恶果，还能怨谁呢！《诗经》说："彼苍者天，曷其有极！"（那茫茫无际的苍天啊，我的悲哀何时才有尽头呢！）从今以后，我对这个世界大概也就没有什么可以留恋的了！我该回到故乡去，在伊水、颍水旁边买几顷田，来打发我剩余的岁月。教育我的儿子和你的儿子，希望他们成才;抚养我的女儿和你的女儿,等待她们出嫁:我想要做的,不过如此罢了。

唉!话有说尽的时候,而悲痛的心情却是没完没了的,你是能够理解呢,还是什么都不知道了呢?唉!伤心啊!希望你的灵魂能来享用我的祭品啊!

巩固训练 ⬇

一、填空题

1. 韩愈为_____(时代)_____地人。他是_____运动的提倡者,此运动的主要主张是_____。

2. 韩愈名列"唐宋八大家"之_____,他有作品集为《_____》。

3. 《祭十二郎文》选自《_____》。

4. 被称为"千古第一祭文"的是《_____》。

5. 十二郎是韩愈的_____。

二、选择题

1. 名列"唐宋八大家"之首的是( )。

A. 柳宗元   B. 韩愈   C. 欧阳修   D. 苏轼

2. 韩愈力推学( )。

A. 儒   B. 释   C. 道   D. 理

三、释词译句题

1. 不省所怙。 怙:_____

_____

2. 中年,兄殁南方。 殁:_____

_____

3. 志气日益衰。 志气:_____

_____

4. 窆不得临其穴。 窆:_____

_____

四、问答题

分析本篇祭文的艺术特色。

朋　党　论

欧阳修

欧阳修（1007—1072），字永叔，号醉翁，晚年又号六一居士，北宋庐陵（今江西吉安）人。宋仁宗天圣八年（1030年）进士。官至枢密副使、参知政事。为人刚直，敢于诤谏。早年支持范仲淹的政治改革，因而数遭贬谪。晚年官高誉厚，思想逐渐保守。卒后谥号文忠。

欧阳修是宋朝第一个在散文、诗、词各方面都有成就的杰出作家。特别是散文，宗法韩愈，反对浮靡时文；纡徐委婉，明白易晓，独具特色，成就很高。他是唐宋八大家之一，也是当时文坛的著名领袖，领导了北宋诗文革新运动，反对西昆体形式主义的诗风，反对"险怪奇涩"的文风，主张文章应"明道"、"致用"、"事信"、"言文"。有《欧阳文忠公集》、《新五代史》和《新唐书》。他的《六一诗话》开创了"诗话"这一新的体裁的先河，是中国文学史上第一部诗话。

【课文背景】

本文是欧阳修于宋仁宗庆历三年（1043年）任谏官时所作。宋仁宗景祐三年（1036年），范仲淹因向仁宗献《四论》而得罪仁宗，被贬为饶州知州。欧阳修为此事不平，写信对诬陷范仲淹的高司谏予以斥责，当时的尹诛、余靖也上书劝阻仁宗，结果都为此而贬官，并被守旧势力诬蔑为"党人"。由此，"朋党之论起"。庆历三年，宋仁宗欲进行改革，又重新重用范仲淹等人，命他任参知政事，命欧阳修为谏官。此时，守旧派大力反对，诬蔑范仲淹、欧阳修等人结为朋党，对革新派恶意中伤，朝廷内"朋党之论"再起。欧阳修担心仁宗轻信谗言改变主张，所以写了《朋党论》一文，希望仁宗明鉴。

【中心思想】

本文是针对当时守旧势力诬蔑革新者为朋党而写的。首先欧阳修认为要破除"君子不党"的旧观念，要分清君子之朋与小人之朋的本质区别。这种观点是有胆识、有历史眼光的。事实上庆历年间，以范仲淹等为首的革新派是进步的政治力量，《朋党论》对当时的革新也是有力的支持。其次，作者在文中一再规劝君王，期望国君接受历史教训，重用君子之朋，斥退小人之朋，以求天下大治。

【结构层次】

全文有五个自然段,分为三部分。

第一部分(第 1 节):提出全文的中心论点:"惟幸人君辨其君子、小人而已。"大臣结为朋党一般为统治者所忌恨。欧阳修以朋党"自古有之",出人意料地肯定"朋党"存在的客观性和理性依据,从而顺利地推出了全文的中心论点。

第二部分(第 2—4 节):具体论述君子之朋与小人之朋的本质差别以及对国家兴亡的利弊。论证务必辨明君子之朋与小人之朋的道理。

这一部分分三层:

第 1 层(第 2 节):对朋党的性质进行对比。以"同道"与"同利"的对比引出"真朋"、"伪朋"的本质差异,得出"退小人之伪朋,用君子之真朋,则天下治矣"的结论,从而强调辨明君子之朋与小人之朋的重要性。

第 2 层(第 3 节):对朋党的历史作用进行对比。作者引用历史事实,从正反两方面加以论证。正面例子:尧舜用君子之朋,退小人之朋达到天下大治。反面例子:汉献帝、唐昭宗残害君子之朋而亡国。正反对举的例子:纣不为朋而亡国;周朝为一大朋而国兴。用"进"君子之朋和"退"小人之朋的史实进一步强调辨明君子之朋与小人之朋的重要性。

第 3 层(第 4 节):对国君对待朋党的态度进行对比。那些各怀异心不能结为朋党、禁止君子结为朋党、杀戮朋党的国君最终都亡国了;那些任用君子之朋的国君都兴国,并且得到后人称颂。在"治"、"乱"与"兴"、"亡"的对照中再次强调辨明君子之朋与小人之朋的重要性。

第三部分(第 5 节):得出结论,照应开头,"惟幸人君辨其君子、小人而已",希望皇上汲取历史上兴亡治乱的经验教训,大胆信用君子之朋。

【写作特点】

1. 运用对比论证方法

为了阐明朋党有君子之朋与小人之朋的区别,作者主要采用了对比论证的方法。这一点充分体现在全文的第二部分中。

第二部分的第二自然段,论述君子之朋与小人之朋的区别,对比分析真朋与伪朋的实质,是说理的对比。"同道"与"同利"是其结党的不同基础,"真"与"伪"则是其朋党实质性差异。

第三自然段是纵向举例对比,举出历史上几个正反典型实例,说明用君子之党与用小人之党的不同后果。作者比较古代的君子之朋与小人之朋及其在历史上所起的不同作用,将"治"与"乱"、"兴"与"亡"进行对照。"八元、八恺"等是君子之朋,"四凶"等属小人之朋。君子之朋受到信任、重用,则天下大治,国家兴旺;反之则天下大乱,国家灭亡。

第四自然段在上述史实基础上作归纳对比,说明仁君与昏君的区别就在于辨析朋党。作者比较历史上的人君对君子之朋不同的态度,将"能辨"与"不辨"、"用"与"退"进行对照。

舜、周武王等圣明之君能辨别君子之朋与小人之朋,任用君子之朋,因而国运昌盛;纣、汉灵帝等昏淫之君禁绝或杀戮君子之朋,终于乱亡其国。

通过上述对比,君子之朋与小人之朋的正与邪、善与恶、是与非、真与伪,国君是否信用君子之朋的得与失、利与弊,则一目了然。

2. 中心突出,结构严谨

全文围绕中心论点"惟幸人君辨其君子、小人而已",分步分析论证。

第一步,紧紧抓住一个"辨"字,从理论上分析真朋与伪朋的本质不同,明确提出"故为人君者,但当退小人之伪朋,用君子之真朋,则天下治矣",立论基础坚实。

第二步,紧承此义,列举历史事实,论述君子之朋与小人之朋的不同历史作用。综观历史,凡君子之朋兴则国兴,小人之朋得势则国亡。这就说明"辨其君子、小人"并且区别对待,对国之兴亡,具有极其重要的意义。而对君子、小人之朋的任用贬退,是国君职责所在。

第三步即紧承前文而论述国君对君子、小人之朋的态度与国家兴亡的关系。用历史事实,论证了用君子之朋则国兴,贬君子之朋则国亡的道理,从而进一步阐明了"惟幸人君辨其君子、小人"而已,且分别进退之的中心意旨。文章最后以"夫兴亡治乱之迹,为人君者可以鉴矣"一语结束全文。由于前面对"鉴"的内容和意义作了充分的论述,此处已在不言之中。

3. 运用排比、对偶,增强说理气势

文中还大量运用了对偶句、排比句,增强了说理的气势。对偶句如"君子与君子以同道为朋,小人与小人以同利为朋","退小人之伪朋,用君子之真朋"。排比句如"所守者道义,所行者忠信,所惜者名节"。又如第四段中自"能使人人异心不为朋,莫如纣"起,连用三个"莫如",对历史上的昏君予以彻底否定,语气坚定有力。后面又连用两个"莫如",对贤君给予肯定。

[课文翻译] ⊙

我听说关于朋党的议论,从古时就有,只是希望国君辨明是君子的朋党还是小人的朋党。

大抵君子与君子,因志同道合而结成朋党,小人与小人,因为私利相投而结成朋党,这是很自然的道理。但我认为小人之间没有朋党,只有君子之间才有朋党,什么原因呢? 小人所喜爱的是地位和私利,所贪图的是钱币和财物。他们在私利一致时,暂且互相勾结在一起成为朋党,这是虚假的;发现有利可图就争先恐后,无利可图时交往就疏远,甚至反过来互相残害,即使是兄弟亲戚也不会互相保全。所以我认为小人之间没有朋党,他们暂时结成朋党是虚假的。君子却不是这样,他们所坚守的是道义,所奉行的是忠信,所爱惜的是名节。用这样的准则来修身养性,就志同道合,相互得益;用这样的准则来为国效劳,就同心合力,获得成功,自始至终如一。这就是君子间结成的朋党。所以作为君主,只要贬退小人的假朋党,重用君子的真朋党,天下就可太平了。

尧的时代,小人共工、驩兜等四人结成一个朋党,君子八元、八恺16人结成一个朋党。舜辅佐尧斥退了"四凶"等小人结成的朋党,而重用被称为"八元"、"八恺"的君子的朋党,尧的天下很太平。等到舜自己成了天子,皋、夔、稷、契等22人同在朝中共事,他们互相尊重、互相谦让,22人结成一个朋党,而舜信任他们,天下也因而非常太平。《尚书》上说:"商纣王有亿万个臣子,就有亿万颗心;周有臣子三千人,只有一条心。"商纣王时代,亿万个臣子各有不同的心思,可以说是不结成朋党了,但商纣王因此而亡国。周武王的三千个臣子结成一个大朋党,周朝却因此而兴盛起来。东汉献帝时,把天下的名士全抓起来,视他们为"党人",等到黄巾起义,天下大乱,后来才悔悟,把对党人的禁锢全部解除,但已经没法挽回败局了。唐代晚期,渐渐兴起关于朋党的议论。到唐昭宗时,将朝廷上的名臣斩尽杀绝,有的还投进了黄河,还说:"这班人自称清流,现在可以投到浊流里去了。"而唐朝也就此灭亡。

前代的君王中,能使人人怀异心而不结成朋党的,没有谁能比得上商纣王,能禁止贤人结成朋党的,没有谁比得上汉献帝,能屠杀"清流"结成朋党的,没有哪一代比得上唐昭宗时期,可是他们的国家都因动乱而灭亡。能互相尊重、谦让而不猜疑的,没有谁比得上舜的22个臣子,舜不怀疑而非常信任他们。但是后世的人们不责备舜被22人的朋党所欺骗,反而称颂舜是一位圣明的君主,这是因为他能够明辨君子和小人的朋党。周武王时代,全国三千个臣子结成一个朋党,自古以来朋党的人数之多,范围之广,没有哪个朝代比得上周朝的,然而周朝却因此而兴盛起来,这是由于贤才再多也不满足。

这些国家兴盛衰亡、太平动乱的历史事迹,当国君的应当引以为鉴。

巩固训练

一、填空题

1. 欧阳修的作品主要有文集《＿＿＿＿》、史书《＿＿＿＿》和《＿＿＿》。

2. 欧阳修,字＿＿＿,号＿＿＿,晚年又号＿＿＿,卒谥＿＿＿。

3.《朋党论》一文主要的论证方法是＿＿＿＿。

4. 中国文学史上第一部诗话是《＿＿＿＿》。

5. 欧阳修是北宋文坛诗文革新运动的领袖,反对＿＿＿形式主义文风,主张文章应＿＿＿、＿＿＿、＿＿＿、＿＿＿。

二、选择题

1.《六一诗话》的作者是( )。
A. 苏轼　　B. 韩愈　　C. 欧阳修　　D. 王安石

2. 宋朝第一个在散文、诗、词各方面都有杰出成就的作家是( )。
A. 柳宗元　　B. 王安石　　C. 欧阳修　　D. 袁宏道

3. 欧阳修写《朋党论》的目的是( )
A. 希望宋仁宗明辨君子之朋和小人之朋,用君子之朋,退小人之朋。

B. 希望商纣王明辨君子之朋和小人之朋,用君子之朋,退小人之朋。

C. 希望唐绍宗明辨君子之朋和小人之朋,用君子之朋,退小人之朋。

D. 希望宋仁宗明辨是非,支持朋党。

3. 欧阳修也称(　　)。

A. 永叔　　　　　　　B. 醉翁　　　　　　C. 六一居士　　　　　D. 文忠

4. 欧阳修是(　　)。

A. 北宋诗文革新运动的领袖　　　　　　B. 支持范仲淹"庆历革新"的人

C. 被保守派指责为"党人"

D. 是倡导中唐古文运动的人

三、词语解释题

1. 用君子之真朋,则天下治矣。　治:_____

2. 更相称美,更相推让。　更相:_____

3. 纣有臣亿万,惟亿万心;周有臣三千,惟一心。　惟:_____　惟:_____

4. 周武王之臣,三千人为一大朋,而周用以兴。　用以:_____

5. 举其国之臣三千人共为一朋。　举:_____

6. 而称舜为聪明之圣者,以能辨君子与小人也。　以:_____

四、翻译题

1. 当其同利之时,暂相党引以为朋者,伪也。

2. 君子则不然,所守者道义,所行者忠信,所惜者名节。

3. 尽取天下名士囚禁之,目为党人。

4. 能诛戮清流之朋,莫如唐昭宗之世。

5. 然而后世不诮舜为二十二人朋党所欺。

五、问答题

1. 具体分析本文的论点是如何"破千古人君之疑"的。

2. 阐述本文论证的特色。

六、阅读分析题

1. 大凡君子与君子以同道为朋,小人与小人以同利为朋,此自然之理也。然臣谓小人无朋,惟君子则有之,其故何哉? 小人之所好者,禄利也;所贪者,财货也。当其同利之时,暂相党引以为朋者,伪也;及其见利而争先,或利尽而交疏,则反相贼害,虽其兄弟亲戚不能相保。故臣谓小人无朋,其暂为朋者,伪也。君子则不然,所守者道义,所行者忠信,所惜者名节。以之修身,则同道而相益;以之事国,则同心而共济,始终如一,此君子之朋也。故为人君者,但当退小人之伪朋,用君子之真朋,则天下治矣。

(1) 作者说"小人与小人以同利为朋",为什么又说"小人无朋"? 是否自相矛盾。

(2) 作者是怎样进行对比说理的?

(3) 用"‖"在原文上给本段划分层次。

2. 夫前世之主,能使人人异心不为朋,莫如纣;能禁绝善人为朋,莫如汉献帝;能诛戮清流之朋,莫如唐昭宗之世;然皆乱亡其国。更相称美,推让而不自疑,莫如舜之二十二臣,舜亦不疑而皆用之。然而后世不诮舜为二十二人朋党所欺,而称舜为聪明之圣者,以能辨君子与小人也。周武之世,举其国之臣三千人共为一朋,自古为朋之多且大莫如周,然周用此以兴者,善人虽多而不厌也。

(1) 本段采用了什么论证方法?

(2) 文中的排比句在说理上起了什么作用?

潮州韩文公庙碑

苏　轼

[作者与文体] ⬇

　　苏轼(1037—1101),字子瞻,一字和仲,号东坡居士,眉山(今四川眉山)人。北宋著名的文学家,唐宋八大家之一。他学识渊博,多才多艺,在书法、绘画、诗词、散文各方面都有很高造诣。他的书法与蔡襄、黄庭坚、米芾合称"宋四家";善画竹木怪石,其画论、书论也有卓见。是北宋继欧阳修之后的文坛领袖,散文与欧阳修齐名;诗歌(以文为诗、以议论为诗)与黄庭坚齐名;他的词气势磅礴,风格豪放,一改词的婉约,与南宋辛弃疾并称"苏辛",共为豪放派词人。

　　文体:形式为应用文(碑,即碑志,古代的一种文体,属纪念性文字,往往铭刻于金石之上,内容多为纪功颂德、怀悼逝者);内容为论说文。

[课文分析] ⬇

【课文背景】

　　《潮州韩文公庙碑》是一篇创作于宋代的散文,作者苏轼。这篇文章是苏轼于 1092 年(元祐七年)三月,接受了潮州知州王涤的请求,替潮州重新修建的韩愈庙所撰写的碑文。

　　韩文公,即韩愈(768—824),中唐文学家,819 年,唐宪宗迎佛骨到宫中,韩愈因劝谏触怒宪宗,被贬为潮州刺史。韩愈在潮州仅八个月,期间他询民疾苦,重农桑,筑堤防,兴学校,祭鳄鱼,开潮州文风,给潮州人民留下深远影响。后来潮州人士修庙纪念他,因韩愈死后谥号为"文",故称韩文公庙。

【主旨】

　　碑文高度颂扬了韩愈的道德、文章和政绩,说明韩公文章道德对后世的影响之大(文起八代之衰,道济天下之溺)。并具体描述了潮州人民对韩愈的崇敬怀念之情。

【结构层次】

　　(一)自"匹夫而为百世师"至"无足怪者"

　　说明韩公道德文章对后世的影响(匹夫而为百世师,一言而为天下法)。

　　(二)自"自东汉以来"至"浩然而独存者乎"

　　说明韩公文、道、忠、勇的浩气长存。

（三）自"盖尝论天人之辨"至"其所不能者人也"

说明韩公能行天道，却不能适应人事。

（四）自"始潮人未知学"至"期年而庙成"

说明潮人知学易治乃韩公之功。

（五）自"或曰公去国万里"至"使歌以祀公"

记叙为公庙作碑的缘由（为应潮人之请）。

（六）自"其辞曰公昔骑龙白云乡"至"翩然被发下大荒"

记叙祀公的献诗。

【写作特点】

碑文将议论、描述、征引、对话、诗歌等熔铸于一炉，铺陈排比，高论卓识，雄健奔放，骈散兼施，文情并茂。立意精巧，情理兼备。

［课文翻译］

一个普通人却成为千百代的榜样，一句话却成为天下人效法的准则。这是因为他们的品格可以与天地化育万物相提并论，也关系到国家气运的盛衰。他们的降生是有来历的，他们的逝世也是有所作为的。所以，申伯、吕侯由高山之神降生，傅说死后成为天上的列星，从古到今的传说，是不可否认的。孟子说："我善于修养我盛大正直的气。"这种气，寄托在平常事物中，又充满于天地之间。突然遇上它，那么，王公贵族就会失去他们的尊贵，晋国、楚国就会失去它们的富有，张良、陈平就会失去他们的智慧，孟贲、夏育就会失去他们的勇力，张仪、苏秦就会失去他们的辩才。是什么东西使它这样的呢？那一定有一种不依附形体而成立，不依靠外力而行动，不等待出生就存在，不随着死亡就消逝的东西了。所以在天上就成为星宿，在地下就化为河川山岳；在阴间就成为鬼神，在阳世便又成为人。这个道理十分平常，不值得奇怪的。

自从东汉以来，儒道沦丧，文风败坏，佛、道等邪说一齐出现。经历了唐代贞观、开元的兴盛时期，依靠房玄龄、杜如晦、姚崇、宋璟等名臣辅佐，还不能挽救。只有韩文公从普通人里崛起，在谈笑风生中指挥古文运动，天下人纷纷倾倒追随他，使思想和文风又回到正路上来，到现在已经有三百年左右了。他的文章使八代以来的衰败文风，得到振兴，他对儒道的宣扬，使天下人在沉溺中得到拯救，他的忠诚曾触怒了皇帝，他的勇气能折服三军的主帅：这难道不是与天地化育万物相并列，关系到国家盛衰，浩大刚正而独立存在的正气吗？

我曾谈论过天道和人事的区别：认为人没有什么事不能做出来，只是天不容许人作伪。人的智谋可以欺骗王公，却不能欺骗小猪和鱼；人的力量可以取得天下，却不能取得普通老百姓的民心。所以韩公的专心诚意，能够驱散衡山的阴云，却不能够挽回宪宗佞佛的执迷不悟；能够驯服鳄鱼的凶暴，却不能够制止皇甫镈、李逢吉的诽谤；能够在潮州老百姓中取得信任，百代都享受庙堂祭祀，却不能使自身在朝廷上有一天的平安。原来，韩公能够遵从的，是天道；他不能屈从的，是人事。

从前，潮州人不知道学习儒道，韩公指定进士赵德做他们的老师。从此潮州的读书人，都专心于学问的研究和品行的修养，并影响到普通百姓。直到现在，潮州被称为容易治理的地方。确实不错啊，孔子曾说过这样的话："有地位的人学了道理，就会爱护人民；地位低的人学了道理，就容易治理。"潮州人敬奉韩公，吃喝的时候必定要祭祀他，水灾旱荒、疾病瘟疫，凡是有求助于神灵的事，必定到祠庙里去祈祷。可是祠庙在州官衙门大堂的后面，百姓以为进出不方便。前任州官想向朝廷申请建造新的祠庙，没有成功。元祐五年，朝散郎王涤先生来担任这个州的知州，凡是用来培养士子、治理百姓的措施，完全以韩公为榜样。老百姓心悦诚服以后，便下命令说："愿意重新修建韩公祠庙的人，就来听从命令。"老百姓高高兴兴地赶来参加这项工程。在州城南面七里选了一块好地方，一年后新庙就建成了。

有人说："韩公远离京城约万里，而贬官到潮州，不到一年便回去了，他死后有知的话，是不会深切怀念潮州的，这是明摆着的。"我说："不是这样的，韩公的神灵在人间，好比水在地上，没有什么地方不存在。而且潮州人信仰得特别深厚，思念得十分恳切，每当祭祀时，香雾缭绕，不由涌起悲伤凄怆的感觉，就像见到了他，好比挖一口井得到了水，就说水只在这个地方，难道有这个道理的吗？"元丰七年，皇帝下诏书封韩公为昌黎伯，所以祠庙的匾额上题为"昌黎伯韩文公之庙"。潮州人请我书写他的事迹刻在石碑上，因此作首诗送给他们，让他们歌唱着祭祀韩公，歌词说：

您从前骑龙遨游在白云乡，双手拨动银河，挑开天上的云彩，织女替您织成云锦衣裳。您轻快地乘着风来到皇帝的身旁，下降到人间，为混乱的俗世扫除异端。您在西边游览了咸池，巡视了扶桑，草木都披上了您的恩泽，承受着您的光辉普照。您追随李白、杜甫，与他们一起比翼翱翔，使张籍、皇甫湜奔跑流汗，两腿都跑僵了，也不能仰见您那能使倒影消失的耀眼光辉。您上书痛斥佛教，讽谏君王，被邀请到潮州来观看，中途又游览了衡山和湘水，经过了埋葬帝舜的九嶷山，凭吊了娥皇和女英。到了潮州，祝融为您在前面开路，海若躲藏起来了，您管束蛟龙、鳄鱼，好像驱赶羊群一样。天上缺少人才，天帝感到悲伤，派巫阳唱着歌到下界招您的英魂上天。用牦牛作祭品，用鸡骨来占卜，敬献上我们的美酒；还有殷红的荔枝，金黄的香蕉。您不肯稍作停留，使我们泪下如雨，只得送您的英灵，披着头发，轻快地返回仙乡。

［巩固训练］

一、填空题

1. 苏轼字＿＿＿＿，一字＿＿＿＿，号＿＿＿＿＿＿。其才华横溢。散文与＿＿＿＿齐名，诗歌与＿＿＿＿齐名，词与＿＿＿＿齐名。

2. 韩文公，即＿＿＿＿，唐宋八大家之首，倡导＿＿＿＿运动，主张＿＿＿＿＿、＿＿＿＿＿。

3. "_____,一言而为天下法。"

4. "文起八代之衰,_____,_____,而勇夺三军之帅。"

5. "元丰七年,诏封公昌黎伯。""昌黎"即_____。

二、选择题

1. 对下列句子中加点词的解释,不正确的一项是(   )。

A. 而不能弭皇甫镈、李逢吉之谤   弭:消除,制止

B. 其不眷恋于潮也审矣   审:清楚

C. 诏拜公昌黎伯,故榜曰   榜:文告

D. 卒然遇之,则王公失其贵   卒:通"猝",突然,仓促

2. 下列句子中加点词语的意义和用法,相同的一项是(   )。

A. 潮人之事公也,饮食必祭   九国之师,逡巡而不敢进

B. 谈笑而麾之,天下靡然从公   怒而飞,其翼若垂天之云

C. 君子学道则爱人   于其身也,则耻师焉,惑也

D. 是孰使之然哉   然视其左右,来者已少

3. 下列对原文有关内容的分析和理解,不正确的一项是(   )

A. 文章首先论述古代圣贤的伟大和死而不朽的原因,下笔洋洋洒洒,看似离题,却是将韩愈置于历史的长河中,在古今先贤的排序中给韩愈确定一个合适位置,从而为评价韩愈定一个基调。

B. 碑记的传统写法是以叙事为主,而本文却是以议论为主,其间叙事均以议论出之。作者从"文""道""忠""勇"四个方面盛赞韩愈的历史功绩,并将其归于韩愈具有"浩然之气"。

C. 作者指出韩愈的成功是以在于合乎"天道",因而他合普通老百姓的心,能够受到南海人民世世代代的祭祀。但韩愈却不能尽人事,因而他触怒宪宗,受到皇甫镈、李逢吉等到人的毁谤。

D. 韩愈在潮州兴学,带来了潮州教育的发展。虽然潮州人不忘韩愈的政绩,十分崇敬、缅怀他,但作者认为韩愈并不眷恋潮州,所以在潮州不到一年就离开了。

4. 对下列句子中加点词语的解释,不正确的一项是(   )。

A. 天下靡然从公   靡:倾倒

B. 其不眷恋于潮也,审矣   审:清楚

C. 延及齐民   延:扩展

D. 而勇夺三军之帅   夺:夺取

5. 下列句中加点字的意义和用法相同的一项是(   )。

A. 此理之常,无足怪者   廉颇者,赵之良将也

B. 谈笑而麾之   某所,而母立于兹

C. 能信于南海之民   不拘于时,学于余

D. 如水之在地中　均之二策,宁许以负秦曲

6. 下列对原文的理解和分析,不正确的是(　　)

A. 作者认为"浩然之气"寄托在平常事物中,又充满于天地之间,永远不会消失。这种正气能够战胜权势、财富、智慧、勇力和辩才。

B. 韩愈不能把宪宗从对佛教的沉迷中唤醒,不能制止皇甫镈、李逢吉的诽谤,不能在朝中得到平安,原因是他不能屈从于人事。

C. 潮州人敬奉韩愈,吃喝的时候必定要祭祀他,当发生水灾、旱灾、疾病、瘟疫的时候,凡是有所求必定要到祠庙里去祈祷,所以前任太守想向朝廷申请建新庙。

D. 文章感情充沛,气势奔放,高度颂扬了韩愈在儒学和文学上的历史贡献以及被贬潮州后的政绩,表现了潮州人对他的深切怀念之情,同时也寄托了作者的身世之感。

三、词语解释题

1. 一言而为天下法　法:＿＿＿＿＿＿＿＿＿

2. 卒然遇之,则王公失其贵　卒:＿＿＿＿＿＿＿＿＿

3. 谈笑而麾之　麾:＿＿＿＿＿＿＿＿＿

4. 草木衣被昭回光　衣被:＿＿＿＿＿＿＿＿＿

5. 古今所传,不可诬也　诬:＿＿＿＿＿＿＿＿＿

6. 因为诗以遗之　遗:＿＿＿＿＿＿＿＿＿

7. 灭没倒景不可望　景:＿＿＿＿＿＿＿＿＿

8. 翩然被发下大荒　被:＿＿＿＿＿＿＿＿＿

四、翻译题

1. 独韩文公起布衣,谈笑而麾之,天下靡然从公,复归于正,盖三百年于此矣!

2. 民既悦服,则出令曰:"愿新公庙者,听。"民欢趋之,卜地于州城之南七里,期年而成。

3. 凡所以养士治民者,一以公为师。

4. 潮人请书其事于石,因作诗以遗之,使歌以祀公。

五、问答题

1. 文章是如何围绕"浩然之气"而展开述评的?

2. 具体阐述苏轼对韩愈文、道、忠、勇四方面的评价。

六、阅读分析题

1. 用斜线"/"给下面画线的文言文断句。

[a] 自东汉以来,道丧文弊,异端并起,历唐贞观开元之盛辅以房杜姚宋而不能救独韩文公起布衣谈笑而麾之天下靡然从公复归于正盖三百年于此矣。文起八代之衰,而道济天下之溺;忠犯人主之怒,而勇夺三军之帅:此岂非参天地,关盛衰,浩然而独存者乎?

[b] 盖尝论天人之辨以谓人之无所不至惟天不容伪智可以欺王公不可以欺豚鱼力可以得天下不可以得匹夫匹妇之心。

(节选自苏轼《潮州韩文公庙碑》)

2. 文中"韩文公"指的是谁?"忠犯人主之怒"所指何事?

3. a段文字主要表达了作者怎样的观点?

上枢密韩太尉书

苏　辙

[作者与文体] ⊕

苏辙（1039—1112），字子由，眉州眉山（今属四川）人。北宋散文家，唐宋八大家之一，与父苏洵、兄苏轼并称"三苏"。其散文以策论（策是策问，论是议论文。宋金科举制度，曾用以取士。策问，文体名。提出有关经义或政事等问题，征求对答）见长，风格冲和淡泊。仁宗嘉祐二年（1057 年）与苏轼一起中进士。崇宁三年（1104 年），苏辙在颍川定居，过田园隐逸生活，筑室曰"遗老斋"，自号"颍滨遗老"，以读书著述、默坐参禅为事。死后追复端明殿学士，谥文定。有《栾城集》。

"枢密"即枢密使。宋代以枢密院为最高军事机关，枢密使为其长官。"太尉"，亦官名，一般作为对武官的尊称。"枢密韩太尉"，指韩琦，字稚圭，相州安阳人，宋初名臣，主持全国军政，历任三朝，反对王安石变法，与司马光等同为保守派首领。

[课文分析] ⊕

【课文背景】

此文是苏辙 19 岁时写给韩琦的信。1056 年，苏轼、苏辙兄弟随父亲去京师，在京城得到了当时文坛盟主欧阳修的赏识。第二年，苏轼、苏辙兄弟高中进士，"三苏"之名遂享誉天下。苏辙在高中进士后给当时的枢密使韩琦写了一封信，这就是《上枢密韩太尉书》。时韩琦任枢密使，可谓位尊权重。苏辙想通过这封信来打动韩琦，从而得到他的接见和赏识。

【结构层次】

第一段：阐述自己的文学主张。作者提出"以为文者气之所形，然文不可以学而能，气可以养而致"，明确"气"对于为文的重要性，并以孟子和司马迁为例来佐证。

第二段：写实践自己文学主张的情况。说自己去乡远游饱览了名山大川、秦汉故都、天子宫阙，顿时眼界大开，尤其提到见到欧阳修后的感慨，自然引出想见韩琦的愿望。

第三段：进一步申述想见韩琦的迫切愿望。

第四段：回应开头，重申"生好为文"的志气，并以求教之语作结，含蓄得体。

【写作特点】

构思巧妙，论证周严。

文章求见大人,而无一点干求仕进之语;称颂大人,而无一点猥琐谄媚之语。文章独从作文之道入手,一路跌宕蓄势,高蹈奇崛,巧妙地把干谒求进之事纳入文学活动的范围,显得高雅拔俗。由为文论及养气,由古人谈及自己,由得见欧阳公引出欲见韩太尉,强调非求"斗升之禄",而以"益治其文"为其志。层层铺垫,层层烘托,立意高妙,内容质实。

[课文翻译] ⊕

太尉执事:苏辙生性喜好写文章,对此想得很深。我认为文章是气的外在体现,然而文章不是单靠学习就能写好的,气却可以通过培养而得到。孟子说:"我善于培养我的浩然之气。"现在看他的文章,宽大厚重宏伟博大,充塞于天地之间,同他气的大小相称。司马迁走遍天下,广览四海名山大川,与燕、赵之间的英豪俊杰交游,所以他的文章疏放不羁,颇有奇伟之气。这两个人,难道曾经执笔学写这种文章吗?这是因为他们的气充满在内心而溢露到外貌,发于言语而表现为文章,自己却并没有觉察到。

苏辙出生已经十九年了。我住在家里时,所交往的,不过是邻居同乡这一类人。所看到的,不过是几百里之内的景物,没有高山旷野可以登临观览以开阔自己的心胸。诸子百家的书,虽然无所不读,但是都是古人过去的东西,不能激发自己的志气。我担心就此而被埋没,所以断然离开家乡,去寻求天下的奇闻壮观,以便了解天地的广大。我经过秦朝、汉朝的故都,尽情观览终南山、嵩山、华山的高峻,向北眺望黄河奔腾的急流,深有感慨地想起了古代的英雄豪杰。到了京城,抬头看到天子宫殿的壮丽,以及粮仓、府库、城池、苑囿的富庶而且巨大,这才知道天下的广阔富丽。见到翰林学士欧阳公,聆听了他宏大雄辩的议论,看到了他秀美奇伟的容貌,同他的学生贤士大夫交游,这才知道天下的文章都汇聚在这里。太尉以雄才大略称冠天下,全国人依靠您而无忧无虑,四方异族国家惧怕您而不敢侵犯,在朝廷之内像周公、召公一样辅君有方,领兵出征像方叔、召虎一样御敌立功。可是我至今还未见到您呢。

况且一个人的学习,如果不是有志于大的方面,即使学了很多又有什么用呢?苏辙这次来,对于山,看到了终南山、嵩山、华山的高峻;对于水,看到了黄河的深广;对于人,看到了欧阳公;可是仍以没有谒见您而为一件憾事。所以希望能够一睹贤人的风采,就是听到您的一句话也足以激发自己的雄心壮志,这样之后就看遍天下的壮观而不会再有什么遗憾了。

苏辙年纪很轻,还没能够通晓做官的事情。先前来京应试,并不是为了谋取微薄的俸禄,偶然得到了它,也不是自己所喜欢的。然而有幸得到恩赐还乡,等待吏部的选用,使我能够有几年空闲的时间,将用来更好地研习文章,并且学习从政之道。太尉假如认为我还可以教诲而屈尊教导我的话,那我就更感到幸运了。

[巩固训练] ⊕

一、填空题

1. 课文是一封_____,作者_____,选自_____。作者在文中提到的文学主张是＿＿＿＿＿＿＿＿＿＿＿＿＿＿＿＿＿＿＿＿，文章委婉含蓄地以作好文章取决于作者的＿＿＿谈起，认为人的精神气质除了读万卷书、行万里路、增加阅历和知识外，还要向贤人求教，最后点明自己仰慕韩琦的雄才大略，为了"＿＿＿＿＿＿＿＿＿"，希望能获得一见。

2."一门父子三词客"，即父子三人：＿＿＿＿＿、＿＿＿＿＿、＿＿＿＿＿。

3. 课文第一段中，作者为明确"气"对于为文的重要性，以历史上两个人为例来佐证，分别是＿＿＿＿＿、＿＿＿＿＿。

4. 为了"养气"，作者做了哪些事？（1）＿＿＿＿＿＿＿＿＿；（2）＿＿＿＿＿＿＿＿＿；（3）＿＿＿＿＿＿＿＿＿；（4）＿＿＿＿＿＿＿＿＿。

二、选择题

1. 下列句中加点字读音正确的一项是（　　）。

A. 称（chēng）其气之小大恐遂汩（gǔ）没

B. 恣（zì）观终南、嵩（sōng）、华之高

C. 出则方叔、召（zhāo）虎辟邪说，难壬（rén）人

D. 亳（háo）州肆无忌惮（dàn）

2. 下列句中加点词的用法与例句中加点词的用法相同的一项是（　　）。

例句：慨然想见古之豪杰

A. 思之至深　　　　　　　　　　B. 此则岳阳楼之大观也

C. 送杜少府之任蜀州　　　　　　D. 甚矣，汝之不惠

3. 下列句中含有通假字的一项是（　　）。

A. 动乎其言而见乎其文　　　　　B. 闻一言以自壮

C. 尽天下之大观而无憾者矣　　　D. 然文不可以学而能，气可以养而致。

4. 下列句中加点词解释不正确的一项（　　）。

A. 且夫人之学也，不志其大（有志于）

B. 气可以养而致（修养）

C. 然后可以尽天下之大观而无憾者矣（雄伟非凡的景象）

D. 辙生好为文。（出生）

三、词语解释题

1. 辙生十有九年矣。　　　　　生：＿＿＿＿＿＿＿＿＿

2. 气可以养而致。　　　　　　致：＿＿＿＿＿＿＿＿＿

3. 充乎天地之间，称其气之小大。　称：＿＿＿＿＿＿＿＿＿

4. 以为文者气之所形。　　　　形：＿＿＿＿＿＿＿＿＿

5. 虽无所不读。　　　　　　　虽：＿＿＿＿＿＿＿＿＿

6. 虽多而何为？　　　　　　　虽：＿＿＿＿＿＿＿＿＿

7. 故决然舍去　　　　　　　　然：＿＿＿＿＿＿＿＿＿

8. 然文不可以学而能。　　　　　　　　　　然：_____

9. 太尉以才略冠天下　　　　　　　　　　　以：_____

10. 恐遂汩没　　　　　　　　　　　　　　　汩没：_____

四、翻译题

1. 其气充乎其中而溢乎其貌,动乎其言而见乎其文。

2. 太尉以才略冠天下,天下之所恃以无忧,四夷之所惮以不敢发。

3. 且夫人之学也,不志其大,虽多而何为?

4. 恐遂汩没,故决然舍去,求天下奇闻壮观,以知天地之广大。

5. 然文不可以学而能,气可以养而致。

五、问答题

1. 结合课文内容,分析本文构思的巧妙。

2. 苏辙强调养气之重要,试对他的养气观进行具体阐述。

六、阅读分析题

　　太尉执事:辙生好为文,思之至深。以为文者气之所形,然文不可以学而能,气可以养而致。孟子曰:"我善养吾浩然之气。"今观其文章,宽厚宏博,充乎天地之间,称其气之小大。太史公行天下,周览四海名山大川,与燕、赵间豪俊交游,故其文疏荡,颇有奇气。此二子者,岂尝执笔学为如此之文哉?_____,_____,_____。

1. 将文中空白处补充完整。

2. 对"辙生好为文,思之至深"一句理解正确的一项是(　　)。

A. 我生来爱好文学,思想非常深刻。

B. 我生来喜好写文章,思想深刻到了极点。

C. 我生来喜好写文章,思考文章的写法到了极为深刻的程度。

D. 我生来爱好文学,思慕文学到了极为深刻的程度。

3. 文章开头借对_____与_____关系的论述,提出了自己的见解:_____。

4. 对于如何养气,作者举了两位著名人物为例。一位是孟子,一位是司马迁,二人在养气为文方面有何不同?

徐 文 长 传

袁宏道

[作者与文体] ⬇

　　袁宏道(1568—1610)，字中郎，号石公，湖北公安人。和他的哥哥宗道、弟弟中道，合称三袁。他们都反对当时前后七子模仿秦汉的伪古文，而提倡清新的文体，强调"独抒性灵，不拘格套"。这种文体，被称为公安体。著有《敝箧集》《锦帆集》《解脱集》《广陵集》等。

　　徐文长，即徐渭，字文长，号青藤道士，明代文学家、书画家、军事家。

[课文分析] ⬇

【课文背景】

　　1. 袁宏道与徐文长：徐渭是晚明前期的著名文士，主要活动在嘉靖年间，在诗文、戏曲、书画等方面均有相当成就。而且，他"好奇计，谈兵多中"，满腹韬略。徐渭的杰出才能和他清高傲岸、豪放不羁的个性，在当时卓然独立，颇受士林景仰；而他一再失意于科场，潦倒终生，乃至忧愤成疾，癫狂到以斧戕以求速死的悲惨命运，在当时也可谓绝无仅有，致使知者为他流涕痛惜。袁宏道年辈比徐渭略晚，与徐素昧平生，但对其才略品行由衷钦佩，对其不幸遭际深抱同情，他将惺惺相惜之意托诸笔端，写下了这篇《徐文长传》。

　　2. 明代当时的文坛背景：明代中叶，文坛出现了以"前、后七子"为代表的拟古思潮。他们提出"文必秦汉，诗必盛唐"的口号，以模拟因袭古人的诗文作为创作的根本原则，致使当时的诗文创作了无个性与生气，流弊日甚。袁宏道对此深为不满，主张"独抒性灵，不拘格套"，作诗为文，应通于人之喜怒哀乐，以见从肺腑中流溢出的真性情。因而，他看到徐渭的诗文书画充溢着作者的真情真性而深为激赏。而他之所以为徐渭刊印文集及为其立传，也正是为了宣扬"独抒性灵"的主张。

【结构层次】

　　第一段：写徐渭的非凡才略及豪放个性深为胡宗宪倚重和喜爱，深得信任，但"大试辄不利"，一再失意于科场。

　　第二段：介绍、评述徐渭在诗、文、书、画诸方面的成就，以其杰出的才能与其坎坷的遭遇作对比映照，哀其不幸。

　　第三段：列举徐渭晚年的二三行事，说明他因不容于时而性格扭曲，发为狂疾。多次自残其身,终于抱愤而卒。并对其诗文著述未能全部刊行于世深表遗憾。

第四段:效法司马迁,对传主进行评价。认为徐渭生前虽未及荣华富贵,但声名远播,至于朝廷;文章伟丽,独步当时,足以不朽。文末三次重复"无之而不奇",对徐渭其人其事,感慨至深。

【写作特点】

1. 以情贯注

本文在写作上的一个显著特点,是自始至终满溢着作者的强烈感情。或叙或议,时时表露出他对徐渭才气性情的折服激赏。文中两度出现的"悲夫"及篇末作者之议论,对徐渭的同情更是直截明达,溢于言表。整篇文章,作者激情溢于辞,喜怒形于色,既见惺惺相惜之情,亦可见自写胸襟之意。

2. 以奇立骨

本文始终围绕着"奇"字落笔,以"奇"字作为贯通全文的脉络。本文叙及的范围较广,举凡传主的生平遭际、为人行事、才略性情、游踪嗜好及其诗歌、书画的成就,无不关涉。然而,文章却显得神气凝聚。原因何在?清代林西仲说它是"以'奇'字立骨",中肯地揭示了个中奥秘。具体说来,可大致归结为三个方面:(一)才能奇异。一是有经世济时之才,所谓"纵谈天下事"、"好奇计,谈兵多中",胡宗宪因而慕名延为幕僚,甚为信任;二是有文艺才能,诗赋书画无施不可,且有个性。(二)性情奇怪。早先"自负才略","眼空千古","当时所谓达官贵人,骚士墨客,文长皆叱而奴之"。寄人篱下之时,谒见上司,每"葛衣乌巾",长揖不拜;科场落第之后,则"放浪曲蘗,恣情山水",将英雄失意之悲寓托于诗。晚年"愤益深,佯狂益甚","显者至门,皆拒不纳",兴来饮酒则"呼下隶与饮",甚至以斧锥自戕。(三)遭际奇特。徐渭虽怀旷世之才,然"大试辄不利","不得志于有司","数困",终生与功名无缘,"竟以不得志于时,抱愤而卒"。综上所述,可见作者的意图非常明确,他既以"奇"字为绳墨来取舍材料,又以"奇"字为骨架来结构文章,因而尽管所记事例纷杂,但文章却显得骨力劲健,神气凝聚。

3. 以事传人

作为一篇人物传记,本文吸取了《史记》、《汉书》等史传文"以事传人"的优长,选择了传主生平事迹中有代表性的事例来展现他的才华与个性。然而,作者对这些事例的记述又不像史书那样具体完整,只是以极简省的三言两语粗陈梗概,意到即止。与此同时,作者往往抓住所记之事的突出特征,赋以一两笔简洁而生动的描绘,凸现出徐渭其人的独特个性。如写其在胡宗宪幕府时,作者以"文长乃葛衣乌巾,长揖就坐,纵谈天下事"的正面描述和"介胄之士,膝语蛇行,不敢举头"的烘托反衬,来显现徐渭"信心而行,恣意谈谑,了无忌惮",负恃才略,清高自重,不"摧眉折腰事权贵"的个性。这些描述,显现出所记之事的真切、独特、离奇、典型,使读者对传主其人其事留下了清晰而深刻的印象,历久难忘。可以说,作者对前代史书描写人物的妙谛是深有会心的,所以能汲取其神髓而不拘泥于形,得心应手地运用于自身的写作实践,从而使这篇传记在人物描写上形成了自己的特色。

[课文翻译] ⊕

　　徐渭,表字文长,是山阴生员,声名很盛,薛公蕙做浙江试官时,对他的才华感到震惊,视之为国士。然而他命运不佳,屡次应试屡次落第。中丞胡公宗宪听说后,把他聘做幕僚。文长每次参见胡公,总是身着葛布长衫,头戴乌巾,挥洒自如,了无顾忌地谈论天下大事,胡公听后十分赞赏。当时胡公统率着几支军队,威镇东南沿海,部下将士在他面前,总是侧身缓步,跪下回话,不敢仰视。而文长以帐下一生员对胡公的态度却如此高傲,好议论的人把他比作刘真长、杜少陵一流人物。恰逢胡公猎得一头白鹿,以为祥瑞,嘱托文长作贺表,表文奏上后,世宗皇帝很满意。胡公是以更加器重文长,所有疏奏计簿都交他办理。

　　文长深信自己才智过人,好出奇制胜,所谈论的用兵方略往往切中肯綮。他恃才傲物,觉得世间的事物没有能入他眼目的,然而却总是没有机会一展身手。文长既然不得志,不被当道看重,于是乃放浪形骸,肆意狂饮,纵情山水。他游历了山东(齐鲁)、河北(燕赵),又饱览了塞外大漠的风光。他所见的山如奔马、海浪壁立、胡沙满天和雷霆千里的景象,风雨交鸣的声音和奇木异树的形状,乃至山谷的幽深冷清和都市的繁华热闹,以及奇人异士、怪鱼珍鸟,所有前所未见、令人惊愕的自然和人文景观,他都一一化入诗中。他胸中一直郁结着强烈的不平奋争精神和英雄无用武之地的悲凉。所以他的诗有时怒骂,有时嬉笑,有时如山洪奔流于峡谷,发出轰雷般的涛声,有时如春芽破土,充满蓬勃的生机。有时他的诗像寡妇深夜的哭声那样凄厉,有时像逆旅行客冲寒启程那样无奈。虽然他诗作的格调有时比较卑下,但是匠心独运,有大气象和超人的气概。那种如以色事人的女子一般媚俗的诗作是难以望其项背的。徐文长于为文之道有真知灼见,他的文章气象沉着而法度精严,他不为墨守成规而压抑自己的才华和创造力,也不漫无节制地放纵议论以致伤害文章的严谨理路,真是韩愈、曾巩一流的文章家。徐文长志趣高雅,不与时俗合调,对当时的所谓文坛领袖,他一概加以愤怒的抨击,所以他的文字没人推重,名气也只局限在家乡浙江一带,这实在令人为之悲哀! 文长喜好书法,他用笔奔放有如他的诗,在苍劲豪迈中另具一种妩媚的姿态跃然纸上,欧阳公所谓的美人迟暮另具一种韵味的说法,可用之于形容文长的书法。文长以诗、文、书法修养的余绪,涉笔成花鸟画,也都超逸有情致。后来,文长因疑忌误杀他的继室妻子而下狱定死罪,张元汴太史极力营救,方得出狱。

　　晚年的徐文长对世道愈加愤恨不平,于是有意做出一种更为狂放的样子,达官名士登门拜访,他时常会拒绝不见。他又经常带着钱到酒店,叫下人仆隶和他一起喝酒。他曾拿斧头砍击自己的头颅,血流满面,头骨破碎,用手揉摩,碎骨咔咔有声。他还曾用尖利的锥子锥入自己双耳一寸多深,最终也没有死。周望说文长的诗文到晚年愈加奇异,没有刻本行世,诗文集稿都藏在家中。我有在浙江做官的科举同年曾委托他们抄录文长的诗文,至今没有得到。我所见到的,只有《徐文长集》《徐文长集阙编》两种而已。而今徐文长终于因为不合于时,不得申展抱负,带着对世道的愤恨而死去了。

　　石公说:徐文长先生的命途多艰,坎坷不断,致使他激愤成狂疾,狂病的不断发作,又导致他被投入监狱,从古至今文人的牢骚怨愤和遭受到的困难苦痛,再没有能超过徐文长先生的了。但尽管如此,仍有胡公这样的不世之豪杰、世宗这样的英明帝王赏识他。徐文长在胡公幕中受到特殊礼遇,这是胡公认识到了他的价值,他的上奏表文博得皇帝的欢心,表明皇帝也认识到了他的价值,唯一欠缺的,只是未能致身显贵而已。文长先生诗文的崛起,一扫近代文坛庞杂卑陋的习气,将来历史自会有公正的定论,又怎么能说他生不逢时,始终不被社会承认呢? 梅客生曾经写信给我说:徐文长是我的老朋友,他的怪病比他这个怪人更要怪,而他作为一个奇人又比他的奇诗更要奇。我则认为徐文长没有一处地方不怪异奇特,正因为没有一处不怪异奇特,所以也就注定他一生命运没有一处不艰难、不坎坷。令人悲哀呀!

[巩固训练]

一、填空题

　　1.《徐文长传》选自《＿＿＿＿＿＿＿》。

　　2. 袁宏道,字＿＿＿＿,号＿＿＿＿,湖北＿＿＿＿人。明代文学家,与其兄宗道、弟中道并称"＿＿＿＿",同是晚明反复古主义运动的＿＿＿＿＿(文学派别)代表人物。

　　3. 徐文长,即＿＿＿＿,号＿＿＿＿＿。

　　4. 袁宏道的著作有《＿＿＿＿＿》、《＿＿＿＿＿＿》、《＿＿＿＿＿＿》、《＿＿＿＿＿＿》。

　　5.《徐文长传》一文贯穿全文的线索是一个字:＿＿＿＿。

　　6. 文长既已不得志于有司,遂乃＿＿＿＿＿,＿＿＿＿,走齐、鲁、燕、赵之地,＿＿＿＿＿。

二、选择题

　　1."无之而不奇,斯无之而不奇也"一句出自(　　　)。

　　A.《垓下之围》　　　　　　　　　　B.《徐文长传》

　　C.《朋党论》　　　　　　　　　　　D.《冯谖客孟尝君》

　　2."文有卓识,气沉而法严,不以模拟损才,不以议论伤格",这句话的作者是(　　　)。

　　A. 张岱　　　　　B. 袁宏道　　　　　C. 徐文长　　　　　D. 梅客生

　　3.《徐文长传》中,袁宏道认为在文章上徐文长与之相比的人物是(　　　)。

　　A. 苏轼　　　　　B. 韩愈　　　　　C. 柳宗元　　　　　D. 曾巩

　　E. 欧阳修

　　4. 下列关于袁宏道的说法,正确的有(　　　)。

　　A. 明代作家　　　B. 清代作家　　　C."公安派"的首领

　　D. 主张为文"有益于世"　　　　　　E. 主张为文"独抒性灵,不拘格套"

5. 对下列句子中加点词语的解释,不正确的一项是(　　)。

A. 声名藉甚　藉:狼藉

B. 屡试辄蹶　蹶:失败

C. 公以是益奇之　益:更加。

D. 然数奇,屡试辄蹶　奇:不好

6. 下列各组句子中,加点词的意义和用法相同的一组是(　　)。

A. ① 而文长以部下一诸生傲之

　　② 一切可惊可愕之状,一一皆达之于诗

B. ① 遂乃放浪曲蘖

　　② 张太史元汴力解,乃得出

C. ① 虽其体格时有卑者,然匠心独出,有王者气

　　② 沛公然其计,从之

D. ① 其所见山奔海立,沙起云行

　　② 山峦为晴雪所洗

7. 下列各项全都是表现徐文长为人狂傲不羁的一组是(　　)。

① 文长自负才略,好奇计,谈兵多中,视一世上无可当意者

② 议者方之刘真长、杜少陵云

③ 晚年愤益深,佯狂益甚,显者至门,皆拒不纳

④ 故其为诗,如嗔如笑,如水鸣峡,如种出土,如寡妇之夜哭,羁人之寒起

⑤ 当时所谓骚坛主盟者,文长皆叱而奴之

⑥ 虽其体格时有卑者,然匠心独出,有王者气,非彼巾帼而事人者所敢望也。

A. ①②④　　　　　B. ②③⑤　　　　　C. ①③⑤　　　　　D. ③④⑥

8. 下列对原文有关内容的概括和分析,不正确的一项是(　　)。

A. 本文介绍了徐文长多方面的才能,并为徐的早逝感到惋惜。

B. 徐文长为人狂傲不羁,看不起当时所谓的"骚坛主盟者",因此他的作品也不能得以流传。

C. 徐文长怀才不遇,生活穷困潦倒,晚年因愤世而佯狂,最后抱愤而卒。

D. 胡宗宪公威振东南,徐文长在他那里做事小心翼翼,膝语蛇行,不敢举头。

三、词语解释题

1. 奇其才,有国士之目。　　奇:_____　　目:_____

2. 会得白鹿　　会:_____

3. 文长既雅不与时调合　　雅:_____

4. 好奇计,谈兵多中　　中:_____

5. 属文长作表　　属:_____　　表:_____

6. 然数奇,屡试辄蹶　　　　数奇:_____　蹶:_____
7. 卒以疑杀其继室,下狱论死　论:_____
8. 议者方之刘真长、杜少陵云　方:_____

四、翻译题

1. 是时公督数边兵,威振东南,介胄之士,膝语蛇行,不敢举头。

2. 其胸中又有勃然不可磨灭之气,英雄失路,托足无门之悲。

3. 余谓文长无之而不奇者也,无之而不奇,斯无之而不奇也,悲夫!

4. 晚年愤益深,佯狂益甚,显者至门,或拒不纳。

5. 余同年有官越者,托以抄录,今未至。

6. 先生数奇不已,遂为狂疾;狂疾不已,遂为图圄。

五、问答题

1. 联系课文内容,具体分析作者是如何表现徐文长之奇的。

2. 袁宏道大胆地为徐文长立传,其深层次的追求是什么?

与友人论学书

顾炎武

顾炎武(1613—1682)，初名绛，字忠清。清兵破南京，更名炎武，字宁人，号亭林。昆山(今属江苏)人。早年参加复社，清兵南下时，积极参加抗清斗争。顾炎武是明清之际伟大的思想家、开一代之风的著名学者，同时又是伟大的民族志士。他"耿耿孤忠"，至死不向清统治者低头，平生"足迹半天下"，一面考察山川形势，同时结识豪杰，联络同志，希望能有机会恢复明室；他一生勤奋治学，主张"明道救世"，提出"天下兴亡，匹夫有责"的重要思想。治学的态度谨严而慎重，以"行己有耻"、"博学于文"为学问宗旨，在很多方面都取得了卓越的成就，对清代学术文化产生了深远的影响，被梁启超称为"清学开山之祖"，与黄宗羲、王夫之并称为明末清初三大儒。有《日知录》、《天下郡国利病书》、《肇域志》、《音学五书》等。

本文是篇著名的论学书。据近人考证，写于康熙六年(1667年)，题中"友人"指张尔岐诸人。张尔岐，字稷若，山东济阳人，明遗民，对经学很有研究。顺治十四年(1657年)，顾炎武北游至济南，与他一见定交。以后两人时有书信往来。张尔岐读了此书后极有感慨，随即写了答书。

【课文背景】

明末清初，社会动荡，受宋明理学以及王阳明良知说的影响，学者大都空谈心性，不读书，尚空谈，甚至标榜名声，互争门户，只讲求个人的修身养性，而置国家民族的危机于不顾，那些真正求真务实、讲求实学的人却遭到排斥。针对此种现状，作者从孔孟儒学本义入手，以古今为学者治学、处世态度之不同，力斥时弊。提倡"博学于文"、"行己有耻"，号召学者以穷研经史为务，以潜修躬行为本，务使有用有守，这在当时有一定的积极意义。

【结构层次】

本文虽然是作者写给朋友的一封书信，但却是一篇逻辑严密的论说文，作者站在经世济民的高度，把治学和培养道德情操联系起来，痛斥宋明理学"用心于内"的不切实际的思想，提出了"博学于文"、"行己有耻"的治学处世宗旨。

全文共5个自然段。

第一段:作者在简短的书信套话后,直接入题,"窃叹夫百余年以来之为学者,往往言心言性,而茫乎不得其解也",旗帜鲜明地道出了与时下学术风气截然不同的态度。

第二、三段:作者从治学的目的入手,将古代《论语》中孔子的治学思想和现在社会上一般君子的求学态度作了深入的比较。

第四段:作者从处世的态度上进行批评,同样采用对比的方法。

第五段:在以上鲜明对比的基础上,作者顺理成章地提出自己的主张——"博学于文"、"行己有耻"。"耻"是做人的根本,"博"是经世济民的保证,唯其有耻,才能做到"天下兴亡,匹夫有责";唯其博学,才能探索救国救民的方法,从根本上挽救国家颓势,救民于水深火热之中。

【写作特点】

1. 引经据典:文章大量引用儒家经典以说明自己的见解、批评今人不务实际的思想。

2. 综合运用多种论证方法:

对比论证。文章将古人治学与今人为学从各个角度进行对比,彻底揭破了理学家一味空谈、不务实学的弊病。

以子之矛攻子之盾。文章以理学家借以宣扬自己学说的孔孟学说来驳斥对方,使得论证充分,论述严密,说服力极强。

先破后立、破中有立、边破边立。文章在驳斥理学家的谬误的同时重申了经典儒家的治学原则,并在攻破对方观点之后正面提出了自己的主张。

[课文翻译] ⬇

近年来往于南方北方,因我年龄稍大一点很受朋友们推尊,向我来询问问题,算是问道于盲吧。我私下感叹一百多年以来的治学的人往往说心啊性呀(这些抽象的概念),可是迷迷茫茫弄不明白。

命与仁这两者,孔子很少提到;性与天道的道理连子贡也没听到过。讲性和命的道理,是写于《易传》中的,不曾多次地对别人讲过。别人问什么样的人是士,孔子的回答是:"自己行事要知道什么是耻辱。"孔子谈自己治学的经验,他说:"喜好古代的文化,勤奋地探索真理。"孔子与他门下的弟子谈话,所有那些所谓相传尧舜的"危微精一"的说法,全都不提,而只是说"不偏不倚地执政,如果四海穷困,上天给你的福佑永远完结了"。可叹啊!圣人要我们学习的东西是多么平易而可以遵循呀。所以说:"从浅近的地方学起而达到高深的水平。"颜渊是几乎达到了圣人标准的人,可他还说"给我更多的文化知识让我更渊博"。孔子告诉鲁哀公说,明晓善恶的能力,首先的条件是博学。从曾子往下数,弟子们论学问深厚扎实没有比得上子夏的,可是子夏谈到"仁"时候,却这样解释:"要广博地学习,有坚定的志向,提出的问题是恳切的,思考的问题是切近的。"

现在的君子们却不这样,他们积聚了宾客门人求学的多到几百人,每个人的情况都不相同,就像《论语》里说的,"就像草木一样种类繁多,应该加以区分"。可是他们却不分差别一概只是谈心谈性。丢弃了"多学而增长见闻",来奢求"一以贯之"的方法;抛开了天下的穷困不谈,而整天讲所谓"危微精一"的空说,这一定是他的道要高于孔夫子,而他的门人弟子一定是要比子贡贤德了,他们是跳过孔子而直接尧舜二帝的心传了。我对他们的做法是不敢领教的。

《孟子》这部书,讲心讲性也是反复恳切了。可是万章、公孙丑、陈代、陈臻、周霄、彭更所问的问题和孟子所作的回答,常常在于出仕与隐居、离职与就职、拒绝与接受、取得与付出的关系方面。以伊尹那样的大圣人,建立了使他的君主如同尧舜,使他的人民如同尧舜之民那样盛大的功德,可是他的最根本的地方却是在于千驷不顾,一芥不予,一芥不取,这样小而具体的地方。伯夷、伊尹的特点不同于孔子,但他们有与孔子相同的地方,那就是"做一件不义的事,杀一个没有罪的人,就能得到天下,他们也不去做"。因此性呀、命呀、天呀,孔子提到的非常少,而今天的君子们却说个不停;出仕与隐居、离职与就职、拒绝与接受、取得与付出之间的道理,是孔子孟子所常说的,而今天的君子们却说的很少了。他们用《论语》里的话说"忠于职责和品德清高还不能达到仁的境界",可是他们不知道不忠于职责,品德不清高而能谈到仁的,从来也没有过。他们用《论语》里的话说"不嫉妒不贪求还不算达到仁",可是他们不知道一辈子嫉妒贪求的人而能跟他谈论道义,从来是没有的。我是不明白他们的说法的。

我所说的圣人之道是怎样的呢?叫作"博学于文",叫作"行己有耻"。从自己的个人的事,到天下国家的事,都是该学习的事情。从做儿子臣子、兄弟朋友以至处理隐居出仕、人事交往、拒绝与接受、取得与付出等事情中间,都有是否耻辱可以检验的。孟子说"耻辱之感对于人来说是极其重要的"。不以粗衣劣食为耻辱,而以百姓男女没有受到恩泽为耻辱。所以孟子说:"一切我都具备了,反躬自问而没有愧疚。"啊!士人不把有耻放在首位,就是没有根基的人。不喜好古代文化而广泛学习,就是空虚的学问。靠没有根基的人来讲空虚的学问,我只能看到他们天天提到圣人,可是却离开圣人越来越远了。虽然说了这些话,并不是我大胆敢言,而是姑且以渺小的见解,说给志同道合的朋友而求教他们能给我启发和指点。

[巩固训练] ⬇

一、填空题

1.《与友人论学书》选自《_____》。

2.顾炎武是_____时期杰出的学者、诗人、思想家。与_____、_____并称为明末清初三大儒。

3.主张"博学于文""行己有耻"的思想家、学者是_____。

4.自一身以至于天下国家,皆学之事也;_____,皆有耻之事也。

5._____,则为无本之人;_____,则为空虚之学。

二、选择题

1. 下列说法中,不符合顾炎武在《与友人论学书》一文中观点的是(　　)。

A. 做学问要"好古敏求",要"下学而上达"。

B. 既要研究"危微精一"之说,又要关心"四海困穷"。

C. 今之君子是以"无本之人而讲空虚之学"。

D. 理学家们热衷于"言心言性",违反圣人之道。

2. 下列作品为顾炎武所著的有(　　)。

A.《音学五书》　　　　　　　　　B.《日知录》

C.《天下郡国利病书》　　　　　　D.《肇域志》

3. "万物皆备于我矣,反身而诚"中"备"的含义是(　　)。

A. 准备　　　　　　B. 预备　　　　　　C. 拥有　　　　　　D. 储备

4. "非愚之所敢言也"中"愚"的含义是(　　)。

A. 愚蠢　　　　　　　　　　　　B. 愚蠢的人

C. 我们　　　　　　　　　　　　D. 我

5. "士而不先言耻,则为无本之人"中"本"的含义是(　　)。

A. 根基　　　　　　B. 本钱　　　　　　C. 本领　　　　　　D. 本身

6. 关于文中"圣人之道"说法错误的是(　　)。

A. 钻研经史,讲究经世致用。　　　　B. 好古多闻,讲究性情心性。

C. 强调孔子孟子的实践精神。　　　　D. 研究实学,躬身履践。

三、词语解释题

1. 比往来南北,颇承友朋推一日之长,问道于盲。

比:_____　　推:_____

2. 未尝数以语人。

数:_____

3. 好古敏求。

敏:_____

4. 祧东鲁而直接二帝之心传者也。

祧:_____

5. 允执其中。

允:_____

6. 博学而笃志,切问而近思。

笃志:_____　　切问:_____　近思:_____

7. 舍多学而识,以求一贯之方。

识:_____

8. 谓不忮不求之不足以尽道。

忮：_____

四、翻译题

1. 不耻恶衣恶食,而耻匹夫匹妇之不被其泽。

2. 以无本之人,而讲空虚之学,吾见其日从事于圣人而去之弥远也。

3. 谓不忮不求之不足以尽道,而不知终身于忮且求而可以言道者,未之有也。

五、问答题

1. 结合课文内容,具体分析理学家错误观点的主要症结。

2. 课文是如何运用对比论证的？ 作者明确提出了哪些主张？

古代散文单元练习

一、填空题

1.《论语》是我国最早的一部语录体著作,大约成书于_____(时代),共有20篇。

2. 孔子的思想核心是_____。

3.《孟子》共有_____篇,是孟子和他的大弟子万章编著。

4. 孟子说大丈夫当"富贵不能淫,贫贱不能移,威武不能屈",此句出自他的《_____》。

5._____在《汉文学史纲要》说《庄子》"其文则汪洋辟阖,仪态万方,晚周诸子之作,莫能先也"。

6._____称《庄子》为"天下第一奇书"。

7.《左传》属于_____体历史著作,它真实描写了天子衰微诸侯争霸的历史进程。

8. 成语"退避三舍"的出处是《_____》。

9. 冯谖客孟尝君选自《_____》,它是先秦历史散文中一部著名的国别体历史著作。

10. "狡兔三窟"语出《_____》。

11. 司马迁的父亲司马谈著有《_____》一文,是对春秋战国以来的诸子百家思想的高度概括和凝练总结。

12.《史记》原名《_____》,是我国第一部纪传体通史。

13. 李斯,秦代著名的政治家,他不仅能理政,还精书法、善文章,他的代表作是《_____》,他为秦始皇巡游各地所撰写的碑文浑朴而雄壮,为我国古代纪功碑文奠定了基础。

14. 李斯《谏逐客书》最大的论证特色是_____。

15.《陶渊明集序》的作者是_____。

16. 我国文学史上第一部文人专集是《_____》。

17.《文选》是_____朝昭明太子萧统主持编撰的一部古代文学选集。

18. 曹植,字子建,封陈王,卒后谥思,世称_____。

19. 曹植的《与杨德祖书》是曹植写给_____的一封私人信件,在信中集中展示了他的个性与才情。

20. 以王勃为代表的"初唐四杰",他们力图变革的是齐梁以来的_____不良诗风。

21.《滕王阁序》的原题是《_____》。

22. 韩愈,中唐诗人、哲学家,是唐代_____运动的倡导者和领袖。

23. 韩愈在写《祭十二郎文》的时候,采用_____来叙事抒情。

24. 欧阳修是北宋著名的文学家、史学家,诗文革新运动的领袖,他反对的是_____体形式主义的诗风。

25. 中国文学史上第一部诗话是欧阳修的《_____》。

26. 《朋党论》的作者是_____。

27. 苏轼在北宋元丰二年即 1079 年因_____诗案,被逮捕入狱,出狱后被贬至黄州。

28. 苏轼和他的父亲_____以及弟弟苏辙在北宋文坛合称"三苏"。

29. 《上枢密韩太尉书》的作者是苏辙,他字为_____。

30. 苏辙主张文章乃_____,特别强调作者道德情操的修养对于文章的作用。

31. 明代文学史上,晚明反复古主义运动的"公安派"代表人物是_____。

32. 袁宏道的《徐文长传》中的徐文长即_____,号青藤道士,明代著名文学家、书画家。

33. 顾炎武和黄宗羲及_____并称为明末清初三大儒。

34. 提出"天下兴亡,匹夫有责"主张的是_____。

35. 《与友人论学书》一文集中反映了顾炎武_____的治学思想。

36. 苏轼在《潮州韩文公庙碑》从文、道、忠、勇四个方面高度评价韩愈的杰出成就,原句是:_____。

37. 抒情小赋《洛神赋》的作者是_____。

38. 王勃《滕王阁序》中,"老当_____之志。"

39. 孟子曰"我善养吾浩然之气","浩然之气"意谓:_____。

40. 《上枢密韩太尉书》是年轻时的苏辙给当时位高权重的韩琦写的一封_____信。

二、选择题

1. 以下(   )为明末清初著名学者顾炎武的作品。

A.《日知录》 B.《解脱集》

C.《天下郡国利病书》 D.《肇域志》

2. 以下(   )为晚明"公安派"代表作家袁宏道的作品。

A.《敝箧集》 B.《锦帆集》

C.《解脱集》 D.《日知录》

3. 以下(   )为苏辙的著作集。

A.《云庄乐府》 B.《日知录》

C.《栾城集》 D.《敝箧集》

4. "匹夫而为百世师,一言而为天下法"语出(   )。

A. 萧统的《陶渊明集序》 B. 苏辙的《上枢密韩太尉书》

C. 苏轼的《潮州韩文公庙碑》 D. 袁宏道的《徐文长传》

5. 以下( )为欧阳修的作品。

A.《秋声赋》　　　　　　　　　　　　B.《五代史伶官传序》

C.《朋党论》　　　　　　　　　　　　D.《六一诗话》

6. 以下( )被称为"祭文中的千古绝调"。

A. 萧伯纳的《贝多芬百年祭》　　　　　B. 韩愈的《祭十二郎文》

C. 恩格斯《在马克思墓前的讲话》　　　D. 曹雪芹的《芙蓉女儿诔》

7. ( )有述年少志向宏远的诗句"愿乘长风破万里浪"。

A. 王勃　　　　　　　　　　　　　　　B. 王维

C. 李白　　　　　　　　　　　　　　　D. 宗悫

8. 在谈到文学鉴赏时,( )提出"盖有南威之容,乃可以论于淑媛;有龙渊之利,乃可以议于断割"。

A. 欧阳修　　　　　　　　　　　　　　B. 曹植

C. 韩愈　　　　　　　　　　　　　　　D. 刘勰

9. 中国文学史上第一部文人专集是( )。

A.《王羲之集》　　　　　　　　　　　B.《陶渊明集》

C.《苏轼集》　　　　　　　　　　　　D.《王子安集》

10.《谏逐客书》是李斯写给秦王的( )。

A. 奏章　　　　　　　　　　　　　　　B. 私人信件

C. 干谒信　　　　　　　　　　　　　　D. 作品集序

11. "究天人之际,通古今之变,成一家之言"的史书是( )。

A. 班固的《汉书》　　　　　　　　　　B. 司马迁的《史记》

C. 孔子的《春秋》　　　　　　　　　　D. 欧阳修的《新五代史》

12. "战国四公子"中( )是策士冯谖效忠的人。

A. 孟尝君　　　　　　　　　　　　　　B. 春申君

C. 平原君　　　　　　　　　　　　　　D. 信陵君

13. 以下( )为编年体历史著作。

A.《春秋》　　　　　　　　　　　　　B.《左传》

C.《史记》　　　　　　　　　　　　　D.《战国策》

14. 先秦诸子散文中最富有浪漫主义色彩的是( )。

A.《论语》　　　　　　　　　　　　　B.《孟子》

C.《韩非子》　　　　　　　　　　　　D.《庄子》

15. 在先秦诸子散文中,( )文体与《论语》相近,以语录和对话为主,但语录篇幅较长,对话尤多长篇论述,呈现向比较成熟的议论文过渡的趋势。

A.《庄子》　　　　　　　　　　　　　B.《孟子》

C.《荀子》 D.《墨子》

16. ( )伦理上要求"忠恕之道""孝悌之道"。

A. 孔子 B. 孟子

C. 韩非子 D. 庄子

17.《冯谖客孟尝君》选自( )。

A.《春秋》 B.《史记》

C.《战国策》 D.《国语》

18. 萧统以"文章不群,辞彩精拔,跌宕昭彰,独超众类,抑扬爽朗,莫之与京。横素波而傍流,干青云而直上。语时事则指而可想,论怀抱则旷而且真"来肯定和赞美( )文学成就和风格。

A. 陶渊明 B. 曹植

C. 谢灵运 D. 谢朓

19. 明代茅坤说( )"破千古人君之疑"。

A. 李密的《陈情表》 B. 欧阳修的《朋党论》

C. 苏轼的《潮州韩文公庙碑》 D. 李斯的《谏逐客书》

20. 唐代司马贞在( )中说:"项羽崛起,争雄一朝,假号西楚,竟未践天子之位,而身首别离,斯亦不可称'本纪',宜降为'世家'。"

A.《史记别裁》 B.《史记要义》

C.《史记索隐》 D.《史记论说》

三、词语解释题

1. 吾恐季孙之忧,不在颛臾,而在萧墙之内也。 萧墙:_____

2. 禹疏九河,瀹济、漯。 瀹:_____

3. 绝云气,负青天,然后图南。 绝:_____

4. 晋师陈于莘北。 陈:_____

5. 君臣恐惧,遣太傅赍黄金千斤。 赍:_____

6. 然羽非有尺寸,乘势起陇亩之中。 陇亩:_____

7. 使之西面事秦,功施到今。 施:_____

8. 王者不却众庶,故能明其德。 众庶:_____

9. 是以圣人韬光,贤人遁世。 韬光:_____

10. 戚戚劳于忧畏,汲汲役于人间。 汲汲:_____

11. 譬画虎不成反类狗也。 画虎不成反类狗:_____

12. 关山难越,谁悲失路之人。 失路:_____

13. 旅食京师,以求斗斛之禄。 斗斛之禄:_____

14. 当其同利之时,暂相党引。 党引:_____

15. 文起八代之衰。　　八代：＿＿＿＿＿＿＿＿

16. 恐遂汩没，故决然舍去。　汩没：＿＿＿＿＿＿＿

17. 然数奇，屡试辄蹶。　奇：＿＿＿＿＿＿＿＿

18. 举尧舜相传所谓"危微精一"之说。　危微精一：＿＿＿＿＿＿＿

19. 下与浊世扫秕糠。　秕糠：＿＿＿＿＿＿＿

20. 唐尧四海之主而有汾阳之心。　汾阳之心：＿＿＿＿＿＿＿

四、阅读理解题

（一）萧统《陶渊明集序》

有疑陶渊明之诗篇篇有酒。吾观其意不在酒，亦寄酒为迹也。其文章不群，辞采精拔；跌宕昭章，独超群类；抑扬爽朗，莫之与京。横素波而傍流，干青云而直上。语时事则指而可想，论怀抱则旷而且真。加以贞志不休，安道苦节，不以躬耕为耻，不以无财为病，自非大贤笃志与道污隆，孰能如此者乎！

1. 给以上内容划分层次并概括意思。

2. 解释下列词语。

（1）跌宕：＿＿＿＿＿＿＿＿

（2）精拔：＿＿＿＿＿＿＿＿

（3）京：＿＿＿＿＿＿＿＿

（4）干：＿＿＿＿＿＿＿＿

（5）指：＿＿＿＿＿＿＿＿

（6）笃志：＿＿＿＿＿＿＿＿

（7）污隆：＿＿＿＿＿＿＿＿

3. 翻译下列句子。

（1）横素波而傍流，干青云而直上。

（2）加以贞志不休，安道苦节，不以躬耕为耻，不以无财为病

4. 结合以上内容分析萧统从什么角度描写陶渊明的？萧统的语言有何特色？

（二）曹植《与杨德祖书》

今往仆少小所著辞赋一通相与，夫街谈巷说，必有可采，击辕之歌有应风雅，匹夫之思，未易轻弃也。辞赋小道，固未足以揄扬大义，彰示来世也。昔扬子云先朝执戟之臣耳，犹称壮夫不为也。吾虽德薄，位为藩侯，犹庶几戮力上国，流惠下民，建永世之业，流金石之功，岂徒以翰墨为勋绩，辞赋为君子哉！若吾志未果，吾道不行，则将采庶官之实录，辨时俗之得失，定仁义之衷，成一家之言，虽未能藏之于名山，将以传之同好，非要之皓首，岂今日之论乎？其言之不惭，恃惠子之知我也。

1. 给以上内容划分层次并概括要义。

2. 解释下列词语。

（1）击辕之歌：_____

（2）庶几：_____

（3）金石之功：_____

（4）皓首：_____

（5）同好：_____

（6）惠子：_____

3. 翻译下列句子。

（1）夫街谈巷说，必有可采，击辕之歌有应风雅，匹夫之思，未易轻弃也。

（2）辞赋小道，固未足以揄扬大义，彰示来世也。昔扬子云先朝执戟之臣耳，犹称壮夫不为也。

（3）犹庶几戮力上国，流惠下民，建永世之业，流金石之功。

4. 曹植注重功业建树，视辞赋为小道。请谈谈你的理解。

（三）袁宏道《徐文长传》

文长既已不得志于有司，遂乃放浪曲蘗，恣情山水，走齐、鲁、燕、赵之地，穷览朔漠。其所见山奔海立、沙起云行、雨鸣树偃、幽谷大都、人物鱼鸟，一切可惊可愕之状，一一皆达之于诗。其胸中又有勃然不可磨灭之气，英雄失路、托足无门之悲，故其为诗，如嗔如笑，如水鸣峡,如种出土,如寡妇之夜哭、羁人之寒起。虽其体格时有卑者,然匠心独出,有王者气,非彼巾帼而事人者所敢望也。文有卓识,气沉而法严,不以模拟损才,不以议论伤格,韩、曾之流亚也。文长既雅不与时调合,当时所谓骚坛主盟者,文长皆叱而奴之,故其名不出于越,悲夫!

1. 给以上内容划分层次并概括要义。

2. 解释下列词语。

(1) 曲蘖:_____

(2) 羁人:_____

(3) 巾帼:_____

(4) 模拟损才:_____

(5) 议论伤格:_____

(6) 流亚:_____

(7) 骚坛:_____

3. 翻译下列句子。

(1) 胸中又有勃然不可磨灭之气,英雄失路、托足无门之悲。

(2) 文有卓识,气沉而法严,不以模拟损才,不以议论伤格,韩、曾之流亚也。

4. 根据以上文字,概括徐文长的文学风格特色和性格特点。

(四) 顾炎武《与友人论学书》

愚所谓圣人之道者如之何?曰:"博学于文",曰:"行己有耻"。自一身以至于天下国家,皆学之事也;自子臣弟友以出入、去就、辞受、取与之间,皆有耻之事也。耻之于人大矣!不耻恶衣恶食,而耻匹夫匹妇之不被其泽,故曰:"万物皆备于我矣,反身而诚。"呜呼!士而不先言耻,则为无本之人;非好古而多闻,则为空虚之学。以无本之人,而讲空虚之学,吾见其日从事于圣人而去之弥远也。虽然,非愚之所敢言也,且以区区之见,私诸同志,而求起予。

1. 给以上内容划分层次并概括意思。

2. 解释下列词语。

(1) 行己有耻：_____

(2) 出入：_____

(3) 去就：_____

(4) 辞受：_____

(5) 取与：_____

(6) 起予：_____

3. 以上内容反映了顾炎武怎样的治学思想？

4. 翻译以上内容。

（五）苏轼《潮州韩文公庙碑》

自东汉以来，道丧文弊，异端并起，历唐贞观、开元之盛，辅以房、杜、姚、宋而不能救。独韩文公起布衣，谈笑而麾之，天下靡然从公，复归于正，盖三百年于此矣。文起八代之衰，而道济天下之溺；忠犯人主之怒，而勇夺三军之帅：此岂非参天地，关盛衰，浩然而独存者乎！

1. 给以上内容划分层次并概括要义。

2. 解释下列词语。

(1) 异端：_____

(2) 房、杜、姚、宋：_____

(3) 麾：_____

(4) 靡然：_____

(5) 溺：_____

(6) 参：_____

3. 翻译下列句子。

文起八代之衰，而道济天下之溺；忠犯人主之怒，而勇夺三军之帅：此岂非参天地，关盛衰，浩然而独存者乎！

4. 根据以上内容总结韩愈成就。

五、问答题

1. 《季氏将伐颛臾》体现了孔子怎样的政治思想?

2. 结合《有为神农之言者许行》分析孟子善辩的具体表现。

3. 结合《逍遥游》谈谈庄子浪漫主义特色的具体表现。

4. 结合《晋楚城濮之战》内容分析主要人物晋文公、子玉的形象特色。

5. 结合《冯谖客孟尝君》的细节描写,分析孟尝君、冯谖这两个人物形象。

6. 结合课文分析《冯谖客孟尝君》的艺术风格。

7. 结合《垓下之围》的具体场景分析项羽的形象特色。

8. 结合《谏逐客书》的具体内容,具体阐述本文是如何展开对比论证的。

9. 萧统《陶渊明集序》怎样评价陶渊明的文学成就和风格特色?

10. 结合曹植的《与杨德祖书》分析曹植的文学观点。

11. 结合《滕王阁序》分析王勃的两种情怀。

12. 结合《祭十二郎文》具体艺术表现,其与传统祭文有何不同?

13. 分析《朋党论》的思想要义。

14. 结合《潮州韩文公庙碑》阐述苏轼对韩愈文、道、忠、勇四方面的评价。

15. 结合《上枢密韩太尉书》对苏辙的养气观进行阐述。

16. 请联系《徐文长传》具体分析袁宏道是如何表现徐文长之奇的?

17. 结合《潮州韩文公庙碑》分析苏轼散文的艺术特色。

18. 分析《朋党论》的艺术特色。

19. 结合《滕王阁序》第二节分析王勃写景的层次和内容。

20. 萧统在《陶渊明集序》中如何运用典故论述陶渊明的精神追求?

论 快 乐

钱锺书

[作者与文体] ⬇

　　钱锺书(1910—1998),江苏无锡人。中国现当代著名学者、作家。钱锺书博古通今,学贯中西,在哲学、文学、训诂学等方面均有重要成就。主要著作有《谈艺录》《管锥编》《宋诗选注》等,另有长篇小说《围城》、散文集《写在人生边上》等。

　　《论快乐》一文收入 1941 年初版的散文集《写在人生边上》,后收入初版于 1946 年的《人·兽·鬼》,现选自《钱锺书散文》。

[课文分析] ⬇

【主题思想】

　　快乐是短暂的,但快乐是由精神决定的,对快乐的追求正是人生精神力量的源泉,这是本文所揭示的人生哲理,也是本文的主旨。

【写作特点】

　　1. 多角度阐释"快乐"

　　文章从语言学和心理学的角度分析"快"与"乐"的关系,指出快乐无法永远。再论快乐在人生中的地位,快乐是人生永远的诱惑和希望,一切快乐的享受都属于精神的,因而快乐是由精神决定的。最后指出"发现这个道理,和发现是非善恶取决于公理而不取决于暴力,一样重要",而执著这一希望,世界上就"没有被武力完全屈服的人",人生仍能乐观。

　　2. 行文灵活,中心凝聚

　　作者思路开阔,行文灵活,起笔从语言构词角度写起,随着文章的展开,思路也变化万千,作者时而旁征博引,时而巧用比喻,真是妙想联翩,令人目不暇接。然而无论行文如何跳荡,作者都能在谈笑风生中左右逢源,不离题旨,始终将笔力凝聚在对"快乐"的分析上,而且一步步将和"快乐"相关的人生哲理阐释得精深透辟,给人一种智性的满足。

　　3. 妙用比喻

　　作者在论述中,常常灵活恰当地选用比喻加以说明,使深奥抽象的道理变得简明具体。如"我们说永远快乐,正好像说四方的圆形,静止的动作同样的自相矛盾"。"快乐在人生里,好比引诱小孩子吃药的方糖,更像跑狗场里引诱狗赛跑的电兔子"。"那时刻的灵魂,仿佛害病的眼怕见阳光,撕去皮的伤口怕接触空气,虽然空气和阳光都是好东西。"

[巩固训练] ⬇

一、填空题

1. 钱锺书是_____(地方)人,其字为_____。

2.《论快乐》中,钱锺书认为快乐是由_____决定的。

3. 散文集《写在人生的边上》的作者是_____。

4. 钱锺书的《论快乐》选自散文集《_____》。

5. 学术著作《管锥编》、《谈艺录》的作者是_____。

6.《酉阳杂俎》的作者是_____代的_____。

7.《广异记》的作者是_____代的_____。

8. 苏格拉底(前469—前399),_____哲学家。

9. "一箪食,一瓢饮,在陋巷,人不堪其忧,回也不改其乐。"语出《_____》。

10. 罗登巴赫(1855—1898),是_____(国家)的象征主义诗人。

11.《今世说》的作者是_____时的_____。

12.《海风诗》的作者是_____(国家)的_____。

13.《碎金集》的作者是_____(国家)的_____。

14.《诗人日记》的作者是_____(国家)的_____。

二、选择题

1.《论快乐》的作者是( )。

A. 朱光潜   B. 朱自清

C. 鲁迅   D. 钱锺书

2. 钱锺书的散文集是( )。

A.《围城》   B.《管锥编》

C.《谈艺录》   D.《写在人生的边上》

3. 在本文中,作者认为快乐是由( )。

A. 肉体决定的   B. 物质决定的

C. 时间决定的   D. 精神决定的

4. 下列哪部作品的作者不是钱锺书( )。

A.《围城》   B.《边城》

C.《管锥编》   D.《写在人生边上》

三、词语解释题

1.《酉阳杂俎》:_____

2. 所罗门:_____

3. 浮士德：_____

4. 跛脚：_____

5. 善病：_____

6. 洗涤：_____

四、问答题

1. 分析本文的主旨。

2. 结合课文分析钱锺书散文的艺术特色。

读书的癖好

周国平

[作者与文体] ⊕

周国平,中国当代著名学者,哲学家,作家。著有学术专著《尼采:在世纪的转折点上》《尼采与形而上学》,散文集《守望的距离》《各自的朝圣路》《安静的位置》《善良丰富高贵》《何来何往》,纪实作品《妞妞:一个父亲的札记》《岁月与性情》《偶尔远行》、《宝贝,宝贝》,随感集《人与永恒》《风中的纸屑》《碎句与短章》,诗集《忧伤的情欲》,以及《周国平人生哲思录》《周国平人文讲演录》等,译有《尼采美学文选》《尼采诗集》《偶像的黄昏》等。

周国平散文以其文采和哲思赢得了无数读者的青睐。他的散文长于用文学的形式谈哲学,诸如生命的意义、死亡、性与爱、自我、灵魂与超越等,虔诚探索现代人精神生活中的普遍困惑,重视观照心灵的历程与磨难,寓哲理于常情中,深入浅出,平易之中多见理趣。

[课文分析] ⊕

【结构层次】

这是周国平 1997 年写的一篇文章。文章摆脱了一般说理文章理性有余而感触不足的缺陷,将个人读书的感受与轻视读书的社会风气相对比,表达了对青少年为升学所累的同情,也表现出对读书风尚缺失的遗憾。

第一层(第 1 节):指出读书应该是一种癖好,它可以开阔眼界,丰富世界,并指出据此可以将人分为两种不同的人;

第二层(第 2—3 节):结合自身体会指出这种癖好应该从少年时期就养成,同时,作者指出了人们对读书的几个误区:将刻苦学习当作读书,反对读无用之书,为了升学而剥夺孩子读书的时间;

第三层(第 4 节):以名人为例谈到养成读书癖好的方法问题;

第四层第(5 节):明确能读才能写的道理。

【写作特点】

立意上,这篇文章既注意主观情感的抒发,表达出自己对书籍情有独钟的兴趣,又将写作的矛头对准了现实社会的弊病,针对性和感染力都很强。

构思上,文章很注意写作的逻辑性,先从自身体验感受说起,再纠正明确认识,最后提出方法、表达愿望,既用论据材料说理,又注意用抒情来打动读者,而自身感受与现实风气的对比,更加凸显出提倡读书的重要性和紧迫性。

选材上,文章中重点引了三个事实材料,分别是古今中外的典型论据,外国材料选取了名人罗素的读书观,古代材料选取了宋代诗人黄山谷的读书感受,今人材料选取了林语堂对黄山谷话语的解说,而最近的材料则是他自己的。这既避免了材料的堆砌,说服力又强。

此外,全文处处闪烁着对习惯思维的否定和反叛的火花,让人有耳目一新的感觉。本文这些特点很值得我们写作议论性文章时加以借鉴。

[巩固训练] ⬇

一、填空题

1. 周国平,_____代著名哲学家、学者、作家。著有学术专著《_____》、《_____》,散文集《_____》、《_____》等,纪实作品《_____》等。

2. "但凡人有了一种癖好,也就有了看世界的一种特别眼光,甚至有了一个属于他的世界。"这段话出自散文《_____》。

3. 《读书的癖好》重点引用了三个古今中外的事实材料,分别是_____、_____、_____。

二、选择题

1. 下列对这篇文章的欣赏,正确的两项是(　　)。

A. "癖好"是指对事物的特别爱好,是个中性词,文中中性词褒用,显得幽默风趣。

B. 作者说"人之有无读书的癖好,在少年甚至童年时便已见端倪",这个"端倪"是"苗头"的意思。也就是说,有的人天生的就爱读书,而另一些人天生就不是读书的料。

C. 爱好读书与刻苦学习并非一回事,有读书癖的人讲究读书的"趣味",也就是浓厚的兴趣。

D. 只有读书破万卷,才能养成读书的癖好,做一个爱好读书的人。

2. 根据文意,下列对"有用的书"和"无用的书",理解正确的是(　　)。

A. 有用书:文学作品　　　无用书:课外书籍

B. 有用书:教科书和专业书。无用书:课外和专业之外的书籍。

C. 有用书:哲学书籍　　　无用书:教科书和专业书

D. 有用书:教科书和专业书。无用书:文学作品、哲学书籍等

3. 宋代诗人黄庭坚说:"三日不读书,便觉语言无味,面目可憎。"下列对这句话的理解,错误的是(　　)。

A. 三日不读书会自惭形秽,羞于对人说话,觉得没脸见人。

B. 三日不读书,就觉得生命中缺少了某一个必不可少的组成部分,感觉欠缺和不安。

C. 三日不读书,就觉得别人的说话和文章都是乏味无趣,让人厌倦。

D. 三日不读书,别人会觉得你语言无味,面目可憎。

4. 文章中,针对现实,作者分析的人们对读书的几个误区分别是(　　　)。

A. 刻苦学习是一种读书的癖好　　　　B. 读"有用的书"才是一种读书的癖好

C. 读"无用的书"对人生没有任何帮助　　D. 只要读书破万卷,便能养成读书的癖好

三、问答题

1. 本文倡导一种怎样的读书观?

2. 作者在第二段要表达的主要观点是什么?

3. 文中引用诗人黄山谷的名言和林语堂的解说,有什么作用?

4. 文章多次联系作者自身的体验感受,结合有关内容简要分析,并说说这样写的好处。

5. 阅读全文,说说怎样的人才算得上"有读书癖"的人。

6. 为什么说"读书的癖好能够使人获得一种更为开阔的眼光,一个更加丰富多彩的世界"? 请结合文义加以阐释。

一只特立独行的猪

王小波

[作者与文体] ⬇

  王小波(1952—1997),当代著名学者、作家。曾任教于北京大学和中国人民大学,后辞职专事写作。1997 年 4 月 11 日病逝于北京。王小波无论为人、为文都颇有特立独行的意味,其写作标榜"智慧"、"自然的人性爱"、"有趣",别具一格,深具批判精神。师承穆旦(查良铮)。主要作品有长篇小说《时代三部曲》(《黄金时代》《白银时代》《青铜时代》),散文集《我的精神家园》、《沉默的大多数》等。

  王小波的写作以社会边缘人的姿态出现。他的散文没有一般学者散文的繁琐和学究气,他常常通过对常识的追究,让人们明白,原来许多习以为常的公理也是值得怀疑的。他的散文,还注意对"文革"经验的调用,在他的作品里有关"文革"经验的事件和细节不断被提及,那些日常生活被作者用来制造黑色幽默。他用自由主义的思路超越了一般的伦理问题,对于绝对信仰导致的偏颇和人的无奈充满了嘲讽,王小波没有历史性地揭示生活的某种荒谬,而是采用了突出理性精神的写法。

[课文分析] ⬇

【题解】

  本文选自《沉默的大多数》。在这篇短文中,王小波以亦真亦幻的笔调,通过一头猪的命运,显现世相荒诞,反衬了人的精神生活的了无生趣和因精神压抑而丧失自我的状态。同时也表达了崇尚科学、自由、民主和个性独立的精神。

【"猪"的形象】

  这篇谈论猪的杂文,表面上是回忆作者插队养猪的一段经历,其用意却是在把那只"特立独行"的猪所具有的品质和现实中的人做比较,针砭人的生存状态。文章中的那只猪,不是一般的猪,它具有高度的拟人化特点和象征意蕴。

【"特立独行"的含义】

  文章中的猪最大的特点就是任性而为、特立独行。作者强调的是这只猪对日常生活的背叛:"对生活做出种种设置是人特有的品性","猪"也生活在人的种种设定之中。但在王小波笔下,这只"猪"潇洒、不听话、挣扎,最后在人的逼迫下长出了獠牙,在喜剧中看到了悲剧。

王小波还发现人"不光设置动物,也设置自己",就将猪的"特立独行"转到了人本身,针砭人的生存状态,以此反对愚蠢、教条、无趣和虚伪,张扬"自由之思想、独立之精神",这也正是作者此文的真正用意。

【幽默与反讽的语言风格】

幽默是王小波一贯擅长的。因人为的安排,猪的生活有了"生活的主题",却使猪非常痛苦。文章通过对一只猪的任性而为的描写,显现世相的荒诞,特别是用夸张拼凑的方法戏剧化地加强冲突与矛盾,令读者感到怪诞滑稽而又沉重。

反讽手法是从反面或用反语来讽喻道理。其言辞的表面意思和自己的真实意思完全相反,真实意思却藏在字里行间,读者自然明白。本文在内容上就处处显示出反讽的意味。

[巩固训练] ↓

一、填空题

1.《一只特立独行的猪》选自王小波的散文集《＿＿＿＿＿＿＿＿＿＿》。

2.王小波的小说《时代三部曲》分别是《＿＿＿＿＿》、《＿＿＿＿＿》、《＿＿＿＿＿》。

3.王小波的写作标榜的是＿＿＿＿、＿＿＿＿、＿＿＿＿,别具一格,深具批判精神。

4.《一只特立独行的猪》写"母猪被过度生育搞得走了形",讽刺了人对猪生活的干预,体现了王小波文章＿＿＿＿的语言风格。

二、选择题

1.《一只特立独行的猪》中,王小波提到插队生活唯一的消遣是( )。

A. 喂猪　　　　　B. 模仿各种声音　　　C. 看样板戏　　　　D. 晒太阳

2.《一只特立独行的猪》一文贯穿全文的线索是( )。

A. 人们今昔生活的对比　　　　　　　B. 各个国家动物的待遇

C. 独特的猪和人在生活方式上的对比　　D. 历史的演进

3.《一只特立独行的猪》中,作者在写那只特立独行的猪时所运用的描写方法是( )。

A. 行为描写　　　B. 心理描写　　　　C. 对话描写　　　　D. 景物描写

4. 王小波的作品有( )。

A.《时代三部曲》　　B.《泽泻集》　　　C.《我的精神家园》

D.《一只特立独行的猪》　　　　　　　E.《写在人生边上》

5. 作者在描述那只特立独行的猪时,予以对照的人物有( )。

A. 知青　　　　　B. 老乡　　　　　C. 工人　　　　　D. 领导

E. 城市市民

6. 下列不属于王小波的作品是( )。

A. 三十而立　　　B. 黄金时代　　　　C. 革命时期的爱情　　D. 现实一种

三、词语解释题

特立独行：_____

四、问答题

1. 分析《一只特立独行的猪》中"猪"的意象的象征意义。

2. 概括这只"特立独行的猪"的与众不同之处。

3. 如果把本文看作一篇现代寓言，请指出下列形象的象征意义，并简要分析为何"领导""老乡""知青"和"我"对那只"特立独行的猪"的态度会如此截然不同。

4. 本文题目是"一只特立独行的猪"，文章的前段却大谈"生活的主题"、人对生活所作的种种"设置"，这么写是否离题？请归纳本文的主题并谈谈你对这段在全文中所起的作用的理解。

5. 作者在文中写道："对生活做种种设置是人特有的品性。不光是设置动物，也设置自己。"能够设想一种没有任何设置的生活吗？谈谈你对"设置"的看法。

月　　迹

贾平凹

[作家与文体] ⬇

贾平凹(1952—　)，陕西丹凤人，当代著名小说家、散文家。1975年毕业于西北大学中文系。我国著名的专业作家。贾平凹的代表作品有小说《浮躁》、《废都》等。散文有《山地笔记》、《月迹》、《爱的踪迹》、《贾平凹自选散文集》等。贾平凹的散文可分为早期和后期。其早期的风格为：清新恬淡，含蓄隽永，以诗意见长；后期的风格为：凝重涵浑，苍凉旷达，以理性见长。

[课文分析] ⬇

【结构层次】

第一层(1节)：童年的我们盼月。

第二层(2—12节)：我们寻月：镜中看月、院中望月、杯中"饮"月、河中寻月、眼瞳见月、沙滩议月。

第三层(13—14节)：我们得月。

【画面的美】

1. 如梦如幻的月景——"银银的、玉玉的"月光；神话般神秘美丽的桂树；荡漾着月影的小河；印着月亮印章的无尽苍穹；(诗意的月景——静景)

2. 活泼纯真的童心、童趣——"月亮是长了腿的，爬着"，住在月亮里的一定是十分漂亮的女子了。"月亮啊，你可真是个宝啊！月亮啊，你是我们印在天上的印章啊！"(妙思的童趣——动景)

(动静相谐，至纯至美的明月与至纯至美的童心交相辉映构成了本文的画面美。)

【结构特色】

《月迹》按照顺序来结构课文：盼月—寻月—得月。

【象征意义】

(传统中融进时代因素)

1. "月"寄予了作者对美的理解：美无处不在，美因人而异。

2. 清冷、旷达、超然、富有个性。

3. 清冷之中有浓浓的情意;旷达之中多一份追求;超然之中多了一份世俗的关怀。

巩固训练 ⬇

一、填空题

1. 贾平凹,_____(地方)人,_____代著名小说家、散文家。

2. 贾平凹的长篇小说代表作有《_____》、《_____》、《_____》。

3. 贾平凹的散文代表作有《_____》、《_____》、《_____》。

4. 贾平凹散文的早期风格为_____、_____、_____。

5. 贾平凹散文后期风格为_____、_____、_____。

6. 《月迹》是贾平凹_____期散文的代表作。

7. 《月迹》写作的明显结构特色是_____。

8. 贾平凹作品描写的主要地域是_____。

9. 《月迹》选自贾平凹的散文集《_____》。

10. 《月迹》中的"月"是个_____意象。

二、选择题

1. 贾平凹作品描写的主要地域是( )。

A. 陕西的商州一带   B. 山西的晋州一带

C. 辽宁的锦州一带   D. 四川的绵州一带

2. 以下什么作品不是贾平凹的( )。

A.《浮躁》   B.《废都》

C.《人极》   D.《来来往往》

3. 以下什么散文是贾平凹的( )。

A.《月迹》   B.《关中论》

C.《米脂婆姨记》   D.《贝多芬百年祭》

4. 散文《月迹》选自贾平凹的散文集( )。

A.《山地笔记》   B.《爱的踪迹》

C.《月迹》   D.《腊月·正月》

5. 散文《月迹》是按( )来描写的。

A. 顺序   B. 倒叙

C. 插叙   D. 双线同时进行

三、词语解释题

1. 屏气:_____

2. 掬:_____

四、问答题

   1.《月迹》画面美的具体体现。

   2.《月迹》的结构特色。

   3.《月迹》中"月"的象征意义。

我家过去年代的一只猫

李　娟

[作者与文体] ⬇

　　李娟，生于 1979 年，1999 年开始写作。曾在《南方周末》、《文汇报》等开设专栏，并出版散文集《九篇雪》、《我的阿勒泰》、《阿勒泰的角落》、《走夜路请放声歌唱》。作品《羊道》获 2011 年度《人民文学》"非虚构类作品奖"。

　　李娟的散文记录了她在新疆阿勒泰地区生活的点滴，包括人与事的记忆。作品风格清新、明快，质地纯粹，原生态地再现了北疆风物，带着非常活泼的生机。

[课文分析] ⬇

【结构层次】

　　文章选自李娟的散文集《我的阿勒泰》，作者以她一贯的纯净质朴、亲切自然的文风记述了外婆的大黄猫的故事，借大黄猫的恋家、流浪以及对家的不懈追寻表述着自己心灵的流浪、对生命之根的期待与依恋。

　　第一层（1 节）：形象地描述外公的败家到了何等地步，为大黄猫的命运作出铺垫。

　　第二层（2—4 节）：观音菩萨的铜磬也一样被外公卖了。

　　第三层（5—10 节）：大黄猫三次被卖，终于没有回来，外婆心存侥幸，依然在期待。

　　第四层（11—17 节）：作者和大黄猫的生命融为一体，"我"像外婆一样怜惜着寻找回家之路的流浪的大黄猫，大黄猫的流浪又是"我"的心灵与生命的流浪。

【写作特点】

　　1. 语言清新质朴、优美纯净。文章中的语言朴实无华，不加雕琢，将一只平凡大黄猫的故事娓娓道来。

　　2. 感情丰富醇厚、深邃而温暖。文中作者有一颗善良、纯净、悲悯的心灵，怀着对周围普通人与事的爱，和她的叙述对象融为一体，安静而自然地叙说着外婆的寂寞和仁厚，大黄猫对家的眷恋和执著、流浪的悲伤，叙说着"我"对外婆的依恋、对大黄猫的怜惜，"我"像大黄猫一样的流浪的心灵，"我"对心灵故乡的寻找和期待，"我"在寻找中的寂寞和悲伤，以及那个"外婆和母亲的讲述"，"收留了我"给"我"带来的温暖。

[巩固训练] ⬇

一、填空题

1.《我家过去年代的一只猫》选自于李娟的散文集《＿＿＿＿＿＿＿＿＿＿＿》。

2. 李娟的散文集有《＿＿＿＿＿》、《＿＿＿＿＿＿》、《＿＿＿＿＿＿＿＿＿＿＿》等,作品《＿＿＿＿》获 2011 年度《人民文学》"非虚构类作品奖"。

3. "我不是虚弱的人,不是短暂的人——哪怕此时立刻死去也不是短暂的人。"这段话出自散文《＿＿＿＿＿＿＿＿＿》。

4.《我家过去年代的一只猫》中被败家的外公卖掉的除了大黄猫还有＿＿＿＿＿＿。

二、选择题

1. 下列属于李娟的作品是(   )。

A.《九篇雪》　　　　　B.《阿勒泰的角落》　C.《羊道》　　　　　　　D.《安静》

2. 李娟的散文记述的人和事生活的地方主要是(   )。

A. 阿勒泰　　　　　　B. 哈萨克　　　　　　C. 乌鲁木齐　　　　　D. 阿尔泰

3. 下列对课文内容的理解,错误的是(   )。

A. 课文开篇形象地描写外公的败家是为下文大黄猫的命运作铺垫。

B. 黄猫的两次被卖,两次出乎意料地跑回家,突出了大黄猫的恋家与可爱。

C. "外婆天天把喂猫的石钵里注满清水",表现了外婆对大黄猫的牵挂、对它的归来心存侥幸。

D. 文章结尾描写大黄猫的归来是因为作者相信它即使现在还在流浪,但肯定会在某一天找到自己的家,喝外婆给它留着的清水。

4. "在这里,泥土还不熟悉粮食,道路还不熟悉脚印,水不熟悉井,火不熟悉煤。"下列对这段话的理解,正确的是(   )。

A. 这段话说明了新疆这片土地寸草不生,人迹罕至,无法生存。

B. 这段话说明了新疆这片土地才刚刚开始承载人的活动。

C. 作者写这段话是为了说明新疆这片土地并不能成为自己真正的故乡。

D. 作者写这段话是为了说明自己现在还不是新疆人,在这里生活一百年以后才可能是。

三、问答题

1. 作者为何特别怜惜、怀念那只找不到回家之路的黄猫?

2. 如何理解文章最后一段对于大黄猫回家的描写?

瓦 尔 登 湖

[美国] 梭 罗

[作者与文体] ⬇

梭罗(1817—1862),美国浪漫主义时期散文家,文豪爱默生、霍桑等的朋友,超验主义(强调直觉作用,对纯朴的农村生活、丰富深邃的大自然、荒无人烟的旷野丛林一往情深)的中心人物之一。梭罗生性独立高洁,一生憎恶强暴不公,同情贫苦大众。他与孤僻结伴。1845—1847年隐居山林,1854年出版了《瓦尔登湖》。

《瓦尔登湖》是19世纪美国作家梭罗的一部文学名作,在梭罗生前,它的名气不很大,但以后声誉与日俱增,被誉为美国环境运动的思想先驱。书中记录了梭罗独自一人在瓦尔登湖畔自食其力,过一种原始简朴但又诗意盎然的生活的情景及所思所悟。其中对工业文明的反省常常令人拍案叫绝。这本著作激励了无数自然主义者和倡导返归大地的人们。

《瓦尔登湖》后面的封底上有一段话:"这是一本寂寞、恬静、智慧的书。它分析生活、批判习俗。读它,自然会体会到一股向上的精神不断地提升。它反观自然,由大自然的心灵奇景体悟到生命的意义,借此提升现实生活的品质,是现代文明社会另类的修行。"一种寻求孤独、在孤独中思索的观念贯穿了梭罗的一生。

[课文分析] ⬇

【主旨】

本文描写了瓦尔登湖美丽的湖光水色,抒发了作者观景时的丰富感受,表达了皈依大自然的心愿和对人类文明发展破坏大自然的痛心。

【结构层次】

第一段:总介瓦尔登湖及其特点。(深邃、清澈)

第二段:描写瓦尔登湖湖水美丽多变的色彩。(瓦尔登湖湖水颜色变化得出奇,甚至站在同一点上,湖水也忽蓝忽绿;从不同地点,山顶、湖边,再远一点;不同时间:在阳光衬托下,晴空万里时;不同的角度去看,湖水的变化更为明显,变化万端,清新空灵。)

第三段:描写瓦尔登湖湖水的清澈洁净。(在很深的湖底的东西历历可数,还可以看到成群的鲈鱼和银鱼,甚至连鲈鱼的横行条纹都清晰可辨,把斧子掉在25英尺的水里,也能清楚看到,并且能用树枝把斧子勾上来。)

【写作特点】

1. 运用多种手法写景状物。本文描写的景物之壮美、精彩让人叹为观止。究其原因,一是瓦尔登湖本身的景色,美妙绝伦,世人难得一见,唯作者处之观之,照直写来即可悦人眼目,令人神往。一是写景手法的多样化,远景、近景、全景、微景、动景、静景,无不具备,许多贴切生动的比喻也为景物描写增色不少。更深层的原因在于,作者身处美湖既久,无尘世杂音扰耳,无世俗杂念烦心,可看见湖的最深的底蕴、最真实的色彩,因而能写成最纯美的文字。

2. 寓深刻的思想于具体的描写叙述当中。作者是一位有思想有理想的作家,他把自己的湖边生活当作他的人生观价值观的一种实验或实践,因此,他的作品便有了深刻的思想基础。尽管我们看到的是具体的写景状物、叙述议论等,但这些东西都是深厚的思想感情的外化。

[巩固训练] ⬇

一、填空题

1. 梭罗,_____(国家)人,_____主义的中心人物之一,根据他的亲身体验,写成了19世纪"美国最好的书"——《_____》。

2. 在梭罗笔下,瓦尔登湖有两个主要的特点:_____、_____。这也象征着作者所追求的一种思想境界。

3. 文章第一段运用对比的手法写湖水的颜色,主要用_____、_____与瓦尔登湖作对比。

二、选择题

1. 下面对课文的解说,不正确的一项是(　　)。

A.《瓦尔登湖》是一篇写景抒情散文。

B.《瓦尔登湖》越来越受到人们的欢迎,跟工业化的社会中大气污染越来越严重有一定的关系。

C. 梭罗是一个择居在瓦尔登湖畔的作家,他远离了社会生活。

D. 课文中运用了大量的拟人、比喻的修辞手法,这使文章显得形象生动。

2. 下列句子中,没有用修辞格的一句是(　　)。

A. 在晴朗的气候中,像我们其余的水波,激湍地流动时,波平面是在九十度的直角度里反映了天空的。

B. 我发现了一种无可比拟、不能描述的淡蓝色,像浸水的或变色的丝绸,还像青锋宝剑。

C. 一个到河水中游泳的人,河水像所有的湖一样,会给他染上一种黄颜色。

D. 你会觉得这种鱼也是不愿意沾染红尘,才到这里来生存的。

3.《瓦尔登湖》的作者梭罗是(   )。

A. 英国人　　　　　　B. 美国人　　　　　　C. 法国人　　　　　　D. 德国人

4. 瓦尔登湖在美国的(   )。

A. 德克萨斯州　　　　B. 马萨诸塞州　　　　C. 佛罗里达州　　　　D. 印第安纳州

三、词语解释题

1. 如许：＿＿＿＿＿＿＿＿

2. 璀璨：＿＿＿＿＿＿＿＿

3. 熠熠：＿＿＿＿＿＿＿＿

4. 罕有其匹：＿＿＿＿＿＿＿＿

5. 历历可数：＿＿＿＿＿＿＿＿

四、问答题

1. 瓦尔登湖的特点是什么？作者是从哪几个方面来写瓦尔登湖的？

2. 课文主要是描写瓦尔登湖的水色，但在描写瓦尔登湖的水色之前却向读者介绍康科德所有的湖泊的颜色，这是为什么？课文的第二自然段从哪些角度描写了湖水的颜色？湖水的颜色有具有什么特点？这样描写的目的是什么？表现了什么情感？

3. 课文第三自然段怎样来表现瓦尔登湖的清澈的？作者独特的生活情趣，从哪些词语能看出来？

现代散文单元练习

一、填空题

1.《论快乐》选自钱锺书的散文集《＿＿＿＿＿＿＿》。

2. 钱锺书的学术著作《＿＿＿＿＿＿》跨越了许多人文学科领域,将中西文化和文学做了有意义的比较、研究,融广博的知识和精卓的见解于一体,有很高的学术价值。

3.《读书的癖好》一文中,作者说:"读书的癖好能够使人获得一种＿＿＿＿＿＿＿＿＿,一个＿＿＿＿＿＿＿。"

4. 英国哲学家＿＿＿＿＿说:"读书足以怡情,足以傅彩,足以长才。其怡情也,最见于独处幽居之时;其傅彩也,最见于高谈阔论之中;其长才也,最见于处世判事之际。"

5.《一只特立独行的猪》选自王小波的散文集《＿＿＿＿＿＿》。

6. 王小波是＿＿＿＿＿代最具个性且英年早逝的著名作家之一,他的杂文嬉笑怒骂皆成文章,他的小说天马行空、信手拈来。

7.《月迹》选自贾平凹的散文集《＿＿＿＿＿＿》。

8.《月迹》是贾平凹的＿＿＿＿＿期散文,以富有诗意见长。

9.《我家过去年代的一只猫》选自李娟作品集《＿＿＿＿＿＿》。

10. 清新质朴的文字,不加雕琢的语言,她是描绘阿勒泰的精灵,这个女孩是＿＿＿＿＿。

11.《瓦尔登湖》选自梭罗著名散文集《＿＿＿＿＿＿》。

12.《瓦尔登湖》中国最权威和最早的译本都是由我国著名散文家、诗人、报告文学家＿＿＿＿＿＿翻译的。

13. "费尔巴哈说:人就是他所吃的东西。至少就精神食物而言,这句话是对的。"语出周国平的《＿＿＿＿＿＿》。

14. 钱锺书的短篇小说集是《＿＿＿＿＿＿＿＿》。

二、选择题

1. 以下(　　)被认为是美国最好的书。

A. 海明威的《老人与海》　　　　B. 福克纳的《喧哗与骚动》

C. 梭罗的《瓦尔登湖》　　　　　D. 玛格丽特·米切尔的《飘》

2. 以下(　　)为李娟的作品。

A.《九篇雪》　　　　　　　　　B.《我的阿勒泰》

C.《阿勒泰的角落》　　　　　　D.《走夜路请放声歌唱》

3. 以下（　　）不是贾平凹的作品。

A.《废都》 B.《秦腔》

C.《平凡的岁月》 D.《湖光山色》

4. 以下（　　）为王小波的作品。

A.《沉默的大多数》 B.《青铜时代》

C.《黄金时代》 D.《白银时代》

5. 在下面（　　）文中引用宋朝诗人黄山谷的名句"三日不读书，便觉语言无味，面目可憎"。

A.《瓦尔登湖》 B.《一直特立独行的猪》

C.《读书的癖好》 D.《我家过去年代的一只猫》

6. 以下（　　）不是钱锺书的作品。

A.《围城》 B.《人·兽·鬼》

C.《写在人生的边上》 D.《随想录》

7. 以下（　　）不是"文学研究会"的成员。

A. 郑振铎 B. 沈雁冰 C. 周作人 D. 郁达夫

8. 以下（　　）和鲁迅、林语堂、孙伏园等创办《语丝》周刊。

A. 钱锺书 B. 周作人 C. 徐志摩 D. 郭沫若

9. 以下（　　）为我国当代文学中新时期文学的著名作家。

A. 贾平凹 B. 王小波 C. 梁实秋 D. 梭罗

三、词语解释题

1.《论快乐》 箪：_____

2.《读书的癖好》 端倪：_____

3.《一只特立独行的猪》 特立独行：_____

4.《月迹》 掬：_____

5.《我家过去年代的一只猫》 广袤：_____

6.《瓦尔登湖》 深邃：_____

四、问答题

1. 结合《瓦尔登湖》谈谈"瓦尔登湖"的象征意义。

2. 结合《我家过去年代的一只猫》谈谈李娟作品的内容和风格特色。

3. 谈谈贾平凹《月迹》中"月"的象征意义。

4. 谈谈王小波《一只特立独行的猪》中"猪"的象征意义。

5. 结合《一只特立独行的猪》谈谈干小波杂文的独特风格。

6. 概括介绍周国平《读书的癖好》的内容要义。

7. 简要介绍钱锺书《论快乐》的精神意义。

8. 结合《论快乐》分析钱锺书随笔的风格特色。

铸　剑

鲁　迅

[作者与文体] ⬇

鲁迅(1881—1936),中国现代文学的奠基人。1898 年赴南京求学,接受达尔文的进化论思想影响。1902 年赴日留学,其间弃医从文,开始创作和译著活动,企图用以改变国民精神。1909 年归国执教于杭州、绍兴。1912 年任职于教育部,并先后在北京大学、北京女子师范大学兼课。1918 年以"鲁迅"的笔名发表中国现代文学史上第一篇白话小说《狂人日记》,大胆揭露封建礼教"吃人"的本质,奠定了新文学运动的基石。此后,创作了大量的小说、散文、杂文。1926 年南下赴厦门大学、广州中山大学任教。1930 年起,先后参加中国自由运动大同盟、中国左翼作家联盟(简称"左联")和中国民权保障同盟,1936 年病逝于上海。鲁迅的一生,对中国新文化事业做出了巨大的贡献,被誉为"民族之魂"。

鲁迅的主要创作有:小说集《呐喊》、《彷徨》、《故事新编》;散文集《朝花夕拾》等;杂文集《坟》、《且介亭杂文》、《华盖集》等;散文诗集《野草》等。

[课文分析] ⬇

一、出处和文体

《铸剑》选自以史喻今的小说典范《故事新编》,初名为《眉间尺》,是鲁迅先生根据《列异传》和《搜神记》中关于眉间尺复仇的记载改编的短篇小说。

《故事新编》所括 8 篇短篇小说:《补天》、《奔月》、《理水》、《采薇》、《铸剑》、《出关》、《非攻》、《起死》。

二、写作背景

《铸剑》写于 1926 年,是鲁迅在经历了"女师大学潮"和"三·一八惨案"之后,离京南下,在厦门和广州时写的。作者在小说中表现的复仇精神,是紧紧联系着现实斗争的。在女师大事件、五卅惨案、"三·一八"惨案中,鲁迅目睹了封建军阀和帝国主义的凶残和暴虐,激起了极大的愤怒,他认为应该"抽刃而起,以血偿血"。现实的严酷也促进了鲁迅思想的发展,在坚持文化战斗的同时,他深深认识到暴力革命的必要性。鲁迅在给许广平的通信里面就曾经说过:"改革最快的还是火与剑。"《铸剑》这篇小说就是在这样一种环境下创作的。

三、主要故事情节与文章结构

主人公眉间尺从母亲的口中得知了父亲因铸成宝剑而被大王残忍杀害的真相,决定为父报仇,在自己复仇不果的情况下,毅然将宝剑和自己的头颅交给青衣人宴之敖,借助于宴之敖的舍命相助,终于为父报仇,与大王同归于尽。基于分不清哪个是大王的头和发须,后宫妃子们和臣子们只好将三颗头颅和发须同葬。

本文共四节,按情节大致分为三个部分:

第一部分:小说故事的缘起。写眉间尺听母亲讲父亲为大王铸剑反而被害的深仇大恨,决心为父报仇。

第二部分:小说故事的主体部分。是"复仇"的过程。

第三部分:复仇后的情景。作者重在讽刺臣子们的可笑与昏庸无能。

四、人物形象及其刻画方法

(一)人物形象

眉间尺:是一个成长中的复仇者形象。他刚开始时表现出来的是爱憎分明,有一腔热血、孝顺又勇于复仇;但是却意志不坚、懦弱盲目、性情"优柔",复仇有勇无谋。后来才变得毅然决然,果敢刚强而成熟。

宴之敖:是复仇精神的化身,侠者形象。他冷峻似铁、锄强扶弱、刚毅机智、舍生取义,有复仇的勇气和自我牺牲的精神,懂得复仇的策略和方法。在他的身上,侠的精神与超越自我的精神融为一体,他的爱与仇,是人性的真实表达。

楚王:贪婪、残忍、自私、喜怒无常、狡猾、老谋深算,是一切恶势力的代表。

干瘪脸少年和围观者看客:干瘪脸少年是个无聊之人,这种无聊之人正是很多国人的表现,为一些完全不值得的东西"窝里斗",那些无聊的看客、闲人,他们没有自己的判断力,十分愿意欣赏别人的难处与尴尬,以此排遣自己内心的空虚与无聊。此处情节可以看出眉间尺涉世不深、不会机智处理问题的不足,也写出了一种冷酷的社会现实,眉间尺是孤独的,没有什么人能理解他的举动。这也为黑色人的出现作了铺垫。

(二)刻画方法

1. 简洁的外貌描写。例如:"前面的人圈子动摇了,挤进一个黑色的人来,黑须黑眼睛,瘦得如铁。他并不言语,只向眉间尺冷冷地一笑,一面举手轻轻地一拨干瘪脸少年的下巴,并且看定了他的脸。"这个句子写出了黑色人的特点,强调了他的"瘦",给人一种坚毅、冷酷、严峻的印象。

2. 精练的语言描写。例如:"你不要悲哀。这是无法逃避的。眼泪决不能洗掉运命。我可是早已有准备在这里了!"眉间尺的父亲带着凛然与坚定在向自己的妻子冷静地交代后事,"眼泪决不能洗掉运命"一句,写出了人物的性格。

3. 细腻的心理描写。例如:"他看见他的母亲坐在灰白色的月影中,仿佛身体都在颤动;低微的声音里,含着无限的悲哀,使他冷得毛骨悚然,而一转眼间,又觉得热血在全身中忽然腾沸。"写出了眉间尺面对母亲时的复杂心态,既有内心的愧疚,又有为父报仇的激动。

4. 生动的细节描写。例如:"一个最有谋略的老臣独又上前,伸手向鼎边一摸,然而浑身一抖,立刻缩了回来,伸出两个指头,放在口边吹个不住。"活画出老大臣的丑态,具有强烈的讽刺效果。

五、艺术特点

1. 结构严密统一。

2. 怪异荒诞的情节构思。

3. 鲜明深刻的人物形象。

4. 冷峻讽刺的笔法。(小说也用讽刺的笔法,嘲谑了王公大臣的颠顸愚蠢,顺民的奴性无聊。后一方面表现了鲁迅暴露国民性弱点的创作特色。)

5. 悲喜一体的艺术手法。(用喜剧的手法来写悲剧,将悲喜剧混为一体,使得小说情节颇具戏剧化。喜在于明明是叙写一次复仇的经过却出现了"辨头"的闹剧,"三头并葬"的滑稽戏,到最后"大出丧"变成全民"瞻仰"的"狂欢节"这一连串事件的喜剧效果,把小说推向了一个又一个的写作高潮;悲在于为了复仇而牺牲的眉间尺和宴之敖者,该二人影射了那些为了反抗残暴统治而牺牲的志士。)

6. 古今交融的表现方法。(取材历史又不忘现实的战斗精神。)

7. 现实主义与浪漫主义创作方法的结合。

三首歌的翻译参考(第三首后面内容可借鉴前两首)

1. 哈哈爱啊爱呀爱呀,贼人爱青剑啊,使得一个仇人自杀了。可这贪残的贼人在世界上还多啊! 贼人爱这青剑啊,而使仇人拼死相斗,可这仇人也不只一个呀。为了换取你这贼人的头颅啊,我今天也不打算活了! 只有这样,才能把万恶的贼人除掉!⋯⋯

2. 哈哈爱啊爱呀爱呀! 爱啊血啊,谁个没有? 人民在黑暗中挣扎,而暴君却在那里得意地狞笑。他用百头颅、千头颅,以至万头颅啊,来构筑自己的宝座。我则用这一头颅去将暴君铲除,而使万民得到拯救。我爱这一头颅啊,他的血不会白流⋯⋯

3. 王上的"恩泽"真是浩浩洋洋啊,克服了怨敌,威赫无比功绩辉煌。天地虽有穷尽啊,而你却万寿无疆! 不想我来了——伴着宝剑的耀眼青光! 青光耀眼的宝剑,我对你永不相忘。今天我虽身首异处啊,但我的行为却无比堂皇;无比堂皇啊无比堂皇! 归去吧,伴随着我归去的将是这宝剑的耀眼青光!

[巩固训练] ⊕

一、填空题

1.《铸剑》原题为_____,1932 年编入《自选集》时才改为《铸剑》。

2. 1918 年,鲁迅先生在《新青年》上发表的《_____》,是中国现代文学史上第一篇白话小说。

3. 鲁迅的一生,对中国新文化事业做出了巨大的贡献,被人们誉为"＿＿＿＿＿＿＿"。

4.《铸剑》是鲁迅小说集《＿＿＿＿＿》中的 8 篇短篇小说之一。

5.《铸剑》取材于魏晋时期的典籍《列异传》和《＿＿＿＿＿》中关于眉间尺复仇的记载。

6.《铸剑》的中心意象是＿＿＿＿。

7.《＿＿＿＿＿＿》的问世,为中国历史题材的小说创作提供了宝贵的经验。

8.《铸剑》主要写了眉间尺借助于＿＿＿＿＿为父复仇的故事。

9.《铸剑》中共记录了＿＿＿＿首歌。

二、选择题

1.《铸剑》中的眉间尺对老鼠忽憎忽怜,说明他的性情(　　　)。

A. 刚愎　　　　　　B. 胆怯　　　　　　C. 大度　　　　　　D. 优柔

2. 有关鲁迅《铸剑》的解说,有误的一项是(　　　)。

A.《铸剑》选自历史小说集《故事新编》。《故事新编》中包括《奔月》、《铸剑》、《出关》、《理水》、《采薇》等文章。

B.《铸剑》取材于《列异传》、《搜神记》。鲁迅在原文仅有的二百多字的基础上,"只给铺排,没有改动",却演绎了一曲富有新的现代精神的复仇故事。

C. 小说中"剑"既是经过高温高压锻炼的、纯青的、透明的、冰也似的复仇之剑,也是小说主人公"黑色人"的精神象征。

D. 小说"复仇"主题鲁迅式的开掘与展开,是在三头相搏时开始的,其场面描写诡奇而绚丽,充满了丰富的想象力。

3. 下列作品中,属于鲁迅小说集的有(　　　)。

A.《呐喊》　　　　　B.《彷徨》　　　　　C.《故事新编》　　　D.《野草》

4. 下列作品中,属于鲁迅杂文集的有(　　　)。

A.《坟》　　　　　　　　　　　　　B.《且介亭杂文》

C.《说大话的故事》　　　　　　　　D.《野草》

5. 下列各句表达不够准确的一项是(　　　)。

A. 鲁迅是我国现代伟大的文学家、思想家和革命家,原名周树人。

B. 我国现代文学史上第一篇白话小说是鲁迅的《狂人日记》。

C. 鲁迅的三部小说集分别是《呐喊》、《彷徨》、《故事新编》,散文集是《朝花夕拾》。

D. 鲁迅的历史小说集《故事新编》,主要是来体现中国悠久的历史,说明中国文化源远流长。

三、简晰题

1. 简述中心意象"剑"的象征意义。

2. 简析《铸剑》的现实意义。

3. 简析《铸剑》的浪漫主义特色。

4. 如何来看待小说的结尾?

5.《铸剑》中"三头相搏"的场面无疑是小说情节发展的顶点,在大多数作家的笔下,小说到此应戛然而止;鲁迅却精心安排了"复仇完成以后"情节的新的发展,小说又出现了一个高潮。试分析小说前后两个高潮之间的关系;比较前后的文字,作者的叙述语调发生了什么变化?

竹林的故事

废　名

[作者与文体] ⬇

　　废名(1901—1967)，中国现代著名作家，曾为语丝社成员，在文学史上被视为京派代表作家，风格师从周作人。

　　废名的小说以"散文化"闻名，能将西方现代小说技法和中国古典诗文笔调熔于一炉，文辞简约幽深，兼具平淡朴讷和生辣奇僻之美。作为一位乡土文学作家，废名的作品并不像别的乡土文学家那样写实。他的小说情节淡化，不见大起大落，只是写平凡人的平凡生活，语言简朴优美，盈溢着田园牧歌式的恬静气息。废名的作品"有一种隐逸的情调，有一种冲淡如陶诗、清澈如溪流的风格"。

　　代表作品：小说集《竹林的故事》《枣》；长篇小说《桥》《莫须有先生传》《莫须有先生坐飞机以后》。

[课文分析] ⬇

　　一、文体：散文化的诗体小说

　　诗体小说的特点：小说叙述语言的平淡和缺少戏剧性，就是在还原生活本身的平淡、无奈。缺少强烈的理性批判色彩，更多呈现出一种淡淡的哀愁。强烈的抒情、意境、氛围、情调的诗意营造，语言和结构的诗味编织，均体现了诗化小说在内容和形式上的诗性特质，而诗化小说的诗性主要来自小说家对于理想的人性和理想的生存境界的追求。

　　二、创作背景

　　《竹林的故事》中充满淡淡的禅意。因为废名的故乡湖北省黄梅县城，自隋唐以降，便成为佛教兴盛之地，有关四祖道信、五祖弘忍、六祖慧能的故事，在黄梅家喻户晓，甚至弘忍大师本人就是黄梅当地人，中国禅宗正是在这里通过这些大师们的弘法传衣而最终走向成熟。县城附近，东山寺、五祖寺、东禅寺这些佛教圣地至今仍香火不绝。废名就是出生在这样一个浓厚的禅宗文化氛围之中并整整生活了17年，1917年他离开黄梅到武昌求学。像所有同时代的青年一样，废名基于对新文化的向往与憧憬，1922年秋考入北京大学预科英文班。在北大他结识了当时大名鼎鼎的胡适、周作人等人，同时开始了文学创作。1925出版短篇小说集《竹林的故事》。《竹林的故事》是废名的成名作，也是我国新文学运动初期最富有诗情和青春气息的作品之一。

三、故事梗概

文章写了关于三姑娘的悲剧故事。三姑娘八岁时父亲老程就死了,她跟母亲相依为命。乖巧的三姑娘勤快地做家事,上市场卖菜。朴实大方的三姑娘赢得了大家的喜欢,大家对于三姑娘的美好祝愿就是"只望三姑娘将来碰一个好姑爷"。然而成人后的三姑娘在清明节的匆匆而行也昭示了她并未如人所愿。

四、人物形象

三姑娘:美丽、善良、勤劳、朴实、俏皮而又大方的清新纯朴的农村姑娘形象。作家将"五四"时期的青春气息注入这似水柔情的乡村少女身上。三姑娘既具有古朴纯洁的乡间特点,又表现出人的天性,她的穿着素净淡雅,如同一首散发自然气息的小诗,她的言行举止表现出勤敏、早慧、乖巧、淑静等性格特点,没有世俗喧嚣的熏染,也没有原始乡野的粗粝,而是带着自然的烙印。尽管命运坎坷,家庭的不幸遭遇带给她伤痛、哀愁和落寞,但她也能平静地对待,体现了"自然人"的坚强的生命力。

五、艺术特点

用诗化的语言、散文的笔触描写了优美的意境和童心未泯的人物,情、景、意的水乳交融,清清淡淡地弥漫着三分的禅意和平凡人物的美丽心境。

小说中的诗情几乎都集中在主人公三姑娘身上,使得她那在文字中显现的身影云淡风轻。她素淡地生活,静默地自守,不强求而自然地回味着生命中的幽微情趣。她的隐逸气质是自然天成的,她与这个尘世的关系只剩下对父母的孺慕,其余则再也提不起半丝兴致,如丽日下的和风轻盈飘逸、温婉可亲。

[巩固训练] ⬇

一、选择题

1. 以下哪一篇不是废名的作品?(　　　)

A.《竹林的故事》 　　　　　　B.《桥》

C.《莫须有先生传》 　　　　　　D.《边城》

2.《竹林的故事》的写作特点是(　　　)。

A. 受了中国诗词的影响,写小说同唐人写绝句一样,不肯浪费语言。

B. 写田园风景轻描淡勾,不多点染,平平写来,隐隐含着风情。

C. 小说构筑了一个相对封闭的自然世界。

D. 语言淡雅,追求意境美。

二、填空题

1.《竹林的故事》的作者废名原名_____,小说主人公是_____,小说弥漫着淡淡的_____教思想。

2. 废名在创作上深受周作人"_____"思想的影响。

3. 废名的小说以_____闻名。

4. 废名曾经是_____社成员。在文学史上被视为_____派代表作家。

三、简答题

1. 谈谈三姑娘这个人物形象。

2. 小说的结尾有何特点？

四、简析题

《竹林的故事》是怎样追求意境美的？

塔　　铺

刘震云

[作者与文体] ⬇

　　刘震云(1958—　)，河南新乡延津人，当代著名作家，"新写实主义作家"。作品有：《塔铺》(获 1987—1988 年全国优秀短篇小说奖)、《新兵连》、《头人》、《单位》、《官场》、《一地鸡毛》、《官人》、《温故一九四二》、《故乡天下黄花》、《故乡到处流传》、《故乡面和花朵》、《我叫刘跃进》、《一句顶一万句》(获第八届茅盾文学奖)。

[课文分析] ⬇

　　一、文体：新写实主义小说、回忆性小说

　　新写实主义小说：20 世纪 80 年代兴起的小说流派，小说注重写普通人的日常琐碎生活，在生活的烦恼与欲望中，表现小人物生存的艰难，个人的孤独无助，创作方法上以写实为主要特征，特别注重现实生活原生态的还原，真诚直面现实，直面人生。从文学精神来看，仍划分在现实主义的大范畴，但具有了一种新的开放性和包容性。主要的代表作家有：池莉、方方、刘震云、刘恒、叶兆言、苏童、范小青、李锐、李晓、杨争光、迟子建等。代表作有：刘震云的《塔铺》、《新兵连》、《一地鸡毛》，池莉的《烦恼人生》、《不谈爱情》、《太阳出世》、《冷也好热也好活着就好》，方方的《风景》，刘恒的《狗日的粮食》、《伏羲伏羲》等。

　　二、主要故事内容

　　小说主要写了"我"从部队复员回家，为了改变命运，报名参加了高考复习班，在塔铺与其他同学一起经历的一些事情：交流复习的动机、语文课上发生的事情、李爱莲的家庭遭遇、磨桌烤幼蝉吃、去看望李爱莲的父亲、父亲为"我"借《世界地理》、"我"与李爱莲初恋、同学退学、参加高考、去看做了别人新娘的李爱莲。

　　三、人物形象

　　1."我"：是从部队复员、回到家无事可干、希望通过高考改变命运的大龄青年，是复习班的班长，学习专心、勤奋，为人厚道、正直，富有同情心。

　　2.李爱莲：是"我"同桌，也是"我"初恋的对象。她家境不好，父亲患有重病。为此，她学习十分自觉用功，为人勤苦节俭、善良实在，是一个好姑娘，也想通过考大学改变自己的命运，使得家里人过上一种好生活。但，父亲的又一次病犯，使得她不得不中断了学业，嫁给了暴发户以换得父亲的医疗费。

3. 王全：是"我"舍友，他年龄较大，已有妻子儿女，因对地方官的不满而决定考取功名，以求将来做官可以整治这些让他痛恨的地方官，也让自己的妻子儿女"享享清福"。但，他悟性不高，根本不是学习的料，最后中途退出，回家抢割麦子去了。

4. 磨桌：是"我"的舍友，他家境也不好，不能解决温饱问题。学习缺乏悟性，死学，自身压力过大，为人老实但也不无狭隘，参考资料不让王全看。

5. 耗子：是"我"的舍友，他的爸爸是公社干部，家境较好。来这里复习就是为了追求漂亮的女朋友悦悦。经常拿着一本破旧的《情书大全》看。为人自私自利、不富有同情心。学习也不用功，后来失恋，立志要考上大学。

6. 马中：是复习班的班主任，也是语文老师，为人刻薄，是一个粗俗、粗暴的老师。

7. "我"爹：是一个朴实善良能吃苦的很现实的农民。

四、主题思想

用温情细腻的笔触追忆了一所普通镇中学中，几个农家子弟在刚恢复高考的第二年复习迎考的场景，传递出了亲情、爱情和友情，是对人类无私情感的一曲赞歌。

五、艺术特点

1. 题材上注重对凡俗生活的表现。

2. 采用散点结构的方式。用写实手法描写小人物生存状态，按时间顺序推进，层层剥茧的叙述方法来写。

3. 采用流水账式朴实的叙述语言，细致入微的描写，情感真挚，像老朋友聊天，娓娓道来，富有幽默讽刺韵味。

[巩固训练] ⊙

一、填空题

1.《塔铺》的作者是我国当代"新写实主义"作家_____。

2. 刘震云的小说《_____》获 1987—1988 年全国优秀短篇小说奖。

3. 2011 年，刘震云的长篇小说《_____》获第八届茅盾文学奖。

二、选择题

1. 刘震云的《塔铺》中，为果腹而烧吃幼蝉的是（　　　）。

A. 王全　　　　　　B. 磨桌　　　　　　C. 耗子　　　　　　D. 李爱莲

2. 下列作家中，属于"新写实主义"的作家有（　　　）。

A. 池莉　　　　　　B. 方方　　　　　　C. 刘震云　　　　　　D. 刘恒

3.《一地鸡毛》的作者是（　　　）。

A. 池莉　　　　　　B. 方方　　　　　　C. 刘震云　　　　　　D. 刘恒

4.《冷也好热也好活着就好》的作者是（　　　）。

A. 池莉　　　　　　B. 方方　　　　　　C. 刘震云　　　　　D. 刘恒

三、简答题

1.《塔铺》中传达了哪些人类无私的情感?

2. 小说的语言有何特点?

山上的小屋

残　雪

[作者与文体] ⊕

残雪(1953—)，中国当代著名女作家，原名邓小华，湖南长沙人。作品有：小说集《南泥街》、《种在走廊上的苹果树》，长篇小说《突围表演》，评论集《灵魂的城堡——理解卡夫卡》、《解读博尔赫斯》，探索小说《公牛》、《山上的小屋》、《苍老的浮云》等。残雪的小说，深受西方现代派小说的影响，作品常以朦胧晦涩、离奇可怖的审美意象，传递对人性丑恶，人际隔膜冷漠的体认，以独特的内心体验和感觉变异营造幻觉世界，成为新潮小说的一方代表。

[课文分析] ⊕

一、出处及文体

《山上的小屋》选自残雪的小说集《苍老的浮云》。是一篇现代派小说。

二、主题思想

小说建构了一个梦魇般的世界，在这个世界里，人是孤独的、痛苦的，人与人之间互相戒备、仇视。甚至家人之间也没有亲情和爱情，只有猜疑与嫉恨。文章描绘的是一个变形、荒诞的世界，从这变形、荒诞世界里折射出的是一个痛苦、焦灼的灵魂，表现的是人在痛苦中挣扎而又无法摆脱痛苦的人生体验。

三、人物形象

《山上的小屋》中的人物都是怪癖、孤独、焦虑、抑郁、冷漠的不可理喻的形象，他们敏感多疑、自怜自恋，喜欢躲藏在自己的"保护层"中，恐惧外界的侵扰，在自己封闭的家园中得到满足。他们由于过分强调内心世界的感受，无法适应外部的世界。内在的灵魂世界与外部的现实世界存在断裂状态，造成"失语"现象，进而不断地交融、碰撞，引发内心的焦虑。越想逃避，越会沉浸其中不可自拔，进而将外在世界全部心理化并使之异化、变形。

四、主要人物形象的象征意义

"我"：是一个整天焦躁不安、苦闷异常、丧失关怀，独来独往，与社会格格不入，甚至与自我也不能相容的孤独的跋涉者形象。

妈妈：隐喻现实中直接给予阻挠的小人物。

爸爸：不直接阻挠，是幕后真正的操纵者。

妹妹：告密者形象，是将现实与幻觉连接起来的纽带。

五、艺术特点

1. 主观表现法：残雪并不是在现实的经验世界中建构自己的小说世界的，而是在梦幻中寻求描写的题材；她所展示的不是视觉领域中的客观世界，而是幻觉视象中客体实在性被改造和破坏的主观现实。

2. 荒诞

(1) 形象的反常，即把正常的人物或极度夸张或扭曲变形，是荒诞最基本的表现方式。它往往将人们最熟悉的事物陌生化、理性的东西非理性化、现实的东西非现实化。

(2) 用梦幻替代符合逻辑理性的情节是荒诞表现方式不可或缺的一种。这一点与西方现代荒诞小说似乎很接近，但其传达出的生命本体的苦痛、涌动出来的对生存的深刻绝望和绝望边缘的呐喊和挣扎，与她所生存的现实、经历的历史有着密切的关系。正因为如此，她对人性丑恶与残酷的揭示就具有了一种强烈的现实战斗精神，就有了试图改变这种处境的社会性使命。

3. 象征和隐喻：如"抽屉永生永世也清理不好"，象征着人生的杂乱无章和难以把握；父亲每夜在井中打捞又打捞不着什么，象征着人劳碌无为而又不得不为；满屋乱飞的天牛，象征着人生的困扰且难以驱赶；"小屋"象征了当时中国沉闷压抑的社会政治空气，象征了一种精神枷锁，隐喻了迷惘和混乱的内心世界；小屋里那个不停呻吟、整夜狂暴撞击木门的人，实际上可看作"我"的象征，是"我"与世不容的灵魂；母亲冰冷、滴水的手象征统治的残酷；父亲左边的鬓发变白象征上一辈中国人遭受的痛苦。

[巩固训练] ⊙

一、填空题

1. 《山上的小屋》的作者是＿＿＿＿＿＿。

2. 《山上的小屋》选自《＿＿＿＿＿＿＿＿》。

3. 《山上的小屋》中成为迷惘和混乱的内心世界的隐喻意象是＿＿＿＿＿。

二、选择题

1. 下列作品中，属于残雪的有(　　)。

A. 《公牛》　　　　　B. 《山上的小屋》　　　C. 《苍老的浮云》　　　D. 《突围表演》

2. 残雪先锋创作的起点是(　　)。

A. 《突围表演》　　　　　　　　　　B. 《山上的小屋》

C. 《思想汇报》　　　　　　　　　　D. 《黄泥街》

3. 下列作品中，属于评论集的是(　　)。

A. 《灵魂的城堡——理解卡夫卡》　　　B. 《解读博尔赫斯》

C. 《南泥街》　　　　　　　　　　　D. 《种在走廊上的苹果树》

4. 残雪的《山上的小屋》在艺术表现上注重(   )。

A. 感觉与变形   B. 梦魇与幻想

C. 写实与憧憬   D. 描摹与象征

三、简答题

1. 以《山上的小屋》为例,简述残雪小说的特点。

2. 简单谈谈这篇小说的主题思想。

3. 简述《山上的小屋》象征手法的运用。

最后的常春藤叶

[美国]欧·亨利

[作者与文体] ⬇

　　欧·亨利(1862—1910),美国短篇小说家。在十余年的创作生涯中,写下了三百多篇小说。他的小说完全以情节取胜,故事颇多偶然巧合,结局往往出人意料。这种写作方法对后人影响颇大,被誉为美国现代短篇小说的创始人。他同情社会底层小人物。他常以使人发噱的幽默,启发人们深思。他的佳作常能在鞭挞资本主义社会的腐朽之余,引出人们"含泪的微笑",抚慰受创伤的小人物的心灵,因而深受读者的欢迎。欧·亨利善于描写美国社会尤其是纽约百姓的生活。他的作品构思新颖,语言诙谐,结局常常出人意料;又因描写了众多的人物,富于生活情趣,被誉为"美国生活的幽默百科全书"。

【欧·亨利作品的艺术特色 】

　　1. 幽默是欧·亨利作品的主要艺术特色。

　　2. 欧·亨利对于普通人的命运深为关切。

　　3. 欧·亨利短篇小说构思巧妙,尤其以出人意料的结局著名。

[课文分析] ⬇

【情节结构】

　　开端(第1—11节):年轻画家琼珊不幸患上肺炎,生命垂危。

　　发展(第12—36节):琼珊不听劝慰,望叶等死。

　　高潮(第37—50节):不落的藤叶使琼珊重又燃起了生的欲望。

　　结局(第51—55节):琼珊脱离险,贝尔曼病逝。揭示叶子不落的谜底。

【主题思想】

　　小说通过对琼珊患病和贝尔曼去世的描写,反映了他们悲惨的生活境遇,并借此反映了资本主义社会中小人物贫病交加这一较为普遍的社会现象,在一定程度揭露了资本主义社会贫富对立的本质。同时,小说也着重刻画了小人物的美好心灵,歌颂了涸辙之鲋、相濡以沫的人间真情。

【人物形象】

　　贝尔曼:在贫病中挣扎的一位老画家,自动充当着两位年轻女画家的保护人,外表粗放、甚至暴躁,但不失随和、细腻,有着一颗美好的心灵,其性格核心是善良,乐于帮助别人,甚至不惜牺牲自己的生命。

【艺术特色】

1. 在艺术结构的安排上。小说以琼珊的生病、治病、病愈为线索来展开情节,眉目清晰、结构严整。但小说的艺术结构仍有跌宕、有起伏,这主要源于"欧·亨利式的结尾",小说的结尾出人意料又合乎情理。

2. 在人物刻画上,小说主要采用了语言描写的方法。人物语言高度个性化。

3. 小说还非常注意情调的渲染,形成了情景交融的意境。

【"最后一片叶子"理解】

对琼珊而言,其表层含义为叶子的飘落;隐喻义为生命的飘逝;对贝尔曼而言,其表层含义为冒雨画上去的叶子,是艺术生涯最后的作品;隐喻义为维系生命的叶子,是人生最精彩的杰作。

[巩固训练] ⬇

一、选择题

1. 欧·亨利在《最后的常春藤叶》中塑造的人物主要用(　　　)。

A. 语言描写　　　　B. 细节描写　　　　C. 心理描写　　　　D. 行动描写

2. 欧·亨利属于(　　　)流派作家。

A.浪漫主义　　　　B. 意象主义　　　　C. 批判现实主义　　　D. 现代主义

3. 欧·亨利创作短篇小说的独特风格是(　　　)。

A. 冷峻客观　　　　B. 激情洋溢　　　　C. 含泪的微笑　　　D. 舒展自如

4. 以下作品属于欧·亨利的是(　　　)。

A.《麦琪的礼物》　　　　　　　　　B.《警察与赞美诗》

C.《最后的常春藤叶》　　　　　　　D.《白菜与皇帝》

5. 以下作品不属于欧·亨利的是(　　　)。

A.《白菜与皇帝》　　B.《老人与海》　　C.《喧哗与骚动》　　D.《马丁·伊登》

6. 自觉为小人物立言,自命为纽约贫民代表的短篇小说家是(　　　)。

A. 培根　　　　　　B. 莫泊桑　　　　　C. 契诃夫　　　　　D. 欧·亨利

二、填空题

1. 欧·亨利是19世纪_____(国家)_____主义的著名作家,他的创作风格是_____。

2.《最后的常春藤叶》中的主人公是_____,小说以_____为线索来展开情节。

3. 欧·亨利的短篇代表作有《_____》、《_____》、《_____

_____》,长篇小说有《_____》。《最后的常春藤叶》是他_____

_____的代表作,在刻画人物时主要用的是_____的方法,故事发生的背景地是在____

_____。

三、简析题

1. 小说的结局有怎样的特点?

2. 分析《最后的常春藤叶》中贝尔曼的形象。

3. 分析《最后的常春藤叶》的艺术特色。

4. 最后一片叶子与琼珊有怎样的关系? 为什么最后的藤叶能挽救琼珊的生命?

5. 贝尔曼画常青藤本应是小说的重要情节,作者却没有实写,这样处理有什么好处?

6. 为什么说贝尔曼画的最后一片藤叶是他的杰作?

隧　　道

［瑞士］弗·里德利希·迪伦马特

［作者与文体］⊕

　　弗·里德利希·迪伦马特（1921—1990），瑞士当代杰出的德语戏剧家、小说家和画家。其代表作品有：剧本《立此存照》、《天使来到巴比伦》、《老妇还乡》、《物理学家》；小说《隧道》、《法官与刽子手》、《抛锚》等。

　　迪伦马特的创作最大的特点是"荒诞"，其作品有比较明确的主题、完整的故事情节、紧张的戏剧冲突、严谨的戏剧结构和生动而幽默的语言。

［课文分析］⊕

　　一、故事梗概

　　一个 24 岁的青年，坐上了去往学校的火车，但列车出发没多久，他就预感到列车走错了方向，为了证实自己的正确性，他问了周围的乘客和列车员，但他们告诉他没有乘错列车。为了进一步证实自己的结论，他便去找列车长。列车长并不知道火车为什么驶进了这条隧道，但他拒绝青年提出的刹车要求，让年轻人跟自己一起到机车去，当他们冒着生命危险进到驾驶室后，年轻人才发现驾驶室内没有人。而此时列车正以极快的速度不断向隧道深处奔去，他们想努力刹车，可是无论怎样努力都无济于事了，列车仍以极快的坠落速度向地心冲去，向万物的终点冲去！

　　二、主人公的心理变化历程

　　平静懒散—疑惑—困惑不解—寻求答案—惊恐万分—无可奈何，情绪的发展层层递进，人物的心理描绘细致。

　　三、主题思想

　　小说通过一个怪诞的故事，流露出一种悲观、消极的特点，表现了一种茫然无力，不知前途为何的社会心理，展示了一种人类的普遍处境。

　　四、艺术特色

　　1. 小说语言简练，气氛压抑，有着很高的艺术技巧，被公认为世界短篇小说杰作之一。

　　2. 故事构思怪诞"荒谬"，场景描写极具张力。

　　3. 象征手法的运用。

五、主要形象和意象的象征意义

24 岁的青年人:象征着我们这个社会的知识分子精英,对社会发展的趋向有着清醒的认识,为理性的回归大声疾呼,然而声音被世俗的喧嚣所掩盖,他们对这世界的毁灭无能为力。

旅客:象征着社会中的庸众,他们随波逐流,专注于眼前的物质享乐,对即将到来或是正在发生的危险一无所知。

列车:象征着整个现代社会,现代社会在伴随着经济飞速发展的同时,面临着人文精神的溃灭、人的异化、自然环境的恶化等一系列问题,社会的发展逐渐失却了理性的制约,正在巨大的惯性中走向毁灭。

列车长和司机:象征我们这个时代的领路人。

轨道:隐喻不可感知的生命自然法则。

黑暗的隧道:隐喻生活中无可避免的突发灾难的承载物。

巩固训练

一、填空题

1.《隧道》的作者是_____(国家)的迪伦马特。

2. 被公认是继布莱希特之后最伟大的德语剧作家的是_____。

3.《_____》是 1950 年迪伦马特发表的一篇著名小说,被公认为世界短篇小说杰作之一。

二、选择题

1. 下列作品中属于迪伦马特的有(　　　　)。

A.《隧道》　　　　　B.《物理学家》　　　　　C.《迷宫》　　　　　D.《老妇还乡》

2. 在迪伦马特的《隧道》中,中途跳车的有(　　　　)。

A. 司机　　　　　B. 列车长　　　　　C. 行李车里的那个人　　D. 下棋的胖旅客

三、简答题

1. 简述《隧道》中主人公的情绪变化过程。

2.《隧道》表现了一个怎样的主题?

3. 举例说明《隧道》中象征手法的运用。

西厢记·长亭送别

王实甫

〔作者与文体〕⬇

王实甫(约 1230—1310),名德信,字实甫,大都(今北京)人。元代前期杰出的杂剧作家。王实甫的代表作是《西厢记》,全名为《崔莺莺待月西厢记》。故事源出唐朝元稹的《会真记》,剧本脱胎于金代董解元的《西厢记诸宫调》。《西厢记》全剧共五本二十折,本篇选自《西厢记》第四本第三折,杂剧的体制规定一折戏里只能有一个角色演唱,其他角色只有道白。《长亭送别》一折由旦角崔莺莺演唱。

本折戏开头的【正宫】是宫调名,以下的【端正好】、【滚绣球】……都属于同一宫调的曲牌名。剧中的"××云","云"都是人物的道白。凡作"××科"表示人物所作的动作、表情及舞台效果。

〔课文分析〕⬇

【中心思想】

通过崔莺莺赴长亭送别书生张珙的描写,歌颂了崔莺莺鄙弃功名利禄,反对封建礼教、追求自由婚姻的叛逆精神。

【情节结构】

本篇依情节发展可分为三段:

第一段:从开始到(叨叨令)三支曲,写莺莺赴长亭途中,莺莺为离别将临而无限伤感。

第二段:从(脱布衫)到(朝天子)八支曲,写莺莺在饯别宴会上,相思与别情交织。

第三段:从(四边静)到(收尾)八支曲,写莺莺与张生长亭话别,展现了莺莺留恋、怜爱、担忧等复杂的心理活动。

【人物性格】

崔莺莺敢于反叛封建礼教,大胆追求爱情自由,对爱情执著专一,对功名利禄表示鄙弃,将爱情置于功名利禄之上。

张生与莺莺一样敢于追求爱情婚姻自由,但反封建礼教的态度较软弱,在老夫人的压力下赴京应试,但内心仍有"青霄有路终须到,金榜无名誓不归"的名利思想。

【艺术特色】

1. 情景交融的表现手法

文中作者把离别安排在暮秋的黄昏,以凄清悲凉的秋景表现和烘托离愁,达到了情景交融之妙。文中共有三段写景的曲词,但各段景与情的交融又各具特色,如【端正好】寓情于景,把伤别离之哀情,放置于"碧云天,黄花地,西风紧,北雁南飞"的暮秋景致之中;如【滚绣球】则是情中设景,"柳丝长"、"疏林挂斜晖"都因要表达莺莺不愿与张生离别才设的景;如【一煞】则是以景托情。总之,此折曲词景中有情,情中有景,情景交融,为展示人物的内心世界起了很好的作用。

2. 多样的修辞手法

比喻:形象生动,增加了戏剧语言的表现力。如:

但得一个并头莲。(喻夫妻成双成对)

伯劳东去燕西飞。(喻分别)

对偶:秀美优雅,含蓄蕴藉。如:

下西风黄叶纷飞,染寒烟衰草凄迷。

泪添九曲黄河溢,恨压三峰华岳低。

夸张:形象生动,增强了语言的表现力。如:

泪添九曲黄河溢,恨压三峰华岳低。

遍人间烦恼填胸臆,量这些大小车儿如何载得起。

排比:增强了语言气势和力度。如:

见安排着车儿、马儿,不由人熬熬煎煎的气;有什么心情花儿、靥儿,打扮得娇娇滴滴的媚;准备着被儿、枕儿,只索昏昏沉沉的睡;从今后衫儿、袖儿,都揾做重重叠叠的泪。

用典:秀美典雅,含蓄蕴藉。如:

淋漓襟袖啼红泪,比司马青衫更湿。

蜗角虚名。蝇头微利。

叠字:曲词显得浅俗,声口惟妙惟肖。如:

打扮得娇娇滴滴的媚。

笑吟吟一处来,哭啼啼独自归。

［巩固训练］ ⊙↓

一、填空题

1. 王实甫,名_____,字_____,_____(地方)人。

2. 王实甫是____代著名_____家。

3. 据明代贾仲明的《_____》记载,王实甫熟悉市井生活,所以长于写

_____之作。

4. 王实甫现存的杂剧有_____种,分别为《_____》、《_____》、《_____》。

5. 王实甫作品的风格特色为_____,

由此他被誉为_____。

6.《西厢记》原名为《_____》。

7.《西厢记》的故事源出唐代_____的传奇小说《_____》,后脱胎于

金代董解元的《_____》。

8.《长亭送别》选自《西厢记》第_____本_____折。

9.《长亭送别》中:碧云天_____

_____总是离人泪。

10.《长亭送别》中莺莺语:但得一个并蒂莲,_____。

11.《长亭送别》中莺莺语:蜗角虚名,_____。

二、选择题

1.《西厢记》的作者是(   )。

A. 关汉卿　　　　　　　　　　　B. 王实甫

C. 马致远　　　　　　　　　　　D. 郑光祖

2. 王实甫的《西厢记》全名是(   )。

A.《西厢记诸宫调》　　　　　　　B.《会真记》

C.《全本西厢记》　　　　　　　　D.《崔莺莺待月西厢记》

3. 杂剧这种艺术形式兴盛于(   )。

A. 唐代　　　　B. 宋代　　　　C. 元代　　　　D. 明代

4.《长亭送别》一折戏中的主要人物是(   )。

A. 崔莺莺　　　　B. 张生　　　　C. 红娘　　　　D. 老夫人

三、词语解释题

1. 柳丝长玉骢难系。系:_____

2. 恨不得倩疏林挂住斜晖。倩:_____

3. 我见他阁泪汪汪不敢垂。阁:_____

4. 煞强如状元及第。煞强如:_____

5. 须臾对面,顷刻别离。须臾:_____

6. 今日送张生上朝取应。取应:_____

7. 将来的酒共食,尝着似土和泥。将:_____

8. 若见了那异乡花草,再休似此处栖迟。栖迟:_____

9. 谨赓一绝,以剖寸心。赓:_____　　剖:_____

四、问答题

1. 分析崔莺莺形象的形象特点。

2. 分析《西厢记》的艺术特色。

3. 分析《长亭送别》的语言特色。

4. 《长亭送别》一折戏是如何用场景来衬托人物心理的？

桃花扇·骂筵

孔尚任

[作者与文体] ⬇

　　孔尚任(1648—1718),字聘之,号东塘,别号岸堂,自称云亭山人。山东曲阜人,孔子六十四代孙,清初诗人、戏曲作家。时人将他与《长生殿》作者洪昇并论,称"南洪北孔"。有诗文集《湖海集》、《岸堂文集》、《长留集》等。《桃花扇》是他"借离合之情,写兴亡之感"经十余年苦心经营,三易其稿写出的一部传奇剧本。共40出,舞台上常演的有《访翠》、《寄扇》、《沉江》等几折。

　　本篇为古典现实主义大型历史悲剧《桃花扇》的第二十四出。

[课文分析] ⬇

　　明朝末年,李闯王攻陷北京,崇祯皇帝上吊自杀。吴三桂勾引清兵入关,中国北方大乱。凤阳总督马士英在南京拥立福王为皇帝,取年号"弘光"建立南明。但南明皇帝耽于声色;朝臣卖官鬻爵,搜刮钱财;武将拥兵自重,互相打内战,只有史可法带领三千残兵坚守扬州,结果不到一年,扬州陷落,南明王朝土崩瓦解。

　　许多普通百姓奋起反抗。清朝推行剃发制度,不屈死难者数千万。主人公李香君就是一个有着民族气节的女子。《桃花扇》是通过男女主人公侯方域(朝宗)和李香君的爱情故事反映南明灭亡的历史戏剧。"借离合之情,写兴亡之感"。

【思想要旨】

　　该剧以侯方域李香君悲欢离合的爱情故事为中心线索,展现了明末腐朽动乱的社会现实,暴露了南明小朝廷的昏庸与腐败,热情歌颂了敢于和权奸作斗争的高尚气节和爱国情感。

【写作特点】

　　这出戏在艺术上很有特色。

　　1. 结构巧妙。作者在李香君出场之前,先安排一些次要人物上场,为她的出场痛骂权奸和突出她的反抗精神作烘托渲染。在具体安排情节时,又详略得当,主次分明。

　　2. 人物性格鲜明。作者在剧中除了用大段的唱词和典型动作塑造了主要人物李香君刚烈正直的形象外,其余几个人物也都栩栩如生,各具性格。由于这出戏是由李香君一人主唱的,其他人物多为说白,而作者通过他们一些简略的念白,清晰地勾勒出了他们各自的性格特征。

[巩固训练] ⬇

一、填空题

1. 孔尚任是_____(朝代)著名的戏曲家,《桃花扇》是其代表作。

2. "南洪北孔"指的是清代戏剧家,南为洪昇,北为孔尚任。孔尚任的代表作是《桃花扇》,而洪昇的代表作是《_____》。

3.《桃花扇》其实是一部严肃的_____。

4.《桃花扇》的女主人公是_____。

5. 戏剧是一种综合的舞台艺术,是把文学、表演、雕塑、绘画、_____、舞蹈等多种艺术综合而成的一种独立的艺术样式。

6. 元明清是戏曲的成熟时期。宋元有杂剧、南戏,明清有_____。

7.《牡丹亭》、《桃花扇》、《西厢记》的作者分别是_____、孔尚任和王实甫。

二、选择题

1. 清代《桃花扇》是一部(　　　)。

A. 杂剧　　　　　　　B. 传奇　　　　　　　C. 京剧　　　　　　　D. 话本

2. 元杂剧的奠基人是(　　　)。

A. 关汉卿　　　　　　B. 王实甫　　　　　　C. 马致远　　　　　　D. 汤显祖

3.《牡丹亭》又名(　　　)。

A.《南柯记》　　　　　B.《还魂记》　　　　　C.《邯郸记》　　　　　D.《紫箫记》

4. 孔尚任最著名的传奇代表作是(　　　)。

A.《西厢记》　　　　　B.《牡丹亭》　　　　　C.《长生殿》　　　　　D.《桃花扇》

5. "南洪北孔"是指孔尚任和(　　　)。

A. 洪晴　　　　　　　B. 洪昇　　　　　　　C. 洪禹　　　　　　　D. 洪林

6.《桃花扇》的作者是(　　　)。

A. 洪昇　　　　　　　B. 汤显祖　　　　　　C. 孔尚任　　　　　　D. 李玉

7. 下列关于《桃花扇》的表述不正确的一项是(　　　)。

A. 孔尚任经过十余年的长期酝酿而成。

B. 作者取严格的"实录"原则,其政治色彩无法回避。

C. 根据"实人实事"而创作的一部反映南明王朝兴亡的历史传奇。

D. 描写复社名士侯方域与秦淮名妓李香君悲欢离合的爱情故事,是一出浪漫爱情剧。

8. "借离合之情，写兴亡之感"的创作宗旨出自(　　)。

A. 孔尚任的《桃花扇》　　　　　　　B. 洪昇的《长生殿》

C. 关汉卿的《窦娥冤》　　　　　　　D. 汤显祖的《牡丹亭》

三、词语解释题

1. 人日：_____

2. 际遇：_____

3. 严嵩：_____

4. 祢衡：_____

5. 琼瑶楼阁朱微抹：_____

6. 煮鹤烧琴：_____

7. 戏场粉笔：_____

8. 伯仲：_____

9. 海涵：_____

10. 钜公：_____

四、简答题

1. 简要分析《桃花扇·骂筵》中李香君形象。

2. 简述《桃花扇》的创作意图。

五、分析题

1. 分析《桃花扇·骂筵》中对比烘托手法的运用。

2. 分析《桃花扇·骂筵》的艺术特色。

日出(节选)

曹　禺

[作者与文体] ⊙

　　曹禺(1910—1996),原名万家宝。祖籍湖北潜江。1933 年创作了处女作四幕剧《雷雨》。1935 年写成剧本《日出》,《日出》深刻解剖了 20 世纪 30 年代的中国都市生活,批判了那个"损不足以奉有余"的罪恶社会,也奠定了他在中国话剧史上的地位。1936 年写了他唯一的涉及农村的剧作《原野》。《雷雨》、《日出》、《原野》被称为曹禺戏剧的"三部曲"。

　　新中国成立后,有话剧《明朗的天》,历史剧《胆剑篇》、《王昭君》。散文集《迎春集》。

[课文分析] ⊙

　　1935 年阮玲玉的自杀是触发曹禺写《日出》的一个因素。曹禺的一个朋友——作家靳以就是方达生的影子。曹禺此时在天津,有时和剧团的朋友们到惠中饭店相聚看到陈白露一样的女子和她周围形形色色的人物,再逐步发现了翠喜、小东西等下层人物的悲惨遭遇。一件件不公平的血腥事实刺痛了他的心,令他决定撰写《日出》。

【写作特点】

　　1. 对话个性化。剧本中人物语言不仅表达了人物的意图和思想盛情,而且符合人物的身份、性格和所处的特定环境,并且随着剧情的发展和人物思想感情的变化而变化。

　　2. 戏剧结构紧凑集中。课文虽然只是截取了全剧的一个片段,出场的人物并不多,但故事结构却有着相对的完整性,紧凑集中。作者巧妙地运用了白描的表现手法,把矛盾和现实交织起来,推动剧情的发展。黄省三的懦弱、李石清的残酷、潘月亭的暴戾以及这些人物间复杂的关系使剧情紧凑,起伏跌宕,吸引读者,同时具有深刻广泛的社会意义。

[巩固训练] ⊙

一、填空题

　　1. 曹禺,我国现当代著名的戏剧家,原名万家宝,他的戏剧"三部曲"除《日出》、《雷雨》外,还有《_____》。

　　2. 在《日出》中,没出场的黑社会老大是_____。

　　3. 在曹禺的话剧中,受美国"表现主义"影响最大的作品是《_____》。

4.《日出》共分四幕,其时间分别是黎明、黄昏、午夜和_____。

5._____就是曹禺《日出》所要表现的主题。这个社会的核心是"钱"。

6. 戏剧语言包括人物语言和_____。

二、选择题

1. 下列加点字注音全都正确的一项是( )。

A. 嗫嚅(niè rú) 萧(xiāo)条 踌躇(chóu chú) 凄(qī)楚

B. 咳嗽(sòu) 周济(jì) 着(zhāo)慌 狞(níng)笑

C. 爆(bào)发 岂(qǐ)有此理 半晌(xiǎng) 存蓄(xù)

D. 惧(jù)怕 愤慨(fèn kǎi) 庶(shù)务 颤(zhān)动

2. 选出有两个错别字的一项( )。

A. 仁义道德 魔鬼 呆若木鸡 规矩

B. 世故 警告 乞求 天地良心

C. 安分首己 半饷 耐烦 裁员

D. 哀痛 厉声 抽咽 恐慌

3. 曹禺的戏剧创作受到诸多外国作家的影响,其中主要有( )。

A. 崇尚现实主义和自然风格的契诃夫

B. 重视命运悲剧和性格悲剧的莎士比亚

C. 追求神秘主义和表现主义的奥尼尔

D. 讲究剧场效果和戏剧技巧的易卜生

4. 曹禺的《日出》展示了"有余者"和"不足者"两个社会阶层的生存状况和对立冲突,其中主要人物有( )。

A. 受五四新文化影响的青年学生,如陈白露、方达生等

B. 有余者的代表和附庸,如潘月亭、李石清等

C. 生活在社会底层的不足者的代表,如翠喜、小东西等

D. 在有余者和不足者的夹缝中求生存的小人物,如胡四、黄省三等

5.《日出》第四幕描写了一场"有余者"之间"狗咬狗"的斗争,相咬的二人是( )。

A. 潘月亭与黄省三 B. 李石清与黄省三

C. 潘月亭与王福升 D. 李石清与潘月亭

三、词语解释题

1. 嗫嚅:_____

2. 呆若木鸡:_____

3. 狞笑:_____

4. 踌躇:_____

四、简答题

1. 请概括出潘月亭、李石清的身份、性格特征，以及两人的共同之处。

2. 简述《日出》(节选)的主题。

3. 简述《日出》的台词艺术。

4. 节选的这部分剧本共写了哪三次矛盾冲突？

天下第一楼

何冀平

[作者与文体] ⊕

　　何冀平，1951 年出生于广西，汉族。曾任北京人民艺术剧院编辑。话剧《天下第一楼》，被誉为当代现实主义经典作品。1989 年移居香港，投身影视创作。有作品《新龙门客栈》《西楚霸王》《黄飞鸿》《创业玩家》《香港故事》《帝女花传奇》《楚留香》《风生水起》《新白娘子传奇》《德龄与慈禧》《还魂香》《明月何曾是两乡》《开市大吉》《烟雨红船》《酸酸甜甜香港地》等。

　　本篇选自三幕四场话剧《天下第一楼》第三幕。

[课文分析] ⊕

　　《天下第一楼》以全聚德烤鸭店为故事背景，讲述了老北京一个名叫"福聚德"的烤鸭店里发生的事，几十载悲欢离合，世事变迁，人事沉浮，烤鸭店也伴随着主人公的命运经历了兴衰荣辱。

【思想要旨】

　　该剧描写了创业于清代同治年间、传至民国初年的老字号烤鸭店"福聚德"由入不敷出、势如累卵到东山再起、名噪京华，后又面临倒闭的曲折发展历程；歌颂了卢孟实、玉雏姑娘、罗大头、常贵等人的聪明才智、事业心与实干精神；控诉、批判了游手好闲的败家子习气和黑暗腐朽的社会势力。

【结构层次】

　　剧作以老字号"烧鸭子"铺"福聚德"的盛衰历史为结构戏剧情节的中心。

　　第一幕，在北京城遗老遗少们庆贺"张勋复辟"的豪饮欢宴中，"福聚德"却面临严重的经济危机，老掌柜唐德源请来了爱出"幺蛾子"的卢孟实当二掌柜。

　　第二幕，三年后，卢孟实心高气盛，惨淡经营，终于救活了垂死的买卖。

　　第三幕，卢孟实被两个不思经营的少东家排挤，拂袖而去。

【艺术风格】

　　《天下第一楼》是再现主义戏剧发展的新成就，以其有血有肉的人物性格，启合有度的情节构置，有声有色的氛围渲染及其层次清晰的创作题旨，形成了鲜明的具有世俗写实倾向的再现主义风格。

[巩固训练] ⬇

一、填空题

1.《天下第一楼》被誉为当代现实主义经典作品,与《茶馆》、《雷雨》等同列为人艺五部经典剧作。作者是何冀平,被誉为_____。

2. 何冀平除了话剧创作外,还创作有影视作品《新龙门客栈》、《西楚霸王》、《黄飞鸿》、《创业玩家》、《香港故事》、《_____》等。

3.《天下第一楼》描写的是民国初年京城老字号烤鸭店_____的一段兴衰史。

4. 剧本的情节结构一般分为开端、发展、_____和尾声,有的作品还有序幕和尾声。

5. 戏剧按篇幅规模有独幕剧、多幕剧和_____。

6. 戏剧按艺术形式分有_____、歌剧、舞剧诗剧、戏曲等。

7. 戏剧按内容性质分有悲剧、喜剧和_____。

二、选择题

1.《天下第一楼》的作者是(　　)。

A. 孟京辉　　　　　B. 赖声川　　　　　C. 高行健　　　　　D. 何冀平

2. 以北京烤鸭的美食文化为题材,反映的是商业文化百味俱全的深层结构,人生苍凉无奈的辛酸况味的话剧是(　　)。

A.《恋爱的犀牛》　　B.《茶馆》　　　　C.《天下第一楼》　　D.《车站》

3.《天下第一楼》以主人公(　　)为中心,构成了多个层面的人物性格关系。

A. 福顺　　　　　　B. 唐茂盛　　　　　C. 常贵　　　　　　D. 卢孟实

4. 话剧《天下第一楼》的悲剧内涵是(　　)。

A. 爱情悲剧　　　　B. 事业悲剧　　　　C. 文化的悲剧　　　D. 人生悲剧

5.(　　)将《天下第一楼》誉为一出"警世寓言剧"。

A. 王蒙　　　　　　B. 高行建　　　　　C.魏明伦　　　　　D. 萧乾

6. 卢孟实的主要性格特征是(　　)。

A. 呕心沥血壮志难酬　　　　　　　B. 看透世事愤世嫉俗

C. 祥和聪明善解人意　　　　　　　D. 胆小怕事凡事推卸

三、词语解释题

1. 磕磕碰碰:_____

2. 喋喋不休:_____

3. 抖擞:_____

4. 瞅瞅:_____

5. 问心无愧:_____

四、简答题

1. 简述《天下第一楼》的主题。

2. 简要分析剧中人物性格。

五、分析题

1. 试析卢孟实的形象。

2. 试析《天下第一楼》悲剧的根源。

3. 拓展题

(1) 请准确地写出该剧中一副对联及横批。

(2) 请结合剧情对该联的内容进行解读。

李尔王（节选）

［英国］莎士比亚

［作者与文体］⊙

　　威廉·莎士比亚(1564—1616)，英国文艺复兴时期伟大的剧作家、诗人，欧洲文艺复兴时期人文主义文学的集大成者。他的代表作有四大悲剧：《哈姆雷特》、《奥赛罗》、《李尔王》、《麦克白》。四大喜剧：《仲夏夜之梦》、《威尼斯商人》、《第十二夜》、《皆大欢喜》。历史剧：《亨利四世》、《亨利五世》、《理查三世》。传奇剧：《暴风雨》、《辛白林》、《冬天的故事》等。还有154首十四行诗，2首长诗。

　　本篇选自《李尔王》第三幕。

［课文分析］⊙

【思想要义】

　　莎翁在本剧中将个人悲剧遭遇与社会道德沦丧这双层主题相结合。一方面，《李尔王》通过描述李尔和葛罗斯特遭受儿女虐待的经历揭露了子女不孝这一令人发指而又普遍存在的社会现象，这是本剧的表层主题。另一方面则揭示了社会的道德沦丧这一深层主题。这两个主题不是割裂开来、互不联系的，而是紧紧融和、贯通在一起的。李尔被长女高纳里尔和次女里根逐出门外、弃之荒野以及葛罗斯特遭受逆子爱德蒙陷害被剜去双目，一幕幕家庭悲剧使人们情不自禁地联想到整个社会的道德沦丧危机。

【结构层次】

　　节选部分，开始进入全剧的高潮，李尔王的转变是全剧的中心。这部悲剧有两条线索，主线是李尔遭受两个女儿的抛弃和虐待最终沦落到荒野外；副线是葛罗斯特伯爵被蒙蔽双眼相信了庶子爱德蒙的谎言，致使自己身陷险境。在这一场戏中，莎士比亚匠心独运地安排了两次巧遇，一次是李尔和埃特加的巧遇，这次相遇也是整部戏剧主副线的第一次汇合。此时的李尔在弄人嬉笑怒骂的启发下，已经完全认清了女儿们的真面目。

【写作特点】

　　1. 语言丰富而富于形象性；

　　2. 人物语言具有个性化；

　　3. 善于运用人物之间富有强烈的对比性的语言来突出人物形象；

4. 擅长运用长篇内心独白来揭示人物复杂而隐秘的内心世界。

[巩固训练] ⬇

一、填空题

1. 威廉·莎士比亚是_____时期英国以及欧洲最伟大的戏剧家和诗人。1919 年后被介绍到中国,并产生了广泛的影响。

2. 莎士比亚的《威尼斯商人》刻画了高利贷者吝啬鬼形象_____。

3. 莎士比亚的"四大悲剧"是:《哈姆雷特》、《奥赛罗》、《_____》和《麦克白》。它代表着莎士比亚戏剧创作的最高成就。

4. 课文节选自第_____幕,开始进入全剧的高潮,_____的转变是全剧的中心。

5.《李尔王》这部悲剧有两条线索,主线是李尔遭受两个女儿的抛弃和虐待最终沦落到荒郊野外,副线是_____。

6. 节选的这一场戏以_____、_____为场景,使剧本的涵义更加丰富。

二、选择题

1. 以下莎士比亚的悲剧有(   )。

A.《哈姆雷特》   B.《麦克白》

C.《李尔王》   D.《奥赛罗》

E.《温莎的风流娘儿们》

2. 下列选项中不属于莎士比亚作品中人物的是(   )。

A. 哈姆雷特   B. 奥赛罗

C. 冉·阿让   D. 李尔王

3. 下列作品、作家、时代(国别)及体裁对应正确的一项是(   )。

A.《秋浦歌》—杜牧—唐代—诗歌

B.《北京人》—曹禺—现代—话剧

C.《哈姆莱特》—莎士比亚—英国—小说

D.《欧根·奥涅金》—歌德—德国—诗体小说

4. 下列有关文学常识的表述,不正确的一项是(   )。

A. 被称作"前四史"的史书是:《史记》、《汉书》、《三国志》和《后汉书》。

B. 元曲四大家是:关汉卿、白朴、马致远和郑光祖。

C. 被鲁迅称为"晚清四大谴责小说"的是:《官场现形记》、《儒林外史》、《老残游记》和《孽海花》。

D. 莎士比亚的四大悲剧是:《哈姆雷特》、《李尔王》、《奥赛罗》和《麦克白》。

5. 作者不是莎士比亚的一组作品是(   )。

A.《威尼斯商人》《罗密欧与朱丽叶》

B.《哈姆莱特》《奥赛罗》

C.《李尔王》《麦克白》

D.《伪君子》《悭吝人》

6. 下列作品、作家、国别(或朝代)对应都正确的一组是(　　)。

A.《老残游记》—刘鹗—明代　《奥赛罗》—莎士比亚—英国

B.《儒林外史》—吴敬梓—清代　《堂吉诃德》—塞万提斯—西班牙

C.《桃花扇》—孔尚任—清代　《红与黑》—莫泊桑—法国

D.《琵琶行》—白居易—唐代　《茶花女》—大仲马—法国

7. 下列(　　)不是莎士比亚剧作当中的人物。

A. 克劳迪斯　　　　　B. 李尔王　　　　　　C. 弄人　　　　　　D. 梅非斯特

8. 下面对有关名著名篇的阐述,不正确的一项是(　　)。

A. 莎士比亚与我国的关汉卿几乎同一时代,都是世界上著名的戏剧家,为世界戏剧史增添了光辉的一页。

B. "一千位读者就有一千个哈姆莱特",是说莎士比亚笔下的哈姆莱特个性生动而复杂,不同的人可以有不同的看法和感受。

C.《李尔王》中人物关系是复杂的,有亲情,有友情,有爱情,也有仇恨,整部戏剧背景充实、鲜活生动。

D.《李尔王》节选部分,进入全剧的尾声,李尔王的转变是全剧的中心。

三、词语解释题

1. 祈祷:_____

2. 衣不蔽体:_____

3. 千疮百孔:_____

4. 寒碜:_____

四、简答题

1. 请简述莎士比亚悲剧《李尔王》的故事梗概。

2. 简述《李尔王》的艺术特色。

3. 简述节选的这一场戏以荒原、暴风雨为场景的意义作用。

4. 简述《李尔王》的双层主题。

五、分析题

1. 试分析李尔王悲剧的实质。

2. 试分析这出剧中弄人的形象。

小说戏剧单元练习

一、填空题

1. 鲁迅小说《铸剑》的原名是《＿＿＿＿＿＿》。

2. 鲁迅的一生,对中国新文化事业作出了巨大的贡献,被誉为"＿＿＿＿＿＿＿＿"。

3. 《竹林的故事》作者废名,原名为＿＿＿＿＿。

4. 废名因为师从周作人的风格,在文学史上被视为＿＿＿＿派代表作家。

5. 《塔铺》的作者刘震云是＿＿＿＿代著名作家。

6. 《山上的小屋》选自残雪的小说集《＿＿＿＿》。

7. 《最后的常春藤叶》作者是美国 19 世纪短篇小说巨匠＿＿＿＿。

8. 荒诞小说《隧道》的作者是＿＿＿＿＿＿＿＿,他是瑞士当代杰出的戏剧家和小说家。

9. 《长亭送别》选自《＿＿＿＿》。

10. 《长亭送别》【正宫】【端正好】化用了范仲淹的《＿＿＿＿》。

11. 《骂筵》一折戏选自清代戏剧家孔尚任的《＿＿＿＿》。

12. 文学史上讲到清代戏剧的时候,有"南洪北孔"之说,此处"南洪"是＿＿＿＿。

13. 《日出》的作者曹禺,他的第一部多幕话剧是《＿＿＿＿》。

14. 《日出》以 20 世纪 30 年代半封建半殖民地中国社会为背景,反映了当时中国现代都市的生活面貌。它的写法与《雷雨》不同,采用的是"＿＿＿＿＿"结构。

15. 戏剧《天下第一楼》的作者是＿＿＿＿。

16. 戏剧《天下第一楼》中的情节中心是＿＿＿＿＿＿＿＿＿。

17. 《李尔王》选自莎士比亚《李尔王》的第＿＿＿＿幕。

18. 莎士比亚是英国＿＿＿＿＿时期剧作家、诗人。

19. 以独特的内心体验和感觉变异营造幻觉世界,有代表作《公牛》、《山上的小屋》等成为新潮小说的一方代表的新时期著名作家是＿＿＿＿。

20. 在新时期的小说中,常常把刘震云、池莉、方方、刘恒等归为"＿＿＿＿"流派。

二、选择题

1. 以下（　　）是莎士比亚的悲剧。

A.《哈姆莱特》　　　　　　　　B.《奥赛罗》

C.《皆大欢喜》　　　　　　　　D.《辛白林》

2. 以下(　　)为何冀平编剧的作品。

A.《天下第一楼》　　　　　　　　B.《德龄与慈禧》

C.《新白娘子传奇》　　　　　　　D.《酸酸甜甜香港地》

3. 在本册大语节选的《日出》中主要人物有(　　)。

A. 黄省三　　　　B. 李石清　　　　C. 陈白露　　　　D. 潘月亭

4. 以下(　　)为《桃花扇·骂筵》中的主要人物。

A. 寇白门　　　　B. 柳如是　　　　C. 董小宛　　　　D. 李香君

5.《长亭送别》一折戏中叠词运用最多的曲子是(　　)。

A. 滚绣球　　　　B. 叨叨令　　　　C. 脱布衫　　　　D. 四边净

6. 以下为瑞士戏剧家迪伦马特的荒诞派作品有(　　)。

A.《老妇还乡》　　B.《隧道》　　　　C.《秃头歌女》　　D.《等待戈多》

7. 以下为欧·亨利的作品有(　　)。

A.《警察与赞美诗》　　　　　　　B.《麦琪的礼物》

C.《白菜与皇帝》　　　　　　　　D.《最后的常春藤叶》

8. 以下为残雪的作品有(　　)。

A.《春之声》　　　　　　　　　　B.《我的阿勒泰》

C.《公牛》　　　　　　　　　　　D.《苍老的浮云》

9. 李爱莲是以下(　　)小说中的主人公。

A.《塔铺》　　　　　　　　　　　B.《竹林的故事》

C.《山上的小屋》　　　　　　　　D.《山月不知心里事》

10. 三姑娘是以下(　　)中的主人公。

A.《塔铺》　　　　　　　　　　　B.《竹林的故事》

C.《山上的小屋》　　　　　　　　D.《山月不知心里事》

三、词语解释

1.《竹林的故事》 静寂：_____

2.《最后的常春藤叶》 潜蹑：_____

3.《长亭送别》 迤逦：_____

4.《长亭送别》 蝇头微利、蜗角虚名：_____

5.《长亭送别》 劳燕分飞：_____

6.《骂筵》 提挈：_____

7.《骂筵》 清客：_____

8.《骂筵》 业海：_____

9.《骂筵》 扬州梦：_____

10.《骂筵》 煮鹤烧琴：_____

四、问答题

1. 请分析《李尔王》中李尔王的形象特色。

2. 请分析《天下第一楼》中卢孟实的形象特色和悲剧意义。

3. 请分析节选《日出》的艺术风格。

4. 结合《骂筵》分析李香君的形象特色。

5. 结合《长亭送别》分析莺莺的形象特色和艺术特色。

6. 请分析《隧道》中"他"、"旅客"、"列车"的象征意义。

7. 分析欧·亨利《最后的常春藤叶》中贝尔曼的形象特色。

8. 请谈谈残雪《山上的小屋》的思想要义。

9. 结合《塔铺》分析刘震云小说艺术的独特之处。

10. 请分析《铸剑》中眉间尺这个人物形象。

作 文 指 导

一、写作技巧与方法

面对"专转本"考试的作文题目,考生如何才能在考场限定的时间内写好文章,获得高分呢?

(一) 符合题意

"符合"的含义是恰当、适合。现在的考试作文命题从内容的选材到思想的定位,都比较宽泛,要求也相对灵活,但一定要"符合题意"。例如"假如生命可以重生",这是大前提,你就不能写"假如"不成立,"生命不可以重生",这样"假如"就无从谈起,大前提没有了,何谈重生呢? 所以前提条件要承认,然后或记叙、或议论,都可以。"题意"就是题目的宗旨、中心、观点、思想。抓住题意就抓住了灵魂,抓住了"神",不然就会无的放矢,靶子不明。当然在审题方面,有很多技巧可言,要充分把握材料中所给的情景、题目、要求,要反复思考,要全面领会,不可等闲视之。

所以,在接触到语文试卷时,考试作文的第一步就是审题。一道作文试题可以有三个构成部分:作文材料、写作要求和标题。但不是每道作文题都必有这三部分,命题作文就没有作文材料,材料作文也可以要求自拟题目。全都有的是给材料的命题作文。

所谓"符合题意",就是对作文试题上展现的各个部分仔细审读揣摩,确切理解它们的全部含义,不偏不漏不折不扣地按要求作文。"符合题意",主要是理解试题所要求的作文的角度、内容、中心、文体和字数。在每年"专转本"考试的作文中,上述每一个环节都有考生审错。主要原因还是没吃透材料,没把材料与自己头脑中的信息对应调动起来。

"专转本"考试是选拔性考试,为了保证公正性,"专转本"考试作文要防止雷同,因此,考试作文与自由作文最大的区别就是有统一的命题。有命题就要审题,对试题展现的各个组成部分作准确全面的审读和理解,作文才能切合题意,符合要求。否则就会"下笔千言,离题万里",文不对题,文不对"体"。那么,怎样才能审好题呢?

1. 了解作文题目的限制性和启发性

2. 审题的注意事项

审题必须准确、全面。就是对试题全部文字,包括题干、文题或所给材料(有时含有图表)、写作的"要求"或"说明"、字数规定等,逐字逐句的细心阅读,认真推敲,对其明示或暗含的所有信息准确领悟,全面掌握。理解恰如其分,不错、不偏、不漏。

（二）符合文体要求

文各有体,各种体裁的文章对表达方式的要求各不相同。写文章符合文体要求就是说写什么文章像什么文章,写记叙文像记叙文,写议论文像议论文,不能搞成"四不像"。要做到这样就必须明确各种体裁的基本特点,写作时随时注意,就是说要有文体意识。

1. 各种文体的基本要求

"文体"即文章体裁,它是由表达方式决定的,而表达方式又是由语言交际的目的决定的。要告诉别人一件事,就以记叙为主,即记叙文;发表一种主张,就以议论为主,即议论文;告诉别人事物的构成、性质等,就以说明为主,即说明文。一篇文章中常常记叙、描写、说明、议论、抒情等多种表达方式综合运用,而其中主要的表达方式决定文章的体裁。

（1）记叙文要线索清楚,有关的时间、地点、人物、事件、原因、结果等要交代完整。哪些要素可以省略,以不妨碍读者对人物事件的了解为前提。记叙的详略是由中心的需要决定的,能够有力地体现题意、表现中心的就详写,否则就略写或不写。仅有记叙没有描写,就难以生动,难以给人留下深刻印象。描写要求具体生动,必须重点突出,还要将自己的感情贯穿于字里行间,去感染别人。

（2）说明文首先要抓住事物的特征,语言要简明通俗,更要准确,有较强的科学性。说明文还要注意说明的顺序。做到有条有理;要根据不同的目的、对象,内容有所侧重。

（3）议论文有论点、论据、论证（论证方式）三个要素。

论点必须明确,所谓明确,一是观点正确,二是旗帜鲜明,三是论点集中。一篇文章只能有一个中心论点。

论据有事实论据和理论论据两种。对论据的要求,一要与论点保持一致,能证明支撑论点,二要确凿可靠,三要充分有力,具有典型性、权威性、令人信服。论证要求合理。

所谓论证合理,一是议论分析符合事例,以理服人;二是推理符合逻辑,无懈可击;三是论证方法（例证法、引证法、喻证法、对比法、引申法）运用得当,说理透彻;四是结构安排合理,条理清楚。

（4）应用文要求符合写作格式及行文习惯。特别要注意书信的写法。

2. 符合文体要求

符合文体要求,首先指符合试题规定的文体要求。"专转本"考试作文要求写记叙文、议论文、说明文和应用文四大类文体。试题,或是指定写某种文体,如"写一篇议论文"、"写一封回信",或是排除写某种文体,如"不可写成诗歌、小说、戏剧"。如果是指定文体,考生不能随意更改。如要求写记叙文《尝试》,有很多考生写成议论文,是一个严重的失误。如果是排除式的,比如"除诗歌外,其他文体不限";考生可写的文体种类就很多,即使写成散文、小说等文学体裁,也是符合文体要求的。

符合文体要求,其次是指符合考生自己选择的文体要求。试题不限定文体,是给予考生选择的自由,但是考生选定了写议论文就要写得像议论文,选定了写散文就要写成散文,不要信手写来,写成四不像。"专转本"考试作文评分说明里就有这样一条:"文体不符合要求的酌情扣分"。

(三)感情真挚,思想健康,内容充实,中心明确

1. 要抒发真情实感,切不可无病呻吟

(1)写真实的事。真情缘于真事、真人。

(2)抒情。由真实引发的感情波澜,要通过抒情来表现,可以利用排比句式、反问句式、描写句式等来实现。

(3)情感的流露往往是感慨命运多舛、事业曲折。文学家常常说"不幸是文学的亲家",作文也是如此,往往悲剧更易打动人。

2. 思想健康

就是要求考生在作文中反映出来的观点和感情倾向要健康、积极,要善于运用唯物辩证法的基本观点明辨大是大非,鲜明地肯定所是,抨击所非,注意事物的本质和主流,努力避免认识上的片面性。例如,记叙文《尝试》,有个别考生写尝试吸毒、偷窃,只是记叙了过程,记叙了有这么一回事,一点也没有写出吸毒和偷窃的危害性和严重后果,也没有表明作者对这种"尝试"的否定态度,作为考试作文来说,这样的思想观点和感情倾向就不够积极鲜明。但这也不等于说,这个考生的思想就不够健康,比较大的可能是考生不懂得要在作文中对这种坏事表达否定的态度。

3. 内容充实

就是要求考生在写作时要坚持言之有物。要求考生在平时应注意观察、分析、积累,在写作时不以假话、大话、空话填充文章。具体点说,就是若写记叙类文章,不宜堆砌材料而重在生动形象的描写;若写议论类文章,也不宜堆砌事实论据而重在说理的深刻和透彻;若写抒情类文章,更不宜罗列事件而应在精当叙事的基础上抒发能够感动自己、打动读者心灵的感情。

要做到内容充实,重要的是要围绕中心选择典型材料。有些考生作文内容的空洞,是因为缺少材料,特别是写议论文时,论点已经确定,但缺乏论据,常常是搜肠刮肚、冥思苦想也很难凑够字数。此时考生要开动脑筋"想",打开记忆仓库去"找";到教材中去找:谭嗣同为改革而英勇献身,布鲁诺为坚持真理而献身,吴吉昌孜孜以求,终获成功……这些例子都有极大的说服力、感染力;或者到报刊影视中去找,到现实生活中去找,从影星、歌星、球星或周围同学、朋友身上去发现"为我所用"的论据。诸如此类,只要在考场上有清晰的头脑、灵活的思维、丰富的想象,就一定会写出内容充实的优秀作文。

4. 中心明确

是说一篇作文一般只能提出一个主要问题,确立一个中心思想。动笔前,这个中心思想要非常明确;下笔后,要有意识地把这个中心思想贯穿全文,使读者一看就能把握。再以记叙文《尝试》为例,有一个考生记叙他先是尝试追星,剪了个郭富城发型,购买唱碟,观

看演唱会,但是学习成绩直线下降了。老师找他谈话,自己渐渐转向学习,最后的体会是:"我终于尝试到了学习的滋味。"这篇作文的"中心"就不够明确,到底主要是想表现尝试追星还是尝试学习？读书学习,对于作者来说,已做了十几年,现在才说"尝试到了学习的滋味",那应该有新的做法和新的体会,可是作文中又没有确切地写出来,整篇作文的中心很模糊。

"专转本"考试作文在中心明确的基础上,还应力求深刻,要有教育意义,给人以启迪。如作文《习惯》,一般的考生作文,不外乎表现"习惯"有好坏之分,好习惯能帮助人成功,坏习惯会影响人进步,所以要培养好习惯,改掉坏习惯。这只反映了现象,没有触及"习惯"后面隐含的思想内容或社会因素,因而对习惯的分析必然是浅层次的。而有位考生在写作时,通过叔叔爱给新上司送礼的习惯,抨击社会上行贿受贿的不正之风;又写新上司向来不受贿的习惯,赞扬抑制歪风邪气的正气。本文在挖掘两人习惯行为的实质上,力戒人云亦云,其中心思想既深刻,又有积极的现实教育意义。

（四）语言通顺,结构完整;书写规范,标点正确

这是对作文形式方面的主要要求。

1. 语言通顺

语言是作文能力中最基础的因素,所谓"语言通顺",就是语言要规范、准确、连贯、得体。

（1）语言规范主要指:

① 符合现代汉语语法,不出现病句;

② 符合本民族习惯,尽量不用或少用欧化句法;

③ 以普通话为准则,尽量不用一般人听不懂的方言俚语,避免文白夹杂;

④ 用语符合大众化的原则,不生造词语。

（2）语言准确主要指:

① 用词造句贴切,能够充分地表情达意;

② 一句话能清晰地表达一个意思,没有歧义,不使人费解或误解;

③ 评价恰如其分,不夸大缩小,不以偏概全,没有绝对化的毛病。

（3）语言连贯主要指:

① 一段话或一篇文章有一个统一的话题或中心;

② 句子间和段落间有合理的顺序;

③ 前后语句和上下文之间有一定的衔接和呼应;

④ 表述中不出现语言"跳跃"。

（4）书写的要求:

① 字体规范;

② 书写格式正确;

③ 字迹工整;

④ 卷面清洁。

(5) 语言得体有三方面的含义：

一是符合文体。记叙、议论、说明都各有自己文字表达上的特色。在记叙中滥用议论文字,定会喧宾夺主;在议论中滥用记叙描写,也会繁琐无力。

二是符合语体。书面语与口头语,白话文与文言文,语言是不同的,特别不能文白夹杂。例如考生作文中出现了这样的语言:"一堆污物,本乃小事,小青年无意为之,他人也只需徒手之劳便可清除之,解决之,为何独发牢骚乎?"这是多么不"得体"啊! 但是另一考生作文《赤兔之死》,用夹杂不少文言文的古代白话文写作,因为设想的是一千九百年前的事,所以它的语言又是得体的。

三是符合语言环境。具体要注意以下几点:

① 符合说话人的身份地位;

② 符合对象(听众、读者)的需要;

③ 适合特定交际场合的需要,如喜庆与忧伤、严肃与随意等不同场合,遣词造句、用语分寸均应不同。

作文要做到语言通顺。首先在于平时的写作训练,其次在考试中保持良好的心态,沉着应试,不慌张也很重要。写完之后检查一遍,将错字、掉字、病句、不连贯的地方略加修改,可以减少毛病,当然修改时要注意不要把卷面弄得很脏,卷面整洁也很重要。

2. 结构完整

(1) 要能全面反映客观事物的情况和内部联系。如记事的文章中,起因、经过和结果缺一不可。立论的文章中,提出问题—分析问题—解决问题,也是缺一不可的。否则,结构就不完整。

(2) 结构要清楚、完整。即写文章要有头有尾,有详写有略写,段与段的安排要清晰、合理,过渡、照应要和谐自然。只有这样,才会给人一种赏心悦目的感觉。

(3) 结构要严谨而有特色。严谨是指段与段之间蕴含的逻辑力量,这在议论文中最为常见。特色是指不同一般的结构布局。开头要有一点魅力,以达到"先声夺人"的效果。如记叙文的设置悬念的方法,以及欲扬先抑、误会法等等。议论文章中,还要注意段首句的安排,段首句往往是文章的分论点,采用诸如并列式、递进式、对比式、层进式等方法安排各段内容。结尾段应求小、求巧、求精、求实,追求"曲终奏雅"、"回眸一笑"、"卒章显志"、"柳暗花明"等境界,给读者留下一点思考和品味的空间。此外,记叙文可以用反弹式、释悬式、抒情式,议论文可用照应式、哲理式等。

3. 书写规范

书写是作文的一项基本功,它反映了作者的书写习惯和写作态度。卷面(即文面)对作文得分的高低的影响力是较大的,试想一下,不整洁的文面令人难以接受,是不会得高分的。

4. 标点正确

标点符号的正确运用体现了作者的文化素养。许多同学平时作文时不认真地点标点，或标点位置不当（许多同学平时将逗号、句号、分号等符号标在顶头格，令读者皱眉），或全部文章没有标点（仅用小圆点停顿一下），给人很不好的印象。抛弃了民族语言的标点习惯，怎么可能得高分呢？因此，养成正确的书写标点习惯，考试时认真地点标点也是一项很重要的工作。

二、写作训练

训练指导（一）
——如何写好"寓言性材料"作文

1. 作文材料

阅读下面的文字，根据要求写一篇不少于 800 字的文章。

夜深人静，万籁俱寂，寺庙里的两块石头在小声交谈。铺在地上当台阶的一块石头向被雕成佛像的另一块石头抱怨说：咱俩从一座山来，瞧你现在多风光，每天都有那么多人跪在你脚下顶礼膜拜。我怎么那么倒霉，每天被人踩来踩去。被雕成佛像的那块石头略一沉思，慢悠悠地说：老兄，别忘了，进这座庙时，你只挨了四刀，我可是挨过千刀万剐呀！

要求全面理解材料，但可以选择一个侧面、一个角度构思作文。自主确定立意，确定文体，确定标题；不要脱离材料的含意作文，不要套作，不得抄袭。

题意阐述

这是一则"寓言性材料"作文。面对这一类材料，我们审题的第一要点是解读材料所包含的"寓意"。一般来说，一则材料中包含着一个主要的、核心的含义，也就是这则材料的"主旨"所在。当然，"多角度"解读材料，也是考场作文中提倡的和允许的。

既然材料只具有"一个"主要的、核心的含义，那么，我们首先要把这个含义弄清楚。就像在水面上投入一块石头，落水处只是"一点"，但是溅起来的是"四射"的水花。如果我们连这个材料的"主旨"都没有明白，就急着要"多角度"了，这样的话往往会偏离或远离材料所包含的"寓意"。所以，对"寓言性材料"的审题切忌见其"一隅"而忘其"一屋"，只凭第一感觉，乱抓一个"点"，就匆匆"下笔成文"了。那么，上面的这段材料的"寓意"是什么呢？

它主要的、核心的含义应该是：只有经历磨难的历程，才有可能换来精彩的结果。涉及的是"过程和结果"的关系——这是它所包含的"一点"。

围绕着这"一点"，我们可以"四面开花"：不能光关注他人的结果；有怎样的过程就有怎样的结果（不经历风雨怎能见彩虹）；位置的不同不等于价值的不同（"台阶""佛像"都风光）；认识的不同会产生不同的价值观……

例文展示

<h2 style="text-align:center">牢牢地抓着土地</h2>

认识他,是从一句诗来的:"远方除了遥远一无所有。"那时候我想,他一定是一位忧郁的诗人;记住他,是从另一句诗来的:"活在这珍贵的人间。"那时候我又想,他一定是一个乐观的家伙。

可是,我都错了。

可是,我从此开始疯狂迷恋他的诗歌。一家书店接着另一家书店,我满大街地寻找他的诗集——可是,一本也没有找到。

很久之后的某年某月的某一天,我最终见到了它。

命运实在是一个高明的玩笑家。当我怀着虔诚的心第一次打开那本诗集时,没读几句我便丢开了。我被震颤了一下。以前看到的那些,不是伤春悲秋,便是感时伤世,甚或忧国忧民,我只需跟着诗人们或"出乎其外"或"入乎其内"地循着景入情,借着物伤怀罢了,怎么我就这样被一首首小诗给"震颤"了呢?

我无法用语言来描述他的诗。激情,还是狂热?爆发,还是冲撞?疯狂,还是粗野?放荡不羁,还是浴火重生?这是一个颇为难下的定义,思来想去,我想到了一个词:原生态。

他的诗,犹如土著居民跳起的舞蹈,犹如垂死老者最后闭上的双眼。他狂放时如红日喷薄而出,他绝望时如死水寂静无声。

我一直奇怪于这样的力量,疯狂地在他的诗歌中搜索,最后,也不知是谁,告诉了我两个字:"麦子",没有任何一个词比"麦子"更频繁地出现在他的诗中。

我刹那间明白了他的力量,他的力量来自土地,来自自然。

最原始、最基本的生命,蕴涵了最强大的力量。他的诗的力量让我一读便战栗,却打死也不松手,紧紧地拉住我的同时,又将我远远地踢开。

这就是土地的力量,没有人能离开土地,也没有人能阅读完土地。

世界上有两个地方是我们所不能触摸到的,一个是天上,一个是地底。

它们神秘,毫无形态,这,正是他的。

有时,他的诗语无伦次,毫无逻辑,可是不知为何,你就被它震撼了。因为他是一种最原始的喊叫,发出最高贵的声音。

他打破了语言的装饰性,打破了优雅之美,如同土地赤裸裸地出现在世人面前,用天马行空的思维写诗,用原始语言写诗。

他不是顾城,想到自己的黑眼睛和任性;他不是卞之琳,想到自己窗外的风景;他不是北岛,想到自己高尚与卑鄙的回答。他只说:"诗歌是一场烈火,而不是修辞练习。"

就这样,他喊出了生命的激情,给了诗歌一个加速度,冲击开所有人的心。

我常常想,他就是土地的儿子,用土地的声音轰击我们。面对土地,我们是站着的,而他，却是躺着的——他爱土地，他就爱麦子，他用爱麦子来爱土地。

是的，他就是海子——被人"踩来踩去"，也被人"顶礼膜拜"。

点评分析

文章呈现出作者丰厚的阅读积累和思辨能力。作者以"辩证"的视野去解读材料，并且寻觅到了自己的写作"点"——通过对一位有"争议"诗人的阐述，表达了"我"对他的赞美和敬仰，表达了"不同的价值观产生不同的认识"的道理。

如果没有对"海子人生"的了解，如果没有对"海子诗歌"的酷爱，如果没有对"海子思想"的揣摩，那么就不可能有这样的介绍和阐述——阅读的积累是作文的"土壤"、"基石"。

文章的成功之处在于作者能够把题目所提供的"材料"与自己的"阅读"作了一个恰当的链接。

文章语言、思维呈现出许多闪烁的火花："世界上有两个地方是我们所不能触摸到的，一个是天上，一个是地底。""给了诗歌一个加速度，冲击开所有人的心。"

"寓言性材料"作文最犯忌的是简单图解"材料"，或用一个低劣的故事诠释"材料"。

2. 阅读下面的材料，根据要求写一篇不少于800字的文章。

山石对卵石说：我才是真正的石头。你看我体肤糙砺，棱角分明，血性方刚，我们才能构成雄壮的大山，凝成挺拔的峰峦，展现自然的粗犷。

卵石对山石说：经年累月，水蚀沙磨，我体肤平滑，肌理莹润，虽已脱胎换骨，不还是石头吗？脱离了大山，我却有机会走进人间，装点人们的生活。

要求：选择一个角度构思作文，自主确定立意，确定文体，确定标题；不要脱离材料内容及含义的范围作文；不要套作，不得抄袭。

题意阐述

这是一个给材料作文。材料以寓言的形式设计了山石与卵石的对话。

从对话来看，山石对卵石很是不屑，认为卵石细小，不如它自己高大挺拔；认为卵石体肤平滑，肌理莹润，不如它自己体肤糙砺，棱角分明，血性方刚。山石在卵石的面前，是骄傲的、自信的、充满豪气的。这些固然没错，但山石的不足在于，它在看到自己高大雄奇、充满阳刚之气的同时，不应当对同出一源的卵石采取排斥、鄙视的态度。大千世界的事物存在的形态是各不相同的，美的呈现方式是多种多样的。大固然可敬，小也有其存在的价值。山石的口气比较霸气，唯我独尊，唯我独优，毫不谦逊，这不是一种值得认可的为人之道。中国人素来崇尚谦虚。山石的傲气、霸气值得一评。对山石既可正面立论，肯定它的自信、它的豪气；也可反面立论，批评它的傲气、霸气、偏见，等等。

跟山石相比，卵石就显得温和许多。但卵石在高大的山石面前并没有失去自信，并没有丧失自我，它据理力争，柔中带刚，阐说自己苦难的经历，阐说自己也有独特之美，阐说自己"走进人间，装点人们的生活"的实际贡献。跟傲气的山石相比，人们往往把爱意更多地投向了卵石，一般宜正面立论。

文章既可整体综合立意,将山石与卵石相互比照提出观点,也可选点立意,从山石或卵石的所具有的某一个小点立意,引申开去。

常见立意:

傲气/豪气/霸气/大千世界万千之美/物尽其材各有所用/磨炼/异样人生/异态之美/外形与内质/认同对方/不要拘泥一种形态/经历磨难是一种财富/自信是一种力量/谦虚/排斥/唯我独尊/大与小……

注意:

只要立意与材料有联系,即观点是可以从材料中找到立意依据的,都可认为立意正确。新材料作文不讲究最佳立意,不宜以立意来区分文章的高下,区分的标准主要看表达!

判断文章立意偏离原材料应当慎重(如立意在于一味批评卵石的"圆滑",则属曲解材料,只能曲解材料,只能判为切入分以下。因材料中说卵石的体肤平滑、肌理莹润只是它的外部形态,而且是经历了经年累月的水蚀沙磨才形成这种模样,不能理解成是它"圆滑"的表现;原材料中对卵石并无贬意)。

例文展示

居山则刚,在水则柔

石头者,居于山则棱角分明,血气方刚;处于水则柔和圆润,晶莹碧亮。

——题记

(一)

笔力刚道,言辞激荡,为废变法而奋不顾身,终于飘零也在所不惜。朝廷如晦的风雨中,我只看到你,苏轼,将群小险恶的涵管拂于身后,傲然挺立,将自己站成一座伟岸山石,笑对风雨。

黄州、杭州、惠州、儋州——你漂泊半生的足迹遍布了大半个中国。然而你从未后悔,"倘若饭中有蝇,仍须吐出"。你为了天下苍生奋不顾身地与权派狭路相逢。

遍体鳞伤以后,你依然没有就此沉沦。你用你的声望,用你的文才,继续与变法进行殊死搏斗。你向太后痛陈利害,向皇帝冒死进言,万丈光芒让身处黑暗的群小胆寒。

有人笑你太傻,说你不仅得罪了王安石,还反对司马光。但你从不后悔。你知道自己是为了天下,因此不惜代价要卷入政治风暴。

苏轼,在朝廷上,你是一块坚硬的山石,棱角分明,血气方刚,站成了山的豪迈。

(二)

烟酒赤壁,诗墨苏堤,千年的流水洗净你绝世的才情。诗文抒浩然,亭台吟快哉,千年的蓦然回首,我只看见你,苏轼,用你诗意的生活,为家人,为朋友,为你所在的一方钟灵山水,带去鸟语化香。

你的才情倾醉千古,但真正让你照耀万代的,是你乐观旷达的情怀和亲近百姓的纯洁心灵。流水潺潺,你是河床的一枚卵石,不论是谁,都一并以欢笑相迎,毫无防备。

在黄州,你上书太守,言辞切峻,痛陈当地溺婴陋俗,救万千崭新生命于水火;在杭州,你筹钱买粮,开仓济荒,使当地灾民远离生死边缘,挽留了一方钟灵山水的诗情画意。百姓因此爱戴你,景仰你,西湖上的人们至今口上仍不绝念着"苏东坡"。你说你"上可以陪玉皇大帝,下可以陪田园乞儿"。你可以身披蓑衣,脚踏泥鞋,毫无顾忌地在一群农人之中谈笑风生,欢乐连连。

苏轼,在民间,你是一枚纤巧的卵石,柔和圆润,晶莹碧亮,洗出了水的甜润。

(三)

居山则刚,在水则柔。苏轼,你的刚柔,原来都是因为天下苍生!也许这才是你才情倾世的原因,也许这才是你乐观旷达的原因,也许这才是为什么五千年华夏只有一个苏东坡。

苏轼,你的刚你的柔,是你如山的胸怀,如水的博大。

例文展示

天光云影共徘徊

群山万壑中,山石在展现自己的粗犷。棱角分明,血性方刚,伟岸的山峰像一个正值壮年的汉子,山间的飞湍瀑流就是他热情充盈的血管,在脖颈上清晰可见。

在浅浅的流水边,静静地躺着一群肌理莹润的卵石。水蚀砂磨,它们早已失却了棱角,随波逐流,被碧水带到四方。

山石时常抬起睥睨的眼角,瞧不起卵石的卑微。而猎犬静默不语,垂下沉默的眼帘。

回首人间,在变幻的世态图画中,山石与卵石的影子数见不鲜。在或俯或仰的世间百态中,我们看到了一幅幅生命的风景。

还记得硬汉海明威的那句话吗?人可以被毁灭,但永远不能被打倒。《老人与海》中的桑提亚哥,像一块体肤糙砺的山石。在海上,他同两只鲨鱼鏖战了数夜,筋疲力尽,得到的却只是大哈林鱼的几根残骨。这不是一种徒劳无功的鲁莽行为,而是向世界昭示自己生命精神尚存,只要还有气息,就一定战斗到底。海明威借此叫出了那句响亮的宣言,如铮的战鼓,在苍天与大地之间铿锵回响;如熹微中的星光,在浩渺的天幕里熠熠生辉。

蓝天碧水之上,浮云在天空悠然地游过。魏晋这片天空,是中国文艺史上的一个黄金时代,这不禁让我们想起一代书家王羲之。

琅琊众望标千古,王草颜真冠书府。他那飘若浮云、矫若惊龙的书法令人倾倒。方寸之间的美,如卵石的莹润肌理,装点人世,平添一分柔美。

宗白华先生所说:"如庖丁切中肯綮,神行于虚,这种超妙的艺术,只有晋人潇洒超脱的心灵才能心手相应,登峰造极。"这番话在提醒我们,艺术的背后,是心灵的游动,灵魂的歌唱。魏晋是艺术的繁华,却是政治的黑暗时代,而并非尧天舜日。在刀光剑影中,能够奋力提起三寸柔亮,是怎样的一种娴雅与从容?恰如卵石的平滑,面对什么样的冲击都能泰然自若。

山石与卵石,一个糙砺,一个平滑;一个挺拔,一个莹润。然而我们不能忘记,山石没有泰然自若的稳重,决不能战胜激流;卵石没有山石的勇气,也同样不能展现光辉。山石与卵石正如天光与云彩,绝不是了然相隔的一条直线,而是你中有我,我中有你,天光云影共徘徊,春日才能留给我们美的凝眸。

例文展示

凌厉和柔和

棱角分明,血性方刚,山石的伟岸成就了粗犷的大山。

体肤平滑,肌理莹润,卵石的柔和装点了美丽的生活。

同样是石,可以有凌厉的美,可以有柔和的美,它们张扬了自己的个性,于是不再平庸。喜欢稼轩的凌厉。栏杆拍遍,无人会,登临意的高处不胜寒却从未减退散发的光芒。不愿做陶潜,看透了黑暗,就退守田园,只因心中喷涌那一腔报国志磨得他无法平静,只愿马骋沙场,了却君王的天下事。你也许会说习惯了黑暗的眼睛被他的光芒刺痛,一纸诏书就决定了他壮志难酬的一生。但凌厉的他一定不曾后悔,将满腔的爱国热情包裹于蝶蛹中,非他所愿,也不是我们所愿。感谢凌厉,使我们隔了千年还能读懂那颗不甘平庸的心,读懂"青山遮不住,毕竟东流去"的执著与坚实,那是刚毅之美。

历史的风烟转瞬即逝,其间多少朝代更迭,多少思潮涨起又落下,卵石却以其柔和,迎接着风雨的洗涤,而越发耀眼。

喜欢容若的柔和。不同于壮志难酬的稼轩,世人所期盼的他都有了。皇帝的近臣,相国的儿子,他有着名誉的光环,却不曾陶醉,不曾泥足深陷。那些蜗角虚名,他早已看透,他的词总有点不食人间烟火。贵族的奢华不曾迷离他的双眼,他的词清新柔和,如清风拂面使人舒畅。风一更,雪一更的深夜,他看到帐中的灯火,想到身处遥远的大漠,也会有缠绵的乡心,也会辗转反侧。感谢柔和,使我们于浮华中读懂别样的精致,读懂泉流涧田的柔和与甘甜,那是清新之美。

凌厉与柔美,选择不同,但终成就了殊途同归的名。张扬自己的个性,不甘附于平庸,那是淘尽历史沙漉后的沉淀的金。

纷繁的喧嚣中,个性总在迷失。大声呼唤着追求个性,却掀起新的追热,这不是个性。个性是做自己,对生活执著的自己。盲目地追星,那是甘附平庸。

张扬个性,显示你的凌厉和柔美,不一定要有稼轩的刚毅,不一定要像容若般柔和,但要做你自己,璞玉的光芒会绽放。

训练指导（二）
——如何写好"社会性材料"作文

作文材料

阅读下面的文字,根据要求写一篇不少于 800 字的文章。

一则韩国天王 Rain 正计划演唱大型运动会主题曲的消息传出后,互联网上就出现反对声。有网友在其博客《中国人的大型运动会凭什么让韩国人唱》中表示极力反对,受到众多"爱国网友"的关注和认同。该篇博文认为,让 Rain 演唱是长了他人志气,灭了自己的威风。

由谁唱大型运动会主题歌真的很重要吗? 请就这个问题谈谈你的看法。

题意阐述

"社会性材料"即现实生活中社会发生的"事件"、"现象"等。考场作文呈现的"社会性材料",常常在道德观、价值观等方面是"中性"的,即不以对其"是"或"非"来确定作文的正确或错误。我们可以以自己的思想来表达对"此"的认识,可褒可贬,可扬可抑,只要能够自圆其说,言之成理都可以。当然,你的观点应该也必须与社会的"主流意识"吻合,你的文笔应该也必须是以理服人的。要"褒扬",要"赞叹",就要言之殷殷,让人共鸣共赏,空乏式的喝彩、善意性的拔高都是要杜绝的;要"贬抑",要"抨击",就要言之凿凿,使人心服口服,谩骂式的语言、侮辱性的文风都是忌讳的。

那么,对这个"社会材料",我们可以怎样来"谈谈看法"呢?

如果"赞叹",那么,可以从我们的"文化认同"角度来阐述。在"我们"的国土上举办"大型运动会",让"我们"的人"演唱",更具有亲切感,自豪感,也让更多的中国人得到莫大的心理满足。

如果"反对",那么,可以从我们的"视角"、"胸襟"等角度来阐述。

当然,不论是"赞叹",还是"反对",我们都可以采用"辩证分析"的论证方法。

例文展示

为我们的"视角"定位

外国人要想在中国申办的大型运动会上演唱主题歌,这确实是一条"新闻"。当每一位流着"中国血液"的人乍一听到这个新闻时,也许都会或"热血沸腾",或"血液凝固"——凭什么"我"的舞台让"你"演唱?

如果站在"我们"的立场上看:大型运动会的主题歌由中国人来演唱,既合乎情,也合乎理。这次大型运动会是"我们"申办的,在"我们"的领土上举办,理所当然应该由"我们"来"演唱"。但由此推理说让外国人来演唱,就"长了他人志气,灭了自己的威风",则有些言过其实了。

我想,这也许是我们的"视角"出现了偏差。

站在"全球"的立场上看:历届大型运动会主题歌的演唱,由外国人主唱早有先例:巴塞罗那大型运动会主题歌《永远的朋友》的主唱包括英国女歌手莎拉·布莱曼,甚至连曲作者都是英国音乐家韦伯;亚特兰大大型运动会主题歌《登峰造极》的演唱者是古巴的拉丁歌手伊斯特芬;雅典大型运动会的主题歌《海洋母亲》的演唱者,是冰岛歌手比约克。恐怕没有人能否认这几届都是成功的大型运动会,也没人能否认这几首大型运动会主题歌都演绎得非常精彩。当然,更重要的是,这些大型运动会主办国并没有因为主题歌的演唱者不是本国人而觉得有什么不妥。

当然,这不是说因为有了这样的"历史事实",所以让外国人演唱就成了必然或必须。

我想,我们应该具有这样的"视角":从"我们"的圈子里跳出来,从"狭隘"的心理跳出来,站在"大型运动会"的历史看,站在"大型运动会"的宗旨看,这样我们的"视角"就会变化,我们的"胸襟"就会宽阔,我们的"心理"就会安然。

这本来就是一场"世界级"的盛会啊,也许让外国人来演唱更显现出它的"历史性"和"世界性"。

中国之所以能成功申办大型运动会,中国之所以在国际体育大舞台上有了一席之地,一个主要原因正是我们具有了开放、融合、交流、互进的大国心态,正是我们全面诠释了正确的体育理念,正是我们懂得了大型运动会是中国的,更是世界的——它是地球村村民们的一次竞技体育、交流文化的盛会。

如果"大型运动会"只是"我们"的,那么它还是"大型运动会"吗?

因此,大型运动会主题歌由谁来唱,并不是一个什么严重的"问题",不是什么"显威风"也不是什么"长志气",只要他(她)能够唱出全世界人民的共同心声,唱出"同一个世界,同一个梦想"的心愿,由谁来唱都可以。

体育的含义是什么?如果我们真正理解了它,那么我们的"视角"的远度、宽度、深度就发生了根本性的转变,绝不会单单拘泥于形式上的"中国人"或"本地化"。

写至此,又想起了当年排球名将郎平出任美国排球队教练的风波。

只要"视角"定位恰当,历史就不会重演。

点评分析

文章直率地表述了自己对这个"社会事件"的看法:只要他(她)能够唱出全世界人民的共同心声,唱出"同一个世界,同一个梦想"的心愿,由谁来唱都可以。

文章是按照这样的逻辑顺序展开议论的:先对材料中的某些说法提出了"有些言过其实"的恰当批评;然后一句话提出自己的"看法":这也许是我们的"视角"出现了偏差。这里的"也许"一词用得很有分寸,呈现了严密的逻辑性;接下来层层说理,层层推进:以"史实"为据"辩证"说理——提出自己的鞭辟入里的分析——揭示"大型运动会"的真谛和本质。如此水到渠成,顺理成章。"郎平"一例,似信手拈来,随意为之,其实恰恰是一个经典的"类比"。

文末一句既与开头自然呼应,又对该"事件"的发展作了"正向"的预测,是结论,更是期待。

训练指导（三）
——如何写好"半命题"作文

作文材料

以"和（ ）说再见"为题作文。先在题目的括号里填上你选择的内容,然后写一篇不少于800字的文章。

题意阐述

考试作文命题中常常会出现"半命题"的形式。其实,这种"半命题"有两种呈现模式:一是外显的"半命题",即题目中含有让学生选择填入的内容,如上题;一是隐含的"半命题",即题目表象是一个"命题"式的题目,但是它也同样包含着让学生选择的内容。比如:"必须跨过这道坎"中的"坎","有句话常挂在嘴边"中的"话","我能"中的"能什么";"传递"中的"传递什么"等等。后者是近年来考试作文命题中较多采用的方法。

"和（ ）说再见"属于外显的"半命题",在括号里填入的内容是你的选择。鲜活、新颖、典范的材料是你获得成功的基础和保证。

审题时要注意对"再见"词义的理解:一是"告别"后不再见面,二是暂时的"告别",三是一般的礼貌用语,四是愤恨地诀别。所以,你在题目中填入时就要有清晰的判断,不能在一篇文章中出现"多义"的状态。

最佳的选择(填入),应该是"人人都知晓"而又"人人没料到"的材料。要避免的是空洞、抽象、生疏的材料,提倡实在、具体、熟悉的材料。

如"和压岁钱说再见"、"和塑料袋说再见"、"和帕瓦罗蒂说再见"比"和孤独说再见"、"和昨天说再见"、"和困难说再见"更容易把握,更容易出彩,更容易获得成功。

其实,"半命题"作文给了每一位考生很大的选择"机会",你要用好这个"机会",不要轻易地忽视,轻易地放弃。

例文展示

和斯皮尔博格说再见

尊敬的斯皮尔博格先生:

你好!

我非常喜欢你的影片《拯救大兵瑞恩》,自由战士们对于和平的渴望曾深深打动我的心。

但是,就在几天前,当全中国人民在新年的钟声中,憧憬着新一届能够促进和平的大型运动会时,你却给全世界"大型运动会热"泼了一盆冷水:你决定辞去北京大型运动会的艺术顾问之职。

毫无疑问,你的决定伤害了中国人民的感情,也刺伤了全世界所有热爱和平,热爱大型运动会的人的心。

斯皮尔博格先生,也许你有你的理由,我们也应该尊重你的选择,但是你所谓的那些理由:什么"达尔富尔问题",什么"人权",什么……你列举了一个个冠冕堂皇的理由,可是你应该知道,中国不应该为万里之外的某一个国家的某些问题负责,尊重全世界人民自己的选择,尊重全世界人民对大型运动会的渴望才是最大的"责任"。

先生,你犯了一个根本性的错误,就是把大型运动会与政治联系到了一起。你无视中国人民的热情,无视世界人民的渴望,执著于自己的偏见,想凭借大型运动会宣传自己的政治观点。如果谁要是想借大型运动会左右中国人民的思想的话,想借大型运动会挟持中国人民的主见的话,那么,我想清楚明白地告诉你:中国人民是不会因为你的"决定"而改变自己的立场、观点和行为的。你我都知道,这个世界上少了任何一个人,地球照样不停地旋转,太阳照样从东方升起。

先生,你真的认为中国在"威胁"着世界和平吗?其实,在城楼上叫卖最响的,恰恰是想把最低劣的东西推销给别人的商贩。是谁陈兵伊拉克,虎视伊朗?是谁在试图分裂塞尔维亚的版图?又是谁在全世界的许许多多的角落安插军事基地?是谁?

先生,如果你真的想为世界和平出力,想为维护人权出力,那么,你就不应该放下为大型运动会添彩的画笔。因为,这支笔可以促进全世界的和谐,推动全世界的发展。你应该做的事就是加入华盛顿呼吁和平的游行队伍。

先生,我、我们只能很遗憾地与你说再见,因为你将无缘为一届最伟大的大型运动会贡献自己的才华。同时,也请你记住中国人民的承诺:我们将联合世界上所有热爱和平的人士举办一届最成功、最伟大的大型运动会。

只能与你说一声:别了,斯皮尔博格先生!

一个中国中学生

××××年××月××日

点评分析

作者(考生)紧紧抓住题目给予的机会,把一个最鲜活的、最新鲜的、最典型的材料融入了题目,我不得不赞叹作者的敏锐和高明。

这是一个"热点"问题,这是一个"敏感"的问题,这又是一个"严肃"的问题。

能够把这样的"话题"写入作文,是需要具有相当政治水平和思想水平的。"指点江山,激扬文字"是青年学生的权利和义务,但是面对这样的"大事",在有限的文字里怎样表达,怎样阐述,这首先需要对这个问题的准确认识和清楚辨析,其次需要的是驾驭语言的能力。

文章一开头在"抑"之前,先"扬"了一笔,"自由战士们对于和平的渴望曾深深打动我的心"一语双关,言在此意在彼,非常吻合书信体的基本格式。文章在层层阐述中,斩钉截铁地表明了自己的见解:这个世界上少了任何一个人,地球照样不停地旋转,太阳照样从东方升起。

文章有绝妙的比喻——在城楼上叫卖最响的,恰恰是想把最低劣的东西推销给别人的商贩。

有调侃的致辞——只能与你说一声：别了，斯皮尔博格先生！

如果你也是一位关心政治，关心国事的有志青年的话，那么，你会发现可以供给你的写作材料取之不尽，用之不竭。

训练指导（四）
——如何写好"命题"作文

作文材料

以"花开不只在春天"为题，写一篇文章。

要求（1）不少于 800 字。（2）不要写成诗歌。（3）不得透露个人相关信息。

题意阐述

近年来，"命题作文"出现了这样一种倾向：以形象化、诗意化描述命题。比如作文题目："读诗'细雨湿衣看不见，闲花落地听无声'"、"怀想天空"、"提篮春光看妈妈"、"季节"、"行走在消逝中"，等等。

其实，这一类命题作文中都含有让考生寻觅"类比"，捕捉"象征"的暗示。上述题目中的"细雨"、"闲话"、"天空"、"春光"、"季节"、"行走"都是或"类比"或"象征"，考生只是需要或"寻觅"或"捕捉"或"链接"一个好的"点"（材料），对此进行或"类比"，或"象征"的描写、阐述。

"花开不只在春天"中的"花开"和"春天"都是一种形象化的说法，在你作文时，必须把这样的"形象化"转换成"具体化"、"物像化"的事物或道理。

"转换"得是否得体、是否巧妙、是否出人意料之外而又在情理之中，这是文章是否能够取胜的关键。

我们知道，"花开"是褒义的，但是它绝对不是描写（叙述）几种不是在"春天"开花的花种；"春天"也是褒义的，但是它也绝对不是大自然一年四季中的"季节"意义。这样，就要求我们在生活中寻觅、捕捉"花开不只在春天"的事或理。

这类作文题，一不小心极容易写成简单对应或牵强联系的文章。

例文展示

花开不只在春天

书桌上，曾有两只完美的杯子。

优雅的弧线，晶莹剔透，光滑如玉，温和如水。我写作时，它们便安静地伫立在窗台前，掬满一泓阳光。在这个时候，我总会情不自禁地停下笔，拿着它端详着，久久不肯放开。那时的我为拥有它们而感到无比的满足和得意。

终于有一天，一声尖锐的破碎声划破了宁静。由于我的失手，一只杯子落在了地上，繁星般的碎片，让人觉得有些刺眼，更刺痛了我的心。我蹲下身子将它们一片一片地拾起，用胶水将它们小心翼翼地粘合起来，企图将它复原，来掩饰我愧疚的心。在我的制作下，它是"复原"了，但徒具弧形的外形罢了。望着它身上那纵横交错的累累裂痕，我只得痛心地将它锁进了抽屉中，不愿意再看到它丑陋悲哀的样子。

完美的杯子只剩下一只了。似乎正是从那天起，我观赏它时眼神陡然变得恭敬起来，不再带有亵玩的意味。它处处享受着优越的"待遇"。偶尔要移动一下时，也是屏气凝神，用手轻轻地托着。也许正是那只被打碎的杯子才使我如此宠爱它吧！突然觉得自己好幸运，也许是因为原来一成不变的生活，致使我对周围的一切熟视无睹，但杯子突然的遭遇，却让我顿时学会了珍惜身边的事物，身边的人。别到了失去时才觉得它是可贵的，记得一位名人曾经这样说过。

以后的某一天，清理房间时，我又看见了它——那只伤痕累累的杯子。它已积满了灰尘。我带着惋惜的心情为它擦去积灰，盛了点水放在窗台上。无意间的回头，让我顿时大吃一惊。阳光透过窗户随意地散进来，穿过它那纵横交错的裂痕，在桌上映衬出美丽、多折的线条，呈现着放射状态，似春天开放的花朵，尽情地、恣肆地、令人炫目地。一时间，周围的一切都寂然了，失色了。只有这只杯子，在阳光下显得如此生动、活泼、惊艳。我回头试图找寻那只已伫立了很久的完美的杯子，一时间竟没有找到，因为它早已与这贫乏苍白的墙壁，和这周围普普通通的氛围融合在了一起。望着这只杯子，心中原有的愧疚感顿时消逝，取而代之的则是为它的重生而感到喜悦，为它的艳丽而感到满足。它是幸运的，虽然曾经伤痕累累，但它却以另一种形态重新焕发出美的光芒。也许生活中的完美与残缺，高雅与低俗，艳丽与朴素之间本来就没有什么明显的界限，只是不同的视角及有着不同的心态罢了！

春天固然是开花的季节，但是花儿不一定只是开在春天，这是大自然的伟力所至。

这时，我突然想起了夏荷，秋菊，冬梅……

这时，我也突然想起了霍金；想起了……

点评分析

这是以文学笔法撰写的作文，独具一格，别有匠心。

在对两只杯子不同遭遇的叙述和描写中透出一点浅浅哲理。把题目的含义融入了"杯子"的不同命运之中：破碎——呈现出美艳；完美——埋没了个性。

文章似类比又似象征。那只敲碎的"杯子"重现美艳的瞬间，给了作者，也给了读者以感悟和觉醒。这只是生活中的一个"细节"，作者善于以独特的构思和抒情的语言，对作文题"花开不只在春天"作了精辟的诠释和形象化的解读。

如果那只破碎的杯子是"花"的话，那么，它的"盛开"恰恰是在"破碎"以后——"花开不只在春天"啊！

文章把哲理寓于对杯子的描写之中：杯子突然的遭遇，却让我顿时学会了珍惜身边的事物，身边的人；也许完美与残缺，高雅与低俗，艳丽与朴素之间本来就没有什么明显的界限，只是不同的视角及有着不同的心态罢了！

结尾两句,一实、一虚,自然现象、社会意义,这样,对作文题的多层含义作了解剖。不经意的两句话,使文章的内容与作文题目有了较好的类比和联系。两个"突然想起"也给读者带来了思考和联想,如果没有这两个句子,文章也许会有离题之嫌。

"霍金"的联想,使得文章有了新的视角,新的立意。

训练指导(五)
——如何使作文具有创新性

作文材料

以"勿为情所障目"为题,写一篇文章。

要求(1)不少于800字。(2)不要写成诗歌。(3)不得透露个人相关信息。

题意阐述

这道作文题,可以说是一个创新,材料丰富与思想深厚有着必然的联系,如果在丰富材料的基础上进而深入思考,产生联想,由"一叶障目,不见泰山"入手,引出"以情障目,不见泰山"的主题,文章便有了新意与深度。

作文的创新主要表现在以下几个方面:

(1)见解新颖。要有新颖独到的见解,见人之所未见,发人之所未发。正面思维——立意更高更新更全面;逆向思维——反其意而用之;联想悟思创新——变换角度,出奇制胜。

(2)材料新鲜。现实中的鲜活材料;精心比较后选出的典型材料;虽旧而有新意、赋予了新的时代精神的材料。

(3)构思新巧,这是作文创新中最引人注目的一点,也是考生最能发挥创新精神的地方,应该充分展开想象,进行发散思维、求异思维、创新思维,选择新的角度、新的形式、新的体裁,构思出独具慧眼、极富个性、令人耳目一新的好文章来。如上面选的几篇例文都是在构思方面各具特色、值得称道的。

(4)推理想象有独到之处。能突破思维定式,推导出与一般人不同的原因或结果;想象奇特、独到,或雄奇瑰怪,或新颖别致,或含意深长,耐人寻味。

(5)有个性特征。文章能有自己的个性特点,能表现自己独特的人生感悟,能抒发自己真实的喜怒哀乐,不是千人一面、人云亦云的东西。

例文展示

勿为情所障目

古人云:一叶障目,不见泰山。在茫茫人世中沉浮的我们,有时总不免对事物产生错误或肤浅的认知,然而有谁想过,蒙蔽我们真实的双眼的,也许就是每个人都有的"情"呢?

以情障目,不见泰山!

情近,则信任、亲近;情疏,则怀疑、冷淡。这恐怕是人皆有之的常情。然而这或亲或疏的情,却往往在很大程度上左右着我们的认知和决策,使之偏于浅薄或失之偏颇。翻开中国古代王朝兴衰史一看,竟有如斯感叹!

君不见,为博褒姒一笑,周幽王的三百里烽火,不仅烧出片刻的欢喜,更吞噬了周朝的大好河山;只因凭着"回眸一笑百媚生,六宫粉黛无颜色"的妹妹,杨国忠便在一系列提拔中平步青云,扬眉吐气,唐王朝的衰败也由此而起;而吴三桂情动之下"冲冠一怒为红颜"的劣迹,几百年来仍然令人发指。而愤激至死的屈原,惨死风波亭的岳飞之所以成为令人扼腕的悲剧,除了统治阶级的利益冲突,难道就没有很大一部分是君王疏远的原因吗?只因君王之目为情所障,看不到有幸埋葬忠骨的青山,只瞥见白铁无辜所铸的佞臣!情之障目,岂止不见泰山而已?幸于古往今来,无数仁人志士为国奋斗终生,当为今人所仰,后人所慕。他们之所以能对事物有正确的认知,往往是从能不为情所障目而起。林觉民在《与妻书》中挥泪洒出一曲"草木为之含悲,风云因而变色"的悲壮挽歌,正由于他不为夫妻之情所障;毛泽东在儿子壮烈栖牲后表现出的坚定、理智,难道不是他创下"欲与天公试比高"的伟大业绩的原因?对待亲属家人从来没有特殊要求的彭德怀,若不是不为情所障,又何有"谁取横刀立马,惟我彭大将军"的英雄气概?为情所障,不见泰山;不为情所障,则得有真知灼见。"横眉冷对千夫指"的鲁迅,若不能脱出"人情"的枷锁,又怎能成为天地间最不屈的斗士,中国最硬的脊梁?过多地考虑感情亲疏,只会为自己的认知带来不必要的障碍。因此,我们必须做到理智、清醒地对待自己的感情,勿以情障目,勿以亲疏论英雄!

是的,只有身在最高层,才能不畏浮云遮望眼。因而我们每个人都应做到:勿为情所障目,勿以好恶论断之。

点评分析

这篇文章材料丰富,思想深厚。围绕"以情障目,不见泰山"这一中心,按历史先后择取古代周幽王、杨国忠兄妹、吴三桂以及屈原、岳飞等五例正反对比,论述"以情障目"的后果,然后笔锋一转,回至近代,举林觉民、毛泽东、彭德怀、鲁迅等人"不为情障目"的事例正面论说。800字中,史料引用达九处之多,此外尚有古语、诗文的引用。材料十分丰富。文章纵横捭阖,谈古论今,从多角度阐述论题,有理有力,行文大气,语言精练,显示出不一般的思想厚度与创新精神。

训练指导(六)
——如何使作文得到高分

作文材料

阅读下面文字,按要求作文。

"细雨湿衣看不见,闲花落地听无声"是唐诗中的名句。有人说,这是歌咏春天的美好品格;有人说,这是暗指一种恬淡的做人境界;有人说,这是叹息"细雨"、"闲花"不为人知的寂寞处境;有人说,"看不见"、"听无声"并不等于无所作为;还有人说,这里的情趣已不适合当今的世界……

请你根据自己读这两句诗的体会,展示联想,写一篇文章。

要求:(1) 自拟题目,自定角度。(2) 除诗歌外,文体不限。(3) 全文不少于800字。

题意阐述

首先对"细雨湿衣看不见,闲花落地听无声"比较熟悉,根据自己读这两句诗的体会,展开联想。

考试作文具备3个条件就可以得高分:

一是诗句生发出合理的理解,从中表现出自己对事物的思考。

二是使用有新鲜感的材料,或对材料进行巧妙组合。

三是文章要语言优美,以唐诗为题,文章很容易写成美文。

写作分析:

可以写评论文章,也可以写自己的感受。但注意思维的合理性。

"细雨湿衣看不见,闲花落地听无声。"以两句唐诗为材料,要求考生的思维与此相关,结论也许不同,但联想的自然与合理是优秀文章的必备品质。

考生可选择的角度除提示之外,还可以有:

1. "细雨湿衣"和"闲花落地"都是自然存在的客观现象,人是不能否认这些客观现象存在的。故可以立意为:人不能根据个人的主观感受来判定客观事物是否存在,存在即是合理的。还可以立意为:我们要注意细心观察自然和社会现象并从中受益。

2. "细雨湿衣"和"闲花落地"在这里可以理解为,自然和社会发展中的许多事物常常是不经意之间("看不见""听无声")就形成了的,这些事物或有益,或有害,或仅是一种自然存在。我们要注意这些事物的形成,并对这些事物采取正确的态度,或扬,或抑,或随其自然。

3. "细雨湿衣"和"闲花落地"可以与杜甫的"随风潜入夜,润物细无声"的意境相媲美,故可以赞扬这种不懈为之而又不愿为人所知的("看不见""听无声")的品格。现实社会中这样的事难道还少吗?具有这样品格的人难道还少吗?此立意可以看作是对材料中的提示之一、之二的拓展。

4. 现代社会是竞争的社会,是个性展现的社会,是充满活力的社会。只"湿衣"而"不见",只"落地"而"无声"的认识和做法恐怕不一定能为青年人所认同。故考生反其意而写之,批评或否定古代封建文人的情趣也无不可。

5. 春天般的品格(和风渐染、润物无声,引申出人间的各种真情)。

6. 恬淡也是一种美德、一种气度、一种境界等。

7. 面对寂寞需要一种超然的心态,寂寞需要忍耐,不为人知又何妨等。

8. 大音无声,大爱无言,默默无语并非无所作为,多一些默默奉献,少一些哗众取宠等。

9. 追求功利导致社会的浮躁,缺少淡定做人将会失衡等。

作文题目考场实例:

（1）悠悠的情怀,悠悠的人生

（2）恬淡的人生最相宜

（3）细雨闲花品恬淡

（4）境由心生

（5）诗意的栖居

（6）人生本如此,咸淡两由之

（7）细雨湿衣用心感,闲花落地须静听

（8）细雨看不见,闲花了无声

（9）听雨性,赏花心

（10）细雨湿衣终得见,闲花落地胜有声

训练指导（七）
——如何分析写作素材

1. 贝多芬只有一个

一天,侵入维也纳的拿破仑的几个军官发现了大名鼎鼎的音乐家贝多芬,就要求给他们演奏。贝多芬拒绝了,可是,李希诺夫斯基公爵为了逢迎这些侵略者,竟强迫贝多芬演奏。贝多芬愤怒到了极点,他一脚踢开大门,回到住处,立即把公爵送给他的像摔在地板上,然后留下一封信:"公爵,你所以成为公爵,只不过由于你偶然的出身;我所以成为贝多芬,却完全靠我自己。公爵在过去有的是,现在有的是,将来也有的是,而贝多芬却只有一个!"

分析:贝多芬的拒演,体现了一名爱国者的民族气节以及个人的尊严。

话题:"人格的尊严""自尊与尊严"

2. 为自己定长远目标

董建华出生于上海,十多岁时移居香港。因不会讲广东话,同学们又听不懂他的上海话,常常被取笑。董建华人小志气大,主动与同学们交谈,一字一句地学习广东话,只用了几个月的时间就消除了语言障碍。十七岁时又到英国读书,父亲寄给他的钱仅够学费及生活支出,所以到了暑假,他还得去打工,如到餐厅服务、去煤气公司铲煤等。董建华在回忆学生时代这段经历时说:"不会说广东话要学,不会说英语要去英国,对我来说都是一个很大的挑战,而这种挑战给了我一个很好的锻炼。我喜欢为自己定下一个长远的目标。定下目标,我便会坚定不移地朝着这个目标努力。我从小就培养出这样的个性。达到一个好的目标,是人生的乐趣。"

分析:很多人都希望功成名就、出人头地,在羡慕别人的机遇与成就时,不妨先学习董建华,为自己定一个长远的人生目标,然后努力去实现它。

话题:"成功之路""目标与实践"

3. 哲学的日历中最高尚的圣者和殉道者

希腊神话中的普罗米修斯是为人类造福而献身的神。他出于对人类的同情,为使人类免遭毁灭,把天火偷来送给人类,并把科学、艺术和医药等知识传授给人类,使人类从此能够战胜危难,并变得文明起来。他因此而惹怒了众神之王宙斯。宙斯用铁镣把他铐锁起来,钉在高加索山的悬崖上,让神鹰每天啄食他的肝脏。普罗米修斯坚强不屈,对奉命来逼降的神使赫耳墨斯说:"我决不会用自己的痛苦,去换取你奴隶般的命运;我宁肯被缚在崖石上,也不愿作宙斯的忠顺奴仆。"马克思推崇普罗米修斯为了人类而献身的精神,称他为"哲学的日历中最高尚的圣者和殉道者"。

分析:对一个信念坚定的人来说,任何加诸肉体的痛苦都无法战胜灵魂对自由的追求。

话题:"对自由的追求""对信念的坚持""理想与牺牲"

4. 坚持就是胜利

贾平凹在大学中文系读书时,开始进行文学创作,他连连在校报上发表诗作,并逐步将作品投向社会上的大小报刊,尽管那时他收到的退稿单比稿费单要多得多,但他毫不气馁,一如既往地看书、写作、投稿,终于获得成功。二十年来,他以一枝灵秀之笔,写下了七八百万字的作品,出版了六七十部著作,数十次获得国内外各种文学奖。

分析:毅力是一种闪烁着勇敢者光芒的品质。失败了,不可怕,做一个有毅力的勇敢者,成功定是你的。

话题:"写作之路""坚持就是胜利"

5. 敢问路在何方

唐玄奘 25 岁离开长安西游。进入沙漠后不幸迷了路,随身携带的一罐水也不慎掉了。四五天中曾多次昏倒在地,可是只要他一醒过来就继续前进,终于走出了沙漠。他一路越戈壁、翻峻岭,经碎叶城,登帕米尔高原,闯铁门关天险,经历了一年多的时间,终于到达天竺国,成为第一个周游古印度的中国旅行家。

分析:"古之成大事者,不惟有超世之才,亦必有坚忍不拔之志。"唐玄奘的成功,更印证了东坡居士的这一论断。

话题:"路在脚下""开拓者"

6. 不留退路才有出路

古希腊著名演说家戴摩西尼年轻的时候为了提高自己的演说能力,躲在一个地下室练习口才。由于耐不住寂寞,他时不时就想出去溜达溜达,心总也静不下来,练习的效果很差。无奈之下,他横下心,挥动剪刀把自己的头发剃去了一半,变成了一个怪模怪样的"阴阳头"。这样一来,因为羞于见人,他只得彻底打消了出去玩的念头,一心一意地练口才,一连数月足不出室,演讲水平突飞猛进。经过一番顽强的努力,戴摩西尼最终成为世界闻名的大演说家。

与此相似,1830 年,法国作家雨果同出版商签订合约,半年内交出一部作品。为了确保能把全部精力放在写作上,雨果把除了身上所穿毛衣以外的其他衣物全部锁在柜子里,把钥匙丢进了小湖。就这样,由于根本拿不到外出要穿的衣服,他彻底断了外出会友和游玩的念头,一头钻进写作里,除了吃饭与睡觉,从不离开书桌,结果作品提前两周脱稿。这部仅用了5个月时间完成的作品,就是后来闻名于世的文学巨著《巴黎圣母院》。

分析:两则事例都说明这样一个道理:断掉退路来逼着自己成功,是许多智者的共同选择。

话题:"我们没有退路""退路是借口"

7. "提灯女郎"南丁格尔

在19世纪初,护士地位低下。出身名门的南丁格尔决心以身作则,改变这一现状,自愿当了一名护士。

1854年,英、俄在克里米亚开战,南丁格尔亲自奔赴前线。她替伤员清洗、消毒、包扎、按时换药、改善伙食,还经常跪在地上擦洗地板,洗涤带血的衣裤。每天晚上她都要提一盏灯,在4公里的巡诊线上,挨个查看病情,给伤员唱歌,送去安抚和爱心,从无间断。为此,她经常工作20小时以上,累得头发掉光仍然坚持不懈。由于她的努力,伤员的死亡率从60%降为0.3%。后来,直到英、俄停战,最后一名士兵离开战场,她才回到家园。回国后,她又把英国人民为奖励她而募捐的五万英镑悉数拿出,创办了世界上第一所护士学校。她还著书立说,为现代护理学的创立作出了巨大的贡献。

有鉴于此,国际红十字会在她逝世后,将她的生日5月12日定为"国际护士节"。英国人民为她立起了手持油灯的巨型铜像,"提灯女郎"南丁格尔被称为"英国历史上最伟大的女人"。

分析:南丁格尔奉献出了自己的时间与爱心,从而改变了整个世界对护士的看法。由此可见,个人的力量并不微小,关键看你愿意付出多少。

话题:"牺牲与奉献""如何正视自己的工作"

8. 祖逖闻鸡起舞

祖逖,晋朝人,胸襟开阔,不怎么讲究仪表,但却胸有大志。一天半夜里他忽然听到鸡叫,祖逖说:"这是吉祥的声音呀!"边说边下床,走到院子里舞起剑来。晋元帝时,祖逖任豫州刺史,北伐渡江之际,他叩着船桨发誓说:"不收复中原,誓不为人!"渡江以后,他率领部下与后赵石勒的军队相持,收复了不少失地,恢复了东晋黄河以南的许多领地。

分析:苦心孤诣,壮心不已,勤学苦练,必将有所成就。

话题:"成功与追求""听其言,观其行"

9. 一次成功就够了

以下是一个人一生的简历:5岁时,他父亲就去世了;14岁时,他从学校辍学,开始了流浪生活;16岁时,他谎报年龄参了军,而军旅生活也是处处不顺心;18岁时,他娶了个媳妇,可只过了几个月,媳妇就变卖了他所有的财产逃回了娘家;他曾通过函授学习法律,可不久又放弃了；后来，他卖过保险，卖过轮胎，还经营过一条渡船，开过一家加油站，但都失败了。

人到中年，他成了一家餐馆的主厨和洗瓶师，可因政府修公路而拆了那家餐馆，他又失业了；时光飞逝，眼看一辈子就这样过去了，而他仍一无所有。65岁那年，邮递员给他送来了他的第一份社会保险支票，他用这105美元保险金创办了自己的一份崭新的事业；88岁高龄时，他的事业终于大获成功。

他，就是肯德基创始人——哈伦德·山德士！

分析：一辈子都在追求中，只要一次机会，你就会成功；如果你放弃追求，再多的机会，你都不会成功。

话题："挫折是一笔财富""困境与成功"

10. 梨虽无主，我心有主

《元史》载，宋元之际，世道纷乱。学者许衡外出，天气炎热，口渴难忍。路边正好有棵梨树，行人都去摘梨止渴。惟许衡不为所动。有人问："你为何不摘梨呢？"

许衡道："不是自己的梨，岂能乱摘？"那人笑他迂腐："世道如此纷乱，管他谁的梨？它已没有主人了。"许衡说："梨虽无主，但我心有主。"

分析：心灵需要自我维护。纯洁的心灵是智者所追求的，心灵有了污点，人生也就不再完美了。

话题："心灵的维护""追求完美人生"

11. 贫穷是一笔财富

年轻时的左拉很穷。为了抵挡饥饿，他拿捕雀器在屋顶上捉麻雀，用挂窗帘的铁丝将麻雀串起来在火上烤着吃；为了坚持写作，他把仅有的几件衣服也送进了当铺，只能用被子来御寒。偶尔得到一个蜡烛头，他竟会如过节似的高兴，因为今夜可以读书写作了。正是贫穷磨砺了他的意志，他终于写成了轰动一时的《卢贡·马卡尔家族》。

分析：有人面对贫穷时会一蹶不振，有人却能以贫穷为动力，实现自己的目标。左拉为我们树立了榜样。

话题："贫穷是一笔财富""坚持不懈""苦难出人才"

12. 磨难是财富

困难、挫折对有志者来说是一笔财富。

苏联"宇宙之父"齐奥尔科夫斯基，少年时患猩红热病而耳聋，被赶出学校。但他靠图书馆自学，显示了惊人的数学才能。

德国诗人海涅生前最后八年是在"被褥的坟墓"中度过的，他手足不能动弹，眼睛半瞎，但生命之火不灭，吟出了大量誉满人间的优秀诗篇。

分析：也许没有声音的世界更能静心思考，但"被褥的坟墓"绝难予人灵感，一颗坚强的心才是根本！

话题："磨难是财富""生命的力量"

13. 程砚秋拒演

抗日战争时期,日本特务机关企图强迫在北京的京剧界为捐献飞机义演,著名京剧表演艺术家程砚秋当即拒绝说:"我不能给日本人唱义务戏,叫他们买飞机去炸中国人。"程砚秋深知日本帝国主义者的凶残,担心自己的拒演连累别人,于是他不卑不亢地说:"献机义演的事,我程某人宁死在枪口下也决不从命,请转告日本人,不要找梨园同行的麻烦。"表现出了崇高的民族气节。

分析:面对凶残的敌人,程砚秋"威武不能屈"的气节让人敬畏,令人钦佩。

话题:"气节""大写的人""国家兴亡,匹夫有责"

训练指导(八)
——"脚踏大地"习作讲评

作文材料

阅读下面文字,按要求作文

1. 大地物产丰饶,内涵丰富。

2. 汲取养分,濡染精神,时时与大地相连。

3. 幸福生活,诗意栖居,处处与大地为伴。

4. 翩翩联想,理性思考,与大地相关。踏实、充实、扎实。

5. 脚踏一方土,常会有美丽的故事、感人的经历。

请你根据自己的体会,展开联想,写一篇文章。

要求:(1) 自拟题目,自定角度。(2) 除诗歌外,文体不限。(3) 全文不少于 800 字。

题意阐述

脚踏大地,"大地",可以是实在的大地,也可以是引申义、象征义。

脚踏大地,能做什么? 行走,思考,感悟,行事。

看到题目,可能有的同学思维会停顿一下,不知道写什么好。那么,同学们可以仔细地阅读考卷上作文题,提示有以下几条:

1. 大地物产丰饶,内涵丰富。(你要很实在地去想一想,大地怎样丰饶,有怎样的内涵?)

2. 汲取养分,濡染精神,时时与大地相连。(在精神层面,大地给了我们怎样的感悟和启示?)

3. 幸福生活,诗意栖居,处处与大地为伴。(启示我们,人可以有怎样的生存生活方式?怎样诗意地栖居?)

4. 翩翩联想,理性思考,与大地相关。踏实、充实、扎实。(可以联想到生活的哪些方面需要踏实扎实充实的精神?)

5. 脚踏一方土,常会有美丽的故事、感人的经历。(想想,有怎样脚踏土地引发的故事,这个故事中人是如何在土地上奋斗成功的?)

把以上几点提示逐条想一想,想仔细一些,你会发现每一条都可以写一篇文章,围绕"这一条"来写,就能写得中心明确而集中。

要注意的是,如果把以上每条都写到,文章内容就太杂,中心就不能明确而集中了,这也是写文章的大忌。

选材和写法

选材是至关重要的,能决定你文章的高下。写法当然也是你写作水平的体现。

我们来看看针对上面几条,可以写什么内容。

1. 脚踏在大地上,行走在大地上,能感受到大地怎样丰饶?

大地实在美丽富饶,花草树木、庄稼粮食、矿藏物产,等等。那么脚踏大地,我们感悟到了它有什么内涵呢?大地宽厚、沉稳、坚实。大地给我们无私的馈赠,给我们奉献所有。人类因为脚踏大地而能生存,繁衍生息,不断发展进步,走向繁荣文明。

好,可以这样构思一篇优美的散文。

第一层,写我脚踏大地,行走在春天的大地上,大地的美丽令我动容。文笔好的同学可用描写手法来写大地美丽丰富的景象,感受大地的风景风情风光,赞美这脚下的大地。(这层主要描写风景风光。)

第二层,脚踏大地,走在大地上,继续描写,看到庄稼,知道大地奉献了所有,四季轮回,春种秋收,大地向人们奉上了沉甸甸的粮食果实。大地是我们的衣食父母,是我们赖以生存的基础。或者这层写脚踏大地行走,看到农人正在播种,描绘耕作的场景,与他们有一番对话,知道他们的辛劳,他们踏实的生活,想到他们有和大地一样的品格。这部分也主要用描写手法,多用些修辞,用一些细节描写。(这层主要描写人事场景。)

第三层,写脚踏大地,仿佛看到丰收的景象。议论联想大地既然如此美丽富饶,如此无私博大,我们从它这里会有哪些感悟呢,从劳作的人们身上又有哪些感悟呢,我们有哪些关于人生的启示呢?可自然引出议论;我们做人,也应该怎样努力踏实,乐于奉献付出,像大地一样宽厚无私,在人生的路上踏实前行,走出一片天地来。(这层主要联想议论突出中心。)

三层内容,有细腻而生动形象的描写,有适当的抒情,有简要的议论。一篇有内容、有深度、有美感的文章也就产生了。

2. 体会"汲取养分,濡染精神,时时与大地相连"。

我们先想想,大地在精神层面可给我们什么启示呢。从大地给我们的启示中提炼论点,可以写成议论文。大地给我们什么启示?沉稳踏实,可以是一点。宽厚博大,无私奉献也是一点。坚忍不拔,顽强拼搏(暴风雨过后依然一片青葱美丽,可引申为跌倒了再爬起来等),也是一点。每个点都可以是一个论点。

写议论文,论点不能凭空得来。有的同学开头就提出论点"我们要脚踏实地",非常突兀。"脚踏大地"和"脚踏实地"还是有区别的,前者"大地"是实义,后者引申到精神层面的态度再到行动,中间如何联系,至关重要。一定要从"脚踏大地"本义写起,写出"大地"有何特点,是如何沉稳踏实,不浮躁,不空泛,不轻飘,不虚空。然后再联想到人生也应有这种"踏实"的态度,再来具体议论"我们学习生活要踏实"这个论点,才自然才切题。

总论点有了,再设计几个分论点,文章条理就清楚了。

3. 领悟"幸福生活栖居,处处与大地为伴"的含义。

这条可写成散文或记叙文。

(1)可记叙与大地为伴的人,写人物形象,赞美其精神品质。

来自农村的同学可写父亲或母亲的形象。有不少同学这样写,但写得不够"出挑"。什么原因?主题不够集中明确。如写父母脚踏大地,一会儿突出其劳作,一会儿突出对儿女的爱,到底哪一个是主题?这里,突出其劳作,他们耕耘收获,把大地当画布,当书写的纸,把一生的追求都放在土地上,把汗水奉献给土地,让土地奉献粮食。他们的人生是踏实的人生。他们是民族脊梁,文明的创造者,是国家的坚实大地,是我们人生的榜样。这个主题,就有一定深度。

具体写时,可注意个体形象的描写,要有场景(如播种和收获的场景)、细节描写,要有语言动作心理描写,让具体的事例(如种田遇干旱水灾,承包鱼塘遇台风等)说话。记叙文要生动形象,让读者身临其境,富有感染力。

(2)当然也可写"诗意栖居自然生活"的内容。

因为对现代城市物欲横流的不满,提倡回归大地,简单生活自然栖居。诗意栖居不要只写古人的隐居,应该有些现代内容,如回归田园应该是建立在保护自然环境、节约自然资源等基础上的,要努力去维持大地的生态平衡,使大地永远美丽。这样又可以写成一篇涉及环境保护内容的作文了。

写环境保护内容,可写记叙文、散文或议论文。现在写环保,我们同学常见的手法是写大地在呻吟,美好风光不再,到处被破坏,写到最后就说"快快拯救我们的大地吧",文章也就结束了。这样写固然可以,但没什么新意。为什么不从正面写人们的环保行动呢,把重点放在拯救的行动方面。写人们脚踏大地,已觉醒意识到环保到了关键时刻,长城边有人在拣垃圾,太湖边有人在查排放,黄河边有人在植树,树林里有孩子在护鸟(这些都要具体写,记叙文可写些故事)。多去搜集一些新的事例和数据,文章就能写出些新意。(如有这样的事例,浙江一位农家妇女,数年来搜集周围化工厂的污染情形,拍了大量照片,无数次走访环保部门,以个人微薄的力量来对抗强势集团,终究推动了一方环保事业。议论文中用这样的事例,就很有说服力。)

(3)写记叙文还要注意,是以写人为主还是以写事为主。写人为主,写一个一生在土地上劳作的人,写场景写事例,突出其品质精神。写事为主,可以有不同的人,有几个片断,表达一个中心。

写作时明确是写人为主,还是写事为主,内容明确集中,有利于表达中心。

4. 翩翩联想,理性思考,与大地相关。踏实、充实、扎实。

可写成议论文。

5. 脚踏一方土,常会有美丽的故事、感人的经历。

写故事,上面有些内容已说过,或突出人物形象,或突出故事片断。

那么,除了父母耕地的故事,环保的故事,还有什么故事呢。踏实做事的故事,袁隆平几十年如一日在大地上努力,解决了那么多人口吃饭的大问题。刘亮程、林清玄等脚踏大地,以一方土地一方人情为基础,创作出极具地方风情的散文作品。王洛宾脚踏西北大地,走村访户,去偏远乡间采集民间歌曲,整理创作无数传唱全球的民歌。温家宝脚踏大地,行色匆匆,心系百姓,成为广受好评的亲民总理。

以上故事,大致是我们熟知的。这些故事都可作为议论文的事例,写议论文,只要用一些新颖贴切的事例,文章就有深度、有感染力。

但用上面的一个事例写成记叙文会怎样? 一般来讲,不提倡全文写一个名人的内容。写记叙文,写美丽的故事、感人的经历,还是用我们身边的事例为好,有切身感受,容易写出真情实感。名人的事用在议论文中比较得当。

6. 写"大地"的其他引申义。

力求思路开阔,思维活跃,引申"大地"其他方面的含义,使文章有内涵有深度。

如写文化,把中华经典文化比作"大地",议论我们应如何脚踏中华文化的"大地",寻找传统文化的根,传承发扬经典文化。可对比现实中传统文化被冷落的情形,呼吁"脚踏"中华文化,努力发扬光大之。

如写历代官员,如何心系苍生,为民请命,"百姓"就是他们的大地。为官一任造福一方,只有"脚踏大地",去访贫问苦,亲民爱民,才能被爱戴被拥护,才能青史留名。可以从历史上各时期伟大人物写起,写成一篇比较有深度的文章。

如写故乡故土故园的内容。故乡的大地是一个人的根,一方水土培养一方人。作为一个从那块大地走出来的人,如何不忘大地之恩,回馈一方土地。

如写浓厚的母爱或父爱像大地,作为孩子一直脚踏着这方大地成长,感受亲情的美好。这个题目,写这个内容,也是可以的,但要注意在文章开头结尾和中间,都要有意识地点题。

总之,"专转本"考试作文题有多种形式,有命题作文、半命题作文、材料作文、话题作文等,不管什么形式,作文题目中的每一个信息都对写作的范围起着约束、限制的作用。考生必须细心审题,对照考题要求认真思考。另外还要注意平时一定要多写多练,这样才能在考场限定的时间内写出优秀文章。

作文之难,归根结底,难在创新;作文之贵,也贵在创新。古人云:"文章最忌随人后。"有道是:"文若春华贵出新。"作文的本质就是创新。"物新则壮,旧则老;新则鲜,旧则腐;新则活,旧则板;新则通,旧则滞。"文章也是如此,只有创新,才有生气,才有活力,才能感人。

综合模拟试卷

综合模拟试卷(一)

一、填空题

1.《古诗十九首》最早见于《_____》。

2. 莎士比亚悲剧《李尔王》共有两条线索,主线是李尔遭受两个女儿的抛弃和虐待最终沦落到荒郊野外;副线则是_____。

3.《湘夫人》中"麋何食兮庭中,蛟何为兮水裔"表现了湘君的_____心理状态。

4. 剧作《酸酸甜甜香港地》的作者是_____。

5. _____在孤寂中迸发出天才的力量,以浑然天成的笔触抒写生之爱恋。被誉为文坛清新之风,来自阿勒泰的精灵歌唱。

6. 周作人在《故乡的野菜》中引文占了将近六分之一,除了引用了童谣、《俳句大辞典》、《西湖游览志》外,还有顾禄的《_____》。

7. _____是唐代古文运动的倡导者和领袖,他主张文道合一、文以载道、言必己出。

8.《乐园鸟》选自戴望舒诗集《_____》。

9. 贯穿苏辙的《上枢密韩太尉书》的是_____。

10. 我国文学史上由萧统编的第一部文人专集是《_____》。

11. 鲁迅的三本小说集,除《呐喊》、《彷徨》外,还有《_____》。

12.《冯谖客孟尝君》中冯谖为孟尝君"凿三窟",除"焚券市义""结交梁国"外,还有第三窟是_____。

13. 刘震云在他的小说《塔铺》的结构中,没有中心情节和明显的高低起伏,而是采用_____的方式向读者不厌其烦地叙述一个一个小故事。

14.《左传》是"_____"的结合,开创了以言和行记录史实,表现人物的基本方法,为后世的历史和文学提供了的经验。

15.《三秋草》是诗人_____在1933年出版的第一部诗集。

16.《蜀相》:出师未捷身先死,_____。

17.《蜀道难》:黄鹤之飞尚不得过,_____。

18.《摸鱼儿》:长门事,_____。_____,_____,脉脉此情谁诉?

19.《双桅船》:不怕天涯海角,_____,_____,我在你的视线里。

20.《夜行船·秋思》:和露摘黄花,_____,煮酒烧红叶。

二、选择题

1."五丁开山"的传说出自( )。

A.《隧道》　　　　B.《蜀道难》　　　　C.《连昌宫词》　　　　D.《塔铺》

2."磨桌"是( )作品中的人物。

A.《竹林的故事》　　　　　　　　B.《塔铺》

C.《驼筵》　　　　　　　　　　　D.《山上的小屋》

3.以下( )为何冀平《天下第一楼》中的主要人物。

A. 常贵　　　　　　B. 卢孟实　　　　　C. 唐茂盛　　　　　C. 玉雏儿

4.瑞士作家迪伦马特的《隧道》在创作流派上属于( )。

A. 浪漫主义　　　B. 荒诞派　　　　C. 表现主义　　　　D. 魔幻现实主义

5.泰戈尔的《生如夏花》出自他的诗集( )。

A.《飞鸟集》　　　　B.《园丁集》　　　C.《吉檀迦利》　　　D.《沉船》

6.以下( )不是钱锺书的作品。

A.《围城》　　　　　　　　　　　B.《写在人生的边上》

C.《论快乐》　　　　　　　　　　D.《洗澡》

7.以下( )不是新时期作家。

A. 刘震云　　　　B. 王小波　　　　C. 残雪　　　　D. 废名

8.以下不是《故事新编》中的小说是( )。

A.《祝福》　　　　B.《铸剑》　　　　C.《补天》　　　　D.《理水》

9.在小说创作上有"含泪的笑"风格之称的是( )。

A. 莫泊桑　　　　B. 莎士比亚　　　C. 契诃夫　　　　D. 欧·亨利

10.戏剧《桃花扇》的作者是( )。

A. 汤显祖　　　　B. 王实甫　　　　C. 孔尚任　　　　D. 纪君祥

三、词语解释题

1.《驼筵》 巨公:_____

2.《长亭送别》 青鸾:_____

3.《与友人论学书》 谆谆:_____

4.《徐文长传》 屡试辄蹶:_____

5.《潮州韩文公庙碑》 翩然被发下大荒——被:_____

6.《祭十二郎文》 省坟墓——省:_____

7.《滕王阁序》 襟三江而带五湖——襟:_____

8.《与杨德祖书》 画虎不成反类狗：_____

9.《陶渊明集序》 饕餮：_____

10.《连昌宫词》 庙谟：_____

四、阅读题

（一）踏莎行·郴州旅舍

踏莎行　郴州旅舍

雾失楼台,月迷津渡,桃源望断无寻处。可堪孤馆闭春寒,杜鹃声里斜阳暮。

驿寄梅花,鱼传尺素,砌成此恨无重数。郴江幸自绕郴山,为谁流下潇湘去?

1. 概括下阙的内容要义。

2. 分析本词的意境。

3. 解释"驿寄梅花,鱼传尺素"用典的含意。

（二）晋楚城濮之战

己巳,晋师陈于莘北,胥臣以下军之佐当陈、蔡。子玉以若敖之六卒将中军,曰:"今日必无晋矣!"子西将左,子玉将右。胥臣蒙马以虎皮,先犯陈、蔡。陈、蔡奔,楚右师溃。狐毛设二旆而退之,栾枝使舆曳柴而伪遁,楚师驰之,原轸、郤溱以中军公族横击之。狐毛、狐偃以上军夹攻于西,楚左师溃。楚师败绩。子玉收其卒而止,故不败。

1. 给以上文字划分层次并概括要义。

2. 解释以下词语。

（1）陈：_____

（2）旆：_____

（3）舆：_____

（4）伪遁：_____

（5）败绩：_____

3. 结合以上内容分析晋国的战略战术。

（三）一只特立独行的猪

猪兄学会了汽笛叫，这个本领给它招来了麻烦。我们那里有座糖厂，中午要鸣一次汽笛，让工人换班。我们队下地干活时，听见这次汽笛响就收工回来。我的猪兄每天上午十点钟总要跳到房上学汽笛，地里的人听见它叫就回来——这可比糖厂鸣笛早了一个半小时。坦白地说，这不能全怪猪兄，它毕竟不是锅炉，叫起来和汽笛还有些区别，但老乡们却硬说听不出来。领导上因此开了一个会，把它定成了破坏春耕的坏分子，要对它采取专政手段——会议的精神我已经知道了，但我不为它担忧——因为假如专政是指绳索和杀猪刀的话，那是一点门都没有的。以前的领导也不是没试过，一百人也逮不住它。狗也没用：猪兄跑起来像颗鱼雷，能把狗撞出一丈开外。谁知这回是动了真格的，指导员带了二十几个人，手拿五四式手枪；副指导员带了十几人，手持看青的火枪，分两路在猪场外的空地上兜捕它。这就使我陷入了内心的矛盾：按我和它的交情，我该舞起两把杀猪刀冲出去，和它并肩战斗，但我又觉得这样做太过惊世骇俗——它毕竟是只猪啊；还有一个理由，我不敢对抗领导，我怀疑这才是问题之所在。总之，我在一边看着。猪兄的镇定使我佩服之极：它很冷静地躲在手枪和火枪的连线之内，任凭人喊狗咬，不离那条线。这样，拿手枪的人开火就会把拿火枪的打死，反之亦然；两头同时开火，两头都会被打死。至于它，因为目标小，多半没事。就这样连兜了几个圈子，它找到了一个空子，一头撞出去了；跑得潇洒之极。以后我在甘蔗地里还见过它一次，它长出了獠牙，还认识我，但已不容我走近了。这种冷淡使我痛心，但我也赞成它对心怀叵测的人保持距离。

我已经四十岁了，除了这只猪，还没见过谁敢于如此无视对生活的设置。相反，我倒见过很多想要设置别人生活的人，还有对被设置的生活安之若素的人。因为这个缘故，我一直怀念这只特立独行的猪。

1. 给以上内容分层并概括其要义。

2. 分析"猪兄"的形象特色。

3. 结合以上内容分析王小波的思想和语言特色。

（四）《李尔王》节选

李尔　你以为让这样的狂风暴雨侵袭我们的肌肤，是一件了不得的苦事；在你看来是这样的；可是一个人要是身染重病，他就不会感觉到小小的痛楚。你见了一头熊就要转身逃走；可是假如你的背后是汹涌的大海，你就只好硬着头皮向那头熊迎面走去了。当我们心绪宁静的时候，我们的肉体才是敏感的；我的心灵中的暴风雨已经取去我一切其他的感觉，只剩下心头的热血在那儿搏动。儿女的忘恩！这不就像这一只手把食物送进这一张嘴里，这一张嘴却把这一只手咬了下来吗？可是我要重重惩罚她们。不，我不愿再哭泣了。在这样的夜里，把我关在门外！尽管倒下来吧，什么大雨我都可以忍受。在这样的一个夜里！啊，里根，高纳里尔！你们年老仁慈的父亲一片诚心，把一切都给了你们——啊！那样想下去是要发疯；我不要想起那些；别再提起那些话了。

肯特　陛下，进去吧。

李尔　请你自己进去，找一个躲身的地方吧。这暴风雨不肯让我仔细思想种种的事情；那些事情我越想下去，越会增加我的痛苦。可是我要进去。（向弄人）进去，孩子，你先走。你们这些无家可归的人——你进去吧。我要祈祷，然后我要睡一会儿。（弄人入内）衣不蔽体的不幸的人们，无论你们在什么地方，都得忍受着这样无情的暴风雨的袭击，你们的头上没有片瓦遮身，你们的腹中饥肠雷动，你们的衣服千疮百孔，怎么抵挡得了这样的气候呢？啊！我一向太没有想到这种事情了。安享荣华的人们啊，睁开你们的眼睛来，到外面来体味一下穷人所忍受的苦，分一些你们享用不了的福泽给他们，让上天知道你们不是全无心肝的人吧！

1. 结合以上内容分析李尔王性格的变化。

2. 结合李尔王的语言分析莎士比亚的语言特色。

五、问答题

1. 请简要分析残雪《山上的小屋》中主要意象的象征意义。

2. 分析高启《登金陵雨花台望大江》的艺术特色。

3. 结合迪伦马特的《隧道》分析荒诞派小说的艺术特色。

4. 结合戴望舒的《乐园鸟》分析"乐园鸟"的形象特色。

5. 结合王小波《一只特立独行的猪》分析其思想要义。

6. 结合《桃花扇·骂筵》分析李香君的形象特色。

六、作文（600 字左右，中心突出、层次分明、语言流畅，文体不限）

在澳大利亚西南部有一片极为干旱的沙漠，但是令人吃惊的是，在这片世界上条件最恶劣的沙漠中竟有大约 3600 种植物繁荣共生。

植物学家研究发现，生长在这里的植物对自己非常苛刻，对水和养料的需求少得可怜。但这些植物开的花不仅硕大无比，而且艳丽异常，它们能分泌出超乎想象的大量的芬芳花蜜。原来，这里的鸟类和昆虫都非常稀少，几乎没有潜在的授粉者，在这种条件下，植物必须开出最大最艳丽的花朵，分泌最多最芬芳的花蜜，才能吸引潜在的授粉者，从而使自己繁衍生存下去。

在艰苦的条件下，在恶劣的环境中，我们能否像这些沙漠里的植物一样，不怨天尤人，不自暴自弃，把心开成一朵最大最美丽的花，撒播出人世间最浓郁的芬芳？如果能，你会惊喜地发现，这样不仅可以惠人，而且可以惠己。

综合模拟试卷(二)

一、填空题

1. 《论语》是我国最早的一部_____体著作。

2. 孟子在《有为神农之言者许行》一文中驳斥了农家的_____观点。

3. 《左传》是_____体历史著作。

4. 《战国策》是经西汉后期_____进行综合编辑定名的。

5. 《垓下之围》中的"垓下"在今_____。

6. 萧统系统整理编纂了中国文学史上第一部文人专集《_____》。

7. 《滕王阁序》是古代骈文中的精品,主要以_____句式为主。

8. _____是唐代古文运动的倡导者和领袖。

9. 《我家过去年代的一只猫》的作者是_____。

10. 短篇小说集《人·兽·鬼》的作者是_____。

11. 《一只特立独行的猪》选自《_____》。

12. 余光中的主要诗集有《_____》、《_____》、《_____》。

13. 《柯尔庄园的野天鹅》选自《_____》。

14. 苏轼是北宋著名的文学家、书画家,与其父_____、弟苏辙合称"三苏"。

15. 《西厢记》发端于_____的《_____》。

16. 诗文集《湖海集》、《岸堂文集》、《长留集》的作者是_____。

17. 明初诗人高启的作品集为《_____》。

18. 《晋楚城濮之战》选自《_____》。

19. 何冀平的《天下第一楼》共是_____幕四场话剧。

20、中国现代著名作家废名的原名是_____。

二、选择题

1. "匹夫而为百世师,一言而为天下法"是苏轼对(   )的评价。

A. 韩愈   B. 李白   C. 杜甫   D. 李商隐

2. 〔双调〕《夜行船·秋思》的作者是(   )。

A. 关汉卿   B. 马致远   C. 王实甫   D. 睢景臣

3. "泪随流水急,愁逐野云飞"语出(   )。

A.《西厢记》   B.《桃花扇》   C.《长生殿》   D.《牡丹亭》

4. 近体诗形成于(   )。

A. 初唐   B. 盛唐   C. 中唐   D. 晚唐

5. 《蜀相》写的是杜甫对(   )的凭吊和评价。

A. 刘备　　　　　　　B. 张飞　　　　　　　C. 诸葛亮　　　　　　D. 关羽

6. 《八声甘州·对潇潇暮雨洒江天》属于(　　　)。

A. 小令　　　　　　　B. 剧曲　　　　　　　C. 慢词　　　　　　　D. 套曲

7. 以下(　　　)不是泰戈尔的。

A.《诗人之死》　　B.《吉檀迦利》　　C.《园丁集》　　D.《飞鸟集》

8. 以下(　　　)不是徐志摩的。

A.《翡冷翠的一夜》　　　　　　　　B.《猛虎集》

C.《云游》　　　　　　　　　　　　D.《灾难的岁月》

9. "可怜夜半虚前席,不问苍生问鬼神"语出李商隐的《贾生》。"贾生"是指(　　　)。

A. 贾瑾　　　　　　　B. 贾琏　　　　　　　C. 贾赦　　　　　　　D. 贾谊

10. 屈原是(　　　)时人。

A. 春秋前期　　　　　　　　　　　　B. 春秋后期

C. 战国前期　　　　　　　　　　　　D. 战国后期

三、词语解释题

1. 睢园绿竹,气凌彭泽之樽。

睢园:＿＿＿＿＿＿＿＿　　彭泽:＿＿＿＿＿＿＿

2. 重回首往事堪嗟。

堪嗟:＿＿＿＿＿＿＿＿＿＿＿＿＿＿＿＿＿＿＿＿＿

3. 正恁凝愁。

恁:＿＿＿＿＿＿＿＿＿＿＿＿＿＿＿＿＿＿＿＿＿＿＿

4. 秦皇空此瘗黄金。

瘗:＿＿＿＿＿＿＿＿＿＿＿＿＿＿＿＿＿＿＿＿＿＿＿

5. 藉寇兵而赍盗粮。

赍:＿＿＿＿＿＿＿＿＿＿＿＿＿＿＿＿＿＿＿＿＿＿＿

6. 堂堂列公,半边南朝,望你峥嵘。

峥嵘:＿＿＿＿＿＿＿＿＿＿＿＿＿＿＿＿＿＿＿＿＿

7. 未数数也。

数数:＿＿＿＿＿＿＿＿＿＿＿＿＿＿＿＿＿＿＿＿＿

8. 可堪孤馆闭春寒。

可堪:＿＿＿＿＿＿＿＿＿＿＿＿＿＿＿＿＿＿＿＿＿

9. 时可不兮骤得。

骤得:＿＿＿＿＿＿＿＿＿＿＿＿＿＿＿＿＿＿＿＿＿

10. 此辈清流,可投浊流。

清流:＿＿＿＿＿＿＿＿＿＿＿＿＿＿＿＿＿＿＿＿＿

四、判断题

1. 超过八句的律诗称为排律或长律。 （ ）

2. "溯洄从之,道阻且跻"中"跻"的意思是:难以攀登。 （ ）

3. 《李尔王》是莎士比亚四大悲剧之一。 （ ）

4. 《炉中煤》构思的独特之处在于用恋歌的方式来写爱国诗。 （ ）

5. 《柯尔庄园的野天鹅》是爱尔兰著名诗人乔伊斯的作品。 （ ）

6. 戴望舒作品前期朦胧、忧郁,后期明朗、阳光。 （ ）

7. 《奥德赛》是荷马史诗之一。 （ ）

8. 莎士比亚是英国古典时期的代表作家。 （ ）

9. 《艾子后语》中说大话的故事多次被引用于梁实秋的《雅舍》中。 （ ）

10. 柳永是北宋第一个大量制作慢词的词人。 （ ）

五、简述题

1. 分析王小波《一只特立独行的猪》中"猪兄"的形象特征。

2. 分析余光中《等你,在雨中》"红莲"的思想意义。

3. 分析《湘夫人》中湘君的心理活动。

4. 简述残雪《山上的小屋》的思想意义。

5. 简述《日出》节选中黄省三的形象特色。

六、阐述题

1. 梭罗《瓦尔登湖》的象征意义。

2. 简述《长亭送别》的艺术成就。

七、作文（600字左右，根据下面提供的材料写一篇思想评论。中心突出、层次分明、语言流
　　畅。题目自拟）

智者的回答

　　A. 最困难的事。有人问古希腊哲学家泰勒斯："你认为人活在这个世界上，什么事情是
最困难的？"泰勒斯回答说："认识你自己。"

　　B. 永远的道德。有人问雅典的执政官梭伦："为什么作恶的人往往富裕，而善良的人却
往往贫穷？"梭伦回答："我们不愿把我们的道德和他们的财富交换，因为道德是永远的，而财
富每天都在更换主人。"

　　C. 理想的家居。有人问古希腊的庇塔乌斯："最理想的家是什么样子？"庇塔乌斯回答：
"既没有什么奢侈品，也不缺少必需品。"

综合模拟试卷（三）

一、填空题

1. 驿寄梅花,鱼传尺素。_____。_____,为谁流下潇湘去。

2. 多写离情别绪,伤春悲秋,身世之苦,并"善于将身世之感打并入艳情"的北宋词人是_____。

3. 辛弃疾的词集是《_____》。

4. 闲愁最苦,_____,_____烟柳断肠处。

5. 爱秋来那些:_____,_____煮酒烧红叶。

6. 对潇潇暮雨洒江天,_____。_____,_____,_____。_____,_____。_____,无语东流。

7. 马致远的《[双调]夜行船·秋思》共有_____曲子组成。

8. 在《夜行船·秋思》中有"便北海探吾来,道东篱醉了也"。此处"北海"、"东篱"分别是指:_____、_____。

9. 卞之琳《断章》"你站在桥上看风景,_____。明月装饰了你的窗子,_____。"

10. 《长亭送别》选自《西厢记》第四本第_____折,整折戏由旦角演唱。

11. 《长亭送别》中最能反映莺莺叛逆性格的曲子是【_____】。

12. 《迢迢牵牛星》中开头"迢迢牵牛星,皎皎河汉女"用的是_____手法描写两个星座。

13. 我们今天了解王实甫的内容大多由明代贾仲明的《_____》而来。

14. 被苏轼评价为"文起八代之衰"的是_____。

15. 周国平是我国_____代著名哲学家、学者、作家。

16. 《隧道》的作者迪伦马特是_____(国家)著名作家。

17. 《李尔王》的作者是_____。

18. 与"诗仙"李白、"诗圣"杜甫并列的王维被称为_____。

19. 《西厢记》的全名为《_____》。

20. 《连昌宫词》的作者元稹,他的字是_____。

二、选择题

1. 《庄子》共有(　　)篇。

A. 20　　　　　　B. 7　　　　　　C. 33　　　　　　D. 58

2. 《瓦尔登湖》被认为是(　　)最好的书。

A. 中国　　　　　B. 美国　　　　　C. 俄罗斯　　　　D. 德国

272

3. 词是隋唐时期随着燕乐兴盛而产生的一种合乐可歌的新诗体,又名为(　　)。

A. 乐章　　　　　　B. 乐府　　　　　　C. 长短句　　　　　　D. 诗余

4. 古诗体大体可分为(　　)几类。

A. 四言诗　　　　　B. 骚体诗　　　　　C. 乐府诗　　　　　　D. 古风

5. 苏轼有作品集为(　　)。

A.《苏东坡集》　　　　　　　　　　B.《苏轼全集》

C.《东坡乐府》　　　　　　　　　　D.《东坡作品集》

6.《长亭送别》中的《【正宫】端正好》幻化自(　　)。

A. 李白的《忆秦娥》　　　　　　　　B. 白居易的《忆江南》

C. 范仲淹的《苏幕遮》　　　　　　　D. 范仲淹的《渔家傲》

7. 下列作家中描写滕王阁并使之成为千古胜迹的是(　　)。

A. 苏轼　　　　　　B. 柳永　　　　　　C. 王勃　　　　　　D. 韩愈

8. 下列作品中不是马致远的是(　　)。

A.《汉宫秋》　　　　B.《窦娥冤》　　　　C.《赵氏孤儿》　　　　D.《破窑记》

9. 下列作品中不是叶芝的是(　　)。

A.《当你老了》　　　　　　　　　　B.《柯尔庄园的野天鹅》

C.《上尉的女儿》　　　　　　　　　D.《荒原》

10. 秦观的《踏莎行·郴州旅舍》中的"郴州"在今天的(　　)。

A. 湖北　　　　　　B. 湖南　　　　　　C. 广西　　　　　　D. 江西

三、词语解释题

1. 是处红衰翠减,苒苒物华休。

苒苒:_____

2. 斜阳正在,烟柳断肠处。

烟柳:_____

3. 凄凄惶惶的寄。

凄凄惶惶:_____

4. 公去国万里,而谪于朝。

谪:_____

5. 休笑鸠巢计拙。

鸠巢计拙:_____

6. 三月戴荠花,桃李羞繁华。

羞:_____

7. 太平致乱者谁。

致乱:_____

8. 筑室兮水中,葺之兮荷盖。

葺:＿＿＿＿＿＿＿＿＿＿＿＿＿＿＿＿＿＿＿＿＿＿＿＿＿＿＿＿

9. 生不五鼎食,死则五鼎烹。

五鼎食:＿＿＿＿＿＿＿＿＿＿＿＿＿＿＿＿＿＿＿＿＿＿＿＿＿＿

10. 英雄失路托足无门之悲。

托足无门:＿＿＿＿＿＿＿＿＿＿＿＿＿＿＿＿＿＿＿＿＿＿＿＿＿

四、问答题

1. 简析叶芝《柯尔庄园的野天鹅》中"五十九只天鹅浮游""猛一下飞上了天边""勾划出大而碎的圆圈"句子的含义。

2. 简析泰戈尔《生如夏花》中"生来如同璀璨的夏日之花""死时如同静美的秋日落叶"的含义。

3. 结合李斯的《谏逐客书》阐述文章是如何展开对比论证的?

4. 简析辛弃疾《摸鱼儿》的思想和艺术特色。

5. 结合袁宏道的《徐文长传》谈谈徐文长的性格特色和主要成就。

6. 结合残雪《山上的小屋》分析其思想和艺术上的主要特色。

7. 结合戴望舒的《乐园鸟》分析乐园鸟的形象特色。

五、作文 600 字左右（看下面的文章写一篇读后感，题目自拟，要求中心突出、层次分明、语言流畅）

拦 路 石

三个旅行者结伴去一个小庙投宿，半路上被一块巨大的石头挡住，爬上去和绕过去都是不可能的。

三人正发着愁，走出一个癞头和尚，手捧一只破钵，口里念念有词："此路由我开，此路由我踩，要想越过去，留下买路钱。施主，想过去吗？我是这里的拦路神，每人留下 100 文钱，自然就放你们过去了。"

只有第一个人毫不犹豫地给了和尚 100 文钱，另外两个人则讨价还价。

和尚把破钵往大石上一扣，石块没了，第一个人过去了。和尚把破钵拿起来，大石依然如故。

第二个人不再犹豫了，拿出 100 文也要过去。和尚说："现在涨到 200 文！"那人只好给了 200 文，也过去了。

见此情景，第三个人慌忙拿出 200 文。和尚说："不行，现在涨到 300 文！"那人纳闷，问："这是何缘故？"

和尚说："回避困难的时间愈长，当然付出的利息就愈多。"

综合模拟试卷（四）

一、填空题

1. 白居易 35 岁时作的《长恨歌》属于＿＿＿＿＿＿一类。

2.《塔铺》是刘震云的一篇带有回忆性质的小说，描绘了他家乡＿＿＿＿＿一带别样的风土人情。

3. 欧·亨利《最后的常春藤叶》中为救年轻的艺术家而献出生命的老画家是＿＿＿＿。

4.《炉中煤》的副标题是＿＿＿＿＿＿＿＿。

5. 政治上主张"仁者爱人"、"克己复礼"，教育上提倡"有教无类"、"因材施教"的是＿＿＿＿＿＿。

6.《左传》尤其擅长描写＿＿＿＿。

7. 欧阳修是北宋诗文革新运动的领袖，他反对＿＿＿＿形式主义诗风。

8. 白居易诗风平易通俗，以故为新，变化多端，用常得奇，时称"元白体"，"元"指的是＿＿＿＿＿。

9.《炉中煤》是一首影响广泛的＿＿＿＿诗篇。

10. 叹年来踪迹，＿＿＿＿＿＿。（柳永《八声甘州·对潇潇暮雨洒江天》）

11. 落霞与孤鹜齐飞，＿＿＿＿＿＿。（王勃《滕王阁序》）。

12. 戴望舒的诗歌主要受到＿＿＿＿＿＿（国家）象征派诗歌的影响。

13.《八声甘州 · 对潇潇暮雨洒江天》是一首写＿＿＿＿＿＿＿＿的诗。

14. 司马迁的《史记》开创了以＿＿＿＿＿为核心的纪传体史学。

15. 1921 年茅盾与郑振铎等发起并成立的中国现代文学史上最早亦最有影响的文学社团是＿＿＿＿。

16. 李白的《远别离》从题材、意境到风致，皆从屈原的《＿＿＿＿》脱胎而来。

17. ＿＿＿＿，北宋著名词人，"善于将身世之感打并入艳情"，为"苏门四学士"之一。

18. 周作人散文的叙事方式，是西方随笔与中国＿＿＿＿的结合。

19. "城濮之战"紧紧围绕＿＿＿＿＿这一主线进行叙写。

20. 孔尚任的《桃花扇》"＿＿＿＿＿＿＿＿＿＿＿"，以复社文人侯方域与秦淮名妓李香君的爱情纠葛作为全剧的主线。

二、选择题

1.《乐章集》是（　　）的词集。

A. 秦观　　　　　　B. 柳永　　　　　　C. 李煜　　　　　　D. 辛弃疾

2. （　　　）使文人词从音乐的附庸变为遣兴抒怀。

A. 秦观   B. 柳永   C. 李煜   D. 辛弃疾

3. (　　)是北宋第一个大量制作慢词的词人。

A. 秦观   B. 柳永   C. 李煜   D. 范仲淹

4. 莎士比亚是英国(　　)时期的戏剧家、诗人。

A. 文艺复兴   B. 19 世纪浪漫主义

C. 19 世纪现实主义   D. 20 世纪现代主义

5. 舒婷属于新时期(　　)诗派。

A. 新写实主义   B. 伤痕文学

C. 反思文学   D. 朦胧诗派

6. 我国古代一部既是伟大的历史著作,同时又是伟大的传记文学作品,对后代史书及散文创作有巨大影响的作品是(　　)。

A.《春秋》   B.《国语》   C.《史记》   D.《战国策》

7. 唐代诗人中,以写"无题"诗著称的是(　　)。

A. 王昌龄   B. 岑参   C. 杜牧   D. 李商隐

8. 下列作品中,创作时代与其他几篇不同的是(　　)。

A.《少年行》   B.《蜀道难》   C.《蜀相》   D.《迢迢牵牛星》

9. 我国现代诗歌史上,最能体现"五四"精神的是(　　)。

A.《红烛》   B.《女神》   C.《死水》   D.《双桅船》

10.《偶然》收入徐志摩的(　　)诗集中。

A.《志摩的诗》   B.《翡冷翠的一夜》

C.《猛虎集》   D.《云游》

三、词语解释题

1. 君子疾夫舍曰　疾:＿＿＿＿＿＿＿＿＿＿＿＿＿＿＿

2. 惟天为大,惟尧则之　则:＿＿＿＿＿＿＿＿＿＿＿＿＿＿

3. 台隍枕夷夏之交,宾主尽东南之美　尽:＿＿＿＿＿＿＿＿＿＿

4. 虽万乘之公相　虽:＿＿＿＿＿＿＿＿＿＿＿＿＿＿＿

5. 夕济兮西噬　济:＿＿＿＿＿＿＿＿＿＿＿＿＿＿＿＿＿

6. 争知我,倚阑干处,正恁凝愁　凝愁:＿＿＿＿＿＿＿＿＿＿

7. 人问我顽童记者　者:＿＿＿＿＿＿＿＿＿＿＿＿＿＿＿

8. 雄州雾列,俊采星驰　星驰:＿＿＿＿＿＿＿＿＿＿＿＿＿

9. 汝之纯明宜业其家者　业:＿＿＿＿＿＿＿＿＿＿＿＿＿

10. 不恁么渔樵无话说　不恁:＿＿＿＿＿＿＿＿＿＿＿＿＿

四、简答题

1.《[双调]夜行船·秋思》描写了哪两种相反的人生态度? 作者追求的是什么样的

人生?

2. 孟子散文的特点是什么?

3. 简述《长恨歌》的主题思想。

4.《西厢记·长亭送别》中借助景物描写来烘托人物的离愁别恨,请举一两处为例加以说明。

5. 结合《城濮之战》分析晋国胜利的原因。

6. 为什么说《炉中煤》构思新颖? 试结合作品做具体分析。

7.《滕王阁序》写景部分可分为几个层次? 描写的角度有哪些变化?

8. 简述《偶然》建筑美的体现。

9. 简述柳永在中国词史上的贡献。

10.《摸鱼儿》比兴手法有何特点?

五、分析题

1. 阅读司马迁《垓下之围》第1节然后回答问题。

(1) 用一句话概括场面描写,并说明有什么特点。

(2) 这里表现出项羽当时怎样的心境?

(3) 这里运用了哪些人物描写方法?

(4) 指出其中的侧面烘托手法。

(5) "四面楚歌"在这里对项羽军起了什么作用?

2. 阅读《季氏将伐颛臾》第 2 节,回答以下问题:
(1) 指出本段的论据类型和论证方法。

(2) 这段文字中的立论体现在哪里?

(3) 这段文字的双重喻义是什么?

3. 阅读钱锺书《论快乐》中的第 2 节,并回答问题:
(1) 这段话的中心是什么?

(2) 浮士德是什么人?

(3) 这段话在论证上有什么特点?

4. 阅读柳永《八声甘州》上阕,并回答问题:
对潇潇暮雨洒江天,一番洗清秋。渐霜风凄紧,关河冷落,残照当楼。是处红衰翠减,苒苒物华休。惟有长江水,无语东流。
(1) 这里写的是什么景物? 融的是什么感情?

(2) 指出四层写景分别着眼的中心事物。

(3) 这里的情景交融方式是什么?

(4) 哪里运用了借代修辞手法?

（5）"惟有长江水，无语东流"中渗透着词人怎样的感情？

（6）最后两句所表达的内容是什么？

六、作文（看下面的文章写一篇读后感，中心突出、层次分明、语言流畅，题目自拟，议论文600 字左右）

德国餐厅的一张罚单

德国是个工业化程度很高的国家，在这样一个发达国家，人们的生活一定是纸醉金迷灯红酒绿的吧？

在去德国考察前，我们在描绘着、揣摩着这个国度。到达港口城市汉堡之时，我们习惯先去餐馆，公派的驻地同事免不了要为我们接风洗尘。

邻桌的是几位白人老太太在悠闲地用餐，每道菜上桌后，服务生很快给她们分掉，然后被她们吃光。驻地的同事看到大家饥饿的样子，就多点了些菜，大家也不推让，大有"宰"驻地同事的意思。餐馆客人不多，上菜很快，我们的桌子很快被碗碟堆满，看来，今天我们是这里的大富翁了。狼吞虎咽之后，还有三分之一没有吃掉，剩在桌面上。大家结完账，个个剔着牙，歪歪扭扭地出了餐馆大门。

出门没走几步，餐馆里有人在叫我们。不知是怎么回事，是否谁的东西落下了？我们都好奇，回头去看看。原来是那几个白人老太太，在和老板叽里呱啦说着什么，好像是针对我们的。看到我们都围来了，老太太改说英文，我们就都能听懂了，她在说我们的菜剩太多，太浪费了。我们觉得好笑，这老太太多管闲事！"我们花钱吃饭埋单，剩多少，关你老太太什么事？"听到这样一说，老太太更生气了，为首的老太太立马掏出手机，拨打着什么电话。

一会儿，一个穿制服的人开车来了，称是社会保障机构的工作人员。问完情况后，这位工作人员居然拿出罚单，开出 50 马克的罚单，这下我们都不吭气了，驻地的同事只好拿出 50 马克，并一再说："对不起！"那位工作人员收下马克，郑重地对我们说："需要吃多少，就点多少！ 钱是你自己的，但资源是社会的，世界上有很多人还缺少资源，你们不能够也没有理由浪费！"

我们的脸都红了。但我们在心里却都认同这句话。一个富有的国家里，人们还有这种意识。我们得好好反思。

那天，驻地的同事把罚单复印后，给每人一张留作纪念，我们都愿意接受并决心保存着，以便时常提醒自己。

附：语言知识

一、常见双音词错别字

（括号内为错误写法，如没有必要可不看错字，以避免混淆正误记忆）

暧昧（暖）　安排（按）　安装（按）　昂贵（盎）　遨游（敖）

安详（祥）　安分（份）　鳌头（鳖）　鄙视（卑）　跋涉（拔）

裨益（婢）　壁画（璧）　布置（部）　编纂（篡）　贬斥（眨）

拨弄（拔）　邦交（帮）　部署（暑）　鞭笞（苔）　毕竟（必）

搬家（扳）　拌嘴（绊）　绊脚（拌）　匾额（扁）　暴乱（爆）

曝光（暴）　爆竹（暴）　秕谷（砒）　笔杆（竿）　编辑（缉）

弊病（蔽）　憋气（鳖）　碧蓝（兰）　表率（帅）　抱负（报）

重叠（迭）　沉湎（酒）　璀璨（灿）　岔路（叉）　崇高（祟）

搽粉（擦）　弛缓（驰）　驰骋（聘）　澄澈（沏）　啜泣（涕）

趁早（称）　谗言（馋）　代替（带）　倒退（到）　端详（祥）

厄运（厉）　幅度（辐）　风靡（糜）　风采（彩）　购销（消）

告诫（戒）　规矩（距）　诙谐（恢）　回溯（朔）　轰响（哄）

诨名（浑）　秸秆（杆）　矜持（恃）　竞赛（竟）　吉祥（详）

宽宏（洪）　暌违（睽）　临摹（摩）　琳琅（浪）　腊梅（蜡）

零钱（另）　糜烂（靡）　蜜月（密）　跻身（挤）　年龄（令）

殴打（欧）　片面（偏）　裨将（俾）　歉收（欠）　倾倒（顷）

蹂躏（揉）　树梢（稍）　神采（彩）　收讫（乞）　搪瓷（糖）

通宵（霄）　纨绔（胯）　诬告（污）　胁从（协）　星座（坐）

幸福（辛）　铲除（产）　撤销（撒）　才华（材）　钞票（抄）

玷污（沾）　捣乱（倒）　戴帽（带）　而今（尔）　辐条（幅）

烦恼（脑）　发轫（韧）　功绩（迹）　辜负（姑）　瑰丽（魁）

悍然（捍）　好像（象）　会晤（悟）　号叫（豪）　既然（即）

痉挛（挛）　抉择（决）　羁绊（拌）　克服（刻）　刻薄（克）

炼钢（练）　炼乳（练）　轮廓（廊）　联邦（帮）　模仿（摸）

密切（秘）　秘诀（密）　哪怕（那）　讴歌（欧）　佩服（配）

赔偿（陪）　欠账（歉）　歧义（意）　融洽（恰）　稍微（梢）

赡养（瞻）　嘶哑（厮）　痰盂（孟）　誊写（誉）　妄想（忘）

馋猫（谗）　戳穿（戮）　踩点（采）　船舱（仓）　档案（挡）

嫡亲（嘀）　颠簸（巅）　床笫（第）　粗犷（旷）　蔬菜（疏）

醇香(淳)	锻炼(练)	淡漠(模)	抵押(压)	穿梭(棱)
词谱(辞)	尝试(赏)	谗害(馋)	斗殴(欧)	渡江(度)
葱茏(笼)	刹那(霎)	摧毁(催)	朝贡(供)	凋敝(蔽)
度假(渡)	参与(予)	查找(察)	催促(摧)	惨痛(残)
称心(趁)	仇恨(狠)	担心(耽)	调换(掉)	蹬腿(登)
砥砺(厉)	放肆(肄)	妇孺(懦)	范畴(筹)	观摩(摹)
诡秘(鬼)	高粱(梁)	焕发(涣)	号啕(淘)	画像(象)
妨碍(仿)	奋发(愤)	辐射(幅)	灌输(贯)	雇员(顾)
恭候(躬)	涣散(焕)	寰宇(环)	侯爵(候)	废除(费)
愤恨(奋)	烦闷(繁)	贡献(供)	光彩(采)	废物(费)
副业(付)	肺腑(腹)	更迭(叠)	诡计(鬼)	覆盖(复)
副官(付)	反省(醒)	盖戳(戮)	关键(健)	附和(合)
复活(覆)	惯性(贯)	歌颂(诵)	惶恐(慌)	轰动(哄)
候车(侯)	欢度(渡)	会考(汇)	寒暄(喧)	喝彩(采)
荒谬(谎)	溘逝(嗑)	胡诌(绉)	哄抬(轰)	涵养(函)
即使(既)	诀窍(决)	绝对(决)	教诲(悔)	拷打(烤)
勘误(堪)	练习(炼)	浪费(废)	蓝图(篮)	零售(另)
脉搏(博)	谩骂(慢)	描摹(摩)	那么(哪)	呕吐(讴)
拼凑(揍)	膨胀(涨)	屈服(曲)	恰当(洽)	糅合(揉)
师傅(付)	赏识(尝)	授予(与)	天籁(赖)	通牒(谍)
惋惜(婉)	脊背(瘠)	伎俩(技)	倔强(崛)	姣好(皎)
刻苦(克)	颗粒(棵)	垃圾(拉)	老练(炼)	缭绕(撩)
蜡黄(腊)	脉络(胳)	漫野(谩)	贸然(冒)	虐待(疟)
怄气(呕)	磐石(馨)	嘉奖(佳)	竣工(峻)	急躁(燥)
脚趾(指)	垮台(夸)	恳求(垦)	邋遢(拉)	潦草(了)
沥青(呖)	寥廓(辽)	拇指(姆)	勉强(免)	冒失(贸)
艰难(坚)	峻岭(竣)	杰作(做)	就范(犯)	拮据(桔)
狡诈(榨)	竞技(竟)	谒见(竭)	纪元(记)	恐怖(布)
狂澜(谰)	谰言(滥)	玲珑(灵)	羸弱(赢)	留恋(流)
牟利(谋)	煤炭(碳)	弥漫(弭)	口讷(呐)	篮球(兰)
伶俐(利)	浏览(流)	流连(恋)	麻风(疯)	模糊(漠)
滥用(烂)	陋习(漏)	鹿茸(茸)	帽檐(沿)	蔓延(慢)
欧洲(殴)	扑倒(朴)	剽窃(骠)	偏僻(辟)	平添(凭)
驱使(趋)	荞麦(乔)	儒家(孺)	事迹(绩)	深奥(粤)

晌午（响）	统考（通）	通缉（辑）	宛然（婉）	迁徙（徒）
撬开（橇）	孺子（儒）	擅长（善）	深邃（邃）	霎时（刹）
屠戮（戳）	蜕化（脱）	枉费（忘）	气概（慨）	启封（起）
顷刻（倾）	荣膺（鹰）	擅自（善）	是非（事）	宿将（夙）
提纲（题）	跳舞（午）	萎靡（糜）	暑假（署）	书籍（藉）
梳妆（装）	趟水（淌）	袒护（坦）	未来（末）	闪烁（灼）
熟练（炼）	淘汰（陶）	拖沓（遢）	瓦砾（铄）	协作（胁）
销毁（消）	享受（亨）	徇私（殉）	泄密（泻）	凶狠（恨）
殉职（徇）	形状（型）	新颖（颍）	逍遥（消）	型号（形）
驯服（训）	陷阱（井）	希冀（翼）	宣泄（渲）	训练（炼）
秀丽（绣）	向往（想）	须知（需）	辛苦（幸）	炫耀（眩）
畜养（蓄）	瘐毙（庚）	肄业（肆）	熨帖（慰）	渔翁（鱼）
圆满（园）	圆规（园）	洋相（像）	阵脚（角）	要冲（充）
悠久（优）	作揖（楫）	装束（妆）	自卑（悲）	尊敬（遵）
遵循（尊）	针砭（贬）	棕绷（棚）	粽子（棕）	症状（征）
狰狞（挣）	赃款（脏）	载重（栽）	版画（板）	奔驰（弛）
严厉（历）	印象（像）	压榨（诈）	养分（份）	渔汛（讯）
预告（予）	宴会（晏）	永存（勇）	鱼鳞（麟）	予以（预）
演绎（译）	荫庇（阴）	更迭（叠）	妖冶（治）	延伸（申）
隐讳（悔）	赝品（膺）	涌现（踊）	眼馋（谗）	严峻（竣）
游弋（戈）	萤火（荧）	陨星（殒）	亚洲（州）	皱纹（绉）
做主（作）	诅咒（咀）	恣肆（姿）	蛰伏（蜇）	盛夏（蛀）
帮主（邦）	札记（扎）	作祟（崇）	缜密（慎）	自缢（溢）
肇事（造）	坐落（座）	爆裂（暴）	诤言（争）	驻军（住）
装帧（祯）	装蒜（算）	竹竿（杆）	帐篷（蓬）	芭蕉（巴）
制胜（治）	真谛（缔）	照相（像）	伫立（贮）	昭雪（诏）
诤友（铮）	抱歉（报）	姿态（资）	震撼（憾）	钻研（专）
忠于（衷）	辗转（碾）	讨伐（筏）	瞻仰（詹）	震惊（振）
罪孽（蘖）	稚嫩（雉）	榨取（诈）	家具（俱）	

二、常见成语错字

（括号内为错误写法）

白璧微瑕（暇）	病入膏肓（盲）	筚路蓝缕（篮）	变幻莫测（化）
不失时机（适）	黯然失色（暗）	跋山涉水（拔）	背道而驰（倍）
张皇失措（慌）	惨无人道（残）	陈词滥调（烂）	出尔反尔（而）

蹉跎岁月（嵯）	词不达意（辞）	诚惶诚恐（成）	穿凿附会（付）
大材小用（才）	咄咄逼人（拙）	倒打一耙（把）	独当一面（挡）
当仁不让（人）	雕虫小技（凋）	峨冠博带（搏）	繁文缛节（褥）
丰功伟绩（迹）	奋发图强（愤）	蜂拥而来（涌）	别出心裁（新）
沧海一粟（苍）	残羹冷炙（灸）	惩前毖后（毙）	川流不息（穿）
绰绰有余（卓）	吹毛求疵（庇）	处心积虑（集）	大名鼎鼎（顶）
待人接物（吻）	得不偿失（尝）	独辟蹊径（溪）	大是大非（事）
当头棒喝（捧）	耳濡目染（儒）	飞扬跋扈（拔）	方枘圆凿（柄）
风尘仆仆（扑）	锋芒毕露（必）	草菅人命（官）	残酷无情（惨）
瞠目结舌（堂）	粗枝大叶（意）	彻头彻尾（切）	踌躇满志（愁）
传宗接代（种）	大言不惭（渐）	戴罪立功（带）	得陇望蜀（龙）
短小精悍（焊）	顶礼膜拜（莫）	打抱不平（包）	法网恢恢（灰灰）
费尽心机（废）	风声鹤唳（泪）	凤毛麟角（鳞）	抱残守缺（惨）
惨绝人寰（圜）	充耳不闻（冲）	促膝谈心（触）	痴心妄想（忘）
姹紫嫣红（诧）	臭名昭著（超）	唇枪舌剑（箭）	大有裨益（稗）
殚精竭虑（惮）	掉以轻心（调）	东施效颦（频）	耳鬓厮磨（斯）
分道扬镳（飚）	风雨如晦（海）	腐化堕落（坠）	兵连祸结（联）
不寒而栗（粟）	出奇制胜（致）	措手不及（错）	叱咤风云（诧）
超群绝伦（纶）	猝不及防（卒）	炯炯有神（迥）	打架斗殴（瓯）
淡妆浓抹（装）	喋喋不休（谍）	待价而沽（估）	洞烛其奸（捉）
调兵遣将（遗）	发扬光大（广）	风靡一时（糜）	釜底抽薪（斧）
敷衍塞责（演）	附庸风雅（付）	肝脑涂地（途）	改邪归正（斜）
亘古未有（恒）	含辛茹苦（如）	好高骛远（鹜）	侯门如海（候）
黄粱美梦（梁）	集腋成裘（液）	矫揉造作（骄）	迥然不同（炯）
兼收并蓄（畜）	犄角之势（掎）	苦心孤诣（旨）	空前绝后（恐）
困兽犹斗（尤）	滥竽充数（烂芋）	冥顽不灵（螟）	良莠不齐（秀）
碌碌无为（录）	鳞次栉比（辚）	燎原烈火（缭）	漫山遍野（满）
明辨是非（辩）	墨守成规（默）	门庭若市（廷）	摩肩接踵（继）
恼羞成怒（脑）	呕心沥血（沤）	纰漏百出（毗）	旁征博引（证）
旁门左道（阻）	气喘吁吁（嘘）	乔装打扮（巧）	情不自禁（尽）
勤能补拙（绌）	秋毫无犯（豪）	入不敷出（付）	人参鹿茸（茸）
如释重负（失）	歃血为盟（插）	世外桃源（园）	书声琅琅（朗）
负隅顽抗（偶）	逢场作戏（做）	感人肺腑（府）	甘之如饴（贻）
歌舞升平（午）	根深蒂固（底）	割发代首（带）	哄堂大笑（轰）

虎视眈眈(耽)　浑身是胆(混)　怀瑾握瑜(谨)　记忆犹新(尤)
计日程功(成)　急不可待(及)　鞠躬尽瘁(粹)　筋疲力尽(皮)
接踵而来(锺)　赴汤蹈火(烫)　翻云覆雨(复)　甘冒不韪(讳)
高屋建瓴(领)　鬼鬼祟祟(崇)　感恩戴德(带)　各行其是(事)
焕然一新(涣)　海市蜃楼(辰)　涸辙之鲋(附)　浑浑噩噩(恶)
既往不咎(纠)　剑拔弩张(弩)　金榜题名(提)　赳赳武夫(纠)
近在咫尺(只)　见利忘义(望)　防微杜渐(惭)　放任自流(留)
甘拜下风(败)　膏粱子弟(高)　沽名钓誉(诂)　篝火狐鸣(鸣)
风驰电掣(制)　飞黄腾达(滕)　刚愎自用(复)　高瞻远瞩(赡)
革故鼎新(顶)　蛊惑人心(蛊)　和盘托出(合)　荒诞不经(径)
怙恶不悛(浚)　和蔼可亲(霭)　汗流浃背(夹)　缄口不言(篇)
金碧辉煌(壁)　胶柱鼓瑟(琴)　泾渭分明(径)　疾言厉色(嫉)
艰难困苦(坚)　兢兢业业(竞)　娇生惯养(贯)　井井有条(整)
集思广益(及)　宽宏大量(洪)　开诚布公(成)　脍炙人口(侩炙)
枯燥无味(躁)　口干舌燥(躁)　开门揖盗(缉)　刻苦耐劳(克)
口蜜腹剑(密)　礼尚往来(上)　流芳百世(留)　戮力同心(戳)
良辰美景(晨)　落英缤纷(宾)　脉络分明(胳)　名列前茅(矛)
目不交睫(捷)　买椟还珠(赎)　面黄肌瘦(饥)　明枪暗箭(剑)
奴颜婢膝(卑)　厉兵秣马(历)　流言蜚语(非)　略胜一筹(畴)
略见一斑(般)　老生常谈(长)　面面俱到(具)　谬种流传(缪)
目光如炬(巨)　满目疮痍(胰)　秘而不宣(密)　绵里藏针(棉)
南辕北辙(撤)　绿草如茵(荫)　寥寥无几(廖)　雷厉风行(励)
令人咋舌(昨)　貌合神离(和)　漠不关心(莫)　满腹经纶(论)
弥天大谎(慌)　名噪一时(躁)　利害得失(厉)　龙飞凤舞(风)
寥若晨星(廖)　连篇累牍(续)　民生凋敝(弊)　莫衷一是(哀)
毛骨悚然(耸)　明火执仗(杖)　幕天席地(暮)　蹑手蹑脚(摄)
弄巧成拙(绌)　披沙拣金(批)　攀龙附凤(付)　品头评足(品)
千钧一发(钩)　轻歌曼舞(慢)　沁人心脾(泌)　曲突徙薪(徒)
区区小事(曲)　如法炮制(泡)　融会贯通(汇)　如出一辙(澈)
煞费苦心(废)　史无前例(列)　睡眼惺忪(醒)　蓬荜生辉(篷)
偏安一隅(偶)　破釜沉舟(斧)　萍水相逢(苹)　迫不及待(急)
迫在眉睫(捷)　前倨后恭(踞)　罄竹难书(馨)　曲高和寡(合)
趋之若鹜(鹜)　秋水伊人(尹)　任劳任怨(忍)　如丧考妣(疵)
前仆后继(扑)　清澈见底(彻)　敲诈勒索(榨)　其貌不扬(洋)

强弩之末（弩）	穷兵黩武（渎）	切肤之痛（夫）	恰如其分（份）
如火如荼（茶）	人才辈出（倍）	孺子可教（儒）	惹是生非（事）
潸然泪下（潜）	事过境迁（景）	随声附和（合）	三番两次（翻）
肆无忌惮（疑）	姗姗来迟（珊）	稍纵即逝（少）	首屈一指（手）
神采奕奕（弈）	熟视无睹（赌）	始作俑者（踊）	率尔操觚（瓢）
索然寡味（琐）	提纲挈领（携）	甜言蜜语（密）	通货膨胀（涨）
投笔从戎（绒）	萎靡不振（威）	望风披靡（糜）	乌烟瘴气（漳）
娓娓动听（尾）	唯利是图（事）	尾大不掉（吊）	相形见绌（拙）
心狠手辣（棘）	喧宾夺主（暄）	瑕瑜互见（暇）	虚怀若谷（胸）
心旷神怡（广）	揠苗助长（偃）	一脉相承（成）	一鼓作气（股）
怡然自得（诒）	庸人自扰（忧）	缘木求鱼（沿）	贻人口实（饴）
芸芸众生（云）	源远流长（渊）	再接再厉（励）	张灯结彩（采）
恣意妄为（姿）	是古非今（似）	炙手可热（灸）	素昧平生（身）
色厉内荏（利）	是古非今（似）	生死攸关（忧）	死心塌地（踏）
手不释卷（失）	首当其冲（充）	善罢甘休（干）	受宠若惊（庞）
束之高阁（搁）	拾人牙慧（惠）	死皮赖脸（懒）	提要钩玄（勾）
恬不知耻（括）	图穷匕见（必）	天衣无缝（逢）	惟妙惟肖（唯）
文过饰非（是）	无礼谩骂（漫）	未雨绸缪（筹）	无与伦比（纶）
纹丝不动（文）	向隅而泣（偶）	心灰意懒（恢）	徇私舞弊（殉）
相濡以沫（儒）	嬉笑怒骂（喜）	心心相印（映）	偃旗息鼓（掩）
一蹶不振（厥）	一张一弛（驰）	义不容辞（词）	贻笑大方（遗）
天崩地坼（拆）	通宵达旦（霄）	天翻地覆（复）	投机倒把（捣）
逃之夭夭（妖）	枉费心机（妄）	为虎作伥（帐）	完璧归赵（壁）
无耻之尤（犹）	惘然若失（枉）	五彩缤纷（采）	销声匿迹（消）
修葺一新（茸）	栩栩如生（诩）	萧规曹随（肃）	心猿意马（原）
妄自菲薄（非）	味同嚼蜡（腊）	万古长青（常）	毋庸讳言（纬）
温柔敦厚（钝）	瓦釜雷鸣（斧）	形销骨立（消）	休养生息（修）
遐思遐想（暇）	笑容可掬（鞠）	宵衣旰食（于）	营私舞弊（敝）
怨天尤人（忧）	颐指气使（怡）	悠然自得（游）	忧心忡忡（肿）
责无旁贷（代）	真知灼见（卓）	专心致志（至）	罪不及孥（奴）
子虚乌有（鸟）	叹为观止（之）	挑拨是非（事）	条分缕析（镂）
韬光养晦（蹈）	歪门邪道（斜）	为国捐躯（驱）	无耻谰言（滥）
蔚然成风（尉）	委曲求全（屈）	刎颈之交（吻）	响彻云霄（宵）
兴高采烈（彩）	循规蹈矩（距）	相提并论（题）	相辅相成（承）

形迹可疑（行） 湮没无闻（淹） 一蹴而就（促） 一筹莫展（愁）
义愤填膺（赝） 言简意赅（骇） 英雄辈出（倍） 运筹帷幄（屋）
倚老卖老（以） 扬长而去（常） 养尊处优（幽） 一丘之貉（骼）
一枕黄粱（梁） 以逸待劳（代） 杳无音信（沓） 语无伦次（论）
有口皆碑（杯） 优哉游哉（悠） 以身作则（责） 一笔勾销（钩）
一窍不通（窍） 一望无垠（往） 优柔寡断（揉） 欲盖弥彰（章）
原形毕露（必） 怨声载道（栽） 意想不到（异） 遮天蔽日（避）
仗义执言（直） 张灯结彩（采） 置若罔闻（惘） 自暴自弃（爆）
恣意妄为（姿） 中流砥柱（抵） 众口铄金（烁） 走投无路（头）
自惭形秽（渐） 趾高气扬（指） 张皇失措（慌） 直截了当（接）
纵横捭阖（稗） 自鸣得意（命） 中西合璧（壁） 作奸犯科（践）

参 考 答 案

课文内容辅导

诗 歌

古代诗歌

蒹 葭

一、1. 诗经　2. 诗　诗三百　汉代　3. 305　西周初期(大约公元前11世纪)至春秋中期(约公元前6世纪)　4. 音乐　160　105　40　5. 赋　比　兴　6. 诗经·秦风　7. 芦荻　霜露　秋水　8. 主人公所爱慕的人,或者是一种可望而不可即的人、事和物　9. 抒情传统

二、1. C　2. A　3. D　4. A　5. B　6. B　7. D　8. BD

三、1. 苍苍:老青色而茂盛的样子。　2. 溯洄:逆流而上。　3. 溯游:顺流而下。　4. 宛:仿佛、好像。　5. 凄凄:通"萋萋",茂盛的样子。　6. 晞:干。　7. 湄:岸边,水草交接的地方,文中指高岸。　8. 跻:登高,这里指地势较高,难以攀登。　9. 坻:水中小块陆地。　10. 右:迂回弯曲。　11. "风"是不同地区的地方音乐,是从15个地区采集来的歌谣,共有160篇;"雅"是周王朝直接统治地区的音乐,分为大雅和小雅,大多是宫廷宴飨的乐曲,共有105篇;"颂"是宗庙祭祀的舞曲,分为周颂、鲁颂、商颂,是宗庙祭祀的乐歌,共有40篇。　12. 赋、比、兴是《诗经》的三种表现手法。它的含义据朱熹说:赋者,敷陈其事而直言之也(陈述铺叙);比者,以彼物比此物也(譬喻);兴者,先言他物以引起所咏之词(借助其他事物作为诗歌的开头,为了引起下文)。

四、1.《蒹葭》是一首优美动人的恋歌。这首诗善于捕捉艺术氛围,创造纯美的意境。诗中的主人公清晨伫立河畔,所见景物很多。但诗人只写了笼罩在晨雾中的芦荻、霜露、秋水,展示的是一幅清新淡雅的画面。那清秋萧瑟景物特有的色彩则为全诗营造出一种凄清的气氛。这种气氛与主人公处于离情别绪中的特定心境是一致的,从而有力地烘托出人物凄婉惆怅的情感。同时抒情主人公的情感也投射到眼前的景物之上,使得这蒹葭白露、茫茫秋水都染上了主人公淡淡的忧愁,绵绵的情思。总之,客观景物与主观感情浑然一体,构成了情景交融的优美意境,使诗歌具有了一种凄清而朦胧的美。　2.《诗经·蒹葭》中的"所谓伊人",从头到尾都没有清晰的面容,从来都没有正对过读者;她似乎就在眼前,忽而又远在天边;她似乎无影无踪,又忽然出现在水中的小洲。这简直像镜中花、水中月,她如梦似幻,若隐若现。因此,《蒹葭》中的"伊人",含义是多样的。它可以指爱人、情人、亲友、君王,也可以指美、真理或是理想等。

湘 夫 人

一、1. 战国　楚　湖北　秭归　2. 离骚　九歌　九章　天问　招魂　3. 有巨大成就的爱国　4. 汨罗

5. 11　东皇太一　云中君　湘君　湘夫人　河伯　山鬼　大司命　少司命　东君　国殇　礼魂　6. 楚辞·九歌　7. 湘君　湘夫人　8. 浪漫主义　9. 目眇眇兮愁予。袅袅兮秋风　10. 观流水兮潺湲

二、1. C　2. B　3. ABCD

三、1. 楚辞：楚辞是战国晚期在中国南方长江流域楚国产生的一种新型的诗歌形式。内容上，记楚事，与楚地的原始神话和宗教活动有密切关系；形式上，作楚声，结构宏伟，句式新颖，其奠基人和代表作家是屈原。　2. 眇眇：遥望的样子。　3. 遗(yí)：丢失。　　(wèi)：赠送。　4. 嫋嫋：微风吹拂的样子。　5. 骋望：极目远望。　6. 偕逝：一同前往。　7. 实庭：充满庭院。　8. 搴：摘取，楚地方言。　9. 聊：姑且。　10. 容与：漫步。　11. 逍遥：优游，徘徊。

四、《湘夫人》一诗在结构上以湘君赴约不遇时感情的变化为中心线索。将景物与人事、理想与现实熔铸在湘君的心理活动之中，构成了一个丰富多彩、完美和谐的艺术整体。诗中对湘君赴约时心理活动变化的描写清晰可见。刚到北渚不见湘夫人的忧愁，久等未至的忐忑，再到追悔，再转为热情的期待和无奈的自我安慰，感情跌宕起伏。

迢迢牵牛星

一、1. 牛郎织女　夫妻分离　2. 诗经·小雅·大东　3. 互文　4. 泣涕零如雨　5. 动作　情态

二、1. 这首诗着笔天上，着眼人间，明写神话故事，暗写现实生活，借牛郎织女感人肺腑的爱情悲剧，以委婉曲折的手法抒发人间游子思妇的离别之苦。　2. ① 运用浪漫手法展开丰富的联想。借天上的故事来喻现实生活，抒发了织女的别恨哀怨及向往夫妻团聚的情感。　② 抒情和写景的结合。诗不拘于神话传说的故事，而立足于写织女的情感。不仅通过织女怅望牛郎、无心弄机杼、泣泪落如雨、脉脉不得语等场景描写来揭示她的心情感受，也注意了和景物描写结合起来，来达到抒发情感的目的。　③ 诗的语言优美自然、精练工切而又富于韵味。全篇有六句以叠词起头，这些叠词增强了诗歌的形象性和抒情性，增添了诗歌的音律美和修辞美。

归园田居（其三）

一、1. ABD

二、1. 种豆南山下　草盛豆苗稀　2. 衣沾不足惜　但使愿无违　3. 晨兴理荒秽　带月荷锄归

三、1. 作者辞官归田，虽耕作不佳却乐在其中，可见其本意在享受田园生活的宁静和安适。　2. 辛苦而美好的田园　采菊东篱下，悠然见南山。（《饮酒》）/开荒南野际，守拙归园田。（《归园田居》其一）3. 田园　4. "种豆南山下"，语言亲切朴素，明白如话，以平淡的口吻写出对田园生活的喜爱之情及自己闲适寡欲的心境。/"带月荷锄归"，描写劳动归来的诗人，在皎洁的月光下，肩扛一把锄头，构成了一幅月夜归耕图。　5. 从诗的内容看，可理解为辛勤耕种期待收获——多收些豆子。从诗的主题看，是指希望能隐居田园，远离官场的污浊，在自然美好的生活中保持自己的节操，不与世俗同流合污。　6. 这首诗描写诗人归隐后的日常劳动生活。表达了诗人对归隐耕种生活的热爱，对官场黑暗生活的厌弃。　7. "带月荷锄归"这一句将劳动生活的感受和山村静谧的夜景融合在白描般的图画中，含蓄地表达了诗人对田园生活的满足。

四、1. 这首诗流露了诗人对田园生活的热爱和归隐农村的自豪之情。　2. 陶渊明的诗最突出的特点是平淡自然与深厚醇美的统一。他的田园诗写的是平淡的田园风光和日常的农村生活，反映的是归隐后恬淡的心境与情趣，在表现方法上，这些诗歌多用白描手法，语言朴素自然。陶渊明田园诗歌的艺术特征主要

表现在以下几个方面:① 用白描的手法创造出高远超俗的意境。白描手法原来是中国绘画的传统技法,采用这种方法绘景往往能取得以少胜多的艺术效果。陶渊明的田园诗大多采用白描的手法,使陶诗读起来就像一幅写生画,所画景物的色彩、线条都宛如实景。"带月荷锄归"、"道狭草木长"只寥寥数笔,便勾勒出景物的特征,突出景物特色,既简洁,又传神,构成了宁静安谧、淳朴自然的境界。   ② 语言平淡自然而又有很强的表现力。陶渊明惯用朴素自然的语言和疏淡的笔法,精练地勾勒形象,表达出深厚的意蕴,从而达到写意传神的艺术效果。如"豆苗"、"草木"、"荷锄"等语句显得平淡自然而又有很强的自然表现力。③ 景、情、事、理的浑融。在陶渊明的田园诗中,飞禽走兽、花卉草木和山山水水都有着深刻的内涵,作者往往将深刻的哲理融入诗歌的形象中,让平实的素材表现出不平凡的意境。

少年行(其一)

一、1.盛唐　山水田园　2.诗佛　3.张九龄罢相　前期境界开阔,雄浑博大　后期清新淡雅,意境幽远　4.王右丞集　5.五言律绝　6.白描写意

二、1.B　2.C　3.ABCD　4.D

三、1."意气"一词在这里的内涵是很丰富的,有重义疏财的侠义,也有豪纵不羁的气质;有纵酒的轻狂,也有报国的情怀,游侠少年的共同特点都可以包含在这似乎无所不包的"意气"之中。　2.这一句是由马、高楼、垂柳组成的一幅画面。马是侠客不可分的伴侣,写马,正所以衬托侠少的英武豪迈。高楼则正是在繁华街市上那所备有新丰美酒的华美酒楼了。高楼旁的垂柳,则与之相映成趣。它点缀了酒楼风光,使之在华美、热闹中显出雅致、飘逸,不流于市井的鄙俗。而这一切,又都是为了创造一种富于浪漫气息的生活情调,为突出侠少的精神风貌服务。　3.《少年行》是王维的七绝组诗,共四首。分咏长安少年游侠高楼纵饮的豪情、报国从军的壮怀、勇猛杀敌的气概和功成无赏的遭遇。各首均可独立,合起来又是一个整体。慷慨报国的壮烈情怀,重义疏财的侠义性格,豪纵不羁的气质,使酒任性的作风使诗中的游侠少年具有独特的风采。

蜀 道 难

一、fú　sài　yíng　yī xū xī　zhàn　náo　mén shēn　zhēng róng　yīng　chán　tuān　zī jiē　huī　pīng　wéi　shǔn

二、1.盛唐　浪漫　青莲居士　李太白集　2.陇西成纪　碎叶　绵州　安徽当涂　3.杜甫　4.韩愈　5.余光中　6.梦游天姥吟留别　7.随风直到夜郎西　8.千金散尽还复来　9.相和歌辞·瑟调曲　10.雄奇飘逸　真率自然

三、1.神话传说:五丁开山、六龙回日——写出历史上蜀道不可逾越之险阻。　虚写映衬:黄鹤不得飞渡、猿猱愁于攀缘——映衬人行走难上加难。　摹写神情、动作:手扪星辰、呼吸紧张、抚膺长叹、步履艰难、神情惶悚——困危之状如在眼前。　借景抒情:古木荒凉、鸟声悲凄(悲鸟号古木,子规啼夜月)——使人闻声失色,渲染了旅愁和蜀道上空寂苍凉的环境氛围,有力地烘托了蜀道之难。　运用夸张:"连峰去天不盈尺""枯松倒挂倚绝壁"——极言山峰之高,绝壁之险,渲染了惊险的气氛。　李白正是以变幻莫测的笔法,淋漓尽致地刻画了蜀道之难,艺术地展现了古老蜀道逶迤、峥嵘、高峻、崎岖的面貌,描绘出了一幅色彩绚丽的山水画卷。　2.诗人先烘托出山势的高险,然后由静而动,写出水石激荡、山谷轰鸣的惊险场景。好像一组镜头:开始是山峦起伏、连峰接天的远景图画;接着平缓地推出枯松倒挂绝壁的特写;而后,跟踪而来的是一组快镜头:飞湍、瀑流、悬崖、转石,配合着万壑雷鸣的声响,飞快地从眼前闪过,惊险万状,目不暇接,从而

造成一种势若排山倒海的强烈艺术效果。如果说上面山势的高危已使人望而生畏,那么此处山川的险要更令人惊心动魄了。　　3.李白之所以描绘得如此动人,首先在于他融贯其间的浪漫主义激情。诗人寄情山水,放浪形骸,他对自然景物不是冷漠地观赏,而是热情地赞叹,借以抒发自己的理想和感受。其次诗人善于把想象、夸张和神话传说融为一体写景抒情。最后,诗人对《蜀道难》这一乐府古题有所创新和发展,他运用了三言、四言、五言、七言,直到十一言等参差错落、长短不齐的句式,形成极为奔放的语言风格,韵脚也不断变化,这对他表现丰富奇特的想象和笑傲现实的浪漫主义精神也起到了相辅相成、相得益彰的作用。

4.在风云变幻、险象丛生的惊险氛围中,最后写到了蜀中要塞剑阁。在大剑山和小剑山之间有一条30里长的栈道,群峰如剑,连山耸立,削壁中断如门,形成天然要塞。因其地势险要,易守难攻,历史上在此割据称王者不乏其人。诗人从剑阁的险要引出对政治形势的描写。他化用西晋张载《剑阁铭》中的语句,目的在于劝人引以为鉴戒,警惕战乱的发生,并联系当时的社会背景,揭露了蜀中豺狼的"磨牙吮血,杀人如麻",这既是描写蜀道猛兽,又是影射政治黑暗的双关语句,表达了对国事的忧虑与关切,为诗篇增加了现实的内涵、深厚的意蕴。　　5."蜀道之难难于上青天",在诗的开头、中间、结尾三次出现,是贯穿全诗的线索。第一次咏叹,统领全文,一开始就给读者以蜀道高峻艰险的印象,为全诗的抒情定下了基调,同时紧扣读者心弦,给人以强烈的悬念:蜀道怎么难法?第二次咏叹,承上启下,是在描述了蜀道艰险、环境凄凉之后抒发的,使这一咏叹的内涵具体丰富,感情更为强烈。第三次咏叹,增添了政治道路艰险的内涵,与开头、中间呼应,收结全诗,使诗的结构显得更为严谨。这三次反复,前后呼应,使读者对蜀道的艰难的感觉逐步加强,带有强烈的感情色彩,有荡气回肠的力量。　　6.句式的灵活多变与语言的奔放恣肆是本诗的语言特色。《蜀道难》是乐府诗旧题,在体裁上属于七言歌行,李白不落窠臼,大胆创新,运用散文笔法来写诗。本诗以七言为主,兼用各种长短句式,有三、五、七、八、九、十一言诸种,形成一种非常灵活的形式。随着诗意的变换,或长或短,卷舒自如,使句式丰富多彩,语言也显得生动活泼,更形象地展现了蜀道之奇险,气势之磅礴。前人写《蜀道难》这一旧题都是一韵到底,李白的这首《蜀道难》自始至终换了五次韵,换韵如此频繁,韵律的错综变化和以七言为主的长短句的结合运用,形成了极为奔放的语言风格。

蜀　　相

一、1.子美　杜工部　盛唐　现实　2.浑涵汪茫　千汇万状　诗史　3.沉郁顿挫　4.杜工部集　5.武侯祠　6.丞相祠堂何处寻?锦官城外柏森森。　7.映阶碧草自春色,隔叶黄鹂空好音。　8.三顾频烦天下计,两朝开济老臣心。　9.出师未捷身先死,长使英雄泪满襟。

二、1.B　2.C　3.C　4.C　5.B　6.B

三、1."诗眼"分别"自"、"空"。"自"和"空"二字互文见义,碧草映阶,春光空自美好;隔叶黄鹂,声音空自悦耳。因为诗人思慕的人早已逝去,诗人无心欣赏自然,大好春光只能"空自"存在,这就突出了对诸葛亮的怀念之情,同时也表达了对当时缺少济世英才的概叹。　　2.律诗要求颔联、颈联对仗。要求在一联中的出句和对句在句法结构上一致,同一位置的词语词性相同。如本诗颔联的出句"映阶碧草自春色"和对句"隔叶黄鹂空好音"两句就是如此。两句的定语"映阶"、"隔叶"都是动宾短语,"碧草"、"黄鹂"都是名词作主语,"自"、"空"是副词作状语,"春色"和"好音"都是偏正名词短语作谓语。总之,此联结构一致,词性相同,平仄相错,对仗十分工整。　　3.这首诗通过诗人对丞相祠堂的寻访,表达了对诸葛亮的景仰之情,寄寓了诗人忧国忧民的思想感情和政治理想:诗人对忧念苍生、济世扶危的诸葛亮极其崇敬景仰,希望在当时安史之乱中也能有诸葛亮这样雄才大略而又忠心为国之人出现为国效力;同时也寄寓了自己生不逢时、抱负难施的感慨。 4.杜甫"沉郁顿挫"的艺术风格,"沉郁"主要指思想内容,"顿挫"主要指艺术形式。 杜甫诗歌最大的特点就是"沉郁顿挫",是说他的诗歌思想内容深广,艺术形式上具有惊心动魄的音乐美。《蜀相》在内容上厚实丰满,表达了对诸葛亮的崇敬之情。在情感的表达上起伏回旋,有寻找的急切,更有孤寂的伤怀,落差极大。表达上的迂折含蓄。字字写景,却又字字含情,可谓含蓄蕴藉。章法上开合变化。结构上的回环照应。音节上的铿锵浏亮,音律调配,可令人体味诗人困苦惆怅的心境,达到很高的艺术境界。词句上的精练警策,多用炼字。"出师未捷身先死,长使英雄泪满襟"这一千古传诵的名句,曾引起多少悲剧英雄的共鸣!沉郁和顿挫合为一体,沉郁凭借顿挫,顿挫服从沉郁,二者相辅相成,构成了杜诗的主要风格。

长 恨 歌

一、1.乐天 香山居士 中唐 现实主义 2.新乐府 文章合为时而著 歌诗合为事而作 3.长恨歌 琵琶行 4.新乐府 秦中吟 5.陶渊明 6.平易通俗,以故为新,变化多端,用常得奇 7.白氏长庆集 8.汉皇、杨女(唐玄宗、杨贵妃) 9.诗歌描写李、杨的爱情故事,赞美二人忠贞不渝、缠绵悱恻的爱情,同时对李、杨贪爱殆政、荒淫误国有所讽刺谴责 10.六宫粉黛无颜色 11.在地愿为连理枝 天长地久有时尽

二、1.C 2.B 3.C 4.A

三、1.倾国:指美女。 2.回眸:回首顾盼。 3.列土:分封土地。 4.可怜:值得羡慕。 5.渔阳鼙鼓:指安禄山起兵叛乱。 6.宛转:柔婉凄恻的情态。 7.梨园弟子:文中指唐玄宗在梨园训练的艺人,现专指戏曲工作者。 8.耿耿星河:明亮的银河。 9.碧落、黄泉:天上、地下。 10.绰约:风姿轻盈美好的样子。 11.参差:仿佛。 12.迤逦:接连不断。 13.泪阑干:泪流纵横的样子。 14.人寰:人间。

四、1.关于《长恨歌》的主题,自唐以来众说纷纭,如讽喻责主题说(揭露谴责唐玄宗与杨贵妃骄纵淫逸的生活及误国亡身的下场,警示后人不要重蹈覆辙)、爱情主题说(主要歌咏李、杨真挚缠绵、坚贞不渝的爱情)、双重主题说(一方面批判统治阶级因荒淫腐朽招致祸乱,一方面同情二人生离死别的不幸遭遇)。 从作者自身的创作意图来看,白居易曾自言"一篇《长恨》有风情",并将其归为感伤诗,可见作者是为歌"风情"而作此诗,在具体描写中虽对李、杨荒怠朝政也流露出不满,但主旨仍是同情李、杨的爱情遭遇,赞美二人的坚贞不渝。 2.① 现实主义和浪漫主义相交融,虚实结合的选材特点。前半部分是现实主义,描写李、杨之间的遇合;后半部分是浪漫主义,写李、杨之间的刻骨相思。诗歌歌咏历史上的真人真事,却并非全以史实为据,而是在史实基础上吸收民间的相关传说并加以适当熔铸裁剪,虚实结合,中心突出,叙述了一个优美动人、缠绵哀怨的爱情故事。 ② 塑造了两个优美动人的人物形象。作者成功地塑造了两个鲜明美好的人物形象。其笔下的杨贵妃,隐去了作为历史人物的杨玉环的不美之处,在白居易的笔下,她既有"天生丽质"的外表美,又对爱情生死如一,始终不渝,寄寓着诗人的爱情理想。玄宗作为故事的主人公,同样不等同于历史上的明皇,而是一位痴情恋旧的君主。 ③ 叙事诗的典范。本诗是长篇叙事诗的典范,情节曲折离奇,首尾完备,并将叙事与抒情做到了极好的融合。前段以叙事为主,始终围绕李、杨爱情中心取材,明畅简洁,一气舒卷,后半以抒情为主,酣畅淋漓,感人至深。 ④ 律化的乐府歌行。在语言韵律方面,本诗是律化的乐府歌行,以韵为主,间或以散句相间,既朗朗上口,又气韵生动。押韵方式灵活多变,有句句押韵,有两句一韵,或两句一转韵,或四句一换韵。平声韵与仄声韵相互交替,音韵流畅和谐,语言优美抒情。

连 昌 宫 词

一、1.微之 唐 2.新乐府运动 白居易 元和体 3.莺莺传 西厢记 4.除却巫山不是云

二、1. ① 诗人既植根于现实生活和历史,又不囿于具体的历史事实,虚构一些情节并加以艺术的夸张,把历史人物和社会生活事件集中在一个典型环境中来描绘,写得异常鲜明生动,从而使主题具有典型意义。 ② 这首诗的情节,写得真真假假,假中有真,真假相衬,互相对照。 ③ 此诗语言丰富,形象鲜明,叙事生动,笔触细腻。 2.《连昌宫词》是元稹的乐府名篇,与白居易的《长恨歌》一起闻名于世。两首诗都以安史之乱为背景,但叙述的角度不同。《长恨歌》诗人从反思的角度写出了造成悲剧的原因,但对悲剧中的主人公又寄予同情和惋惜。《连昌宫词》通过一位老翁追忆连昌宫的今昔变化,反映了唐王朝由盛转衰的历史。这首诗针砭唐代时政,反对藩镇割据,批判奸相弄权误国;提出所谓"圣君贤卿"的政治理想。它含蓄地揭露了玄宗皇亲骄奢淫逸的生活和外戚的飞扬跋扈,具有一定的历史认识意义。前代诗评家多推崇这首诗"有监戒规讽之意","有风骨",把它和白居易《长恨歌》并称,同为脍炙人口的长篇叙事诗。 3.《连昌宫词》是唐代诗人元稹创作的长篇叙事诗。这首诗通过一个老人之口叙述连昌宫的兴废变迁,反映了唐朝自唐玄宗时期至唐宪宗时期的兴衰历程,探索了安史之乱前后朝政治乱的缘由,表现了人民对再现升平、重开盛世的向往和希望国家长治久安的强烈愿望。

无题 · 昨夜星辰昨夜风

一、1. 义山 玉谿生 樊南生 2. 晚唐 牛李党争 荥阳 3. 时代离乱 个人失意 4. 咏史诗 爱情诗 5. 七律 旨趣幽深,包藏细密,秾丽中时露沉郁,流美中不失厚重 6. 意境朦胧 含蓄多情 韵味深厚 7. 樊南文集 李义山诗集 8. 意境朦胧 典丽精工 9. 杜牧

二、1. D 2. D

三、1.(1) 表现内心深处的某些情绪体验。 (2) 在表现内心深处的寂寞时反而表现出强烈的生命渴望。 (3) 不是全景扫描,而是将不相干的意象进行叠加,意蕴更加丰富。 (4) 用典较多,主题隐晦。 (5) 意境朦胧,典丽精工。 2. 李商隐的无题诗,呈现以下特色:(1) 爱情思想内容、感情内容具有一定的民主性。李商隐的爱情观念比较开放和进步。他的无题诗写爱情特别强调双方心灵的契合与通感。(2) 强烈的主观性与抒情性。李商隐的无题诗写爱情的深刻感受与体验,写爱情主人公的种种复杂微妙心理,写心灵的沉思叹息。 (3) 语言明白如话,没有任何奥涩难解之弊。而象征与比喻结合、与写实结合,往往让人感觉不到其中含有象征。

乌夜啼 · 无言独上西楼

一、1. A 2. C 3. C 4. A 5. D

二、1. 月如钩。寂寞梧桐深院锁清秋。剪不断,理还乱,是离愁。 2. 突破晚唐五代"花间"以艳为主的窠臼,使文人词从音乐的附庸变为遣兴抒怀的工具 3. 重光 从嘉 钟隐 钟山隐士 钟峰隐者 钟峰白莲居士 李璟 李后主 违命侯 白描 4. 相见欢 秋夜月 上西楼

三、1. 李煜的词,继承了晚唐以来温庭筠、韦庄等花间词人的传统,又受了李璟、冯延巳等的影响,将词的创作向前推进了一大步。在李煜之前,词以艳情为主,内容浅薄,即使寄寓一点抱负,也大都用比兴手法,隐而不露。而李煜词中多数作品则直抒胸臆,倾吐身世家国之感,情真语挚。所以王国维说:"词至李后主而眼界始大,感慨遂深,遂变伶工之词而为士大夫之词。"(《人间词话》) 2. 词直抒胸臆,倾吐身世家国之愁,情真语挚;语言自然、精练而又富有表现力。本词不镂金错彩,而文采动人;不隐约其词,却又情味隽永;形成既清新流丽又婉曲深致的艺术特色。 3. 实体的梧桐深院锁住了抽象的深秋,暗喻无情的囚笼锁住了多情的皇帝。"锁"字下的重而真切,因为这是一个在深秋清夜的囚徒的感情体验。失去自由,生不如死。

而在句法上简单地利用了梧桐孤立深院的景象,将寂寞与清秋紧密扣在一起,更增添了秋的萧瑟与作者的孤独无言。   4.用比喻写离愁,那绵长的愁绪像流水一样剪不断;像一团乱麻,理不清,缠绵心头,无法排遣。通过心理描写写离愁,突出那种无以言对的愁苦。   5.写景写人,人景合一。不光写天上弯月,院内梧桐,而且写见桐见月的人,是深层次的抒情。寂寞的也不是梧桐,不是深院,而是词人在梧桐深院中的感受。实体的梧桐深院锁住了抽象的深秋,暗喻无情的囚笼锁住了多情的皇帝。利用了梧桐孤立深院的景象,将寂寞与清秋紧密地扣在一起,更增添了秋的萧瑟与作者的孤独无言。

八声甘州·对萧萧暮雨洒江天

一、1.三变 柳七 北宋 婉约 2.柳永 3.柳屯田 4.柳永 5.羁旅行役、身世穷愁、市井风俗、都市繁华、揄扬太平、歌功颂德等 6.精通音律,工于铺叙白描 7.柳永 8.柳永 9.一番洗清秋。渐霜风凄紧,关河冷落,残照当楼。是处红衰翠减,苒苒物华休。惟有长江水 10.望故乡渺邈,归思难收。叹年来踪迹,何事苦淹留。想佳人妆楼颙望,误几回天际识归舟。争知我、倚阑干处 11.甘州 慢词 八

二、1.D 2.B 3.C 4.B 5.D

三、1.是处:到处。休:衰残。   2.淹留:久留。   3.渺邈:遥远。   4.处:这里表示时间。 恁:如此。

四、1.“惟有长江水,无语东流”则宕开一笔,将自己的感情移注到悠悠的江水之上,表现了作者对长年漂泊、一事无成的不平,对青春不再、人生如寄的感伤。   2.这首词抒发了封建时代中下层知识分子的羁旅行役之苦。   3.登高临远。

五、1.“叹年来踪迹”两句,回味、喟叹萍踪漂泊的坎坷经历,表现出因事业无成而产生的内心苦闷和矛盾。   2.下片抒情回环往复的特点体现在:由自己想到佳人,又由佳人回想到自己。这种由此及彼、又由彼及此的心理活动描述,细腻深入,不仅同时展现了两地相思同心的动人情景,而且令人感受到双方相思情感的深切、真挚。

踏莎行·郴州旅舍

一、1.苏门四学士 2.内容多写柔情,亦多身世之感。风格婉约清丽,擅长描绘凄迷感伤的意境,对细节作微妙而细腻的刻画,语言精美而平易 3.砌成此恨无重数。郴江幸自绕郴山 4.郴江幸自绕郴山,为谁流下潇湘去 5.少游 太虚 淮海居士 北宋 苏轼 淮海词 6.词调名 对偶 词题

二、1.尺素:用尺把长白绢写成的信。   2.可堪:怎么能受得住。   3.失:迷失。津渡:渡口。

三、1.开头三句,缘情写景,劈面推开一幅凄楚迷茫、黯然销魂的画面;漫天迷雾隐去了楼台,月色朦胧中,渡口显得迷茫难辨。“雾失楼台,月迷津渡。”“失”、“迷”二字,既准确地勾勒出月下雾中楼台、津渡的模糊,又恰当地写出了作者无限凄迷的意绪。接着两句渲染这个贬所的凄清冷寂:春寒料峭时节,独处客馆,念往事烟霭纷纷,瞻前景不寒而栗;再加夕阳暮霭、杜鹃悲啼。词人把令人生悲、伤心景物融于一境,即把自己的心情融入景物,创造“有我之境”。景物由朦胧而真切、由淡远而明晰,词的意境也由凄婉而凄厉,令人感觉词人已被一片愁云惨雾所包围。   2.参考【词句理解】。借郴江入湘寄托词人北归的愿望,含蓄委婉,耐人寻味。   3.同意。这首词表面上写的是雾气弥漫,月色朦胧,让人看不清楼台,望不到津渡,更找不到当年陶渊明笔下的桃花源(或楼台在茫茫大雾中消失,渡口被朦胧的月色所隐没,当年陶渊明笔下的桃花源,更是云遮雾绕,无处可寻),实际上这里的“楼台”“津渡”“桃源”都是美好事物的象征,表现的是词人被贬官后感到美好的生活已经消失,内心具有一种无所适从、找不到出路的惆怅之情和对前途的渺茫之感。
4.这两个典故起到反衬愁苦和使愁苦之情变成具体形象的作用。本来收到朋友寄赠的礼物和慰藉的书

信,应是高兴之事,但由于词人遭遇贬官,精神至感痛苦,所以朋友的礼物和书信不仅没让他感到高兴,反而更引发了他思乡怀旧的离愁别绪;而且这种离愁别绪就像朋友的礼物和书信一样越积越多,越积越厚,从而使离愁别绪这一抽象的感情变得具体形象。

摸鱼儿·更能消几番风雨

一、1. 坦夫 幼安 稼轩居士 宋代 2. 美芹十论 九议 3. 抗金救国,英雄失路 4. 善于熔铸经史,驱遣诗文,亦善白描,风格沉雄苍劲,兼有清丽柔媚 5. 稼轩长短句 6. 摸鱼子 买陂塘 迈陂塘 双蕖怨 7. 运用比兴手法以抒情 8. 陈皇后长门事 赵飞燕自杀事 杨玉环赐死事 9. 匆匆春又归去。惜春长怕花开早,何况落红无数。春且住。见说道、天涯芳草无归路。怨春不语。算只有殷勤,画檐蛛网 10. 准拟佳期又误。蛾眉曾有人妒。千金纵买相如赋,脉脉此情谁诉? 君莫舞,君不见、玉环飞燕皆尘土! 闲愁最苦。休去倚危栏,斜阳正在

二、1. A 2. C 3. A 4. D

三、1. 更:再。 消:经受。 2. 蛾眉:美人细长眉毛,借指美人。 3. 漕运:水道运粮。

四、1. 这是一首借春怨而感慨国事的抒情词。作者先写春怨,后写闺怨,抒发了自己的政见和抱负,表达出在主和派得势的情况下对国运衰微、形势危殆的忧虑,以及壮志难伸、报国无门的悲抑、幽愤。 2. 词的下片用陈皇后贬居长门宫,表明词人自己遭排斥、冷落,反用司马相如《长门赋》之事,表明自己满怀心事,满腹委屈,无可倾诉。用杨玉环、赵飞燕的典故,正告朝中的谗佞小人,为非作歹,终究没有好下场。3.《摸鱼儿》委婉沉郁,寓豪放于婉约之中,风格刚柔相济。全词通篇使用比兴手法,在总体上具有象征意义成为其最大的艺术特色。如词中"更能消、几番风雨,匆匆春又归去"、"惜春长怕花开早,何况落红无数"、"斜阳正在,烟柳断肠处"等前后几次写到的残春景象,无疑是南宋风雨飘摇的象征;而词中美人之失宠见妒、伤春怀怨,显然是作者遭际和心境的比况。总之,作者用类似于《离骚》的"芳草"、"美人"比兴,在春愁、闺怨中,象征了国势的殆危和对自己遭遇的悲愤和无奈。

五、1. 宋王朝内外交困。 2. 收复时机一个个丧失,国土一片片沦丧,爱国志士不断遭受打击。3. 广大民众反对妥协退让。 4. 抗金志士不被重用,其种种努力也无法挽救国势衰颓。 5. 怨刺最高统治者对国势殆危、民众呼声无动于衷。 6. 被重用的机会又失去了。

〔双调〕夜行船·秋思

一、1. CD 2. B 3. A 4. D 5. ABCD 6. B

二、1. 马致远 2. 〔双调〕夜行船·秋思 3. 红尘不向门前惹,绿树偏宜屋角遮,青山正补墙头缺 4. 七 5. 孔融 马致远

三、1. 夜阑:夜深,夜尽。 2. 不怎:不这样。 3. 葫芦提:宋元俗语,糊里糊涂。

四、1. 一组是由鼎足对"密匝匝蚁排兵,乱纷纷蜂酿蜜,急攘攘蝇争血"所描绘的世俗人们争名逐利、蝇营狗苟的肮脏生活;一组是由鼎足对"红尘不向门前惹,绿树偏宜屋角遮,青山正补墙头缺"和"和露摘黄花,带霜烹紫蟹,煮酒烧红叶"所描绘的远离尘世、与世无争、自得其乐的高洁生活。两组画面形成了鲜明的对比,表明了作者不与世俗苟同、坚持人格心志高洁、笑傲林泉、纵情自适的人生态度和处世原则。 2. 参考文章分析。 3.《〔双调〕夜行船·秋思》中表隐逸思想的鼎足对:"和露摘黄花,带霜烹紫蟹,煮酒烧红叶"、"红尘不向门前惹,绿树偏宜屋角遮,青山正补墙头缺"。作者从高人赏秋的雅趣中选择了三个富有诗情的生活细节,写出清爽悦目的时景和浓郁醉人的秋意,毫端之滋润如饱蘸清露,色泽之新鲜如才脱笔砚,风神

潇洒,堪称妙境。

五、1.比喻世人的追名逐利;俗中透雅、清丽明快、极富情韵。 2.裴度、陶渊明、孔融、马致远。 3.这套曲子虽有历史虚无、消极避世、及时行乐的思想,但同时表明了作者不愿与世俗苟同,坚持人格心志高洁、超然尘外的人生态度。

登金陵雨花台望大江

一、1.季迪 长洲(今江苏省苏州市人) 高太史大全集 2.宋濂 刘基 杨基 张羽 徐贲 3.孙皓 王濬 4.魏、蜀、吴三国鼎立时代 三国的吴、东晋和南朝的宋、齐、梁、陈时代 5.朱元璋 6.欲破巨浪乘长风 7.江山相雄不相让 8.写景 怀古 颂今

二、1.诗人以豪放的笔调描绘了钟山龙盘,大江奔涌的山川壮景,并在感慨历代成败兴亡、抒发怀古幽情的同时,表达了对国家重新获得统一的由衷喜悦。 2.全诗特点:笔力雄健,感慨深沉。 (1)诗歌开头八句写景,中间十二句怀古,最后四句抒怀,写景抒情浑融一体,缅古思今自然交织;层次分明又气势连贯,既波澜起伏又浑浩流转。 (2)此诗虽为怀古之作却无伤感之意,写景开阔雄浑,抒情豪放激荡,用典切合时地。想象丰富,感慨深沉,全篇神完气足,可称"盛世之声"。 (3)此诗间用长短句,每四句一转韵,平仄交错,抑扬有致,造成流荡变幻的节奏,加强了诗歌的感染力,读来情韵相生,音调铿锵。 3.诗人通过写三国吴和南朝陈的灭亡,概括了曾在金陵建都的六朝的惨痛结局。这是"点","前三国","后六朝"是"面",这六个朝代均建都于金陵。这些封建王朝都曾在此繁华显赫,鼎盛一时。如今人们所看到的则是宫阙残破,杂草丛生,一片凄凉景象。这正是诗人在凭吊这段历史时,"我怀郁塞何由开"的真正原因,从中表达了反对分裂割据、要求国家安定统一的进步思想感情。 经过对历史的深沉回顾和反思,诗人走出一千一百年前的历史隧道,一下子回到明朝开国的现实中来。他看到历时一百六十多年的元代异族统治已被推翻,当今建立的大明王朝又出现在这块佳气葱葱的形胜之地。胸中的郁塞顿时荡去,随之油然而生的则是满怀的喜悦和自豪,结尾"从今四海永为家,不用长江限南北"两句,更热情讴歌了当时天下统一和安定的大好局面。

古代诗歌单元练习

一、1.汉代 2.11 3.昭明文选(文选) 4.文选 5.杨恽 6.早 7.蜀道之难,难于上青天 8.四川成都 9.马嵬坡之变 10.西京长安 东京洛阳 11.牛李党争 12.李煜 13.柳永 14.驿寄梅花鱼传尺素 15.善妒的小人 16.离亭宴煞 17.登金陵雨花台望大江 18.蜀相 19.连昌宫词 20.无题

二、1.B 2.BD 3.ABCD 4.D 5.AB 6.ABD 7.D 8.C 9.B 10.A

三、1.跻:上升,攀登。此言道路险峻,需攀登而上。 2.波:生波,兴起波浪。 3.脉脉:相视貌。 4.荷:肩负。 5.凋:使……憔悴。 6.梨园弟子:指玄宗过去所训练的一批艺人,后专指从事戏曲工作的人。 7.庙读:国家大计。 8.瘗:埋。 9.北海:孔融。 10.转蓬:随风飘转的蓬草。

四、1.《蒹葭》的主旨具有多义性,有的认为是"美刺",有的认为是"思贤",也有的认为是爱情,这些都源于"伊人"的不确定性,缘于意境的朦胧,但不论怎样,诗歌都体现了主人公对真善美的真诚向往、执著追求,以及求之不得、思心徘徊、却无法用语言表达的无限惆怅之意。 2.湘君刚到北渚,急切盼望湘夫人的降临却不能如愿,产生忧愁,久等至,湘君心情恍惚而迷惘,但他还是用精美的材料,给湘夫人建造了考究的新房,寄托了执著的渴望之情,湘夫人的没有到来使湘君失望痛苦,他将湘夫人送给他的心爱的礼物捐弃,但心里一直抑制不住对湘夫人的思恋,所以,仍然采摘杜若准备献给湘夫人,痴痴等待湘夫人的到来。诗歌为我们塑造了一个为追求理想和爱情,痴情、执著,虽然在失望多于希望时透露出不可抑制的哀怨、焦

虑,但始终执著、坚持而不退缩的湘君形象。　　3. 这首诗借牛郎织女感人肺腑的爱情悲剧,抒发人间游子思妇的别离之苦。在艺术上的特点是:① 采用了比兴象征手法。明写天上的爱情悲剧,实写人间的爱情痛苦。② 全诗通过对假想的牛女形象的描绘,抒写男女离别之情,通篇全是写景,而情在其中。③ 大量运用了双声叠字,这就增强了诗的音乐性与形象性。　　4. 诗歌通过对田园生活的片段描写,表达了对利禄的鄙视,对田园生活的喜爱,享受田园生活的惬意,闲适的心情。本诗的艺术特色:(1) 诗歌采用白描的手法,用语平淡自然、朴素,不见丝毫修饰。于平淡中又富于情趣。自然平淡的诗句融入醇美的意境之中,使口语的平淡和诗意的醇美和谐地统一起来,形成陶诗平淡醇美的艺术特色。(2) 虚实结合。全诗平淡与幽美、实景与虚景完美地融合在一起,水乳交融,相映生辉,柔和完美。　　5. 王维的《少年行(其一)》通过对游侠高楼豪饮的生活场景的描绘,给我们展现了游侠轻生报国的壮烈情怀,重义疏财的侠义性格,豪纵不羁的气质和使酒任性的作风,也写出一种侠少特有的富于诗意的生活情调、精神风貌,具有相当浓厚的浪漫气息和理想色彩。极好地印证了王维早期诗歌所体现的乐观浪漫、积极向上、渴望建功立业的昂扬之气。　　6. 诗歌行文自由,以七言为主,杂以三言、四言、五言等,长短结合,错落有致,富于变化。这首诗的前面两句分用长句,语言非常奔放畅达;后一部分写剑阁和蜀地环境险恶,有时用四言句,显得简劲有力,长句短句的变化,使诗的语言自由活泼,句式丰富多彩。诗歌还运用想象、夸张等艺术手法,将神话与现实交织在一起,文字如天马行空,体现了李白"笔落惊风雨,诗成泣鬼神"的特点。　　7. 杜甫诗歌最大的特点就是"沉郁顿挫",是说他的诗歌思想内容深广,艺术形式上具有惊心动魄的音乐美。《蜀相》在内容上厚实丰满,表达了对诸葛亮的崇敬之情。在情感的表达上起伏回旋,有寻找的急切,更有孤寂的伤怀,落差极大。表达上的迂折含蓄。字字写景,却又字字含情,含蓄蕴藉。章法上开合变化。结构上的回环照应。音节上的铿锵浏亮,音律调配,可令人体味诗人困苦惆怅的心境,达到很高的艺术境界。词句上的精练警策,多用炼字。沉郁和顿挫合为一体,沉郁凭借顿挫,顿挫服从沉郁,二者相辅相成,构成了杜诗的主要风格。　　8.《长恨歌》的主题具有双重性:诗歌描写李、杨的爱情故事,赞美二人忠贞不渝、缠绵悱恻的爱情,同时对李、杨贪恋爱殆政、荒淫误国有所讽刺谴责。不满二人沉湎于骄纵淫逸生活,荒殆朝政,最终导致战乱,误国误民。　　9.《长恨歌》在艺术上的成就很高。诗人将叙事、写景、抒情完美地结合在一起,形成诗歌抒情上的回环往复的特点,诗人把人物的思想感情注入景物中,或以乐景反衬哀情,或以哀景深化悲情,层层渲染,恰如其分地表达人物内心深处的情感。语言精练而流畅,优美而易懂,具有鲜明的形象性和音乐性。　　10. 诗歌语言丰富,形象鲜明,叙事生动,笔触细腻,虚实相称,对比强烈,尤其是具有"诗体小说"的创作方法和艺术构思。诗人既植根于现实生活和历史,又不囿于具体的历史事实,虚构一些情节并加以艺术的夸张,把历史人物和社会生活事件集中在一个典型环境中来描绘,写得异常鲜明生动,从而使主题具有典型意义。　　11.《连昌宫词》是元稹的乐府名篇,与白居易的《长恨歌》一起闻名于世。内容上两篇文章都以安史之乱为背景,但叙述的角度不同。《长恨歌》诗人从反思的角度揭露了造成悲剧的原因是李、杨的荒淫误国,但对李、杨的爱情悲剧又寄予同情和惋惜。《连昌宫词》通过一位老翁追忆连昌宫的今昔变化,反映了唐王朝由盛转衰的历史,批判讽刺玄宗皇室之荒淫腐败与杨氏兄妹之祸国殃民。艺术上两首诗歌都属于七言排律,人物形象都比较鲜明生动,对比都比较强烈,都体现了诗体小说的特点。《长恨歌》采用了现实主义与浪漫主义相结合的艺术手法,而《连昌宫词》的现实主义批判色彩更浓一些。　　12.(1) 爱情思想内容、感情内容具有一定的民主性。李商隐的爱情观念比较开放和进步。他的无题诗写爱情特别强调双方心灵的契合与通感。(2) 强烈的主观性与抒情性。李商隐的无题诗写爱情的深刻感受与体验,写爱情主人公的种种复杂微妙心理,写心灵的沉思叹息。(3) 语言明白如话,没有任何奥涩难解之弊。而象征与比喻结合、与写实结合,往往让人感觉不到其中含有象征。　　13.李煜词的艺术特点首先体现在真情流露、纯任性灵上,《乌夜啼》一词直抒胸臆,倾吐身世家国之愁,情真语挚;李煜词最擅长用白描来形容场面、人物和景象、心态,《乌夜啼》一词语言自然、精练而又富有表现力,"锁"、"剪"、"理"等词的运用形象贴切,下阙更是能引发世人共鸣的名言。充分体现了李煜词不镂金错彩,而文采动人;不隐约其词,却又情味隽永,既清新流丽又婉曲深致的艺术特色。　　14.《八声甘州》是柳永词的代表作之一,是一首慢词长调,增加了词的内容含量,提高了词的表现力,为宋词的发展提供了最基本的艺术形式和文本规范。它是一首抒发羁旅行役之苦的词作,把作为"荡子"在仕途上挣扎沉浮的种种苦闷表现了出来,突破了之前词作普泛化的情感世界的藩篱,给词的情感增添了自我化的色彩,使词的抒情取向朝着创作主体的内心世界回归、贴近。《八声甘州》大量运用了铺排白描的手法,进行层层铺叙和描绘,展现了不同时空场景中的不同情感心态,尤其是词的下片采用了曲折委婉的手法,推己及人,由人而己,回环往复,顿挫有致,不仅同时展现了两地相思的动人情景,而且令人感到双方情感的深切、真挚。

　　15.秦观的词多写离情别绪,伤春悲秋,身世贬谪之苦,善于"将身世之感,打并入艳情",《郴州旅舍》即描绘了清幽冷寂的自然环境,抒发了远谪异地、迷惘愁苦的心绪,形成萧瑟凄厉的"有我之境"。秦词风格清丽柔婉,语言精美平易。《郴州旅舍》一词,虚实相间,互为生发,写实、象征、用典、造境等手法综合运用,构成情韵兼胜、含蓄婉曲的艺术特色,实为"千古绝唱"。　　16.《摸鱼儿》中托古喻今手法的运用主要体现在词的下阙。用陈皇后贬居长门宫,表明词人自己遭排斥、冷落,反用司马相如写《长门赋》之事,表明自己满怀心事,满腹委屈,无可倾诉。用杨玉环、赵飞燕的典故,正告朝中的谗佞小人,为非作歹,终究没有好下场。

17.《秋思》是一个生活在乱世的文人矛盾心理的表白,抒发了强烈的爱憎之情,表明了不肯与统治者同流合污而与之彻底决裂,隐居田园,啸傲山林,以诗酒自娱的追求,宣扬了人生如梦,应抛却是非,不问名利,及时行乐的思想,表现了超脱红尘的人生态度。　　18.《秋思》的语言俗中透雅,既明快率直,又优美、有韵味。并且综合运用对比、比喻、鼎足对、典故等多种艺术手段,准确生动,且能常常翻出新意。意象的描写准确生动而有代表性,并且深寓道理。作者借助形象来说理,而不作抽象的议论,许多想说的道理、要发的感慨,全部寄寓于鲜明生动的形象描写中,潇洒任性,富有调侃意味。　　19.诗人以豪放的笔调描绘了钟山龙盘,大江奔涌的山川壮景,并在感慨历代成败兴亡,发抒怀古幽情的同时,表达了对国家重新获得统一的由衷喜悦。　　20.(1)诗歌结构清晰,将写景、怀古、颂今融为一体,层层递进,互相衬托。(2)用韵灵活,长短句相间,用典妥帖,多而不乱。(3)全诗气势奔放,格调高昂,一扫前代金陵怀古主题吊古伤今的传统,歌颂国家统一,成为金陵怀古诗中别具一格的诗歌。

现代诗歌与外国诗歌

炉中煤——眷恋祖国的情绪

一、1.创造社　2.女神　3.眷念祖国的情绪　4.诗人自己　5.年青的女郎

二、1.B　2.D　3.B　4.C　5.C　6.D　7.C　8.D

三、1.本诗借"炉中煤"对"女郎"的倾诉,抒发了"眷恋祖国的情绪",表达了诗人对五四后新生祖国强烈的热爱之情和赤诚无私的奉献精神。　　2.诗人将"五四"以后新生的祖国比作"年青的女郎",视为自己爱恋和追求的对象,象征着经过五四运动洗礼后的祖国青春焕发,生机勃勃,表现出作者真挚的爱国之情。诗人自喻为"炉中煤",用"炉中煤"的燃烧,象征着诗人的火热激情,表现出他对新生祖国的无私奉献精神。

3.在艺术构思上,采用恋歌的方式写爱国诗篇,别具一格。诗人以丰富的想象营造了热烈雄奇的意境;年

青的女郎围坐炉旁,熊熊燃烧的炉中煤在向她倾诉着眷念之情;底色辉煌,气氛热烈。借助这一构思,通过炉中煤的倾诉,诗人抒发了自己浓烈的爱国之情。

四、1. 辜负:对不住,使……失望 2. 卤莽:原指煤炭的黑和粗,这里指自己地位低下,性格粗放,表现自己对被压迫被奴役的下层劳动人民的认同,作者引为自豪。 3. 栋梁:原指煤的前身是高大的树木等生物却被埋在地底多年,这里指诗人的爱国情绪长期被埋藏在心底,只是因为五四运动才被激发出来;也指劳动人民受封建制度束缚了几千年,而今要成为国家的主人和栋梁。

五、1. "五四"后青春焕发的祖国。 2. 你的殷勤:焕发青春的祖国对爱国志士的殷切召唤和期望。我的思量:爱国志士对青春祖国的思念和期望。 3. 无私奉献精神。

偶　　然

一、1. 浙江海宁　现 2.1923　新月 3. 志摩的诗　翡冷翠的一夜　猛虎集　云游 4. 翡冷翠的一夜 5. 达观

二、1. C 2. C 3. C 4. C 5. CD

三、1. 诗人以平和的心态和达观的态度对人生进行体悟,具有较强的哲理性。人生有许多的偶然,当偶然无法外化为必然时,人们应该采取的是理智达观的态度,潇洒地与偶然告别,而不要沉溺于偶然之中不可自拔。当然,达观的人生态度并不排斥执著的追求。 2. (1) 借景抒情,以象明志,构成优美深沉的意境。诗中通过两幅画面的描绘,形象地展现了人生的"偶然"。 (2) 诗形整饬,韵律和谐。整饬谨严又富于变化,不仅节式多变,韵脚多变,而且章法和句法多变。在用韵的安排上,九字的诗行押一个韵,五字的诗行押另一个韵,使诗歌的语言显得贯通,读起来朗朗上口。在音尺的安排上,九字的音节和五字的音节也有变化。

乐　园　鸟

一、1. 戴望舒 2. 戴望舒 3. 华羽的乐园鸟 4. 我底记忆　望舒草　灾难的岁月 5.1932

二、1. 云游:到处遨游,行踪无定(多指和尚、道士)。 2. 苦役:诗人难受的役使。 3. 佳肴:美味的菜肴。 4. 茫茫:没有边际,看不清楚。 5. 荒芜:(田地)因无人管理而长满野草。

三、1. 乐园鸟,来自宗教传说。这只"春,夏,秋,冬,昼,夜,没有休止"地"飞着"的"乐园鸟"上下求索的形象,其实就是诗人自己,他是在追求理想的人生旅途中的一个苦苦思索的抒情主人公形象,乐园鸟的形象是追求希望的一个象征,是一个品德高尚、永恒求索的形象。 2. 朦胧性,意象性,多义性;熔中外文化于一炉;旧典新用;创造现代诗情及体式严整。 3. 戴望舒的诗普遍笼着一层薄纱似的轻愁,凄清冷寂的音调与意境,失望失恋的题材,不拘韵节而韵味内含的诗格,结尾而不结束的妙技,象征手法的运用,复沓回环、排比重合。

断　　章

一、1. 卞之琳 2. 三秋草 3.1935 4. 桥上、风景、楼上、你、明月、窗子、梦 5. 你 6. 你站在桥上看风景,看风景的人在楼上看你。　明月装饰了你的窗子,你装饰了别人的梦

二、1. C 2. A 3. D 4. D

三、1.《断章》意象简单明朗,但意蕴丰富充满哲理意味。诗人把"你"这个意象放在同一时空之中,由于"你"身份的前后变化,而揭示了一个世间普遍存在而熟视无睹的事实:宇宙中一切事物都是"相对"的,都是互为关联的。人不要被世俗的观念束缚,患得患失,斤斤计较。 2. 卞之琳的诗歌代表了中国现代文学

史上后期现代派诗歌的特点与成就:从"主情"向"主智"的转变,他把中国现代诗歌带入了新智性化诗的一个方向,为中国诗歌开辟了一个新的现代化道路。其主要表现为:(1)避免情感的抒写,追求智慧的凝聚。

(2)体现深邃的智性与生动的感性的融合。 (3)在平淡中暗示深刻,追求平常与深刻的统一。

(4)生活化物象的采取;口语的大量运用;平实的叙述调子。

双 桅 船

一、1. D 2. D 3. B 4. B 5. D

二、1. 爱情与事业并重且相依相存 双桅船 岸 2. 情意真切,格调新奇,意象新颖,想象丰富,极富艺术个性 3. 福建厦门 当 朦胧 4. 1971 痛苦 迷惘 觉醒 5. 双桅船 舒婷的诗 舒婷顾城抒情诗选 6. 舒婷 7. 1982 舒婷的诗

三、1. ✓ 2. ✓ 3. ✓ 4. ✓

四、1. 舒婷的诗以自己敏锐的目光、独特的感受表现了一代青年的痛苦、迷惘、觉醒与追求。尤其擅长以浪漫细腻委婉的女性抒情风格,表达了对理想的追寻、对传统的反思批判和对人的价值的呼唤。

2.《双桅船》以"双桅船"和"岸"为中心意象,寄托了诗人对爱情的理解和期待:爱情和事业并重并相依相存。与爱人分别意味着为事业而奋斗,实现自身价值;与爱人相聚意味着享受甜蜜的爱情。真正的爱情离不开个人价值的实现、成功的事业,也只有实现个人价值、努力奋斗才能享受到真正的爱情。诗传达出了一种充满现代意识的爱情观:爱情建立于独立的人格与价值之上。 3. 诗构思新颖别致,移情于物。诗以"双桅船"和"岸"为中心意象,其中,"双桅船"是抒情主人公的自喻,"岸"是其所爱的人,二者的"相遇"和"告别"则象征爱人之间的聚散。"双桅船"眷恋"岸",但是"双桅船"更属于大海、属于风暴。从而,诗人借此说明爱情必须建立在双方独立的人格价值之上,传达出一种充满现代意识的全新的爱情观。 4.《双桅船》是舒婷的代表诗作,体现了舒婷诗歌的总体艺术风格。诗通过新颖的、富有表现力的意象"双桅船"和"岸",描绘了一幅富有想象力的画面:两者在茫茫大海之上的或"相遇"或"告别",真切地表达了一代人对于爱情的崭新的认识。全诗形象鲜明,充满女性特有的柔情,又不失坚决和刚强,富有艺术个性。

等你,在雨中

一、1. 福建永春 2. 余光中 3. 灵河 石室之死 余光中诗选 4. 诗人之境 诗的创作与鉴赏 5. 乡愁 白玉苦瓜 等你,在雨中 6. 1962

二、1. 散曲又分套曲与小令两种,元曲可以随加衬词,故字数不一。小令原是民间的小调,元时宋词渐渐凋零,伶人多向民间小调寻求突破。文人的小令多半较典雅,民间的小令语言俚俗。小令以描写为主,比起唐、宋诗词通俗生动,确有一番独特风格与精神。一般 58 字以内为小令。 2. 姜白石:姜夔(1155—1221),中国宋代音乐家和词人。字尧章。别号拈花惹草白石道人,世称姜白石。他爱好音乐文学和书法。他多才多艺,精通音律,能自度曲,其词格律严密。其作品素以空灵含蓄著称。有《白石道人歌曲》。

三、1. B 2. D

四、1. 莲这个符号在中国古代文化里是一个具有特殊意义的意象。莲象征美丽与圣洁,诗中的莲既是具象的实物,又是美与理想的综合。 2. 诗人抓住了等待对时间的感觉——看似漫长,实质短暂;甚至错以为时间停格在上一刻中,忘了进行,忘了作者的苦苦等待。作者的等待,在时间的流域之内;作者对情人的款款深情,却在时间的流域之外,汩汩流洩。三个"刹那",三个"永恒",相对的概念,哲理的统一,既是心迹,也是誓言。 3. 从诗歌艺术上看,余光中是个"艺术上的多妻主义诗人"。他的作品风格极不统一,一

般来说,他的诗风是因题材而异的。表达意志和理想的诗,一般都显得壮阔铿锵,而描写乡愁和爱情的作品,一般都显得细腻而柔绵。具体表现为:(1)具象美:余光中擅长锤炼动词,能以富于动态美感的语言,刻画事物动态之象,从而表现事物的动态之美。 (2)密度美和弹性美:密度美指的是在有限的文字中尽力包孕可能的意涵,引发丰富多样的美感。弹性美指的是语言伸缩自如与变化多方,形成文字的艺术美感。

(3)音乐美:本诗属于新格律诗,全诗共8个自然段。除第8自然段外,每段三行,长短不一,中间一行缩进一个字符,从而使诗在形式上更加活泼,整首诗更具有音乐的美感。

柯尔庄园的野天鹅

一、1.爱尔兰 2.叶芝 3.象征主义 4.1916 5.友谊和人生的旅程 6.爱情 7.唯美主义到现代主义

二、1. C 2. C 3. C

三、1.诗人借赞美野天鹅自由自在的生活,抒发了自己怀念昔日的激情和雄心,向往"心灵还年轻"时期的美好生活。诗人描绘了生活的悲喜两面:一方面哀叹逝去的岁月,一方面是对充满生机的青春岁月的赞美。 2.本诗以秋天宁静的黄昏场景开场,以流水作为衬托;语言明丽流畅,富有音乐感和象征暗示;结尾表现出想象的魅力;象征意蕴的多层与多面,展示人类经验的深度与广度。

生 如 夏 花

一、1.泰戈尔 2.印度 3.新月集 飞鸟集 吉檀迦利 园丁集 4.吉檀迦利 5.如同璀璨的夏日之花 不凋不败,妖冶如火 承受心跳的负荷和呼吸的累赘 6.如同静美的秋日落叶 不盛不乱,姿态如烟 即便枯萎也保留丰肌清骨的傲然 玄之又玄 7.头置簪花,一路走来一路盛开 频频遗漏一些,又深陷风霜雨雪 8.一声一声 生如夏花,死如秋叶 还在乎

二、1. C 2. A 3. ABCD

三、1."生如夏花,死如秋叶"是诗人泰戈尔经典诗篇《生如夏花》中高度浓缩的经典诗句,是诗人献给生命的诗篇,他借助"夏花""秋叶"两个意象,写出了诗人对于生命的深透理解,充满了哲理和思辨:活着,就要倾尽自己的美丽,释放自己的个性,要善待和珍惜生命,要活得有意义有价值;死亡,是面对生命向自然回归,要静穆、恬然地让生命完成,而不要感到悲哀和畏惧。 2.(1)内容在抒情中蕴含哲理性。 (2)语言清丽、静美、淡然。 (3)全诗节奏明朗、舒展自如,格调高雅,富有音乐的美感。

现代诗歌与外国诗歌单元练习

一、1.眷恋祖国的情绪 2.1921 3.1926 4.卞之琳 5.华羽的乐园鸟 6.1935 7.形而上层面的"相对" 8.朦胧 9.双桅船 10.爱情 11.余光中 12.唯美主义到现代主义 13.叶芝 14.爱尔兰情结 对美女毛岗的情结 15.1913 16.泰戈尔的《飞鸟集》和日本的短歌、俳句 17.翩翩,你走来 像一首小令从一则爱情的典故里你走来 从姜白石的词里 18.当在朝朝夕夕 你在我的航程上,我在你的

二、1. B 2. B 3. ABD 4. AB 5. ABC 6. ABCD 7. A 8. ABCD 9. D 10. C

三、1.般若波罗蜜:佛教语词,是指洞视彻听、一切明了的无上智慧。 2.柯尔庄园:"天鹅"的栖息地,象征爱尔兰复兴事业的摇篮,也象征友谊和人生的旅程。 3.姜白石的词:南宋雅词的典范,特点是空灵高雅。 4.装饰:在身体或物体的表面加些附属的东西,使美观。这里讲人生是相对的风景。 5.云游:到处邀游,行踪无定。 6.荒芜:(田地)因无人管理而长满野草。 7.讶异:惊讶。 8.卤莽:原指煤炭的

黑和粗,这里指自己地位低下,性格粗放,表现自己对被压迫被奴役的下层劳动人民的认同,作者引为自豪。

9. 璀璨:形容珠玉等光彩鲜明。　　10. 玄之又玄:道家语,形容道的微妙无形。后多形容非常奥妙,不易理解。

四、1. 借"炉中煤"对"女郎"的倾诉,抒发了"眷恋祖国的情绪",表达了诗人对"五四"后新生祖国强烈的热爱之情和赤诚无私的奉献精神。　　2. 诗人将"五四"以后新生的祖国比作"年青的女郎",视为自己爱恋和追求的对象,象征着经过五四运动洗礼后的祖国青春焕发,生机勃勃,表现出作者真挚的爱国之情。诗人自喻为"炉中煤",用"炉中煤"的燃烧,象征着诗人的火热激情,表现出他对新生祖国的无私奉献精神。
3. 在艺术构思上,采用恋歌的方式写爱国诗篇,别具一格。诗人以丰富的想象营造了热烈雄奇的意境:年青的女郎围坐炉旁,熊熊燃烧的炉中煤在向她倾诉着眷念之情;底色辉煌,气氛热烈。借助这一构思,通过炉中煤的倾诉,诗人抒发了自己浓烈的爱国之情。　　4. 诗歌通过对流云投影于大海的波心和两只船儿相逢于海上的画面的描绘,表现了诗人以平和的心态和达观的态度对人生进行体悟,具有较强的哲理性。人生有许多的偶然,人们应该采取的是理智达观的态度,潇洒地与偶然告别,而不要沉溺于偶然之中不可自拔。当然,达观的人生态度并不排斥执著的追求。　　5. 乐园鸟来自宗教传说。这只"春,夏,秋,冬,昼,夜,没有休止"地"飞着"的"乐园鸟"上下求索的形象,其实就是诗人自己,他是在追求理想的人生旅途中的一个苦苦思索的抒情主人公形象,乐园鸟的形象是追求希望的一个象征,是一个品德高尚、永恒求索的形象。
6. 朦胧性,意象性,多义性;熔中外文化于一炉;旧典新用;创造现代诗情及体式严整。　　7.《断章》意象简单明朗,但意蕴丰富充满哲理意味。诗人把"你"这个意象放在同一时空之中,由于"你"身份的前后变化,而揭示了一个世间普遍存在而熟视无睹的事实:宇宙中一切事物都是"相对"的,都是互为关联的。人不要被世俗的观念束缚,患得患失,斤斤计较。　　8."双桅船"是诗人自我的象征,"双桅"意味着诗人心目中爱情与事业并立而又相区别的心理。"雾"象征着人生道路上的障碍。"岸"象征着女性的爱情归宿。"风"象征时代的紧迫感。"风暴"象征诗人所经历的不平常的时代风云。"灯"象征光明与信念。　　9.《双桅船》以"双桅船"和"岸"为中心意象,寄托了诗人对爱情的理解和期待:爱情和事业并重并相依相存。与爱人分别意味着为事业而奋斗,实现自身价值;与爱人相聚意味着享受甜蜜的爱情。真正的爱情离不开个人价值的实现、成功的事业,也只有实现个人价值、努力奋斗才能享受到真正的爱情。诗传达出了一种充满现代意识的爱情观:爱情建立于独立的人格与价值之上。　　10. 诗人在诗歌中给我们描绘了一幅色彩鲜艳的唯美画面:黄昏将至,细雨蒙蒙,彩虹飞架,红莲如火,"蝉声沉落,蛙声升起",显得如诗如画。作者将约会的地点安排在黄昏的莲池边。像电影中的特技镜头一样,等待中的美人从红莲中幻化而出,诗歌的结尾处,诗人望着情人由远而近的身影,欣赏她款步挪移的姿态,仿佛腾在雨后红莲之上,轻舞飞扬的翩翩彩蝶,是那么轻巧婀娜而动人。莲花与情人的清芬之气,使"我"如痴如醉,物我两忘。　　11. 莲这个符号在中国古代文化里是一个具有特殊意义的意象。莲象征美丽与圣洁,诗中的莲既是具象的实物,又是美与理想的综合。小情人,就是莲的化身,俨然就是江南的采莲女,就是那个诗人执意追求的中国文化里的美的化身。　　12. 野天鹅是美丽、希望和革命的象征,也是革命摇篮中成长的革命志士的象征,它是自由洒脱、性格不羁、志存高远的叛逆精神和理想色彩的象征。天鹅的腾空而飞之时,象征着爱尔兰革命志士奔赴战场、投身祖国解放运动之际,孤单失偶的天鹅,透露着诗人恋情难遂的伤感,也暗示爱尔兰民族解放运动遭受到的严重的打击与创伤,诗中的天鹅既是现实世界的事物,也是理想世界的事物;既是眼前的事物,也是回忆中的事物,既是个人世界中的事物,也是社会生活中的事物,诗人借助"野天鹅"的形象,把现实和理想、自然风光和社会生活、当前事实和往事回忆糅合在一起,使得诗歌具有了一种扑朔迷离的意境美。　　13. 诗人借赞美野天鹅自由自在的生活,抒发了自己怀念昔日的激情和雄心,向往"心灵还年轻"时期的美好生活。诗人描绘了生活的悲喜两面:一方面哀叹逝去的岁月,一方面是对充满生机的青春岁月的赞美。 14.诗人借助"夏花"、"秋叶"两个意象,写出了对待生死的抉择,表达了生当如夏花般灿烂,死当如秋叶般静美的豁达的人生态度。 15."生如夏花,死如秋叶"是诗人泰戈尔经典诗篇《生如夏花》中高度浓缩的经典诗句,是诗人献给生命的诗篇,他借助"夏花""秋叶"两个意象,写出了诗人对于生命的深透理解,充满了哲理和思辨:活着,就要倾尽自己的美丽,释放自己的个性,要善待和珍惜生命,要活得有意义有价值;死亡,是面对生命向自然回归,要静穆、恬然地让生命完成,而不要感到悲哀和畏惧。

散　文

古代散文

季氏将伐颛臾

一、1.论语　2.战国初期　3.仁　4.言约义丰　5.论语　6.既来之,则安之　开柙出虎　分崩离析　祸起萧墙　季孙之忧

二、1.A　2.B　3.AB

三、1.见:谒见　2.是:这。社稷:指国家。　3.陈:陈列,摆出来。就:居,充任。列:职位。止:退位,辞职。　4.疾:憎恨。舍:放弃。辞:托词,借口。　5.服:归附。修:修明,致力于。　6.相:辅佐。

四、1.这恐怕应该责备你吧? 2.为什么要攻打它呢? 3.那还用搀扶的人做什么呢? 4.施行文教和德政使他们来归附。

五、1.(1)"昔者先王以为东蒙主",颛臾一向受到先王的礼遇,因而不可伐;(2)"在邦域之中",对鲁国不构成威胁,因而不必伐;(3)"是社稷之臣",臣不叛君,不可随意攻伐。 2.治国以礼,为政以德。 3.反驳对方论点的驳论方式。

六、1.冉有推卸责任,声称攻打颛臾是"夫子欲之,吾二臣者皆不欲也"。 2.为人臣者要恪尽职守,要职能相称。 3.双重喻义。一是将季氏比作虎兕,将颛臾比作龟玉,说明季氏悍然出兵,颛臾必然遭到毁灭的命运;二是将冉有、季路比作守匣护椟之人,说明无论季氏行凶,还是龟玉被毁,冉有、季路都有不可推卸的责任。 4.引用、呼告、比喻、反诘。

有为神农之言者许行

一、1.轲　战国　邹　儒家　2.许行的代言者陈相　君民并耕说　3.社会分工是必然的　4.仁政　5.气势充沛,长于辩论,善用譬喻,富于说服力和鼓动性

二、1.为:研究　言:主张,学说。　2.悦:感兴趣　学:学说。学:学习。　3.厉:损害,伤害,剥削。　4.登:谷物成熟。偪:威胁,危害。　5.举:推举,选拔。敷:分。治:治理(水土)。　6.契:殷商人的始祖,相传为尧的大臣。司徒:古代掌管教化的官。人伦:人与人之间的道德关系。　7.用夏变夷:用中原地区的文化去影响、同化周围地区的各部族。　8.膺:打击。惩:惩创。　9.适:去,往,到。市:集市。　10.相率:相循,一起。为伪:作假。恶:怎么。

三、1.用粮食换农具炊具不算损害了陶匠铁匠;陶匠铁匠也是用他们的农具炊具换粮食,难道能算是损害了农夫吗?再说许子为什么不自己烧陶炼铁,使得一切东西都是从自己家里拿来用呢?为什么忙忙碌

碌地同各种工匠进行交换呢?为什么许子这样地不怕麻烦呢? 2.父子之间有骨肉之亲,君臣之间有礼义之道,夫妇之间有内外之别,长幼之间有尊卑之序,朋友之间有诚信之德。 3.把财物分给别人叫做惠,教导别人向善叫做忠,为天下找到贤人叫做仁。 4.不可以,孔子的道德品格,就像用长江汉水的大水洗涤过,经由秋天的阳光曝晒过似的,其光明洁白是任何人都比不上的。 5.各种东西的品种质量不一致,这是自然的。

四、欲擒故纵,引君入毂,是孟子论辩艺术的主要特点。在这篇文章中主要表现为:1.以对方的日常生活为例,巧设陷阱,经过循循相诱、步步逼询、层层诘问,使对方陷入矛盾、难以自圆的境地,从而不攻自破地驳斥了农家"君民并耕"主张的虚假和荒谬。 2.援引古代圣君贤臣殚精竭虑,为民兴利除害、功绩赫著的大量事实为论据,势如破竹地坐实他们"不得耕"、"不暇耕"和"不必耕"的治国安邦事迹,既确立了"社会分工"之论,又批驳了"君民并耕"之说。 3.将陈相兄弟背师叛道的行径和孔子门徒忠师守道的举动相比较,严厉批评了他们的不义行为。文章驳中有立,驳立相融,文脉贯通,结构缜密,语势灼人,锋芒锐利,体现了孟子高超的论辩艺术,很有说服力和感染力。

五、1.孔子认为尧能效法于天,任贤使能。尧舜能以德治天下,自己并不占有它。使得人民找不到恰当的词语来赞美他们。 2."尧舜之治天下,岂无所用心哉?亦不用于耕耳。"孟子认为尧舜等圣君贤臣不必耕种。 3."大哉,尧之为君!惟天为大,惟尧则之,荡荡乎,民无能名焉!君哉,舜也!巍巍乎,有天下而不与焉!" 4.孟子极力铺陈尧舜治国安民之功,主要是为了证明社会分工的必要性。 5.(1)所以把天下让给人容易,为天下发现人才却很难。 (2)尧作为君主,是多么伟大啊!只有天最伟大,只有尧能效法天来行事。尧的仁德浩荡无边,人们简直无法形容!舜真是个称职的国君啊!他是那样的崇高,拥有天下却不把它据为己有!

逍 遥 游

一、1.老子 庄子 2.三十三 内篇七 外篇十五 杂篇十一 内篇 3.浪漫主义 4.无为而治 5.鲲、鹏、蜩、学鸠、鷃雀、宋荣子、列子等

二、1.C 2.D

三、1.海运:海动风起。徙:迁徙。南冥:南海。 2.齐谐:书名。志怪:记载怪异的事物。 3.抟:回旋环绕。扶摇:回旋直上的暴风。 4.夭阏:阻挡,遏止。 5.奚适:到哪里去。 6.果然:饱足的样子。 7.之:这。 8.誉:赞美。劝:奋勉。非:指责。沮:沮丧。 9.数数然:急切追求的样子。 10.乘:驾驭,顺应。

四、1.天空是那么深青深青的,这是它真正的颜色?抑或是高旷辽远,没法看到它的尽头呢? 2.所以,那些才智足以胜任一个官职,品行合乎一乡人心愿,道德能使国君感到满意,能力足以取信一国之人的人,他们看待自己也像是这样哩。 3.道德修养高尚的"至人"能够达到忘我的境界,精神世界完全超脱物外的"神人"心目中没有功名和事业,思想修养臻于完美的"圣人"从不去追求名誉和地位。

五、1.追求一种不受任何时空限制的超然物外的绝对自由。 2.本文构思奇特,想象丰富。作者运用神话般的寓言和出人意料的比喻,创造了瑰玮诡谲、浪漫色彩浓厚的艺术境界。大鹏的远飞高举,冥灵、大椿的高寿等等,极尽夸张之能事,神思飞越。想落天外,出人意表。文中比喻之富,寓言之多,令人目不暇接。鸟兽虫鱼,大至鲲鹏,小到蜩蛄,再到传说中的人物等,无不被用来作例证。夸张的笔法,丰富的想象,使文章说理生动形象,极富于浪漫气息。

六、1. 天地万物都有它所依赖的对立面。　2. 高飞九万里,借大风力飞行。　3. 居于北海,海运时将迁徙到南海,故要"图南"。　4. 所以,鹏鸟高飞九万里,狂风就在它的身下,然后方才凭借风力飞行,背负青天而没有什么力量能够阻遏它了,然后才像现在这样飞到南方去。

晋楚城濮之战

一、1. 春秋左氏传　左氏春秋　春秋末　鲁　左丘明　2. 编年　30　18　鲁隐公元　鲁悼公四　天子衰微、诸侯争霸　3. 叙事详密完整,尤其擅长描写战争　4. 左传·僖公二十八年　晋文公、子玉等

二、1. D　2. C

三、1. 说:通"悦"。执:囚禁。　2. 假:给予。害:祸害,指政敌。　3. 直:理直。曲:无理。老:疲惫而有暮气。　4. 素:一向。饱:士气饱满。　5. 对于……怎么办呢?

四、1. "上天给予他年寿,同时除去了他的祸害,上天所设置的,难道能废除吗?《军志》说:'适可而止。'又说:'知难而退。'又说:'有德的人不能阻挡。'三条记载,说的就是晋国。"　2. "楚国一句话而安定三国,我们一句话而使他们灭亡,我们就无礼,拿什么来作战呢?不答应楚国的请求,这是抛弃宋国;救援了又抛弃他,将对诸侯说什么?楚国有三项恩惠,我们有三项仇怨。怨仇已经多了,准备拿什么作战?"　3. "我们国君知道您的意思了。楚君的恩惠,没有敢忘记,所以待在这里。以为你大夫已经退兵了,难道你做大夫的敢对抗我们国君吗?既然大夫不肯退兵,那就烦大夫对贵将士们说:'驾好你们的战车,忠于你们的国事,明天早晨咱们将在战场上见。'"

五、1. 晋国在外交上采取分化瓦解、联盟参战、孤立楚军的策略;军事上君臣将帅戮力同心、讲究信义、采用先礼后兵的战略。在决战中,他们运用伪装败逃、诱敌深入和横击夹攻的多种战术,大败楚军。
2. 晋文公谨慎持重、广纳良计、谋智在胸;子玉求胜心切、骄横轻敌、刚愎自用;先轸足智多谋;子犯机敏善变。　3.《左传》叙事详细完整,且富于戏剧性。全文紧紧围绕晋楚争霸这一主线,交代了战争的起因、战前准备、战斗过程、战后分析评论几方面,展示出了战争全面复杂的面貌。布局严密,详略得当。它重在描写双方的准备谋划,仅用寥寥百余字描写战争的正面交锋,但却写得有声有势令人叹服。作者叙事行文纵横捭阖,他不把战争视为单纯的军事行为,一种刀光剑影的搏斗,也不认为战争的胜负完全取决于军事力量的强弱悬殊,而把注意力更多地投向战争的性质、民心所向及其背后隐含的政治、经济等潜在因素。《左传》善于刻画人物,写出人物个性及其性格发展变化,如晋文公、子玉等。

六、1. (1) 胥臣蒙马以虎皮。犯陈、蔡。楚右师溃。(2) 狐毛设二旆而退之,栾枝伪遁。诱敌深入。(3) 原轸等拦腰夹击。狐毛夹攻子西。楚师溃。　2. 晋国"先犯陈、蔡,陈、蔡奔,楚右师溃"。这是攻其弱点,先行击破。狐毛所率领的上军伪装中军后退,栾枝率领的下军又"伪遁"。这是设诈诱敌,合围歼敌。原轸率领的中军拦腰进击楚国子西的右路军,狐毛的上军又回头夹击,子西溃败。这是出其不意,攻其不备。

3. 胥臣把马蒙上老虎皮,先攻陈蔡两军。陈蔡两军奔逃,楚军的右翼部队溃散。狐毛派出前军两队击退楚军的溃兵,栾枝让车子拖着树枝(扬尘)假装逃走,楚军追击,原轸、郤溱率领中军的禁卫军拦腰袭击。狐毛、狐偃率领上军夹攻子西,楚国的左翼部队溃散。楚军大败。子玉很快收兵,仅他的直属部队得以不败。

冯谖客孟尝君

一、1. 战国策　2. 战国　谋臣策士　国别　3. 欲扬先抑　4. 结交梁国　5. 营建"三窟"

二、1. C　2. D　3. B　4. B　5. C

三、1. 属:同"嘱",嘱托。　2. 客:(1) 动词,作门客。　(2) 以……为客。　3. 食:(1) 同"饲",给人

吃。　(2)吃食。　4. 之:(1)动词,到、往。　(2)代词,他。　(3)结构助词,的。　5. 贱:以……为贱。
6. 就:(1)前往。　(2)建成。　7. 责:同"债"。　8. 固:坚决。

四、1. 冯谖先赶车回去,告诫孟尝君说:"黄金千斤,这是很重的聘礼了;百辆车子,这算显贵的使臣了。齐国君臣大概听说这事了吧。"　2. 由于我不好,遭到祖宗降下的灾祸,又陷身于阿谀逢迎之中,所以得罪了您。我是不值得您帮助的,但希望您顾念齐国先王的宗庙,暂且回国都来治理百姓吧。

五、1.《冯谖客孟尝君》一文共塑造了三类人物形象:一是轻财好施、宽容大度、礼贤下士的孟尝君形象;一是恃才自信、知恩图报、深谋远虑的门客冯谖形象;一是目光短浅、趋炎附势的门客群体形象,即孟尝君的"左右"形象。文章所描绘的三类人物形象,充分展示了封建社会的世态人情。　2. 如开篇描写冯谖将寄食于孟尝君门下介绍人和孟尝君的一段对话,以好养士而著名的孟尝君最看中的自然是其门客的才识,所以他单刀直入,直接询问冯谖有什么爱好和才能,当得到"无好"、"无能"的回答时,一向宽怀待人的孟尝君极富君子风度,对乞食于自己门下的冯谖只是"笑而受之",简洁地说了一个词"诺"。孟尝君的轻财好施、宽容善良的性格得以展现。冯谖恃才自信的个性在其弹铗而歌的语言中表现得尤为突出。　3. 文章采用欲扬先抑、欲露先隐的手法营造了跌宕起伏、富有戏剧性的故事情节:先写冯谖之"无好"、"无能",再写其"贪而不足"、三次"弹铗而歌",层层铺垫之后,以冯谖为孟尝君营造三窟淋漓尽致地张扬了其大智若愚、胆识超群、深谋远虑的个性特点。

六、(1)《战国策》　(2)国相和门客的关系　(3)试探孟尝君的气度胸襟,隐而不发,大智若愚。
(4)轻财好施、宽容大度、礼贤下士。

垓下之围

一、1. 西汉　2. 纪传　130　本纪　列传　3. 史家之绝唱,无韵之《离骚》　史学　文学　4. 史记·项羽本纪　霸王别姬　东城快战　乌江自刎　"太史公曰"一段

二、1. B　2. C　3. C　4. A　5. BD

三、1. 壁:在……扎营。垓下:故址在今安徽亳县东南的城父村。　2. 直:通"值",意"当"。溃围:突破重围。驰走:驰马奔逃。暴:骤然,突然。　3. 暴:逞。私智:个人的智慧。师古:以古代成功立业的帝王为榜样。　5. 征:征讨。经营:统治。　6. 快战:痛痛快快地打一仗。

四、太史公说:我听到周生说,虞舜的眼睛里好像有两个眸子,又听说项羽也是两个眸子。项羽难道是虞舜的后代子孙吗? 他的兴起多么突然啊! 秦朝的统治严重失误,陈涉首先发难,四方豪杰蜂拥而起,相互兼并争夺,多得数不过来。而项羽没有尺寸大的地方,趁机从民间起义。三年,就率领着五国诸侯灭亡了秦朝,把天下分封给列位诸侯,政令由项羽发出,并自称为西楚霸王。居位虽不能长久,然而是相当长的历史时期内所未曾有过的事情。等到项羽放弃关中,思念东归,废除义帝而自立为王,又因诸侯背叛自己而怨愤,这实在是难以成功的。自我夸耀成功,逞强于个人的才智而不学习古人,说是要立霸王的功业,想用武力征伐来治理天下,五年终于失败亡国,自己也死于东城,且仍无觉醒,没有一点自责,这实在是大错特错的。如此却认为是"天意要亡我",并非用兵失败的罪过",岂不是很荒谬吗?

五、1. (1)四面楚歌　霸王别姬　末路英雄慷慨悲歌情深无奈的侠骨柔肠。不善用人,众叛亲离,意气用事,易中计。　(2)东城快战　奔突驰骋,连斩数将,勇冠三军,力挫群雄,倔强之气犹在。　(3)乌江自刎　羞见江东父老有自责之心,宁死不辱,保全名节的英雄本色。　2. 司马迁在写作《史记》时,每篇传记后都设"太史公曰"一段文字,来抒发他对传主一生行事、遭遇的总结性意见。他在塑造人物形象时,不以成

败论英雄。项羽失败，并不一笔抹杀，刘邦胜利，不是一味颂扬。他既写项羽的优点，也写他的缺失。真是"良史之材"，"其文直，其事核，不虚美，不隐恶"（《汉书·司马迁传》）。这种实事求是、一分为二的创作态度和方法即为"太史公笔法"，对后世的史传文学产生了深远的影响。

六、1.（1）首难：首先发难起义。（2）尺寸：尺寸之地。　2."遂将五侯灭秦"在文中的正确意思是终于率领五国诸侯的军队灭掉了秦王朝。　3."天亡我，非用兵之罪也！"　4. 刚愎自用、残暴不仁，政策上的严重失误。　5.（1）上天让我灭亡，我还渡江做什么？　（2）我知道您是个有德行受人尊敬的人。　（3）项王自己也受了十余处伤。　（4）天意使我灭亡，不是我用兵的过错啊！

谏 逐 客 书

一、1. 史记·李斯列传　2. 通古　楚国　3. 李斯　4. 臣闻吏议逐客，窃以为过矣

二、1. D　2. A　3. B　4. A　5. C　6. ABD　7. BC　8. ABC

三、1. 以：依靠，凭着。　2. 向使：当初假如。却：拒绝　内：同"纳"，接纳。　3. 明：使……彰明。4. 乃：却。黔首：百姓。业：使……成就功业。　5. 藉：借。赍：给予、赠送。　6. 服：佩带。　7. 获：破获，战胜。举：夺取，占领。　8. 散：瓦解。从：通"纵"。施：延续。

四、1. 还不是为了图眼前的心意快乐、观赏舒适罢了。　2. 人民因此富裕兴旺，国家因此富足强大，百姓乐为国家效力，诸侯都来亲附听命，俘获了楚国、魏国的军队，攻占了上千里的土地，至今国家政治安定，国力强盛。　3. 帝王不拒绝任何臣民，所以能显示他们的恩德。　4. 于是瓦解了六国的合纵联盟，迫使他们向西侍奉秦国，功业一直延续至今。　5. 如今您竟然抛弃百姓去资助敌对国家，驱逐客卿去帮助其他诸侯成就功业。

五、1. 本文第三段是从理论上直接阐明逐客之害。逐客的结果必然是"弃黔首以资敌国，却宾客以业诸侯"。这样做简直就是借武器给敌，送粮食给强盗！这样说明逐客的弊病，一针见血，抓住了要害。这个结论对于雄心勃勃的秦王来说，具有振聋发聩的作用。　2. 本文采用了铺陈的手法，说明客卿之功。事实胜于雄辩，在第一段作者列举了历史上四位国君与当今秦王的大量事实作论据，第二段作者详细铺叙秦王重外物轻人才的事实，文气饱满，大大增强文章说服力。　3. 为了指出逐客的错误，李斯既从正面论述客在秦国历史上所起的重大作用，又从反面推断缪公、孝公、惠王、昭王等四君假如"却客而不内"，就会使秦"无富利之实"、"无强大之名"；既从正面阐述秦国能拥有和使用产自异国的珠、玉、色、乐，又从反面说明如秦国对物采取"必秦国之所生然后可"的态度，则必然是"夜光之璧不饰朝廷，犀、象之器不为玩好，郑、卫之女不充后宫……"既以纳客、用客之缪公、孝公、惠王、昭王与逐客的秦王嬴政对比，又以秦王重异国的色、乐、珠、玉与轻异国的"民人"相比，并在此基础上，推断出逐客是"弃黔首以资敌国，却宾客以业诸侯"的决策，是有百弊而无一利的。可以说全文处处交织着"昔与今"、"重物与轻人"、"纳客与逐客"、"利与害"、"损与益"、"己与仇"、"统一与亡国"等多方面的对比。一正一反，一利一害，两相对照，是非昭然。

六、1.（1）言之有理，从理论上阐述纳客的利和逐客的弊，是非分明。反客为主，站在秦王的角度，着眼统一天下的大目标劝说秦王。针对性强，处处考虑秦王的心理，举例历数四位秦王的功绩。对比鲜明，善于正反对比，古今对比。　（2）论据典型充分，举例有古有今，有正有反。　2.（1）驱除客卿就是损害了自己而帮助了敌国。　（2）这一段可分为两大部分：前一部分论证了不却众庶、广纳人才方能取得成功的道理；后一部分论证了驱除客卿就是损害自己而帮助敌国的道理。　（3）总体上采用的是对比论证的方法。（4）前一部分用的是类比法。　（5）比喻、排比、对偶。

陶渊明集序

一、1. 陶渊明集　2. 德施　维摩　南　梁　3. 陶渊明集　4. 昭明文选

二、1. BC　2. C　3. D　4. B　5. B

三、1. 忮：嫉妒。　2. 以：因为。见：同"现"。　3. 厘：福。　4. 京：大。　5. 傍流：纷流，喻风格多样。干：逼近。　6. 指：通"旨"，主旨。　7. 驰竞：奔走追逐求名利。祛：除去。　8. 蹈：践行。

四、1. 在一百年之内，一辈子当中，时间快得就像白驹过隙，寄居遭遇就像住旅店。　2. 放弃君位就像脱鞋一样轻松，看待君王就像鸿毛一样轻，更何况其他人呢？　3. 我非常喜欢他的诗文，爱不释手，我崇拜他的品德，恨自己没有和他生活在一个时代。

五、1. 文章在结构上，先一般后具体，先放论后收束。首先纵论一般的人生态度，提出合"道"的人生理想，然后具体评价陶渊明的人品和文品。这种先放后收式的文章结构具有很强的逻辑性和说服力。2. 文章在语言上受骈文影响非常明显，句式精工对仗，排偶迭出，富有气势。间用散句，骈散结合，抑扬顿挫，跌宕起伏，大量用典，广泛设喻。且多取材道家著作，既表现当时文坛的风尚，也表现了萧统对老庄自然哲学的偏好，与萧统爱好自然的恬淡性格若合符契。　3. 萧统以一个文章选家的独到眼光精准地概括了陶渊明诗文在风格、情感、结构、语词等方面的鲜明特点，深刻揭示了其文品与人品之间的深层关系，由衷地表达了对陶渊明其人其文的崇敬和喜爱，为陶渊明其人其文的传世作出了重大贡献。　需要指出的是，萧统拘于汉儒赋必讽劝的认识，认为陶渊明的《闲情赋》"卒无讽谏"，是"白璧微瑕"，并为之惋惜。这是由于萧统的审美偏差所造成的"误读"。

与杨德祖书

一、1. 曹植集校注　2. 子建　陈思王　3. 人人自谓握灵蛇之珠　4. 曹植　5. 陈琳

二、1. D　2. C　3. A　4. D

三、1. 擅名：独享盛名。　2. 该：包容、汇聚。掩：聚合。　3. 闲：通"娴"，娴熟。　4. 逮：及，够得上。5. 往：送去。相与：相赠。　6. 流：通"留"。　7. 衷：通"中"。　8. 要：相约。

四、1. 我之所以不随意赞赏别人，就是因为怕后人讥笑我！　2. 除此之外，声称文章没有瑕疵的，我还从来没有见过。　3. 如果我的志愿不能实现，我的理念无法施行，那么，我将采集民间与百官的言论，辨析时世风俗的得失，评定仁义的主旨，成就自己一家的学说。

五、1. 杨德祖是曹植的好友，故曹植几次写信给他，讨论当时文人的优劣，这是其中的一封信，专门论文。在信中，曹植叙述了邺下文人集团的形成，讨论了文学批评的弊病，表达了自己平生的胸怀和抱负。其中蕴涵了不少可贵的文学思想，大致可归约为以下几点。一是反对文人相轻。这乃是针对建安文坛"人人自谓握灵蛇之珠，家家自谓抱荆山之玉"的现状而有的放矢的议论。不仅如此，本文还进一步提出了这样一个基本观点：著述不能无病，作家当精益求精，不惮修改。二是以批评陈琳为例，主张文人之间能客观地开展相互批评，而不是一味专事互相吹捧。三是强调文学批评应以创作才能为基础，即唯有自身具备创作的才华和能力，方有资格对他人文章一论长短高下。此论虽有"辩而无当"之嫌（《文心雕龙·自序》），但对于当时刘季绪之流才庸行妄、却随意抵苛他人的文坛时弊，也不失为一种矫枉纠偏的助益。四是提出了在文学口味上"人各有好尚"，不能强求统一的观点。所谓"海畔有逐臭之夫，墨翟有非乐之论"。因此批评者在评论文章时，不可以一己之偏好，强求他人认同迁就。五是肯定了民间俗文学所独有的价值。"街谈巷议，必有可采，击辕之歌，有应风雅。"应该说，此书见地高远，且意到笔随，情文并茂，堪称魏晋时代极有特色的

一篇论文文章。　2.曹植斥文章为"小道",一心要"戮力上国,流惠下民,建永世之业,流金石之功"。这与曹丕视之为"不朽"的文学观大相径庭。何则?不妨从两个角度来揣测。一是两人身份立场不同。曹丕身为储君,"立功"于他而言,早已成为人生规划中的题中之意,并未见得稀罕。相反,此时"立言"于他,倒是更能体现个人才华价值的装饰品了。因而持有文章"大道"的见解。而曹植则不同。他身为臣子,一心追求的便是功名建树,而辞赋翰墨之事与此相比就显得无足轻重了。加之自己"立功"之志受挫未果,于是只得转而求"立言"——这就无怪乎会视文章为"小道"了——其间充满的是情非得已的苦衷以及郁郁不得志的苦闷。另一种原因,鲁迅先生在《魏晋风度及文章与药及酒之关系》一文中就已作过推测。他认为曹子建说文章是"小道"大概是违心之论。因为人总是不满自己所作而羡慕他人所为的。他自己的文章已经作得很好,便敢说文章是小道;他的活动目标又在政治,政治不甚得志,遂说文章无用。这显然也不失为一种中肯的分析。总之,览文如诡,循理即畅,今人当细心揣摩体察,理解作者真意所在。

滕王阁序

一、1.初唐四杰　王勃　杨炯　卢照邻　骆宾王　争构纤微,竞为雕刻　2.初唐　绛州龙门　气象浑厚,音律谐畅,语言清新,风格刚健　含蓄典丽,气韵飞动　3.王子安集　4.秋日登洪府滕王阁饯别序　江西南昌　5.古代一种文体,用于临别相赠,故多推许、勉励之意　6—10.略

二、1.A　2.B

三、1.襟:以……为衣襟。带:以……为衣带。以三江为衣襟,以五湖为衣带。　2.俨:通"严",整治。崇阿:高峻的丘陵。　在高高的山路上驾着马车,在崇山峻岭中访求风景。　3.霁:雨雪停止。区:区域,指天空。　正值雨过天晴,虹消云散,阳光朗煦。　4.遥襟:悠远的胸怀。　放眼远望,胸襟刚感到舒畅,超逸的兴致立即兴起。　5.爽:参差不齐,指箫管。遏:阻,留。　排箫的音响引来徐徐清风,柔缓的歌声吸引住飘动的白云。　6.舛:乖违,不顺。人生的命运多有不顺。

四、1.(1)做客他乡,时运不济,无路请缨的感伤情怀。(2)穷且益坚,豁达进取,有所作为的豪迈激情。　2.《滕王阁序》的艺术成就极高,主要表现为以下几点:(1)善于骈散结合;(2)善于运用铺叙手法;(3)善于糅合写景、抒情、叙事和议论;(4)声律和谐,富音乐感和节奏感。　3.《滕王阁序》最后一段中用了大量典故,如终军、宗悫、谢玄、龙门、流水、陆机、潘岳,等等。主要是自叙志向与遭际,以及表达对主人的感谢并抛砖引玉,说明有幸参与盛会,又得阎公相知,因以撰文。其中终军、宗悫两个典故,是言自己抱负的。终军20岁就请缨受命,羁南越王而归。自己现在的年龄与终军差不多,却未得建功立业、施展抱负的时机。宗悫少年时就向其叔父述说自己的志向:"愿乘长风破万里浪。"这两个典故前者出于《汉书·终军传》,后者出于《宋书·宗悫传》。王勃用以表达了自己渴望建功立业、一展个人才华的志向与抱负。

五、1.C(C项中"曹丕"应为"曹植"。)　2.A(A项中"而"表示承接,连词。B、C、D三项中"而"均表示并列,连词。)　3.B(无根主之意。)　4.D(动宾结构。)　5.D(虚实结合。)

祭十二郎文

一、1.唐代　河阳　古文　文以载道,文道合一　2.首　昌黎先生集　3.昌黎先生集　4.祭十二郎文　5.侄子

二、1.B　2.A

三、1.怙:依仗,依靠。　不知道本应靠其成长的父亲。　2.殁:死。大哥中年就死于南方。　3.志气:精神。　精神一天天地消沉。　4.窆:下葬。下葬之时不曾俯视你的墓穴。

四、韩愈的《祭十二郎》历来被誉为祭文中的"千古绝调",也是古代抒情散文中的不朽名篇。它不同于一般的祭文,而是缘情而写,通篇皆情,"言有穷而情不可终",绵远深重,动人哀戚。它的艺术特色主要表现为:(1) 作者选择的是亲人间的日常琐事,从日常琐事的叙述中流露骨肉至情。(2) 文章通篇以汝吾相称,好像同亡灵絮叨家常,表白心迹,读来真切感人。(3) 文章多用悲叹词表达出特别强烈的哀思。(4) 文章还特别注意文言虚词,尤其是语气词的运用,增强了行文的感染力。

朋 党 论

一、1. 欧阳文忠公集　新五代史　新唐书　2. 永叔　醉翁　六一居士　文忠　3. 对比论证　4. 六一诗话　5. 西昆体　明道　致用　事信　言文

二、1. C　2. C　3. A　4. ABCD　5. ABC

三、1. 治:太平。　2. 更相:互相。　3. 惟:就。　惟:只。　4. 用以:因此。　5. 举:全。　6. 以:因为。

四、1. 他们在私利一致时,暂且互相勾结在一起成为朋党,这是虚假的。　2. 君子却不是这样,他们所坚守的是道义,所奉行的是忠信,所爱惜的是名节。　3. 把天下的名士全抓起来,视他们为"党人"。4. 能屠杀"清流"朋党的,没有哪一代比得上唐昭宗时期。　5. 但是后世的人们不责备舜被22人的朋党所欺骗。

五、1. 全文围绕中心论点"惟幸人君辨其君子、小人而已",分步分析论证。第一步,紧紧抓住一个"辨"字,从理论上分析真朋与伪朋的本质不同,明确提出"故为人君者,但当退小人之伪朋,用君子之真朋,则天下治矣",立论基础坚实。第二步,紧承此义,列举历史事实,论述君子之朋与小人之朋的不同历史作用。综观历史,凡君子之朋兴则国兴,小人之朋得势则国亡。这就说明"辨其君子、小人"并且区别对待,对国之兴亡,具有极其重要的意义。而对君子、小人之朋的任用贬退,是国君职责所在。第三步即紧承前文而论述国君对君子、小人之朋的态度与国家兴亡的关系。用历史事实,论证了用君子之朋则国兴,贬君子之朋则国亡的道理,从而进一步地阐明了"惟幸人君辨其君子、小人"而已,且分别进退之的中心意旨。文章最后以"夫兴亡治乱之迹,为人君者可以鉴矣"一语结束全文。由于前面对"鉴"的内容和意义作了充分的论述,此处已在不言之中。　2. 运用对比论证方法。为了阐明朋党有君子之朋与小人之朋的区别,作者主要采用了对比论证的方法。第二自然段,论述君子之朋与小人之朋的区别,对比分析真朋与伪朋的实质,是说理的对比。"同道"与"同利"是其结党的不同基础,"真"与"伪"则是其朋党实质性差异。第三自然段是纵向举例对比,举出历史上几个正反典型实例,说明用君子之党与用小人之党的不同后果。作者比较古代的君子之朋与小人之朋及其在历史上所起的不同作用,将"治"与"乱"、"兴"与"亡"进行对照。"八元、八恺"等是君子之朋,"四凶"等属小人之朋。君子之朋受到信任、重用,则天下大治,国家兴旺;反之则天下大乱,国家灭亡。第四自然段在上述史实基础上作归纳对比,说明仁君与昏君的区别就在于辨析朋党。作者比较历史上的人君对君子之朋不同的态度,将"能辨"与"不辨"、"用"与"退"进行对照。舜、周武王等圣明之君能辨别君子之朋与小人之朋,任用君子之朋,因而国运昌盛;纣、汉灵帝等昏淫之君禁绝或杀戮君子之朋,终于乱亡其国。通过上述对比,君子之朋与小人之朋的正与邪、善与恶、是与非、真与伪,国君是否信用君子之朋的得与失、利与弊,则一目了然。可谓论据有力,逻辑周密。

六、1. (1) 不矛盾。因为小人与小人同利为朋。他们所喜爱的是地位和私利,所贪图是钱币和财物。有利可图就争先恐后,无利可图就交往疏远,甚至反过来互相残害,所以小人之间没有朋党。　(2) 对朋党的性质进行对比。以"同道"与"同利"的对比引出"真朋"、"伪朋"的本质差异,得出"退小人之伪朋,用君子

之真朋,则天下治矣"的结论,从而强调辨明君子之朋与小人之朋的重要性。　　(3)分两层,在"此君子之朋也"后面画线。　　2.(1)对比论证。在史实基础上对国君对待朋党的态度进行归纳对比,说明仁君与昏君的区别就在于辨析朋党。作者比较历史上的人君对君子之朋不同的态度,将"能辨"与"不辨"、"用"与"退"进行对照。舜、周武王等圣明之君能辨别君子之朋与小人之朋,任用君子之朋,因而国运昌盛;纣、汉献帝等昏淫之君禁绝或杀戮君子之朋,终于乱亡其国。在"治"、"乱"与"兴"、"亡"的对照中再次强调辨明君子之朋与小人之朋的重要性。　　(2)铺陈事实,论据充分,说理有力。

潮州韩文公庙碑

一、1.子瞻　和仲　东坡居士　欧阳修　黄庭坚　辛弃疾　2.韩愈　古文　文以载道　文道合一　3.匹夫而为百世师　4.而道济天下之溺,忠犯人主之怒　5.韩愈

二、1.C　2.B　3.D　4.D　5.C　6.C

三、1.法:通则、准则。　2.卒:通"猝",突然。　3.麾:通"挥",指挥、号召。　4.衣被:惠及、泽被。5.诬:否定,抹杀。　6.遗:赠送。　7.景:同"影"。　8.被:同"披"。

四、1.只有韩文公从平民中崛起,谈笑之间举手一挥(指挥古文运动),天下人纷纷望风倾服而追随他,使思想和文风又回到正路上来,到现在已经有三百年左右了。　2.老百姓是已经心悦诚服了,便命令说:"愿意重新修建韩公祠庙的人,就来听从命令。"老百姓高高兴兴地赶来参加这项工程。占卜选择的新址在州城南面七里的地方,仅仅一年新庙就建成了。　3.但凡用来培养士大夫(学士)、治理百姓的措施,全部把韩愈作为榜样。　4.潮州人请我把韩愈的事迹写出来,刻在石碑上,于是(我)作了首诗来送给他们,让他们歌咏着祭祀韩公。

五、1.起笔两句"匹夫而为百世师,一言而为天下法",劈空而来,突兀高亢,豪迈警策。接着又举出申侯、吕侯是岳神降生,傅说死后变为列星的古代传说来说明这类伟人降生到这世上来是有目的的,为下文论述浩然之气作了充分的铺垫,蓄足了气势。于是,文章顺势引出孟子的名言"我善养吾浩然之气"。接着,连用三组排比句,从所遇对象的反应、此气存在的条件和此气存在的方式这三个方面来具体予以描述、评论。"卒然遇之,则王公失其贵,晋、楚失其富,良、平失其智,贲、育失其勇,仪、秦失其辩",这组排比句是说,突然遇上这种浩然之气,能使人失去其原有的贵、富、智、勇、辩,可见其威力之大。文章又用"是孰使之然哉"这一设问句,引出对此气存在条件的评述:"其必有不依形而立,不恃力而行,不待生而存,不随死而亡者矣",实际上是强调此气乃无条件地存在于宇宙之间。正是因为它无条件地存在于宇宙之间,所以它的存在形式也变化不一,并不固定:"故在天为星辰,在地为河岳,幽则为鬼神,而明则复为人。"碑文首段,对于浩然正气作了充分的描述、评论,次段以韩愈在文、道、忠、勇这四个方面的表现,印证了上文所写的浩然正气,并以第三段"天人之辨"解释韩愈之被贬正缘于其胸中之浩然正气。　2.碑文连用四个排比分句:"文起八代之衰,而道济天下之溺,忠犯人主之怒,而勇夺三军之帅",以此从文、道、忠、勇四个方面来盛赞韩愈的道德文章和为人行事。一个分句一个方面,概括力极强,气势也极其充畅,因此这四个分句也成为整个碑文最警策的名句而流传千古、脍炙人口。而韩愈在文、道、忠、勇这四个方面的表现,正体现了上文所写的浩然正气,所以苏轼强调说:"此岂非参天地、关盛衰、浩然而独存者乎!"

六、(1)略　(2)韩愈　唐宪宗迎佛骨入宫,韩愈直谏,几被处死,经大臣营救,贬潮州刺史。　(3)从文、道、忠、勇四个方面来盛赞韩愈的道德文章和为人行事。

上枢密韩太尉书

一、1.干谒信　苏辙　栾城集　以为文者气之所形,然文不可以学而能,气可以养而致　气　得观贤

人之光耀,闻一言以自壮 2.苏洵 苏轼 苏辙 3.孟子 司马迁 4.(1)游历秦汉故都,登览名山胜景 (2)眺望黄河奔流,遥想古之豪杰 (3)仰观宫阙苑囿,感受皇家气象 (4)谒见欧阳公,熟悉才俊贤达

二、1.B 2.B 3.A 4.D

三、1.生:出生。 2.致:得到。 3.称:相称。 4.形:显现。 5.虽:虽然。 6.虽:即使。
7.然:形容词词尾,……的样子。 8.然:连词,但是。 9.以:凭借。 10.泪没:埋没沉沦。

四、1.他们的气充满在内心而溢露到外貌,发于言语而表现为文章。 2.太尉以雄才大略称冠天下,全国人依靠您而无忧无虑,四方异族国家惧怕您而不敢侵犯。 3.况且一个人的学习,如果不是有志于大的方面,即使学了很多又有什么用呢? 4.我担心就此而被埋没,所以断然离开家乡,去寻求天下的奇闻壮观,以便了解天地的广大。 5.然而文章不是单靠学习就能写好的,气却可以通过培养而得到。

五、1.文章求见大人,而无一点干求仕进之语;称颂大人,而无一点猥琐谄媚之语。文章独从作文之道入手,一路跌宕蓄势,高蹈奇崛,巧妙地把干求仕进之事纳入文学活动的范围,显得高雅拔俗。由为文论及养气,由古人谈及自己,由得见欧阳公引出欲见韩太尉,强调非求"斗升之禄",而以"益治其文"为其志。层层铺垫,层层烘托,立意高妙,内容质实。 2.苏辙在文章中以论文起笔,强调养气之于为文的重要,并以孟子与司马迁为例,言之有据。苏辙认为,养气无非两个途径:一是自我激励、自我陶冶,积学自强;一是"求天下奇闻壮观,以知天地之广大"。两者之中,后者尤为关键。随即苏辙历叙了自己增广见识的过程,展示自己的志趣与见识,以求谒见名流,"益治其文"。

六、1.其气充乎其中而溢乎其貌 动乎其言而见乎其文 而不自知也 2.C 3.为文 养气 文不可以学而能,气可以养而致 4.孟子通过内在修养,司马迁通过外在阅历达到养气的目的。

徐文长传

一、1.袁中郎全集 2.中郎 石公 公安 三袁 公安派 3.徐渭 青藤道士 4.敝箧集 锦帆集 解脱集 广陵集 5.奇 6.放浪曲糵 恣情山水 穷览朔漠

二、1.B 2.C 3.BD 4.ACE 5.A 6.D 7.C 8.D

三、1.奇:以……为奇。目:看待。 2.会:恰逢。 3.向来,平素。 4.中:切中要害。 5.属:嘱托。表:一种臣下呈献给君主的文体,一般用来陈述衷情,颂贺谢圣。 6.数奇:运气不好。蹶:失败。
7.论:判罪。 8.方:把……比作。

四、1.当时胡宗宪统率着几支军队,威震东南一带,部下将士在他面前,总是侧身缓步,跪下回话,不敢仰视。 2.他的胸中又有一股磨灭不了的锐气,以及英雄茫然失路、无处可以安身的悲愤。 3.我说文长是没有什么不奇异的人,正因为没有什么不奇异,因此没有什么是顺顺当当的。可悲啊! 4.(徐文长)晚年对世道愈加愤恨,于是有意做出一种更为狂放的样子,达官贵人登门拜访,他有时会拒绝不见。 5.我有在越地(浙江)做官的科举同年,曾委托他们抄录文长的诗文,至今没有得到。 6.徐文长先生的命途多艰,坎坷不断,致使他激愤成狂疾,狂病的不断发作,又导致他被投入监狱。

五、1.本文始终围绕着"奇"字落笔,以"奇"字作为贯通全文的脉络。作者主要从三个方面表现了传主以"奇"为内核的性格特征和形式特点:(1)才能奇异。一是有经世济时之才,所谓"纵谈天下事"、"好奇计,谈兵多中",胡宗宪因而慕名延为幕僚,甚为信任;二是有文艺才能,诗赋书画无所不可,且有个性。(2)性情奇怪。早先"自负才略","眼空千古","当时所谓达官贵人,骚士墨客,文长皆叱而奴之"。寄人篱下之时,谒见上司,每"葛衣乌巾",长揖不拜;科场落第之后,则"放浪曲糵,恣情山水",将英雄失意之悲寓于诗。

晚年"愤益深,佯狂益甚","显者至门,皆拒不纳",兴来饮酒则"呼下隶与饮",甚至以斧锥自戕。(3)遭际奇特。徐渭虽怀旷世之才,然"大试辄不利","不得志于有司","数困",终生与功名无缘,"竟以不得志于时,抱愤而卒"。 2. 文章表面看来是突出表现了徐文长的奇,但从深层次看来,作者是以"奇"字为文骨,将传主的气质、性格和命运绾结到一起,揭示了传主悲剧人生的深刻内涵——作为封建时代主流意识形态的儒学,力倡中庸保守,排斥个性张扬、创新出奇的人物,所以特立独行之士,大多命运坎坷,甚至难得善终。这是传统文化的痼疾,也是徐文长悲剧命运的深层原因。作者借徐文长的悲剧遭遇发出的浩叹与控诉,既是有感于前辈遭际的不平之鸣,更是为千古才士发出的激愤呐喊。

与友人论学书

一、1. 顾炎武文选 2. 明末清初 黄宗羲 王夫之 3. 顾炎武 4. 自子臣弟友以至于出入、往来、辞受、取与之间 5. 士而不先言耻 非好古而多闻

二、1. B 2. ABCD 3. C 4. D 5. A 6. B

三、1. 比:近来。推:尊重。 2. 数:经常。 3. 敏:勤勉。 4. 祧:超越。 5. 允:信。 6. 笃志:志向坚定专一。切问:切实发问。近思:思考与自己有关的实际问题。 7. 识:记住。 8. 忮:嫉妒。

四、1. 不以粗衣劣食为耻辱,而以百姓男女没有受到恩泽为耻辱。 2. 靠没有根基的人来讲空虚的学问,我只能看到他们天天提到圣人,可是却离开圣人越来越远了。 3. 他们用《论语》里的话说"不嫉妒不贪求还不算达到仁",可是他们不知道一辈子嫉妒贪求的人而能跟他谈论道义,从来是没有的。

五、1. 理学家为抬高自己学说的地位,往往标榜他们是孔孟学说的直接继承者。文章即采用"以子之矛、攻子之盾"的方法,引经据典,列举孔子、孟子等儒家圣人的观点,从根本上驳斥了理学家的弊病,理学家的主要症结有两点:一是舍弃了博学多识、探求真理的精神;二是脱离实际,崇尚空谈。 2. 文章开篇便旗帜鲜明地道出了古人为学与时下学术风气截然不同的态度。 接着从治学的目的入手,将古代《论语》中孔子的治学思想和现在社会上一般君子的求学态度作了深入比较:古人罕言"命""仁""性""天道",今人却"聚宾客门人之学者数十百人","一皆与之言心言性";古人注重"好古敏求""下学上达""博学于文",今人却寻求"一贯之方";古人认为"四海困穷,天禄永终",今人却"置四海之困穷不言,而终日讲危微精一之说",古今之人在治学的态度、方法、目的上,可谓是天壤之别,由此今人治学的虚伪空疏、不务实际也就昭然若揭。第四段作者从处世的态度上进行批评,同样采用对比的方法。古人注重君子的德行节操,经常谈及"去就、辞受、取兴"问题,一言一行讲究有"耻";今人却空谈心性,而置礼义廉耻于不顾,廉耻丧失,人格也就不会存在。最后,在以上鲜明对比的基础上,作者顺理成章地提出自己的主张——"博学于文","行己有耻"。"耻"是做人的根本,"博"是经世济民的保证,惟其有耻,才能做到"天下兴亡,匹夫有责";惟其博学,才能探索救国救民的方法,从根本上挽救国家颓势,救民于水深火热之中。

古代散文单元练习

一、1. 战国初期 2. 仁 3. 七 4. 滕文公下 5. 鲁迅 6. 金圣叹 7. 编年 8. 晋楚城濮之战 9. 战国策 10. 冯谖客孟尝君 11. 论六家要旨 12. 太史公书 13. 谏逐客书 14. 对比论证 15. 萧统 16. 陶渊明集 17. 南朝梁代 18. 陈思王 19. 杨修 20. 争构纤微,竞为雕刻 21. 秋日登洪府滕王阁饯别序 22. 古文 23. 对话形式 24. 西昆 25. 六一诗话 26. 欧阳修 27. 乌台 28. 苏洵 29. 子由 30. 气之所形 31. 袁宏道 32. 徐渭 33. 王夫之 34. 顾炎武 35. 经世致用 36. 文起八代之衰,而道济天下之溺,忠犯人主之怒,而勇夺三军之帅 37. 曹植 38. 益壮,宁移白首之心? 穷且益坚,不坠青云

39. 滔滔雄辩的文气　40. 干谒

二、1. ACD　2. ABC　3. C　4. C　5. ABCD　6. B　7. D　8. B　9. B　10. A　11. B　12. A　13. AB　14. D　15. B　16. A　17. C　18. A　19. B　20. C

三、1. 萧墙:古代国君宫殿门内起屏障作用的照壁,这里指鲁国内部朝政。　2. 瀹:疏通。　3. 绝:超越。　4. 陈:通"阵",列阵。　5. 赍:携带。　6. 陇亩:民间。　7. 施:延续。　8. 众庶:广大的百姓。　9. 韬光:收敛光华,比喻怀才而深自敛抑。　10. 汲汲:形容心情急切,苦苦追求的样子。　11. 画虎不成反类狗:古代谚语,妄自夸大,结果反而贻笑天下。　12. 失路:仕途不得志。　13. 斗斛之禄:微薄的俸禄。　14. 党引:结为私党,互相援引。　15. 八代:指东汉、魏、晋、宋、齐、梁、陈、隋。　16. 汩没:埋没沉沦,引申为无所成就。　17. 奇:不好,坎坷。　18. 危微精一:指尧舜禹心心相传的个人修养和治理国家的原则。　19. 秕糠:比喻邪道异端。　20. 汾阳之心:归隐的想法。

四、(一)1. 点明陶渊明诗篇篇有酒的真实意义是把情趣寄托于酒;高度评价陶渊明的文品与人品。 2.(1) 跌宕:文章富于变化。　(2) 精拔:精粹峻拔。　(3) 京:大。　(4) 干:逼近。　(5) 指:同"旨",主旨,这里活用作形容词。　(6) 笃志:心志专一。　(7) 污隆:盛衰。　3.(1) 他的文章意境或恬静婉约如小桥流水,或气势磅礴直干云霄。(2) 加上陶公为人不变的志向,不懈的努力,安于道义,苦守节操,不以躬耕为耻,不以穷困为意。　4. 萧统是从人品与文品的关系的角度来描写陶渊明的,句式精工对仗,排偶迭出,富有气势,骈散结合,抑扬顿挫,跌宕起伏。

(二)1. 将所做一篇辞赋赠给杨修;民间俗文学也有独到的价值;辞赋为小道,希望能建功立业;若不能建功立业,就决心成一家之言,传之同好;大言不惭,因为杨修是他的知音。　2.(1) 击辕之歌:田野中人叩击车辕所唱的歌,这里指民歌。(2) 庶几:希望。(3) 金石之功:刻在钟鼎和石碑上的功业。(4) 皓首:白头。(5) 同好:志同道合的人。(6) 惠子:即惠施,战国时的刑名家,这里指杨修。　3.(1) 街巷里人们的谈论,一定可以采纳的地方,驾车所唱的歌曲,也一定有符合风雅的地方,普通人的心思,不要轻易忽视。(2) 辞赋是小技艺,本来不足以用来宣扬大道理,垂范后世。从前扬雄(字子云)是先朝的重臣,依然说壮士有所不为。(3) 还尽力报效国家,造福百姓,建立永世的基业,留下磨不灭的功绩。　4. 曹植才华横溢,文思敏捷,诗文成就高卓,但作为建安时期的文人,关心民生疾苦,建功立业依旧是他的政治抱负,所以他认为辞赋是小道,中国传统的文人一般认为立德、立功重于立言,所以曹植的想法还是符合这一价值取向的。

(三)1. 徐文长诗歌的内容和风格;徐文长的文风;徐文长名不出于越的原因。　2.(1) 曲蘗:代酒。(2) 羁人:旅客,指长年寄居他乡的人。(3) 巾帼:妇女。(4) 模拟损才:墨守成规而压抑自己的创造力。(5) 议论伤格:放纵议论而损害文章的理路。(6) 流亚:可匹配的人物。(7) 骚坛:文坛。　3.(1) 他胸中一直郁结着强烈的不平奋争精神和英雄无用武之地的悲凉。(2) 他的文章气象沉着而法度精严,他不为墨守成规而压抑自己的才华和创造力,也不漫无节制地放纵议论以致伤害文章的严谨理路,真是韩愈、曾巩一流的文章家。　4. 文学风格:骨意森然,酣畅淋漓中别有深沉幽峭之苍凉,抒发自己的真性情。性格特点:狂傲不羁,愤世嫉俗,特立独行。

(四)1. 圣人之道在于"博学于文"、"行己有耻";具体解说"博学于文"、"行己有耻";论述知耻、博学的重要性;以我的见求教朋友的启发和指点。　2.(1) 行己有耻:立身行事要有廉耻之心。(2) 出入:隐居出仕。(3) 去就:离职与就职。(4) 辞受:拒绝与接受。(5) 取与:取得与付出。(6) 起予:启发我。　3. 博学于文,行己有耻。反对言心言性的空疏之学,倡导博学多识、经世致用的实学。　4. 我所说的圣人之道是怎样的呢？叫做"博学于文"，叫做"行己有耻。"从自己的个人的事，到天下国家的事，都是该学习的事情。从做儿子臣子、兄弟朋友以至处理隐居出仕、离职与就职、拒绝与接受、取得与付出等事情中间，都有是否耻辱可以检验的。孟子说"耻辱之感对于人来说是极其重要的"。不以粗衣劣食为耻辱，而以百姓男女没有受到恩泽为耻辱。所以孟子说："一切我都具备了，反躬自问而没有愧疚。"啊！士人不把有耻放在首位，就是没有根基的人。不喜好古代文化而广泛学习，就是空虚的学问。靠没有根基的人来讲空虚的学问，我只能看到他们天天提到圣人，可是却离开圣人越来越远了。虽然说了这些话，并不是我大胆敢言，而是姑且以渺小的见解，说给志同道合的朋友而求教他们能给我启发和指点。

（五）1.强调自东汉以来，"道丧文弊，异端并起"，即使唐代有贤相，对于衰弊的文风，也无法改变；强调韩愈所倡导的古文运动号召力之强、声势之大；从文、道、忠、勇四个方面来盛赞韩愈的道德文章和为人行事。　2.(1)异端：指汉魏六朝以来长期兴盛的佛、老等非儒家的思想学说。　(2)房、杜、姚、宋：房玄龄、杜如晦、姚崇、宋璟。　(3)麾：同"挥"，指挥，号召。　(4)靡然：倾倒。　(5)溺：沉溺。　(6)参：与……并列。　3.他的文章使八代以来的衰败文风得到振兴，他对儒道的宣扬，使天下人在沉溺中得到拯救，他的忠诚曾触犯了皇帝的恼怒，他的勇气能折服三军的主帅：这难道不是与天地化育万物相并列，关系到国家盛衰，浩大刚正而独立存在的正气吗？　4.挽救了儒家思想在社会上的主导地位，改变了绮靡空洞的文风。在文、道、忠、勇这四个方面为后人树立了典范。

五、1.主张修明文教、施以德化，以期安邦定国的政治思想。　2.欲擒故纵，引君入彀，旁征博引，气势夺人，互为对比，驳立结合是孟子论辩艺术的主要特点。在这篇文章中主要表现为：(1)以对方的日常生活为例，巧设陷阱，经过循循相诱、步步逼询、层层诘问，使对方陷入矛盾、难以自圆的境地，从而不攻自破地驳斥了农家"君民并耕"主张的虚假和荒谬。(2)援引古代圣君贤臣殚精竭虑，为民兴利除害、功绩赫著的大量事实为论据，势如破竹地坐实他们"不得耕"、"不暇耕"和"不必耕"的治国安邦事迹，既确立了"社会分工"之论，又批驳了"君民并耕"之说。(3)将陈相兄弟背师叛道的行径和孔子门徒忠师守道的举动相比较，严厉批评了他们的不义行为。文章驳中有立，驳立相融，文脉贯通，结构缜密，语势灼人，锋芒锐利，体现了孟子高超的论辩艺术，很有说服力和感染力。　3.本文构思奇特，想象丰富。作者运用神话般的寓言和出人意料的比喻，创造了瑰玮诡谲、浪漫色彩浓厚的艺术境界。大鹏的远飞高举，冥灵、大椿的高寿等等，极尽夸张之能事，神思飞越。想落天外，出人意表。文中比喻之富，寓言之多，令人目不暇接。鸟兽虫鱼，大至鲲鹏，小到蟪蛄，再到传说中的人物等，无不被用来作例证。夸张的笔法，丰富的想象，使文章说理生动形象，极富于浪漫气息。　4.晋文公谨慎持重、广纳良计、知人善任、谋智在胸；子玉求胜心切、意气用事、骄横轻敌、态度傲慢、目中无人、刚愎自用；先轸足智多谋；子犯机敏善变。　5.文章通过描写冯谖托人求告寄食于孟尝君门下的过程，冯谖的三次弹铗，以及"乘其车，揭其剑，过其友曰'孟尝君客我'"；冯谖的为君市义和西游于梁等等细节，给我们塑造了轻财好施、宽容大度、礼贤下士的孟尝君形象和恃才自信、知恩图报、深谋远虑的冯谖形象。　6.(1)塑造了鲜活的人物形象，如孟尝君和冯谖，以及众门客的形象。(2)巧妙的构思布局，文章采用欲扬先抑、欲露先隐的手法营造了跌宕起伏、富有戏剧性的故事情节。先写冯谖之"无好"、"无能"，再写其"贪而不足"、三次"弹铗而歌"，层层铺垫之后，以冯谖为孟尝君营造三窟淋漓尽致地张扬了其大智若愚、胆识超群、深谋远虑的个性特点。(3)个性化的语言和生动的细节刻画。(4)运用对比手法，表现出有关人物的特点和相互关系。孟尝君与众门客对待冯谖的态度，以及孟尝君前后对待冯谖的态度，不仅反映出孟尝君了解、认识冯谖的曲折过程，更重要的是使冯谖的聪明才智，随着事态的发展逐一展现在读者面前，使冯谖这个策士的形象显得完整鲜明，给人以深刻的印象。　7.(1)深陷重围、四面楚歌、霸王别姬：末路英雄慷慨悲歌情深无奈的侠骨柔肠。不善用人，众叛亲离，意气用事，易中计。（2）东城快战：奔突驰骋，连斩数将，勇冠三军，力挫群雄，奋勇不屈，倔强之气犹在。（3）乌江自刎：羞见江东父老有自责之心，宁死不辱，保全名节的英雄本色。　8.《谏逐客书》一文运用正反对比的论证方法是鲜明而有力的。第一段以古今秦王做法对比，阐明了当前逐客的错误；第二段以重物和轻人相对比，使人清晰地看到逐客令是与秦王想统一天下的目的是背道而驰的，这正是作者击中要害的论述；第三段以纳客之好处和逐客之害处做对比，又使人鲜明地认识到逐客的危害性、危险性。　9. 萧统在《陶渊明集序》中采用先一般后具体，先放论后收束的方法来评价陶渊明的文学成就和风格特色。首先纵论一般的人生态度，提出合"道"的人生理想，赞誉陶渊明的安贫乐道，韬光养晦，不与世俗同流合污，淡泊自守的高风亮节，点出陶渊明诗文的思想基础；然后具体评价陶渊明的人品和文品，作者概括了陶渊明诗文在风格、情感、结构、语词诸方面的鲜明特点，深刻揭示了其文品与人品的深层关系，由衷表达了对陶渊明其人其文的憧憬和喜爱。这种先放后收式的文章结构具有很强的逻辑性和说服力。　10. 在信中，曹植集中地谈到了他对文学的一些基本观点，如作家的自我认识与评价、作品的修改、文学批评的条件及文学的地位等问题。文章先说明王粲等人归魏之前虽已名闻天下，然而他们的创作却尚未达到最高境界。接着指出，为文应该多与人商讨，多听取别人的意见，多请人修改润饰，并进而认为人们的爱好是各不相同的，不能凭自己的好恶妄论别人的文章。文章最后说辞赋不过是小道，最重要的是要为国尽力。　11. 一方面表达自己漂泊异乡，时运不济，请缨无路，壮志难酬的感伤和落寞；另一方面又抒发了不因年华流逝和处境困厄而自暴自弃，而是以桑榆未晚、穷且益坚来自我激励，以豁达进取、有所作为来自我振奋，可谓困顿中清操不移，逆境中壮志弥坚。　12. 韩愈的《祭十二郎》历来被誉为祭文中的"千古绝调"，也是古代抒情散文中的不朽名篇。它在内容与形式上都不同于一般的祭文，古代的祭文，多歌颂死者功德言行，形式习用四言韵语。本文不拘常格，多有新变。平实叙事与恣意抒情的错综结合，散文笔调和对话形式的浑然一体，大大增强了文章的艺术感染力。文章缘情而写，通篇皆情，"言有穷而情不可终"，绵远深重，动人哀戚。作者选择的是亲人间的日常琐事，从日常琐事的叙述中流露骨肉至情。通篇以汝吾相称，好像同亡灵絮叨家常，表白心迹，读来真切感人。多用悲叹词表达出特别强烈的哀思。文章还特别注意文言虚词，尤其是语气词的运用，增强了行文的感染力。　13. ① 大胆地提出"君子有党，小人无党"的立论。② 君子之朋兴国，小人之朋亡国，要具备勇于斗争的性格。③ 劝告皇帝辨别君子和小人之党。　14. 碑文连用四个排比分句："文起八代之衰，而道济天下之溺，忠犯人主之怒，而勇夺三军之帅"，以此从文、道、忠、勇四个方面来盛赞韩愈的道德文章和为人行事。一个分句一个方面，概括力极强，气势也极其充畅，因此这四个分句也成为整个碑文最警策的名句而流传千古、脍炙人口。而韩愈在文、道、忠、勇这四个方面的表现，正体现了上文所写的浩然正气，所以苏轼强调说："此岂非参天地、关盛衰、浩然而独存者乎！"　15. 苏辙在文章中以论文起笔，强调养气之于为文的重要，并以孟子与司马迁为例，言之有据。苏辙认为，养气无非两个途径：一是自我激励、自我陶冶，积学自强；一是"求天下奇闻壮观，以知天地之广大"。两者之中，后者尤为关键。随即苏辙历叙了自己增广见识的过程，展示自己的志趣与见识，以求谒见名流，"益治其文"。　16. 本文始终围绕着"奇"字落笔，以"奇"字作为贯通全文的脉络。作者主要从三个方面表现了传主以"奇"为内核的性格特征和形式特点：（一）才能奇异。一是有经世济时之才，所谓"纵谈天下事"、"好奇计，谈兵多中"，胡宗宪因而慕名延为幕僚，甚为信任；二是有文艺才能，诗赋书画无所不可，且有个性。（二）性情奇怪。早先"自负才略"，"眼空千古"，"当时所谓达官贵人，骚士墨客，文长皆叱而奴之"。寄人篱下之时，谒见上司，每"葛衣乌巾"，长揖不拜；科场落第之后，则"放浪曲蘖，恣情山水"，将英雄失意之悲寓托于诗。晚年"愤益深，佯狂益甚"，"显者至门，皆拒不纳"，兴来饮酒则"呼下隶与饮"，甚至以斧锥自戕。(三)遭际奇特。徐渭虽怀旷世之才,然"大试辄不利","不得志于有司","数困",终生与功名无缘,"竟以不得志于时,抱愤而卒"。　17. 苏轼的散文具有平易畅达、姿态横生、情真意新、气象雄健的特点。在《潮州韩文公庙碑》一文中,作者将描写、叙述和议论交替使用,随物赋形,表达自由,舒卷如意。文章记叙了韩愈的功绩与德行,表达了对韩愈的无限敬仰之情,文章认为"匹夫而为百世师,一言而为天下法",豪迈警策,别有卓见,言之有据,情理兼备,体现了苏轼雄阔的视野、深邃的见解,使文章气势磅礴,笔力千钧。而苏轼对韩愈文、道、忠、勇的概括,精妙绝伦,流传千古,脍炙人口。碑文最后的诗作,想象丰富,具有浓厚的浪漫主义色彩。　18. 运用对比论证方法。层层对比,事理结合,增强论文的说服力。为了阐明朋党有君子之朋与小人之朋的区别,作者主要采用了对比论证的方法。本文大量运用了对偶句、排比句,增强了说理的气势。排比句对偶句的交相运用,使句式长短相间,错落有致,行文时徐时疾,张弛有度,充分展现了欧阳修政论的艺术风格。　19. 依自然段落分两层,第一层从古到今,由远及近,自主到宾,最后落到自己。第二层,首四句采用由远而近,仰观高阁的动态角度,而"披绣闼……"等句,则又是由近而远,自上而下,仰视四周的万千景象。接着将动景融合于静景中,将视觉转到听觉,由直观转到想象的进一步描绘。景物的描写有色彩变化之美、远近变化之美、上下浑成之美、虚实相衬之美。　20. 序文引用了"庄周垂钓于濠","伯成躬耕于野","唐尧四海之主,而有汾阳之心","子晋天下之主,而有洛滨之志"等典故,礼赞那些鄙弃名利、隐居不仕的高人贤士,说明这种高风亮节才是有道者的境界,也是陶渊明所向往并践行的价值所在和精神追求。

现代散文

论 快 乐

1. 江苏无锡　默存　槐聚　2. 精神　3. 钱锺书　4. 写在人生边上　5. 钱锺书　6. 唐　段成式　7. 唐　戴君孚　8. 古希腊　9. 论语·雍也　10. 比利时　11. 清　王晫　12. 法国　马拉梅　13. 德国　诺凡利斯　14. 法国　维尼

二、1. D　2. D　3. D　4. B

三、1.《酉阳杂俎》:笔记,唐代段成式撰,前集 20 卷,续集 10 卷,所记有仙佛、鬼怪、人事、动物等,包罗甚广,多有寓意。　2. 所罗门:大卫之子。最后一代以色列——犹太王国的国王(前 973—前 933 年在位)。　3. 浮士德:德国诗人歌德诗体悲剧《浮士德》中的主人公。　4. 跛脚:瘸腿。　5. 善病:文中指对病痛持一种看透、乐观态度。　6. 洗涤:冲荡;清洗。又作除去罪过、积习、耻辱等。

四、1. 快乐是短暂的,但快乐是有精神决定的,对快乐的追求正是人生精神力量的源泉,这是本文所揭示的人生哲理,也是本文的主旨。　2. 钱锺书的随笔既有西方传统散文的艺术特征,旁征博引,涉笔成趣,大量引用古今名人名言,诗文典籍,掌故传说,同时又具备中国散文含蓄与精密的特点。《论快乐》一文大量引用了各国诗人、哲学家、小说家经典名言和故事,格言警句比比皆是,他把语言艺术和思想性结合在一起,奇特的比喻,丰富的想象引人入胜,极为幽默俏皮,表现了一种达观知命的诙谐,展示的是性格和心态。

读书的癖好

一、1. 当　尼采:在世纪的转折点上　尼采与形而上学　守望的距离　各自的朝圣路　妞妞:一个父亲的札记　2. 读书的癖好　3. 罗素提倡青年人多读"无用的书"　黄山谷的名言"三日不读书,便觉言语无味,面目可憎"　林语堂对黄山谷名言的解释

二、1. A C　2. B　3. C　4. ABCD

三、1. 好读书,把读书培养成一种癖好。　2. 读书癖好要从小培养,最好是在童年到少年时。

3. 列举古人说的话来证明读书和养成读书癖的重要性。　4. 作者的亲身体验充分说明了读书癖的重要性,有了读书癖在精神上是会有所提高的。这样既避免了材料的堆砌,对读者的说服力又强。　5.(1) 从小对书籍有强烈的好奇心或浓厚的兴趣。(2) 所读之书不限于功课和专业,更爱读"闲书"。(3) 把读书当作生活的基本需要。　6. 有读书癖好的人,既可以获得立足于社会的职业技能,在自己的专业上做出伟大的成就,又可以开阔视野,增广见闻,丰富自己的内心世界,提高自己的文化素养。"闲书"是人精神生长的领域,癖好读书,其精神世界会更加充实。

一只特立独行的猪

一、1. 沉默的大多数　2. 黄金时代　白银时代　青铜时代　3. 智慧　自然的人性爱　有趣　4. 幽默与反讽

二、1. C　2. C　3. A　4. ACD　5. ABD　6. D

三、出自《礼记·儒行》:"其特立独行,有如此者。"特:独特。立:立身。形容人的志行高洁,不同流俗。

四、1. 这篇谈论猪的杂文,表面上是回忆作者插队养猪的一段经历,其用意却是在把那只"特立独行"的猪所具有的品质和现实中的人做比较,针砭人的生存状态。"猪"的形象具有高度的拟人化特点和象征意蕴。其"特立独行"寓意着反对愚蠢、教条、无趣和虚伪,张扬"自由之思想、独立之精神"的深刻意旨。

2. ① 从名分上说它是肉猪,应该又肥又胖目光呆滞行动迟缓,它却又黑又瘦两眼炯炯有光像山羊一样敏捷;② 它本该老老实实待在猪圈里长肉,却翻栏越圈爬屋上墙到处游逛;③ 它是公的,作为肉猪本该劁掉,它却拒绝被劁;④ 它会模仿各种声音,甚至学了汽笛叫,因而被定为"破坏春耕的坏分子",要对它采取专政手段;⑤ 它让种种"专政手段"失效,从绳索、杀猪刀、手枪和火枪的兜捕中撞了出去,为自己争得了自由。

3.(1) "领导"——想要设置别人生活的人;态度及原因分析:痛恨它。因为它敢无视对生活的设置。(2) "老乡们"——对被设置的生活安之若素的人;态度及原因分析:认为它"不正经"。"正经"就应安于被设置。(3) "我"和"其他知青"——不满被设置又不敢反抗的人;态度及原因分析:喜欢它、尊敬它。因为他们自己不满被设置又不敢反抗。(4) "特立独行的猪"——敢无视对生活的设置的人。　4. 文章的主题:作者通过一只猪的故事的叙述和分析指出,对生活做种种不合理的设置已成为我们生活中的一种巨大的存在,它把人控制在一种生活和精神都被奴役的状态,而反抗这种设置,争取个体的自由则充满艰险。我们应以那只特立独行的猪为榜样,勇敢地追求我们应得的自由。作者在前段指出,"对生活做种种设置是人特有的品性",虽然这些设置使生活"痛苦不堪",但却在多数时候被多数人(猪)所接受。这样的叙述分析并不离题,它的作用有二:①用"多数"对"设置"的"安之若素",烘托突出了那只猪的"特立独行"。②与结尾相呼应,突出了文章的主题。　5. 不能。人是一种群居动物,群居的前提就是对生活有一定的"设置"。随着人类社会的不断发展,没有任何"设置"的生活是不可想象的。如家庭的组合,一夫一妻制的形成,社会化大生产的组织,现代教育制度建立和完善,都是"设置"的产物。由此可见,我们不能否定一切"设置"。我们要反对的是那些使生活"了无生趣"甚至"痛苦不堪"的不合理的、反人性的"设置"。

月　　迹

一、1. 陕西丹凤　当　2. 商州　浮躁　废都等　3. 山地笔记　月迹　爱的踪迹等　4. 清新恬淡　含蓄隽永　富有诗意　5. 凝重涵浑　苍凉旷达　富有理性　6. 早　7. 以盼月、寻月、得月为线索结构全篇

8. 陕西商州一带　9. 月迹　10. 美的

二、1. A　2. D　3. ABC　4. C　5. A

三、1. 屏气:暂时抑止呼吸,有意地闭住气。　2. 掬:两手捧。

四、1.《月迹》画面美具体体现在如下两个方面:(1) 如梦如幻的月景——"银银的、玉玉的"月光;神话般神秘美丽的桂树;荡漾着月影的小河;印着月亮印章的无尽苍穹;充满诗意的月景,属于静景。　(2) 活泼纯真的童心、童趣——"月亮是长了腿的,爬着";"住在月亮里的一定是十分漂亮的女子了";"月亮啊,你可真是个宝啊! 月亮啊,你是我们印在天上的印章啊!"充满妙思的童趣,属于动景。　2.《月迹》按照顺序来结构文章。通过孩子们盼月—寻月—得月的过程,展示"月"的特征。　3. 文中的"月"是美的象征:(1) "月"寄予了作者对美的理解:美无处不在,美因人而异。(2) 清冷、旷达、超然、富有个性。(3) 清冷之中有浓浓的情意;旷达之中多一份追求;超然之中多了一份世俗的关怀。

我家过去年代的一只猫

一、1. 我的阿勒泰　2. 九篇雪　我的阿勒泰　阿勒泰的角落　羊道　3. 我家过去年代的一只猫
4. 铜磬

二、1. ABC　2. A　3. D　4. BC

三、1. 大黄猫是外婆的深刻情感记忆,外婆的情感记忆构成了作者的精神家园,作者怜惜、怀念那只找不到回家之路的黄猫,既有作者对外婆与猫的爱,更有自己外婆将老去、心灵情感无家可归将要流浪的悲伤,大黄猫的流浪就是作者心灵的流浪,作者对大黄猫终将回家的确信也是对自己心灵情感的抚慰。

2. 文章结尾描写了大黄猫在历经艰辛之后终于回到了熟悉的家园,不管不顾、心安理得地痛饮石钵中的清水,既让人心酸,又让人欣慰。作者借此表现了自己心灵流浪的曲折和坎坷,获得心灵家园的欣喜和满足,更表明生命的彼此牵挂、记忆与关怀才是每一个人温暖的心灵家园。

瓦 尔 登 湖

一、1. 美国　超验　瓦尔登湖　2. 深邃　清澈　3. 湖水　海水

二、1. C　2. A　3. B　4. B

三、1. 如许:如此这样。　2. 璀璨:形容珍珠等光彩鲜明。　3. 熠熠:形容闪光发亮。　4. 罕有其匹:很少有与它相当的。　5. 历历可数:一个个清清楚楚可以数得出来。

四、1. 深邃和清澈。三个方面:湖水的特点及环境;湖水的色彩变化;湖水的清澈。即是:先总写湖水的特点及周围环境;再通过各个角度来描写湖水的奇幻的颜色和清澈纯净,并抒发了自己对湖水以及大自然的喜爱之情。　2. 写环境一是衬托湖的美,也是湖呈现特有色彩的一个原因。写所有湖泊的颜色是为了铺垫和烘托瓦尔登湖。首先从不同的地点来写色彩变化,有远观也有近观,有山顶看,湖边看,湖上看;其次写不同的天气状况下的湖水色彩,晴朗的天气和风暴的天气下色彩的不同;第三写不同季节的湖水色彩,夏季和春季时的不同。湖水颜色的特点:鲜艳、纯净、不断变幻。目的:为了表现瓦尔登湖的深邃和清澈。情感:对瓦尔登湖的喜爱之情。　3. 作者通过写自己在湖里的生活体验和写湖中的映衬物来突出瓦尔登湖的清澈。独特的生活情趣从本段一系列的动词中可以看出来:趴、吊、钻、砍、套、钩"等。

现代散文单元练习

一、1. 写在人生边上　2. 管锥篇　3. 见课文,略　4. 培根　5. 沉默的大多数　6. 当　7. 月迹　8. 早
9. 我的阿勒泰　10. 李娟　11. 瓦尔登湖　12. 徐迟　13. 读好书　14. 人·兽·鬼

二、1. C　2. ABCD　3. CD　4. ABCD　5. C　6. D　7. D　8. B　9. B

三、1. 箪:古代盛饭的圆竹器。　2. 端倪:事情的头绪迹象。　3. 特立独行:形容人的志行高洁,不同流俗。　4. 掬:用两手捧。　5. 广袤:广阔;宽广。　6. 深邃:深的;幽深。

四、1. 作者在《瓦尔登湖》一文中给我们描写了猎犬、栗色马和斑鸠等自由自在的东西,它们身上带有一种狂野的自由,而这种自由正是作者在瓦尔登湖所寻求的,因此从这个意义上讲瓦尔登湖是行使人生权利的象征;作者在书中多处描绘了瓦尔登湖的幽静,把瓦尔登湖当做是自己的伴侣,这是作者心境的反映,因此瓦尔登湖也可以理解成追求人生静谧的象征;作者说他之所以来到这片树林是因为想过一种经过省察的生活,去面对人生最本质的问题,所以,瓦尔登湖也可以理解为是探求人生规律的象征。　2. 李娟在《我家过去年代的一只猫》一文中以她一贯的纯净质朴、亲切自然的文风记述了外婆的大黄猫的故事,借大黄猫的恋家、流浪以及对家的不懈追寻表述着自己心灵的流浪、对生命之根的期待与依恋。作品风格清新、明快,质地纯粹,原生态地再现了疆北风物,带着非常活泼的生机,感情丰富醇厚、深邃而温暖。李娟的作品都是以她周围的生活和人物为话题,可爱的妈妈、外婆、牧民、酒鬼、孩童、牛马、河流、森林……都是她的作品所展示的对象,她用清新质朴的文字、不加任何世俗雕琢的语言尽情地描绘着,阿勒泰的美在她手中魔幻般地展现着。　3.《月迹》中的"月"不再是纯的自然的明月,它已经成为世间一切美好事物的象征,美无处不在,美又因人而异,因为有了美,生活才充满意义。孩童对它的热切的盼望、寻找、争执的过程也正是人们对美好事物的不断探寻、追求、领悟的过程。贾平凹笔下月亮情思:于清冷之中多了一份融融情意;于旷达之中多了一份追求;于超然之中多了一份世俗的关怀。　4. 文章所描绘的那只"特立独行"的猪早就不是一只普通的猪了,它所具有的品质和现实中的人相对应,针砭人的生存状态,其"特立独行"寓意着反对愚蠢、教条、无趣和虚伪,张扬"自由之思想、独立之精神",它成了那个特定时代年轻人梦想突破时代束缚的一种寄托,成了勇于冲破藩篱、追寻理想猛士的化身。　5. 王小波的杂文嬉笑怒骂皆成文章,天马行空、信手拈来,在犀利明快、特立独行的外表下,隐藏着渴求自由的激情,文笔幽默诙谐,但表达的寓意却是极为深刻严肃的,这从《一只特立独行的猪》一文中就可以窥见一斑。这只猪从名分上说它是肉猪,应该又肥又胖目光呆滞行动迟缓,它却又黑又瘦两眼炯炯有光像山羊一样敏捷;它本该老老实实待在猪圈里长肉却翻栏越圈爬屋上墙到处游逛;它是公的,作为肉猪本该劁掉,它却拒绝被劁;它会模仿各种声音甚至学会了汽笛叫,因而被定为"破坏春耕的坏分子",要对它采取专政手段;它让种种"专政手段"失效,从绳索、杀猪刀、手枪和火枪的兜捕中撞了出去,为自己争得了自由。文章通过对这只猪的任性而为的描写,显现世相的荒诞,特别是用夸张拼凑的方法戏剧化地加强冲突与矛盾,令读者感到怪诞滑稽而又沉重,处处显示出反讽的意味。

6.《读书的癖好》一文主要给我们讲述的观点是:读书的癖好能给人带来一个更加丰富多彩的世界,真正爱读书,就迟早会找到自己的书中知己,读书的癖好讲究的是趣味,作者认为读"无用的书"并非真的无用,那恰恰是一个人精神生长的领域,读书应成为人生活中不可或缺的组成部分,读书纯粹是享受和收获。

7. 文中对"快乐"从几个方面进行了诠释。首先说它是易逝的,"欢娱嫌夜短";再说"永远快乐不但是渺茫地不能实现,并且荒谬地不能成立";接下来又向读者阐明快乐是人生存下来的催化剂;然后又说明快乐其实是精神层次上的感受;最后作者坚定地认为"人生虽不快乐,但仍能乐观"。这里前面的"快乐"意味着物质上的享受,而后面的"乐观"这个精神意义上的涵义才是作者所认为的真正的快乐。钱锺书认为:快乐是一种心境,拥有了快乐的心境,就拥有了永久的快乐。　8. 钱锺书的随笔既有西方传统散文的艺术特征,旁征博引,涉笔成趣,大量引用古今名人名言、诗文典籍,掌故传说,同时又具备中国散文的含蓄与精密的特点。《论快乐》一文对各国诗人、哲学家、小说家经典名言和故事,信手拈来又能明辨深思;格言警句比比皆是,他的语言艺术和思想性结合在一起,奇特的比喻,丰富的想象引人入胜,极为幽默俏皮,表现了一种达观知命的诙谐,一种性格或心态。

小　说

铸　剑

一、1. 眉间尺　2. 狂人日记　3. 民族之魂　4. 故事新编　5. 搜神记　6. 剑　7. 故事新编　8. 宴之敖　9. 3

二、1. D　2. D　3. ABC　4. AB　5. D

三、1. 这把经过高温高压锻炼的、纯青的、透明的、冰也似的复仇之剑,正是小说中眉间尺和"黑色人"宴之敖者的精神象征。　2. 鲁迅的《铸剑》是一篇历史小说,小说塑造了眉间尺、宴之敖两个复仇者形象。少年眉间尺性格从优柔寡断到毅然割下自己的头颅为父报仇。宴之敖则纯然是复仇精神的化身,他冷峻似铁,刚毅机智,为自己、为眉间尺,为一切被残害者,挺身而出,割下自己的头颅,与眉间尺一起向暴君讨还血债。鲁迅通过这两个形象的塑造,表现了对暴虐黑暗势力,"血债必须用同物偿还"的反抗复仇思想。小说写于 1925 年北洋军阀制造的"三·一八"血腥惨案之后,写于阶级矛盾、民族矛盾极其尖锐的时代,具有深刻的现实意义。同时也表现了鲁迅对国民性特点的解剖。　3.《铸剑》堪称是一篇浪漫主义的杰作。那种深沉炽热的感情,丰富奇特的想象,离奇荒诞的情节,夸张的艺术手法,共同构成《铸剑》浪漫主义的主要倾向。尤其是眉间尺的头和楚王的头以及宴之敖的头在金鼎沸水中殊死搏斗,写得悲壮激越,有声有色,把誓死向暴君讨还血债、虽死而不停息战斗的复仇精神,表现得充分而突出,生动而形象,有感情有气势。
4. 从作品的结局,我们又看到,最终,复仇者与被复仇者同归于尽,尸骨难辨难分,大复仇演变为大出丧、狂欢节,宴之敖者与眉间尺身首异处,且连仅余的头颅也被与仇敌的头颅并置共陈,公开展览,"享受"虚妄的欢呼和膜拜;复仇本身,复仇者与被复仇者,复仇的后果,同时被遗忘、遗弃;愚昧的、以复数存在的看客,才是唯一的永远的"胜利者"。至此,复仇(及侠义)的崇高、神圣与诗意,被消解为"无";复仇的最终失败,复仇的无效和无意义的真相,被出人意料地揭示出来。　5. (1)"三头相搏"是前一个高潮,使黑色人和眉间尺的人格与精神都得到了完美的体现。(2)"复仇"主题鲁迅式的思考与开掘都是从复仇完成以后开始的。于是出现了后一个高潮——"大出丧"变成全民瞻仰的"狂欢节"。(3)前一个高潮体现了复仇的崇高、神圣与诗意,后一个高潮体现了复仇面对愚昧的群众,消解为无效、无意义。(4)小说显然出现两个调子:悲壮、崇高和嘲讽、荒谬。

竹林的故事

一、1. D　2. ABD

二、1. 冯文炳　三姑娘　佛　2. 渐进自然　3. 散文化　4. 语丝　京

三、1. 三姑娘是一个美丽、善良、勤劳、朴实、俏皮而又大方的清新纯朴的农村姑娘形象。作家将"五四"时期的青春气息注入这似水柔情的乡村少女身上。她既具有古朴纯洁的乡间特点,又表现出人的天性,她穿着素净淡雅,如同一首散发自然气息的小诗,她的言行举止表现出勤敏、早慧、乖巧、淑静等性格特点,没有世俗喧嚣的熏染,也没有原始乡野的粗粝,而是带着自然的烙印。尽管命运坎坷,家庭的不幸遭遇带给她伤痛、哀愁和落寞,但她也能平静地对待,体现了"自然人"的坚强的生命力。　2. 文章结尾又现竹林流水的图景,不仅回应文中的基调,还暗示了主人公的现状,用晦涩的写意指向了三姑娘的难解的命运与朦胧

的未来,这些画面不仅美化了小说的意境,而且随物赋形,把自然景物灵性化,形成了作品散文化的自由结构。同时还反映出"我"对自然人生的眷恋与感伤,表达了"淡去人生纷扰"的审美情趣与人生情绪,体现了一种景观空灵的美。

四、说《竹林的故事》意境美,首先是因为清新脱俗的自然景致。小说中的故事几乎都是在这样绿意盎然的春天展开,溪流潺潺,竹林葱茏,平常的田园小景却蕴蓄着丰富的情趣和宁静、优美的牧歌情调。《竹林的故事》意境美不仅在田园诗的乡村风光,还在少女的清纯之美。三姑娘生于绿水翠竹之间,从体态到性格自然有水的爽洁、竹的清脱。小说塑造的三姑娘形象依水傍竹、天真未凿,作家将"五四"时期的青春气息注入这似水柔情的乡村少女身上。《竹林的故事》意境美还在作家语言的淡雅之美,一条河、一簇竹、一重茅屋、两边菜园,废名写田园风景轻勾淡描。写人物恰如三姑娘的"竹布单衣","颜色淡得同月色一般",不事雕琢。

塔　铺

一、1. 刘震云　2. 塔铺　3. 一句顶一万句

二、1. B　2. ABCD　3. C　4. A

三、1. 亲情、爱情和友情。　2. 采用流水账式朴实的叙述语言,细致入微的描写,情感真挚,像老朋友聊天,娓娓道来,富有幽默讽刺韵味。文章通过这样语言,尽情地把生活真实诉诸文本,在文本中完全显露了生活的现实。

山上的小屋

一、1. 残雪　2. 苍老的浮云　3. 小屋

二、1. ABCD　2. B　3. AB　4. A

三、1. 残雪小说的主要特点是:(1) 在艺术的非理性描写中表达出某种哲理;(2)强调对世界的怀疑与绝望的态度。《山上的小屋》里描写的环境、人物、情绪、感觉等都是非理性的,作品中的"我"的精神状态,是绝望主题的代表。其意义在于,残雪小说在中国文学中第一次集中地描写了生存危机中的绝望、痛苦以及人类对于世界的恐惧,在没有具体时间和地点的混沌中暗示出普遍的人类意义,从精神上完整地体现出现代派小说的特征。　2. 小说建构了一个梦魇般的世界,在这个世界里,人是孤独的、痛苦的,人与人之间互相戒备、仇视。甚至家人之间没有亲情和爱情,只有猜疑与嫉恨。文章描绘的是一个变形、荒诞的世界,从这变形、荒诞世界里折射出的是一个痛苦、焦灼的灵魂,表现的是人在痛苦中挣扎而又无法摆脱痛苦的人生体验。　3. 如"抽屉永生永世也清理不好",象征着人生的杂乱无章和难以把握;父亲每夜在井中打捞又打捞不着什么,象征着人劳碌无为而又不得不为;满屋乱飞的天牛,象征着人生的困扰且难以驱遣;"小屋"象征了当时中国沉闷压抑的社会政治空气,象征了一种精神枷锁,隐喻了迷惘和混乱的内心世界;小屋里那个不停呻吟,整夜狂暴撞击木门的人,实际上可看作"我"的象征,是"我"与世不容的灵魂;母亲冰冷、滴水的手象征统治的残酷;父亲左边的鬓发变白象征上一辈中国人遭受的痛苦。

最后的常春藤叶

一、1. A　2. C　3. C　4. ABCD　5. BCD　6. D

二、1. 美国　批判现实　含泪的微笑　2. 贝尔曼　琼珊的生病、治病、病愈　3. 麦琪的礼物　警察与赞美诗　最后的常春藤叶　白菜与皇帝　描写社会底层小人物　语言描写　美国纽约

三、1. 欧·亨利式的结尾。欧·亨利在短篇小说的艺术处理上最大的特点就是"小说的意外结局"。

出乎意料之外,又在情理之中。读者眼看着情节似乎明明朝着一个方向发展,但结局往往来了个出其不意。这意外的情节逆转,一方面使主人公形象得以升华,另一方面使主题也得到揭示,从而形成独特的艺术魅力。 2. 初见贝尔曼时,作者通过外貌描写告诉我们:贝尔曼是一个性格暴躁、酗酒成性、牢骚满腹、郁郁不得志的老画家,他生活失意又不满于现状,不得不借酒消愁、发泄;又通过语言描写来刻画形象,当他得知琼珊的病情和"白痴般的想法"后,"讽刺地咆哮了一阵子",写出他的善良和同情心。再见贝尔曼时,贝尔曼已经身体虚弱,病了两天就去世了。贝尔曼是因为冒雨画最后一片叶子,得了肺炎而去世的。他的人格得到升华,崇高的爱心、自我牺牲的精神由此得到了展现。由此,我们看到了贝尔曼平凡的甚至有点讨厌的外表下有一颗火热的、金子般的爱心,虽然穷困潦倒,却仍无私关怀、帮助他人,甚至不惜付出生命的代价。作者借此歌颂了穷苦朋友相濡以沫的珍贵友情和普通人的心灵美。 3.(1)小说结构安排上,不仅眉目清晰、结构严整,而且有跌宕、有起伏,前者表现在以琼珊生病到病愈的线索安排上,后者表现在既在情理之中又出乎意料之外的"欧·亨利式的结尾"上。(2)人物刻画上,小说主要采用了语言描写的方法。人物语言做到了高度的个性化,很好地刻画了人物的个性。(3)小说还非常注意情调的渲染,形成了情景交融的意境。小说中所描写的风吹雨打、落叶飘零的画面很好地烘托了小人物的凄风苦雨、朝不保夕的命运,使小说笼罩着一种悲凉的氛围。(4)采用幽默、风趣、俏皮、夸张、讽刺、比喻的语言,渲染悲剧的喜剧色彩,让读者在俏皮的描写中醒悟内在庄严的思想感情,在生动活泼中给人启迪,被称为"含泪的笑"。 4. 琼珊把这最后一片常春藤叶作为自己生命的寄托,作为放弃生命抗争的理由。在寒秋风雨中,藤叶越掉越多,琼珊越数越少,读者的心越揪越紧,所有的情节都归于那维系琼珊生命的最后一片叶子上……但是,人们却没有想到,这最后的常春藤叶竟能战胜"秋风扫落叶"的命运,历经一天一夜的秋风、秋雨的侵袭而顽强地依附在茎上,它给苏艾和琼珊以至给读者带来的又何止是绝处逢生的惊喜!需要说明的一点是:贝尔曼为之付出生命代价的最后一片叶子固然能给琼珊极大的鼓舞,但是,琼珊重新树立对生活的信念,仅靠这片叶子是不够的,还需要琼珊依靠自己的力量来战胜病魔。 5. 作品没有实写这一情节,使得小说产生出人意料的效果(欧·亨利式结尾),也给读者留下了想象的空间。我们可以想象,那个风雨交加的夜晚,老人是怎样冒雨跌跌跄跄爬到离地面二十来英尺的地方,颤抖着调拌黄色和绿色,在墙上施展他从未施展的艺术才能,同时也毫无保留地献出了生命。 6. 因为这片叶子给予的病人生的希望和信念,表现了普通人之间的无私和情意,闪烁着人性的光辉。(也可结合全文进行拓展思考:由前文介绍可知,琼珊和苏艾都是青年画家,作为画家的琼珊,居然一直没能看出墙上的常春藤叶是画上去的,由此可以从侧面说明贝尔曼先生最后这幅作品精湛的技艺,真可谓以假乱真,堪称杰作了。)

隧　　道

一、1. 瑞士　2. 迪伦马特　3. 隧道

二、1. ABD　2. AC

三、1. 一开始主人公心情平静懒散,继而有些疑惑,接着困惑不解,寻求答案,再后惊恐万分,最后无可奈何。 2. 小说通过一个怪诞的故事,流露出一种悲观、消极的特点,表现了一种茫然无力、不知前途为何的社会心理,展示了一种人类的普遍处境。 3. 24 岁的青年人:象征着我们这个社会的知识分子精英,对社会发展的趋向有着清醒的认识,为理性的回归大声疾呼,然而声音被世俗的喧嚣所掩盖,他们对这世界的毁灭无能为力。 旅客:象征着社会中的庸众,他们随波逐流,专注于眼前的物质享乐,对即将到来或是正在发生的危险一无所知。 列车:象征着整个现代社会,现代社会在伴随着经济飞速发展的同时,面临着人

文精神的溃灭、人的异化、自然环境的恶化等一系列问题,社会的发展逐渐失却了理性的制约,正在巨大的惯性中走向毁灭。

戏 剧

西厢记·长亭送别

一、1. 德信 实甫 大都 2. 元 杂剧 3. 录鬼簿·凌波仙 儿女风情 4. 3 西厢记 丽春堂 破窑记 5. 善于驱遣古诗词烘托渲染环境气氛,创造情景交融的艺术意境,风格典雅婉丽,曲词清丽优美,韵味深长 花间美人 6. 崔莺莺待月西厢记 7. 元稹 会真记 西厢记诸宫调 8. 四 第三 9. 黄花地,西风紧,北雁南飞。晓来谁染霜林醉? 10. 煞强如状元及第 11. 蝇头微利

二、1. B 2. D 3. C 4. A

三、1. 系:打结,拴住。 2. 倩:请,央求。 3. 通"搁"。 4. 煞强如:很胜过。 5. 须臾:片刻,顷刻。 6. 取应:参加科考。 7. 将:拿。 8. 栖迟:淹留不走。 9. 赓:续作。 剖:分辨,解释。

四、1. 崔莺莺敢于反叛封建礼教,大胆追求爱情自由,对爱情执著专一,对功名利禄表示鄙弃,将爱情置于功名利禄之上,是一个闪耀着叛逆性格的光辉人物。 2. (1)以生动细腻的语言展示人物的内心世界。 (2)融情于景,借景抒情。 (3)语言节奏鲜明,韵律和谐,富有音乐美。 3. (1)运用多种多样的修辞方法生动形象地表现人物的心理。全折运用了比喻、夸张、用典、对比、对偶、排比、反复、叠音、设问等多种修辞方法。特别是巧用夸张,并与比喻、用典、对比等结合,因情随心而设。 (2)融古代诗词与民间口语为一体。作者善于把典雅凝练的古代诗词与通俗流畅的民间口语融为一体,从而形成清丽华美、生动活泼的语言风格。作品融入了不少古代诗词的语句,其特有的语义、情味和表达效果与剧中语境相契合,增添了语言的文采和表现力。 4. (1)赴长亭途中,通过对秋景的描写和莺莺对暮秋郊外景色的感受,创造了一种悲怆凄苦的离别环境,那蓝天白云,黄花委地,西风凄紧,北雁南飞,枫叶流丹构成了寂寥萧瑟、黯然神伤的画面,传达了莺莺内心深处的离恨别愁。 (2)长亭离筵上,眼望秋郊长亭之景只见西风更紧,黄叶纷飞,寒烟暮霭,衰草凄迷,更使莺莺酒饭不思,悲痛欲绝。 (3)夫妻叙别后,莺莺伫立凝望,目随人去,情随恨长。日暮本是归家之时,而夫君却分袂远别,只隐约在暮色中看见张生挥鞭的身影,耳边只有秋风送来的禾黍飒飒作响,萧萧悲马嘶鸣,虽是写景,却包含着无限的情思。

桃花扇·骂筵

一、1. 清代 2. 长生殿 3. 政治历史剧 4. 李香君 5. 音乐 6. 传奇 7. 汤显祖

二、1. B 2. A 3. B 4. D 5. B 6. C 7. D 8. A

三、1. 人日:农历正月初七日。 2. 际遇:机遇。 3. 严嵩:明朝嘉靖人,与儿子严世蕃、同党赵文华特宠揽权,胡作非为,后被人弹劾,罢职为民。 4. 祢衡:三国时人,曾击鼓痛骂曹操。 5. 琼瑶楼阁朱微抹:琼瑶,美玉。雪后的楼台像图画一样。 6. 煮鹤烧琴:比喻糟蹋美好事物而大煞风景之事。 7. 戏场粉笔:我国戏曲中饰演曹操、严嵩等奸臣时,用粉笔画上。 8. 伯仲:本指兄弟,这里喻等次。 9. 海涵:即海量包涵。 10. 钜公:指大官。

四、1. 李香君是中国古典戏曲中罕见的一个光彩照人的妇女形象。她不仅美丽聪明,而且正直刚强,明大义有气节,她有着鲜明的政治是非观,把爱情的关系建立在政治的关系上,这是她比《西厢记》中的崔莺莺、《牡丹亭》中的杜丽娘形象更深刻的基点,也是《桃花扇》在思想和艺术上取得重大突破之所在。

2.作者的创作意图是"借离合之情,写兴亡之感",通过侯方域和李香君悲欢离合的爱情故事,表现南明覆亡的历史,并总结明朝300年亡国的历史经验,表现了丰富复杂的社会历史内容。

五、1.《骂筵》是李香君同阮大铖、马士英等阉党余孽作面对面斗争的一场戏,也是她的反抗性格与爱憎感情表现得最充分、最集中的一场戏。从整场戏的情节来看,以李香君的出场为界,可分为前后两个部分,前一部分既是交代这场戏发生的背景,又是为李香君的出场渲染气氛;后一部分则淋漓尽致地表现李香君痛骂权奸的情景。第一个出场的是阮大铖。阮大铖的出场,既是交代这场戏发生的背景,又为后面李香君"骂筵"的"骂"先树立了"靶子"。接着出场的是卞玉京、丁继之、沈公宪、张燕筑、郑妥娘、寇白门等被拉来的歌妓清客。在这些人中,对朝廷的征选歌妓有着不同的态度。如果说作者让阮大铖先出场是为了给李香君的"骂"树立"靶子",那么让卞玉京等歌妓清客先于李香君出场,则是给李香君的出场作铺垫衬托,以这些与李香君同样身份地位的人的不同态度来烘托李香君宁死不屈、英勇斗争的反抗精神。 2.(1)结构巧妙。作者在李香君出场之前,先安排一些次要人物上场,为她的出场痛骂权奸和突出她的反抗精神作烘托渲染。在具体安排情节时,又详略得当,主次分明。 (2)人物性格鲜明。作者在剧中除了用大段的唱词和典型动作塑造了主要人物李香君刚烈正直的形象外,其余几个人物也都栩栩如生,各具性格。由于这出戏是由李香君一人主唱的,其他人物多为说白,而作者通过他们一些简略的念白,清晰地勾勒出了各自的性格特征。

日出(节选)

一、1.原野 2.金八 3.原野 4.凌晨 5.揭示"损不足以奉有余"的社会矛盾现象 6.舞台说明(又叫舞台提示)

二、1. A 2. C 3. ABCD 4. ABC 5. D

三、1.嗫嚅:口动,吞吞吐吐,欲言又止。 2.呆若木鸡:呆得像木头鸡一样,形容因恐惧或惊异而发愣的样子。呆:傻,发愣的样子。 3.狞笑:凶恶地笑。 4.踌躇:拿不定主意,犹豫不决。

四、1.潘月亭——银行经理;狡诈奸猾、投机倒把。 李石清——银行职员;卑鄙阴险,别有用心。共性:尔虞我诈,唯利是图。 2.本文选自曹禺《日出》第二幕。写了小职员黄省三向李石清求取职务的过程。通过黄省三和李石清、银行家潘月亭的对话的描写,在强烈的对比和冲突中表现了"有余者"和"不足者"的对立,让人们深刻清醒地看到了"损不足以奉有余"的"人之道"的"残忍";通过黄省三对潘月亭这些"有余者"不顾一切地揭露"是贼,是强盗,是鬼呀",深刻地揭示了当时的社会就是一个吃人的社会这一鲜明主题。 3.(1)成熟精练的白话;(2)贴近口语;(3)符合戏剧表现的特定情景,有利于凸现人物性格特征,揭示人物心理;(4)丰富的潜台词使其戏剧语言意蕴丰富而充满魅力。 4.第一次是黄省三向李石清求情遭到拒绝;第二次是李石清给黄省三指"三条出路";第三次是潘月亭无情地拒绝黄省三的请求。

天下第一楼

一、1.当代戏剧界第一才女 2.新白娘子传奇 3.福聚德 4.高潮 5.小品 6.话剧 7.正剧

二、1. D 2. C 3. D 4. ABCD 5. D 6. A

三、1.磕磕碰碰:不顺利,有波折。 2.喋喋不休:唠唠叨叨,说个没完没了。喋喋:形容说话多。休:停止。 3.抖擞:焕发,振作,旺盛的样子。 4.瞅瞅:看一看,瞧瞧。 5.问心无愧:反躬自问,没有对不起别人的地方。问:不是提问,而是自问。愧:愧疚,羞愧。

四、1.该剧描写了创业于清代同治年间、传至民国初年的老字号烤鸭店"福聚德"由入不敷出、势如累

卵到东山再起、名噪京华,后又面临倒闭的曲折发展历程;歌颂了卢孟实、玉雏姑娘、罗大头、常贵等人的聪明才智、事业心与实干精神;控诉、批判了游手好闲的败家子习气和黑暗腐朽的社会势力。 2.老掌柜是家族里的老者,老唐家的第二代传人,老成持重的生意人,是传统的象征;两个少爷是不务正业的封建中产,表现传统的阻碍的力量;玉雏儿是善良聪明的女性,表现了社会中的善良和同情;常贵是社会中陷入漩涡中漂浮的草根,一生忍泪带笑最后含悲而死,表现了作为整个社会背景的大众颜色;修鼎新看透世事愤世嫉俗,罗大头是朴实简单的人物,表现了社会背景人群的有色彩的一面。

五、1.卢孟实是挂炉烤鸭福聚德掌柜。草根出身,奋争拼搏。知人善任,颇懂经营,善用心机,福聚德在他经营管理下发展到鼎盛。卢孟实是一个复杂的人,一方面为了替父亲,替自己证明五子行的人也有出息。他在纠结中挣扎,最后以悲剧而告终,以揭露时代的丑恶、社会的复杂,封建传统与现代自由的交锋,天下没有不散的宴席。一个福聚德的兴衰,就是中国近代史的兴衰的缩影。 2.该剧讲述了剧中主人公卢孟实的个人奋斗历程,以他的命运为主线,展现了新中国成立前京城平民百姓自我奋斗,但最终无法实现自身价值的悲剧性命运。黑格尔认为悲剧"根源于人物自身的片面性",这部作品的悲剧是爱情悲剧,是事业悲剧,是文化悲剧,是人生悲剧。 3.(1)上联:好一座危楼,谁是主人谁是客? 下联:只三间老屋,时宜明月时宜风。横批:没有不散的筵席 (2)烤鸭老字号"福聚德"因用料地道、工艺讲究名噪京师,两位少掌柜却与鸭子无缘,不得不请山东来京谋生的"五子行"卢孟实操持店业。卢雄才大略,终于东山再起,把三间老屋"福聚德"变成名噪京师的"天下第一楼"。十年过去,危机来临。两位少东家在别人怂恿下,与卢孟实争起了东主财权;大师傅罗大头也因私藏烟土性命不保;卢孟实挺身而出,一一操持,完事之后他也明晰了事理,离开"福聚德"回他的山东老家去了。临行前,他送给东家这副对联,可谓发人深省、耐人寻味。人生的苍凉,命运的拨弄,尽在一个问号之中。情节跌宕扣人心弦,北京旧时代市井生活的深厚底蕴为人物语言、行为和性格增色。

李尔王

一、1.文艺复兴 2.夏洛克 3.李尔王 4.三 李尔王 5.葛罗斯特伯爵被蒙蔽双眼相信了庶子爱德蒙的谎言,致使自己身陷险境 6.荒原 暴风雨

二、1.ABCD 2.C 3.B 4.C 5.D 6.B 7.D 8.D

三、1.祈祷:也作"祷告":一种宗教仪式,信仰宗教的人向神默告自己的愿望。 2.衣不蔽体:衣服破烂,连身子都遮盖不住。形容生活贫苦。蔽:遮。 3.千疮百孔:形容漏洞、弊病很多,或破坏的程度严重。 4.寒碜:① 难看;不体面;丢脸。② 讥笑;揭人短处,使之丢脸。

四、1.《李尔王》叙述了年事已高的李尔王意欲把国土分给3个女儿,口蜜腹剑的大女儿高纳里尔和二女儿里根赢其宠信而瓜分国土,小女儿考狄利娅却因不愿阿谀奉承而一无所得。前来求婚的法兰西国王慧眼识人,娶考狄利娅为皇后。李尔王离位,大女儿和二女儿居然不给其栖身之地,当年的国王只好到荒郊野外……后来考狄利娅率队攻入,父女团圆。但战事不利,考狄利娅被杀死,李尔王守着心爱的小女儿的尸体悲痛地死去。 2.(1)语言丰富而富于形象性;(2)人物语言具有个性化;(3)善于运用人物之间富有强烈的对比性的语言来突出人物形象;(4)擅长运用长篇内心独白来揭示人物复杂而隐秘的内心世界。3.这一场戏以荒原、暴风雨为场景,使剧本的涵义更加丰富,这一自然现象不仅为悲剧主人公营造了一个激发人物内心冲突、发泄内心痛苦的独特空间,具有极强的悲剧气氛渲染作用,而且它还是主人公内心风暴的象征,为悲剧英雄人性的复归创造了条件。 4.莎翁在本剧中将个人悲剧遭遇与社会道德沦丧这双层主题相结

合。一方面，《李》通过描述李尔和葛罗斯特遭受儿女虐待的经历揭露了子女不孝这一令人发指而又普遍存在的社会现象，这是本剧的表层主题。另一方面则揭示了社会的道德沦丧这一深层主题。这两个主题不是割裂开来、互不联系的，而是紧紧融合、贯通在一起的。李尔被长女高纳里尔和次女里根逐出门外、弃之荒野以及葛罗斯特遭受逆子爱德蒙陷害被剜去双目，一幕幕家庭悲剧使人们情不自禁地联想到整个社会的道德沦丧危机。

五、1. 莎士比亚的著名悲剧《李尔王》讲述了主人公李尔的悲剧一生。李尔王的悲剧是一本社会哲理悲剧，其主题不仅有家事关系，不仅是国家秩序，而且是整个社会关系中人的实质、人在生活中的地位和在社会上的价值，才是悲剧的主旨。透过一个家庭的悲剧来反映出这个残酷无情的社会，表现了伊丽莎白时代英国的社会结构是多么的不堪一击。正因为此，《李尔王》成了莎士比亚悲剧中意义最深刻的一个剧本。

2. 弄人：弄人在戏剧中被李尔称作"傻瓜"。他充当了李尔生活中的一面镜子，时刻供他察看自己的嘴脸。他陪伴李尔、关怀李尔也教育了李尔。弄人特殊的身份使他成为一个复杂、矛盾的个体。他不仅是智慧和忠诚的化身，也勇于担当起敏锐的社会观察者的角色，他用自己艺术的语言来评判社会。他对李尔的悲剧有着清醒的认识，他是一位了不起的讽刺家。

小说戏剧单元练习

一、1. 眉间尺 2. 民族之魂 3. 冯文炳 4. 京 5. 当 6. 苍老的浮云 7. 欧·亨利 8. 迪伦马特 9. 西厢记 10. 苏幕遮 11. 桃花扇 12. 洪昇 13. 雷雨 14. 人像展览式 15. 何冀平 16. 老字号"烧鸭子"铺"福聚德"的盛衰历史 17. 三 18. 文艺复兴 19. 残雪 20. 新写实

二、1. AB 2. ABCD 3. ABD 4. D 5. B 6. AB 7. ABCD 8. CD 9. A 10. B

三、1. 静寂：安静、寂静。 2. 潜蹑：隐藏着，放轻脚步。 3. 迤迤：迟迟不进，行动缓慢的样子。
4. 蝇头微利、蜗角虚名：比喻极空虚、极微小的功名利禄。 5. 劳燕分飞：比喻人的离散。 6. 提挈：提拔。
7. 清客：指在达官贵人门下寄食的文人。 8. 业海：也叫"孽海"，佛经用语，意说世人造下无边罪业，有如大海。 9. 扬州梦：比喻歌舞繁华的生活场景。 10. 煮鹤烧琴：比喻糟蹋美好的事物。

四、1. 李尔王原本是一个专制独裁、盲目轻信、残忍无情的昏君，但女儿的背叛与虐待，流落荒野的不幸遭遇，使他逐渐比较清醒地认识周遭的世界，他看清了正义与邪恶，分清了善良与奸诈，思想感情开始接近下层穷苦人民，为他们的悲惨生活大声疾呼，指责冷酷无情的富人，对自己过去不关心民生疾苦充满自责，最后守着心爱的小女儿的尸体悲痛地死去。李尔在后期转变成为一个成熟的、真正具有大智慧的、洞察世情的、可敬、可畏、可亲之人。 2. 卢孟实是《天下第一楼》中老字号"烧鸭子"铺"福聚德"的二掌柜，他爱出"幺蛾子"，虽然出身草根，但雄才大略，懂得经营，知人善任，关心下属，是一个励精图治的实业家。他忠于老雇主，为福聚德的兴盛可谓鞠躬尽瘁，但因为与少东家之间存在矛盾，最终落得被排挤的结果。他渴望爱情，可又对玉雏儿的出身不能释怀，他精明能干，渴望做出一番事业，可辛苦半生却为他人做了嫁衣裳，看着岌岌可危的事业，心有余而力不足，最终功败垂成。卢孟实的人生悲剧是爱情的悲剧、事业的悲剧，也是传统文化排外和封闭、惰性的悲剧，引发观众从不同角度、不同层面对现实生活进行联想和思考，被作家萧乾誉为一出"警世寓言剧"。 3.（1）人物对话个性化。剧本中人物语言不仅表达了人物的意图和思想感情，而且符合人物的身份、性格和所处的特定环境，并且随着剧情的发展和人物思想感情的变化，作者在用词和语气处理上，也都相应地有所变化；（2）紧凑集中的戏剧结构。课文虽然只是截取了全剧的一个片段，出场的人物并不多，但故事结构却有着相对的完整性，紧凑集中；（3）巧妙运用白描的表现手法，把矛盾和

现实交织起来,推动了剧情的发展。 4. 李香君是中国古典戏曲中罕见的一个光彩照人的妇女形象。她是秦淮河上著名的歌妓,不仅美丽聪明,而且多才多艺,正直刚强,疾恶如仇,明大义有气节,她有着鲜明的政治是非观,把爱情的关系和选择建立在政治的关系和选择的基础上,从而显示她卓尔不群、独具风标的反抗精神,她的光辉形象如一轮皓月升起在黑暗沉沉的夜空,显现出她的皎丽、圣洁和壮美。 5. 形象特色:崔莺莺是一个反抗封建礼教,追求爱情自由,鄙视功名富贵,爱情真挚专一的光辉形象,在她的身上体现着一定的叛逆精神。艺术特色:(1) 善于以景物描写设置戏剧环境,渲染气氛,烘托人物内心情感,情景交融,情境合一,富于意境美。(2) 语言优美雅致,富于生活气息,个性化,雅俗共赏。(3) 运用多种多样的修辞方法生动形象地表现人物的心理。(4) 特定情态的描写,生动地刻画了人物的内心世界。 6. 他:象征着我们这个社会的知识分子精英,对社会发展的趋向有着清醒的认识,为理性的回归大声疾呼,然而声音被世俗的喧嚣所掩盖,他们对这世界的毁灭无能为力。 旅客:象征着社会中的庸众,他们随波逐流,专注于眼前的物质享乐,对即将到来或是正在发生的危险一无所知。 列车:象征着整个现代社会,现代社会在伴随着经济飞速发展的同时,面临着人文精神的溃灭、人的异化、自然环境的恶化等一系列问题,社会的发展逐渐失却了理性的制约,正在巨大的惯性中走向毁灭。 7. 总体来说贝尔曼的性格特征是粗放、外向而不失随和、细腻,性格的核心是善良而富有同情心。初见时是个性格暴躁、酗酒成性、牢骚满腹、郁郁不得志的老画家,善良有同情心;再见时带病画完常春藤叶,得肺病去世,展现了崇高的爱心和自我牺牲的精神。 8. 小说建构了一个梦魇般的世界,在这个世界里,人是孤独的、痛苦的,人与人之间互相戒备、仇视。甚至家人之间没有亲情和爱情,只有猜疑与嫉恨。文章描绘的是一个变形、荒诞的世界,从这变形、荒诞世界里折射出的是一个痛苦、焦灼的灵魂,表现的是人在痛苦中挣扎而又无法摆脱痛苦的人生体验。 9. 首先是题材上注重对凡俗生活的表现。《塔铺》中作者大量描写了生活的琐事,塑造了庸碌小人物的事情。其次采用散点结构的方式。用写实手法描写小人物生存状态,按时间顺序推进,层层剥茧的叙述方法来写。最后采用流水账式朴实的叙述语言,细致入微的描写,情感真挚,像老朋友聊天,娓娓道来,富有幽默讽刺韵味。

10. 眉间尺是一个成长中的复仇者形象。他刚开始时表现出来的是爱憎分明,有一腔热血、孝顺又勇于复仇;但是却意志不坚、懦弱盲目、性情"优柔",复仇有勇无谋。后来才变得毅然决然,果敢刚强而成熟。

综合模拟试卷

综合模拟试卷(一)

一、1. 文选 2. 葛罗斯特伯爵被蒙蔽双眼相信了庶子爱德蒙的谎言,致使自己身陷险境。 3. 忐忑不安 4. 何冀平 5. 李娟 6. 清嘉录 7. 韩愈 8. 望舒草 9. 养气之说 10. 陶渊明集 11. 故事新编 12. 立宗庙于薛 13. 散点结构 14. 左史记言,右史记事 15. 卞之琳 16. 长使英雄泪满襟 17. 猿猱欲度愁攀援 18. 准拟佳期又误。蛾眉曾有人妒,千金纵买相如赋 19. 岂在朝朝夕夕 你在我的航程上 20. 带霜烹紫蟹

二、1. B 2. B 3. B 4. B 5. A 6. D 7. D 8. A 9. D 10. C

三、1. 巨公:达官贵人。 2. 青鸾:古代传说中西王母传信的神鸟。 3. 谆谆:诲人不倦的样子。 4. 屡试辄蹶:多次参加科举考试,总是失败。 5. 被:同"披"。 6. 省:探看。 7. 襟:动词,以……为衣襟。 8. 画虎不成反类狗:妄自夸大,结果反而贻笑天下。 9. 饕餮:古代传说中一种凶恶贪食的野兽,比喻凶恶贪婪的人。 10. 庙谟:国家大计。

四、(一)1.下阕借"驿寄梅花,鱼传尺素"的典故,抒写孤寂无慰,思乡追悔之情,发泄无辜被贬的不满。 2.词用凄婉的笔调描述了被贬之地的寂寥、凄凉的环境,那料峭的春寒下紧闭的孤馆,夕阳暮霭,杜鹃的悲啼,郴江的无语东流,把作者远谪异地,迷惘愁苦的心绪给表述了出来,从而达到"有我之境",词境凄婉感伤乃至于凄厉。 3."驿寄梅花"指南朝宋陆凯寄梅给范晔以表思念,"鱼传尺素"典出《古乐府·饮马长城窟行》,指远方朋友的来信。秦观用这两个典故,说明友人寄来书信礼物。这些书信礼物,本应是一种安慰,但反而使词人陷入更大的哀愁之中。

(二)1.略 2.(1)陈:通"阵",列阵。 (2)旆:大旗。 (3)舆:战车。 (4)伪遁:假装逃走。(5)败绩:大溃败。 3.晋国"先犯陈、蔡,陈、蔡奔,楚右师溃"。这是攻其弱点,先行击破。狐毛所率领的上军伪装中军后退,栾枝率领的下军又"伪遁"。这是设诈诱敌,合围歼敌。原轸率领的中军拦腰进击楚国子西的右路军,狐毛的上军又回头夹击,子西溃败。这是出其不意,攻其不备。

(三)1.(1)"猪兄"学会汽笛叫引来杀身之祸,但它机智逃脱,变成野猪,不再让任何人靠近。(2)我一直怀念这只特立独行的猪的原因。 2.这只猪从名分上说它是肉猪,应该又肥又胖目光呆滞行动迟缓,它却又黑又瘦两眼炯炯有光像山羊一样敏捷;它本该老老实实待在猪圈里长肉却翻栏越圈爬屋上墙到处游逛;它是公的,作为肉猪本该劁掉,它却拒绝被劁;它会模仿各种声音甚至学会了汽笛叫,因而被定为"破坏春耕的坏分子",要对它采取专政手段;它让种种"专政手段"失效,从绳索、杀猪刀、手枪和火枪的兜捕中撞了出去,为自己争得了自由。 3.王小波的杂文嬉笑怒骂皆成文章,天马行空、信手拈来,在犀利明快、特立独行的语言外表下,隐藏着渴求自由的激情,文笔幽默诙谐,但表达的寓意却是极为深刻严肃的,这从《一只特立独行的猪》一文中就可以窥见一斑。文章通过对这只猪的任性而为的描写,显现世相的荒诞,特别是用夸张拼凑的方法戏剧化地加强冲突与矛盾,令读者感到怪诞滑稽而又沉重,处处显示出反讽的意味。

(四)1.李尔王原本是一个专制独裁、盲目轻信、残忍无情的昏君,但女儿的背叛与虐待,流落荒野的不幸遭遇,使他逐渐比较清醒地认识周遭的世界,他看清了正义与邪恶,分清了善良与奸诈,思想感情开始接近下层穷苦人民,为他们的悲惨生活大声疾呼,指责冷酷无情的富人,对自己过去不关心民生疾苦充满自责,转变成为一个成熟的、真正具有大智慧的、洞察世情的、可敬、可畏、可亲之人。 2.(1)语言丰富而富于形象性;(2)人物语言具有个性化;(3)善于运用人物之间富有强烈的对比性的语言来突出人物形象;(4)擅长运用长篇内心独白来揭示人物复杂而隐秘的内心世界。

五、1."我":是一个整天焦躁不安、苦闷异常、丧失关怀,独来独往,与社会格格不入,甚至与自我也不能相容的孤独的跋涉者形象。妈妈:隐喻现实中直接给予阻挠的小人物。爸爸:不直接阻挠,是幕后真正的操纵者。亲爱的妹妹:告密者形象,是将现实与幻觉连接起来的纽带。 2.(1)诗歌结构清晰,将写景、怀古、颂今融为一体,层层递进,互相衬托。(2)用韵灵活,长短句相间,用典妥帖,多而不乱。(3)全诗气势奔放,格调高昂,一扫前代金陵怀古主题吊古伤今的传统,歌颂国家统一,成为金陵怀古诗中别具一格的诗歌。

3.(1)小说语言简练,气氛压抑,有着很高的艺术技巧。(2)故事构思怪诞荒谬,场景描写令人心惊肉跳。《隧道》讲述了一列火车莫名其妙地行驶在一条通往"地心"的隧道中所发生的荒诞故事。(3)象征手法的运用。24岁的青年人、旅客、司机、列车长和列车、轨道、黑暗的隧道等意象都富有一定的象征意义。

4.乐园鸟,来自宗教传说。这只"春,夏,秋,冬,昼,夜,没有休止"地"飞着"的"乐园鸟"上下求索的形象其实就是诗人自己,他是在追求理想的人生旅途中的一个苦苦思索的抒情主人公形象,乐园鸟的形象是追求希望的一个象征,是一个品德高尚、永恒求索的形象。 5.王小波以亦真亦幻的笔调,通过一头猪的命运,显现世相荒诞,反衬了人的精神生活的了无生趣和因精神压抑而丧失自我的状态。同时也表达了崇尚科学、自由、民主和个性独立的精神。　　6. 李香君是中国古典戏曲中罕见的一个光彩照人的妇女形象。她是秦淮河上著名的歌妓，不仅美丽聪明，而且多才多艺，正直刚强，疾恶如仇，明大义有气节，她有着鲜明的政治是非观，把爱情的关系和选择建立在政治的关系和选择的基础上，从而显示她卓尔不群、独具风标的反抗精神，她的光辉形象如一轮皓月升起在黑暗沉沉的夜空，显现出她的皎丽、圣洁和壮美。

六、略

综合模拟试卷（二）

一、1. 语录　2. 君民并耕　市价不二　3. 编年　4. 刘向　5. 安徽亳县　6. 陶渊明集　7. 四六　8. 韩愈　9. 李娟　10. 钱锺书　11. 沉默的大多数　12. 灵河　石室之死　余光中诗选　13. 叶芝抒情诗选　14. 苏洵　15. 元稹　会真记　16. 孔尚任　17. 高太史大全集　18. 左传　19. 三　20. 冯文炳

二、1. A　2. B　3. A　4. A　5. C　6. C　7. A　8. D　9. D　10. D

三、1. 睢园：本指汉梁孝王的菟园，这里指滕王阁。彭泽：陶渊明。　2. 堪嗟：令人感叹。　3. 恁：那样。　4. 瘗：埋。　5. 赉：送给。　6. 峥嵘：强盛、振作。　7. 数数：急切追求的样子。　8. 可堪：哪堪，怎么能受得住。　9. 骤得：数得、屡得。　10. 清流：品行高洁、负有时望之士。

四、1. √　2. √　3. √　4. √　5. ×　6. √　7. √　8. ×　9. ×　10. √

五、1. 这只猪从名分上说它是肉猪，应该又肥又胖目光呆滞行动迟缓，它却又黑又瘦两眼炯炯有光像山羊一样敏捷；它本该老老实实待在猪圈里长肉却翻栏越圈爬屋上墙到处游逛；它是公的，作为肉猪本该劁掉，它却拒绝被劁；它会模仿各种声音甚至学会了汽笛叫，因而被定为"破坏春耕的坏分子"，要对它采取专政手段；它让种种"专政手段"失效，从绳索、杀猪刀、手枪和火枪的兜捕中撞了出来，为自己争得了自由。

2. "莲"这个符号在中国古代文化里是一个具有特殊意义的意象。红莲象征美丽与圣洁，诗中的莲既是具象的实物，又是美与理想的综合。小情人，就是红莲的化身，俨然就是江南的采莲女，就是那个诗人执意追求的中国文化里的美的化身。　3. 湘君刚到北渚，急切盼望湘夫人的降临却不能如愿，产生忧愁，久等未至，湘君心情恍惚而迷惘，但他还是用精美的材料，给湘夫人建造了考究的新房，考虑周密齐全，寄托了执著的渴望之情，湘夫人的没有到来使湘君失望痛苦，他将湘夫人送给他的心爱的礼物捐弃，但心里一直抑制不住对湘夫人的思恋，所以，仍然采摘杜若准备献给湘夫人，痴痴等待湘夫人的到来。诗歌为我们塑造了一个为追求理想和爱情，痴情、执著，虽然在失望多于希望时透露出不可抑制的哀怨、焦虑，但始终不退缩的湘君形象。　4. 小说建构了一个梦魇般的世界，在这个世界里，人是孤独的、痛苦的，人与人之间互相戒备、仇视。甚至家人之间没有亲情和爱情，只有猜疑与嫉恨。文章描绘的是一个变形、荒诞的世界，从这变形、荒诞世界里折射出的是一个痛苦、焦灼的灵魂，表现的是人在痛苦中挣扎而又无法摆脱痛苦的人生体验。

5. 黄省三善良、忠厚，开始时胆小、懦弱、畏缩、心存希望，希望李石清、潘月亭发善心，继而无奈、失望、绝望，他终于认清了现实，自发地反抗，但他看不到出路，最终走上了自尽的道路。

六、1. 作者在《瓦尔登湖》一文中给我们描写了猎犬、栗色马和斑鸠等自由自在的东西，它们身上带有一种狂野的自由，而这种自由正是作者在瓦尔登湖所寻求的，因此从这个意义上讲瓦尔登湖是行使人生权利的象征；作者在书中多处描绘了瓦尔登湖的幽静，把瓦尔登湖当做自己的伴侣，这是作者心境的反映，因此瓦尔登湖也可以理解成追求人生静谧的象征；作者说他之所以来到这片树林是因为想过一种经过省察的生活，去面对人生最本质的问题，所以，瓦尔登湖也可以理解为是探求人生规律的象征。　2.（1）善于以景物描写设置戏剧环境，渲染气氛，烘托人物内心情感，情景交融，情境合一，富于意境美。其中有的曲词句

句景语,字字含情,有的寓情于景,有的因情造景,有的直抒胸臆,很好地做到了写景与抒情的融而为一。

(2) 语言优美雅致,富于生活气息,个性化,雅俗共赏。作者善于化用名句中的优美成句,也擅长提炼现实生活中的白描俊语,曲词或秀丽典雅,含蓄悠长,或质朴自然,活泼爽利,既有诗词意趣,又不失元曲本色。

(3) 运用多种多样的修辞方法生动形象地表现人物的心理。全折用了比喻、夸张、用典、对比、对偶、排比、反复、叠音、设问等多种修辞手法,因情随物而设,尤其是夸张和比喻的使用,具有强烈的感染力。

(4) 特定情态的描写,生动地刻画了人物的内心世界。关于崔莺莺各种情态的描写,淋漓尽致地提示了她内心的愁情与怨恨。

七、略

综合模拟试卷(三)

一、1. 砌成此恨无重数。郴江幸自绕郴山 2. 秦观 3. 稼轩长短句 4. 休去倚危栏 斜阳正在 5. 和露摘黄花 带霜烹紫蟹 6. 一番洗清秋 渐霜风凄紧 关河冷落 残照当楼 是处红衰翠减 冉冉物华休 惟有长江水 7. 七支 8. 孔融 陶渊明 9. 看风景的人在楼上看你 你装饰了别人的梦 10. 三 11. 朝天子 12. 互文 13. 录鬼簿·凌波仙 14. 韩愈 15. 当 16. 瑞士 17. 莎士比亚 18. 诗佛 19. 崔莺莺待月西厢记 20. 微之

二、1. C 2. B 3. ABCD 4. ABCD 5. AC 6. C 7. C 8. BCD 9. CD 10. B

三、1. 苒苒:义同"荏苒",形容时光消逝。 2. 烟柳:暮烟笼罩着天际的杨柳,比喻国势危殆。 3. 凄凄惶惶:本义凄凉悲伤,这里是勤勤、频频的意思。 4. 谪:被贬官。 5. 鸠巢计拙:指不善于经营生计。 6. 羞:以……为羞耻。 7. 致乱:招致祸乱。 8. 葺:覆盖。 9. 五鼎食:古代贵族之家鸣钟列鼎而食,此代指高官厚禄。 10. 托足无门:没有落脚安身之处。

四、1. 五十九只天鹅像"情侣"一样,"成双结对"地飞翔,"勾划出大而碎的圆圈"。"碎"是因为有一只孤单失偶。一只孤单失偶的天鹅,使得圆圈不再完美,这是一个含义微妙的象征,透露着诗人恋情难遂的伤感,也暗示爱尔兰民族解放运动遭受到的严重的打击与创伤。 2. "生来如同璀璨的夏日之花"的含义:因为夏花具有绚丽繁荣的生命,它们在阳光最饱满的季节绽放,如奔驰、跳跃、飞翔着的生命的精灵,以此来诠释生命的辉煌灿烂,同时也揭示了生命的短暂匆忙,只因盛极而衰,极度辉煌后所带来的必然是衰败,夏花、火焰、惊鸿一瞥,不一样的美丽,却是一样的短暂,而生命也正是如此。"死时如同静美的秋日落叶"的含义:这里有对自然法则、人生法则玄机的参悟,有智者对茫茫宇宙中渺小自身的精确定位,也是对生命哲理的极度探寻。这不是一种消极的生活态度,它是一种对人生的满足,对生命的感激和由感激和满足衍生出的豁达。 3.《谏逐客书》一文运用正反对比的论证方法是鲜明而有力的。第一段以古今秦王做法对比,阐明了当前逐客的错误;第二段以重物和轻人相对比,使人清晰地看到逐客令是与秦王统一天下的目的背道而驰的,这正是作者击中要害的论述;第三段以纳客之好处和逐客之害处做对比,又使人鲜明地认识到逐客的危害性、危险性。 4. 这是一首借春怨而感慨国事的抒情词。作者先写春怨,后写闺怨,抒发了自己的政见和抱负,表达出在主和派得势的情况下对国运衰微、形势危殆的忧虑,以及壮志伸展、报国无门的悲抑、幽愤。《摸鱼儿》委婉沉郁,寓豪放于婉约之中,风格刚柔相济。全词通篇使用比兴手法,在总体上具有象征意义成为其最大的艺术特色。如词中"更能消、几番风雨,匆匆春又归去"、"惜春长怕花开早,何况落红无数"、"斜阳正在,烟柳断肠处"等前后几次写到的残春景象,无疑是南宋风雨飘摇的象征;而词中美人之失宠见妒、伤春怀怨,显然是作者遭际和心境的比况。总之,作者用类似于《离骚》的"芳草"、"美人"比兴,在春愁、

闺怨中,象征了国势的殆危和对自己遭遇的悲愤和无奈。 5. 徐文长才华超群,却怀才不遇,愤世嫉俗,表现得狂傲不羁,特立独行,是一个"雅不与时调合"的狂傲之士。从《徐文长传》中可知,徐文长是一位旷世奇人,在诗文书画上都有很高造诣的全才。 6. 小说建构了一个梦魇般的世界,在这个世界里,人是孤独的、痛苦的,人与人之间互相戒备、仇视。甚至家人之间没有亲情和爱情,只有猜疑与嫉恨。文章描绘的是一个变形、荒诞的世界,从这变形、荒诞世界里折射出的是一个痛苦、焦灼的灵魂,表现的是人在痛苦中挣扎而又无法摆脱痛苦的人生体验。艺术上的主要特色:一,在艺术的非理性描写中表达出某种哲理;二,艺术表现上注重感觉、变形,强调对世界的怀疑与绝望的态度。《山上的小屋》里描写的环境、人物、情绪、感觉等都是非理性的,作品中的"我"的精神状态,是绝望主题的代表。其意义在于,残雪小说在中国文学中第一次集中地描写了生存危机中的绝望、痛苦以及人类对于世界的恐惧,在没有具体时间和地点的混沌中暗示出普遍的人类意义,从精神上完整地体现出现代派小说的特征。 7. 乐园鸟,来自宗教传说。这只"春,夏,秋,冬,昼,夜,没有休止"地"飞着"的"乐园鸟"上下求索的形象,其实就是诗人自己,他是在追求理想的人生旅途中的一个苦苦思索的抒情主人公形象,乐园鸟的形象是追求希望的一个象征,是一个品德高尚、永恒求索的形象。

　　五、略

综合模拟试卷(四)

　　一、1. 感伤 2. 延津 3. 贝尔曼 4. 眷恋祖国的情绪 5. 孔子 6. 战争 7. 西昆 8. 元稹 9. 爱国 10. 何事苦淹留 11. 秋水共长天一色 12. 法国 13. 羁旅行役之苦 14. 人物传记 15. 文学研究会 16. 湘夫人 17. 秦观 18. 小品文 19. 晋楚争霸 20. 借离合之情,写兴亡之感

　　二、1. B 2. C 3. B 4. A 5. D 6. C 7. D 8. D 9. B 10. B

　　三、1. 疾:憎恨。 2. 则:效法。 3. 尽:全都是。 4. 虽:即使。 5. 济:渡过。 6. 凝愁:难解之愁。 7. 者:语助词。 8. 星驰:形容人才之众如繁星运行。 9. 业:继承家业。 10. 不然:不这样、不如此。

　　四、1. 一种是追名逐利的世俗人生观;另一种是离绝是非、与世无争、笑傲林泉、纵情自适、各得其乐。作者否定了世俗之人为功名利禄终日奔波的生活方式,追求超脱红尘、悠然自得的隐居生活的人生。 2. 论战性强,感情饱满,言辞机敏,善用譬喻,气势雄健,锋芒毕露,个性极为鲜明强烈。 3. 一方面批判统治阶级因荒淫腐朽招致祸乱,一方面同情李、杨二人生离死别的不幸遭遇。 4. (1)赴长亭途中,通过对秋景的描写和莺莺对暮秋郊外景色的感受,创造了一种悲怆凄苦的离别环境,那蓝天白云、黄花委地、西风凄紧、北雁南飞、枫叶流丹构成了寂寥萧瑟、黯然神伤的画面,传达了莺莺内心深处的离恨别愁。(2)长亭离筵上,眼望秋郊长亭之景,只见西风更紧、黄叶纷飞、寒烟暮霭、衰草凄迷,更使莺莺酒饭不思,悲痛欲绝。(3)夫妻叙别后,莺莺伫立凝望,目随人去,情随恨长。日暮本是归家之时,而夫君却分袂远别,只隐约在暮色中看见张生挥鞭的身影,耳边只有秋风送来的禾黍飒飒作响,萧萧悲马嘶鸣,虽是写景,却包含着无限的情思。(举出其中一二即可) 5. (1)君臣协力,上下同心。讲究信义、先礼后兵。(2)善于利用外交手段瓦解敌军的联盟,使楚国陷于孤立;同时采取克制态度,"退避三舍",后发制人。(3)交战时讲究战术,指挥有方,采用了避强击弱、佯败诱敌和横击夹攻的巧妙战术。(4)晋国君臣的个人素养也起了作用。晋文公谨慎持重,谋虑周全,善于听取部下意见,知人善任。先轸、子犯等人恪尽职守,富有见识,善于谋略、作战英勇。 6.《炉中煤》在艺术构思上,采用恋歌的方式写爱国诗篇,别具一格。诗人以丰富的想象营造了热烈雄奇的意境:年青的女郎围坐炉旁,熊熊燃烧的炉中煤在向她倾诉着眷念之情;底色辉煌,气氛热烈。借助这一构思,通过炉中煤的倾诉,诗人抒发了自己浓烈的爱国之情。 7. 依自然段落分两层。第一层从古到

今,由远及近,自主到宾,最后落到自己。第二层,首四句采用由远而近,仰观高阁的动态角度,而"披绣闼……"等句,则又是由近而远,自上而下,仰视四周的万千景象。接着将动景融合于静景中,将视觉转到听觉,由直观转到想象的进一步描绘。 8.《偶然》诗形整饬,体现了建筑的美。诗歌每节第一、二、五行都是九字,第三、四两行都是五字。形式整齐又有所变化,两节对举显得非常匀称、均衡。 9.(1)创体:柳永大力创作慢词长调,扩大了词的体制,增加了词的内容含量,提高了词的表现力,为宋词的发展提供了最基本的艺术形式与文本规范。(2)创意:柳永给词注入了新的情感特质和审美内涵,他注重把词的抒情取向转移到自我独特的人生体验上来,表现自我的情感心态、喜怒哀乐,冲决了此前词中普泛化的情感世界的藩篱,给词的情感增添了自我的色彩,使词的抒情取向朝着创作主体的内心世界回归、贴近。(3)创法:柳永将赋法移植于词,铺叙展衍,进行层层白描式的描绘,有一定的叙事性、情节性,适应满足了慢词体制结构变化的需要,解决了词的传统抒情方法与新兴体制之间的矛盾,推动了慢词艺术的发展。 10.《摸鱼儿》委婉沉郁,寓豪放于婉约之中,风格刚柔相济。全词通篇使用比兴手法,在总体上具有象征意义成为其最大的艺术特色。如词中"更能消、几番风雨,匆匆春又归去"、"惜春长怕花开早,何况落红无数"、"斜阳正在,烟柳断肠处"等前后几次写到的残春景象,无疑是南宋风雨飘摇的象征;而词中美人之失宠见妒、伤春怀怨,显然是作者遭际和心境的比况。总之,作者用类似《离骚》的"香草"、"美人"比兴,在春愁、闺怨中,象征了国势的殆危和对自己遭遇的悲愤和无奈。

　　五、1.(1)四面楚歌中霸王别姬。具有浓烈的抒情气氛,气氛悲凉、沉郁。 (2)对虞姬与骏马的难舍之情,将一种缠绵悱恻,钟爱于虞姬、又无力将爱姬从困境中解救出来的复杂感情表现得淋漓尽致。英雄多情却末路的无可奈何心境。 (3)语言、行为描写的方法。 (4)一是"兵围数重"、"四面楚歌"的整体环境描写;二是"左右皆泣,莫能仰视"的周围人物反应,都从侧面烘托了英雄末路的悲剧困境和悲剧心态,气氛浓郁。 (5)暗示项羽不善用人、其政不得人心、众叛亲离的困境。

　　2.(1)类型:理论论据、事实论据。方法:引证法、类比论证法中的喻证法。 (2)"且尔言过矣"或"你们二人是免不掉责任的"。 (3)一是将季氏比作虎兕,将颛臾比作龟玉,说明季氏悍然出兵,颛臾必然遭到毁灭的命运;二是将冉有、季路比作守匣护椟之人,说明无论季氏行凶,还是龟玉被毁,冉有、季路都有不可推卸的责任。

　　3.(1)快乐的绝不会永久。 (2)德国伟大诗人和作家歌德《浮士德》的主人公。 (3)旁征博引,涉笔成趣,引述西方诗文典籍。

　　4.(1)清冷衰残的深秋景象,融事业无成、羁旅思乡之情。 (2)中心事物:清秋暮雨、霜风残照、红衰翠减、江水东流。 (3)融情入景。 (4)是处红衰翠减。 (5)年华虚度,人生如寄的哀伤情致。(6)江水东流,时光流逝,自己青春不再,事业无成,人生渺茫的感伤。

　　六、略

图书在版编目(CIP)数据

《大学语文》教学参考与训练 / 刘勤艳,白金香主编.—南京:南京大学出版社,2013.8(2024.7 重印)

(高等学校小学教育专业教材)

ISBN 978-7-305-12085-5

Ⅰ.①大…　Ⅱ.①刘…②白…　Ⅲ.①大学语文课–高等学校–教学参考资料　Ⅳ.①H1

中国版本图书馆 CIP 数据核字(2013)第 193420 号

出版发行　南京大学出版社
社　　址　南京市汉口路22号　　邮　编　210093
网　　址　http://www.NjupCo.com
丛 书 名　高等学校小学教育专业教材
　　　　　DAXUE YUWEN JIAOXUE CANKAO YU XUNLIAN
书　　名　《大学语文》教学参考与训练
主　　编　刘勤艳　白金香
责任编辑　荣卫红　　　　　　　编辑热线　025-83593963
照　　排　南京紫藤制版印务中心
印　　刷　南京京新印刷有限公司
开　　本　787×1092　1/16　印张 21.5　字数 470 千
版　　次　2013年8月第1版　2024年7月第9次印刷
ISBN　978-7-305-12085-5
定　　价　45.00 元

发行热线　025-83594756
电子邮箱　Press@NjupCo.com
　　　　　Sales@NjupCo.com(市场部)